国家出版基金项目
NATIONAL PUBLICATION FOUNDATION

现代农业高新技术成果丛书

绿色食品和有机产品产业化开发

——以新疆伊犁河流域为例

Green Food and Organic Farming Development: A Case Study in Ili River Valley, Xinjiang Uygur Autonomous Region

吴文良　主编

中国农业大学出版社
·北京·

内容简介

本书系统地阐述了新疆伊犁河流域水土开发与综合利用、环境质量评价状况，结合国内外有机农业研究进展，对伊犁主要农产品大豆、水稻、葡萄、薰衣草生产、保鲜与加工技术等进行了研究，建立了伊犁河流域绿色食品和有机农产品栽培、保鲜、加工技术标准，搭建了伊犁河流域绿色食品和有机农产品质量安全追溯平台，提出了伊犁河流域绿色有机农业发展战略。

本书可供国内外研究、推广绿色有机农业的农业科技工作者使用，也可为地方发展绿色有机农业提供技术样本与参考依据。

图书在版编目(CIP)数据

绿色食品和有机产品产业化开发——以新疆伊犁河流域为例/吴文良主编．—北京：中国农业大学出版社，2012．9

ISBN 978-7-5655-0557-7

Ⅰ．①绿…　Ⅱ．①吴…　Ⅲ．①农产品-无污染技术-产业化发展-研究-新疆　Ⅳ．①S3

中国版本图书馆 CIP 数据核字(2012)第 129356 号

书　名　绿色食品和有机产品产业化开发——以新疆伊犁河流域为例
作　者　吴文良　主编

策划编辑　刘　军　　**责任编辑**　李丽君
封面设计　郑　川　　**责任校对**　陈　莹　王晓凤
出版发行　中国农业大学出版社
社　　址　北京市海淀区圆明园西路 2 号　　**邮政编码**　100193
电　　话　发行部 010-62818525，8625　　读者服务部　010-62732336
　　　　　编辑部 010-62732617，2618　　出　版　部　010-62733440
网　　址　http：// www.cau.edu.cn/caup　　**e-mail** cbsszs@cau.edu.cn
经　　销　新华书店
印　　刷　涿州市星河印刷有限公司
版　　次　2012 年 9 月第 1 版　　2012 年 9 月第 1 次印刷
规　　格　787×1 092　16 开　20.5 印张　500 千字
定　　价　90.00 元

主　编　吴文良（中国农业大学）
副主编　孟凡乔（中国农业大学）
　　　　郭岩彬（中国农业大学）

编写者　（以姓氏拼音为序）
郭岩彬（中国农业大学）
焦子伟（伊犁师范学院）
李花粉（中国农业大学）
李全宏（中国农业大学）
罗新湖（伊犁州农业技术推广总站）
孟凡乔（中国农业大学）
乔玉辉（中国农业大学）
秦玉川（中国农业大学）
生吉萍（中国人民大学）
王开勇（石河子大学）
吴文良（中国农业大学）

本书主要内容来源于国家“十一五”科技支撑计划项目“新疆伊犁河流域水土资源可持续开发利用研究与示范”中“伊犁绿色食品和有机产品生产与保鲜关键技术开发与示范”课题，该课题成果已获 2011 年度新疆维吾尔自治区人民政府科技进步二等奖（课题编号 2007BAC15B05）。

出版说明

瞄准世界农业科技前沿，围绕我国农业发展需求，努力突破关键核心技术，提升我国农业科研实力，加快现代农业发展，是胡锦涛总书记在2009年五四青年节视察中国农业大学时向广大农业科技工作者提出的要求。党和国家一贯高度重视农业领域科技创新和基础理论研究，特别是“863”计划和“973”计划实施以来，农业科技投入大幅增长。国家科技支撑计划、“863”计划和“973”计划等主体科技计划向农业领域倾斜，极大地促进了农业科技创新发展和现代农业科技进步。

中国农业大学出版社以“973”计划、“863”计划和科技支撑计划中农业领域重大研究项目成果为主体，以服务我国农业产业提升的重大需求为目标，在“国家重大出版工程”项目基础上，筛选确定了农业生物技术、良种培育、丰产栽培、疫病防治、防灾减灾、农业资源利用和农业信息化等领域50个重大科技创新成果，作为“现代农业高新技术成果丛书”项目申报了2009年度国家出版基金项目，经国家出版基金管理委员会审批立项。

国家出版基金是我国继自然科学基金、哲学社会科学基金之后设立的第三大基金项目。国家出版基金由国家设立、国家主导，资助体现国家意志、传承中华文明、促进文化繁荣、提高文化软实力的国家级重大项目；受助项目应能够发挥示范引导作用，为国家、为当代、为子孙后代创造先进文化；受助项目应能够成为站在时代前沿、弘扬民族文化、体现国家水准、传之久远的国家级精品力作。

为确保“现代农业高新技术成果丛书”编写出版质量，在教育部、农业部和中国农业大学的指导和支持下，成立了以石元春院士为主任的编审指导委员会；出版社成立了以社长为组长的项目协调组并专门设立了项目运行管理办公室。

“现代农业高新技术成果丛书”始于“十一五”，跨入“十二五”，是中国农业大学出版社“十二五”开局的献礼之作，它的立项和出版标志着我社学术出版进入了一个新的高度，各项工作迈上了新的台阶。出版社将以此为新的起点，为我国现代农业的发展，为出版文化事业的繁荣做出新的更大贡献。

中国农业大学出版社

2010年12月

前　言

针对伊犁河流域水土资源开发中急需解决的关键技术和突出问题，结合国家“十一五”科技支撑计划重点项目“新疆伊犁河流域水土资源可持续开发利用研究与示范”子项目“伊犁绿色食品和有机产品生产与保鲜关键技术开发与示范”的研究内容，我们明确了伊犁河流域土壤环境质量状况下，解决绿色有机农作系统土壤培肥、病虫害防治及农产品保鲜加工中的技术难点；制定了绿色有机农业生产、保鲜与加工技术规范，实现了标准化、规模化生产；研究确立了以绿色有机农业模式替代粗放型常规农业经营模式在伊犁进行了示范推广，实现了伊犁河流域农牧生态系统转入生态与经济良性循环、生产效益与环境保护双赢。

随着人们物质文化生活水平的不断提高，消费安全放心食品已成为人们最基本的消费需要。回归大自然，消费绿色、有机食品也已成为新时期消费的潮流和市场走向。国内外市场的强劲需求，带动了有机农业产业的迅猛发展，尤其是我国近 20 年间，有机农业产业发展极为迅速，截至 2009 年底，我国有机农业生产面积达到 50 万 hm^2，认证的企业数量超过 3 800 家，遍布全国除西藏以外的所有省(自治区、直辖市)。有机农业已成为我国可持续农业发展的重要组成部分和农产品国际贸易的主要类型之一。因此，对绿色农业，尤其是有机农业生产与农产品加工技术的需求愈发强烈，然而，国内尚未见到系统地对绿色、有机农业及产品从环境评价、栽培、保鲜、加工、质量追溯到发展战略的详细报道，本书的出版有助于读者对绿色有机农产品及其发展有更翔实的认知与实践。

本书共分 10 章。罗新湖、焦子伟编写第 1 章伊犁河流域开发与保护，主要讲述伊犁河流域概况、气候资源、光热资源、土壤资源、农业发展及开发保护策略。郭岩彬编写第 2 章国内外有机农业研究进展，主要对国内外有机农业发展、生产关键技术等进行阐述。李花粉编写第 3 章伊犁河流域绿色食品和有机产品生产环境条件评价与区划，主要针对绿色有机农业产地环境要求与选择、监测与评价、伊犁州土壤环境监测与评价、水环境评价、不同耕作模式环境质量监测评价进行阐述。王开勇编写第 4 章伊犁河流域绿色、有机大豆生产关键技术，主要讲述伊犁河流域绿色大豆生产关键技术、有机大豆生产关键技术、有机大豆产量与效益分析。孟凡乔编写第 5 章伊犁河流域绿色、有机水稻生产关键技术，主要对国内外水稻生产技术研究进展、伊犁河流域绿色水稻生产技术、不同肥料对有机水稻和土壤的影响及有机水稻生产经济与环境效益分析进行论述。秦玉川编写第 6 章伊犁河流域绿色、有机葡萄生产关键技术，主要对有机葡萄培肥和有害生物治理基础、有机葡萄常见病虫害及其治理、有机葡萄生产研究新进展进行论述。生吉萍编写第7章伊犁河流域绿色、有机葡萄保鲜关键技术，主要讲述影响葡萄保鲜贮藏的因素，有机红地球葡萄的采后损失、贮藏病害及防治方法，有机红地球葡萄保鲜贮藏方法和伊犁地区有机红地球葡萄采后贮藏生物拮抗保鲜新技术研究进展。李全宏编写第8章伊犁河流域有机薰衣草生产与加工技术，主要讲述薰衣草概述、有机薰衣草生产与加工、薰衣草精油提取关键技术与质量控制。乔玉辉编写第9章伊犁河流域绿色食品和有机产品安全追溯体系，主要对国内外农产品安全追溯体系研究进展、伊犁地区有机产品追溯体系建设、有机农产品质量安全追溯系统V1.0.0设计说明进行阐述。吴文良编写第10章伊犁河流域绿色食品和有机产品发展战略与展望，主要讲述发展绿色有机产业应具备的条件与重大意义，绿色有机产业发展战略、组织与保障体系。焦子伟对本书附件包括绿色有机农业及农产品生产、保鲜与加工技术规程进行了整理。最后，全书由吴文良进行审核与定稿。

本书是根据国内外有机农业相关技术的研究进展，结合伊犁河流域绿色、有机农业研究与示范推广而编写的，既有总体概括，又有个案分析。可供国内外从事研究、示范、推广绿色有机农业的农业广大科技工作者使用，也可为地方发展绿色有机农业提供技术样本与战略决策依据。

本书的出版得到了国家出版基金的资助。另外，书中的部分插图及数据等引自各章后面的相关文献，在此仅向原文的作者表示由衷的感谢。由于此次出版的任务重、时间紧，加之编写人员水平有限，书中难免有错误与不足之处，敬请广大读者批评指正。

吴文良

2012年4月

目　录

第1章

伊犁河流域开发与保护

1.1 伊犁哈萨克自治州地理概况

1.1.1 地理位置

伊犁哈萨克自治州，简称伊犁州，1954 年 10 月成立，位于新疆维吾尔自治区的西北部，地处欧亚大陆腹地，地理位置处于北纬 40°14′～49°10′45″，东经 89°9′42″～91°01′，国土总面积 35 万 km^2，约占新疆维吾尔自治区总面积的 1/5。从东北至西南与蒙古、俄罗斯为邻，西面与哈萨克斯坦为邻，北面与博尔塔拉蒙古自治州相连；东面同巴音郭楞蒙古自治州相邻，南面与阿克苏地区连接。以南部天山（天山山脉）为天然分置线。伊犁州地缘区位优势突出，是新疆和全国向西开放的重要商埠和国际大通道。边境线长 2 019 km，其中与蒙古国边境线长 628 km，与哈萨克斯坦、俄罗斯边境线长 1 391 km。在边境线上，有霍尔果斯、巴克图、吉木乃、都拉塔、木扎尔特、阿黑土拜克、塔克什肯、红山嘴 8 个国家一类口岸，年过货能力 1 000 万 t。从连云港经陇海、兰新铁路由阿拉山口和霍尔果斯口岸出境直至荷兰鹿特丹港的新亚欧大陆桥，横贯伊犁中西部。

伊犁州直属县市（以下简称伊犁州直）位于伊犁河谷，位于新疆维吾尔自治区西部，地处北纬 42°14′16″～44°50′30″，东经 80°09′42″～84°56′50″，基本上和伊犁河流域所辖的范围一致。地理界线北部以科古琴山为界，与博尔塔拉蒙古自治州为邻；东北与塔城地区乌苏相连；南以南部天山为界，与阿克苏地区的拜城、温宿县连接；东南部是巴音郭楞蒙古自治州的和静县；西以霍尔果斯河向南到昭苏县的阿拉爱格尔山口与哈萨克斯坦共和国接壤；东以那拉提山为分水岭与巴音郭楞蒙古自治州境内的开都河流域相隔。

1.1.2 伊犁州行政区划

伊犁州辖塔城地区、阿勒泰地区和自治州直属县市，全州共有 24 个县市。行政区域内有克拉玛依市，石河子市及新疆生产建设兵团农四、七、八、九、十师，伊犁师范学院，新疆矿冶局，天西林业局。全州国土总面积 35 万 km^2，州辖土地总面积 268 778.72 km^2，有哈萨克、汉、维吾尔、回、蒙古等 36 个民族聚居，全州总人口 440.82 万人，其中少数民族人口 248.92 万人，占全州总人口的 56.47%。

伊犁州直由位于伊犁河谷的伊宁县、霍城县、察布查尔锡伯自治县、巩留县、特克斯县、昭苏县、尼勒克县、新源县、伊宁市八县一市和位于准噶尔盆地西南缘的奎屯市组成，共有 79 个乡、20 个镇和 13 个街道办事处。辖区内驻有新疆生产建设兵团农四师 21 个团场及伊犁师范学院、新疆矿冶局、天西林业局，全州土地面积 57 418 km^2；人口 281.5 万，少数民族人口占 61.3%，由哈萨克、汉、维吾尔、回、蒙古、柯尔克孜、锡伯、乌兹别克、达斡尔、塔塔尔、满、塔吉克、俄罗斯等 29 个民族组成。

1.1.3 地形地貌

伊犁哈萨克自治州全境有山地 8 363 244 hm^2，丘陵 6 298 931 hm^2，平原 10 297 437 hm^2，沙漠 2 043 855 hm^2。境内由北向南排列着阿尔泰山、准噶尔山、天山三条主要山脉，三大山脉常年冰雪不化。阿尔泰山最高山峰高度 4 374 m，雪线高程 3 000～3 200 m，冰川面积 293.2 km^2，冰川储量 164 亿 m^3；准噶尔山山峰高度 3 500～3 700 m；天山山脉包括博罗科努山、科古琴山、乌孙山、那拉提山，山峰高度 7 443 m，雪线高程 3 600～4 400 m，冰川面积 3 139 km^2，冰川储量 1 185 亿 m^3。

伊犁河流域是指天山山脉中的伊犁河谷地区，包含伊犁州直属八县一市，总的地形是北西—南东走向的北天山山脉与南西—北东走向的南天山山脉相夹峙的西部宽、东部窄的三角形区域。天山支脉将本区沿东西方向分割成各具特色的多个自然经济地理区，伊犁河横贯其中。三大山脉之间还有几条东西走向的中天山山脉，将其分割成山、谷、盆相间的小区域。伊犁河谷地区地形复杂，为一系列近东西走向的山地和谷地大致平行相间组成，北、东、南三面高山环绕，唯西部敞开，从地图上看外形轮廓呈近似的一等腰三角。东西长约 350 km，南北平均宽约 180 km，西部最宽为 280 km。天山山脉绵延至流域，由于阿拉喀尔山由西向东插入，阿吾拉勒山由东向西插入，形成了“四山夹三谷一盆地一河谷平原”的独特地貌。北面有阿拉套山、科古琴山、婆罗科努山，最高峰海拔 3 595 m。东面有依连哈尔比尕山，最高峰海拔 5 250 m；南面为哈尔克山、贴尔斯克山、那拉提山环抱，最高峰海拔 4 902 m；西南是中哈国界上著名的汗腾格里峰，主峰海拔 6 995 m，主峰以南的托木尔峰海拔 7 435.3 m。三谷即巩乃斯河谷、特克斯河谷及喀什河谷。一盆地即昭苏盆地，一河谷平原即伊犁河谷平原的独特地形地貌。伊犁河谷地区地势由东向西倾斜，呈向西敞开的喇叭形，北、东、南部高，唯西面低平，向大西洋、地中海及巴尔喀什湖敞开。

1.2 伊犁河流域概况

1.2.1 伊犁河流域概况

伊犁河流域位于伊犁-巴尔喀什盆地，属中亚内陆河水系，为我国新疆维吾尔自治区与哈萨克斯坦之间的国际河流。伊犁河流域由伊犁河干流和特克斯河、巩乃斯河、喀什河 3 条主要支流及 120 多条小支流组成。该河以特克斯河为主源，从源头汗腾格里峰(6 995 m)北坡到伊犁河雅马渡口为上游，雅马渡到哈萨克斯坦境内的伊犁村(卡普恰盖水库)为中游，伊犁村到巴尔喀什湖(339 m)为下游，全长 1 236.5 km，流域面积 1.512×10^5 km^2，我国境内河长 442 km，占 36%，我国境内流域面积 5.76×10^4 km^2，占 38%。南支特克斯河由西向东于恰甫其海处折向北，穿过阿拉喀尔山进入巩乃斯河谷，于巩乃斯种羊场西侧与由东向西的巩乃斯河汇合而成伊犁河。北支喀什河由东向西绕过阿吾拉勒山经托海南下于雅马渡处汇入伊犁河。伊犁河一直向西由伊宁市南侧经三道河子直指巴尔喀什湖西侧入湖，故该河属巴尔喀什湖水系(伊犁哈萨克自治州地方志编纂委员会，2004；张军民，2005a)。

我国境内的伊犁河流域(以下统称伊犁河流域)位于北纬 42°14′16″～44°50′30″，东经 80°09′42″～84°56′50″，是新疆地表水系最发达、径流最发育、水资源最丰富的内陆河流域，其特征为山高谷深、盆地开阔、东高西低向西开敞。本区域流域面积仅占新疆的 3.5%，但在 5.7×10^4 km^2 的集水区内(占新疆 8.10%)，共有大小产流径流 120 多条(占新疆 21.05%)；河网密度 0.6 km/km^2(新疆平均为 0.3 km/km^2 以下，天山山区平均为 0.3～0.5 km/km^2)；径流系数在 0.39～0.82，是新疆平均数的 3～5 倍；流域总降水量 309×10^8 m^3，占新疆的 12.72%；总径流量 169.57 亿 m^3，占新疆的 20.16%；地表水资源总量约 228.4×10^8 m^3，占新疆的 32.62%；地下水资源总量 102.507 0 亿 m^3/年，占新疆的 14%。水能蕴藏量 7.0×10^6 kW，占新疆的 21%；装机总容量 263.82×10^4 kW，占新疆可开发装机容量的 30.9%；年发电量 $1\,509.91\times10^8$ kW，占新疆可开发水能年发电量的 32.8%。伊犁河流域水资源存量及开发利用条件新疆最优、干旱区少有。水资源存量、开发利用条件、优势和潜力为干旱区仅有(张军民，2005a)。

1.2.2 伊犁河流域河川径流补给与发育

1.2.2.1 伊犁河流域河川径流补给情况

伊犁河流域径流降水充沛，径流补给充分，冰雪融水资源存量大，其径流补给主要来自降水及季节性融水、地下水和冰雪融水，分别占总径流量的 38.8%、39%和 22.2%。第一，伊犁河谷内年均降水量 200～350 mm(海拔 550～800 m)；巩乃斯-喀什河谷平均降水量 350～400 mm(海拔 800～1 000 m)；特克斯-昭苏盆地平均降水量超过 400 mm(海拔 1 000 m 以上)；海拔在 1 600～2 200 m 时，平均降水量增至 600～800 mm；该流域又是中亚冰川发育中心，冰川有 2 373 条，面积占 3 052 km^2(其中哈萨克斯坦境内 1 029 km^2)，储水量 579.81 亿 m^3，冰川面积及储量分别占全疆的 26.1%和 22%，均居全疆之最。同时该流域地下水补给比重大，再加上冰雪较多，如特克斯河冰雪融水补给比重达 24.1%(张军民，2005a)。该流域径流的年内季节变化及年际变化均小于其他内陆河，CV 值一般在 0.1～0.3，径流量最大水年与最小水年的倍比仅 1.5，远小于黄河、淮河和长江(中国科学地理研究所，1992)。

1.2.2.2 **伊犁河流域河川径流发育**

根据伊犁州水文部门计算，伊犁河全流域多年平均总径流量为 169.57 亿 m^3，其中区内自产径流 149 亿 m^3，区外来水(巴州)11.0 亿 m^3，我国产水量占 94.36%，国外(哈萨克斯坦)来水 9.57 亿 m^3，仅占 5.64%(张军民，2005a)。

1. 伊犁河干流

伊犁河干流指特克斯河与巩乃斯河汇合口到国境线的区域，其两岸平坦，河床宽阔，水流平稳，多汊流沙洲，河床平均纵比降仅 1.24‰。其北山沟水系分布在伊宁县、市和霍城县境内，山口实测多年平均径流量为 15.69×10^8 m^3，径流量在 1×10^8 m^3 以上的河流(山沟)有博尔博松、匹里青、吉尔格郎、果子沟、萨尔布拉克、大西沟、切得克苏、霍尔果斯 8 条。其南山水系主要分布在巩留和察布查尔县境内，山口实测多年平均径流量为 3.02×10^8 m^3，其中径流量在 1.0×10^8 m^3 以上的河流(山沟)只有洪海沟一条(伊犁哈萨克自治州地方志编纂委员会，2004；张军民，2005a)。

2. 特克斯河

南支特克斯河为伊犁河主源，是最大支流。其发源于哈萨克斯坦境内的天山主峰汗腾格里峰的北坡，从昭苏西部入境，由西向东，穿过昭苏一特克斯谷(盆)地时，南侧有木扎特、夏塔、阿克牙孜、库克苏等较大支流汇入，至恰甫其海与大、小吉尔格郎河汇合后，折向北与巩乃斯河汇合。该河属山区性河流，流域内高程 6 995～850 m，河床纵坡 4‰，中游段下部(吉林台)长度约 142 km 河段，天然落差达 737 m，河床平均比降 5.2%。其流域面积 27 402 km^2，全长 408 km，其中中国境内流域面积 23 437 km^2，河长 296 km，分别占 85.53%和 72.55%，多年实测平均径流量(恰甫其海水文站)81.44×10^8 m^3，占总径流的 48.77%。特克斯河流域水能理论蕴藏量 3 909 MW，占全流域水能理论蕴藏量 7 062.7 MW 的 55.3%(伊犁哈萨克自治州地方志编纂委员会，2004；张军民，2005a)。

3. 喀什河

北支喀什河为伊犁河的第二大支流，发源于依连哈尔比尕山西侧，从东向西穿行于婆罗科努山与阿吾拉勒山之间，形成喀什河谷地，最后至托海村向南穿过阿吾拉勒山直指雅马渡汇入伊犁河。从河源阿腊散到雅马渡全长 316 km，流域面积 10 225 km^2，流域内高程 5 500～800 m，河床平均坡降 6.8‰，多年实测平均径流量(托海水文站)40.62×10^8 m^3，占流域总径流量的 24.30%。全河总落差 1 998 m，水能理论蕴藏量 1 405.9 MW，占全流域水能理论蕴藏量的 20%(伊犁哈萨克自治州地方志编纂委员会，2004；张军民，2005a)。

4. 巩乃斯河

伊犁河的中支为巩乃斯河，其发源于依连哈尔比孕山与阿吾拉勒山交接处，由东向西，形成巩乃斯河谷，左岸有卡普河汇入后至种羊场西侧与特克斯河汇合成伊犁河。从河源到汇合处全长 358 km，流域面积 7 213 km^2，流域内高程 4 000～850 m，河床平均坡降 0.7‰，多年实测平均径流量(则克台水文站)14.56×10^8 m^3，加上卡普河汇入实测径流量 4.99×10^8 m^3，实测总径流量 19.55×10^8 m^3，占总径流量的 11.53%。流域水能理论蕴藏量 679.1 MW，仅占全流域的 9.6%(李江风等，1994；伊犁哈萨克自治州地方志编纂委员会，2004；张军民，2005a)。

1.3 伊犁河流域气候资源与土地资源

1.3.1 伊犁河流域气候资源

伊犁河流域范围，与伊犁哈萨克自治州直属八县一市（伊宁市、伊宁县、霍城县、新源县、巩留县、尼勒克县、特克斯县、昭苏县、察布查尔自治县）的行政区所辖的范围基本一致（东部有少部分面积在巴音郭楞蒙古自治州境内），地理界线北以北天山西部的科古琴山为界，西北与博尔塔拉蒙古自治州为邻，东北与塔城地区的乌苏县相连，东南是巴音郭楞自治州的和静县，南以南天山西部的哈尔克套山为界与阿克苏地区的拜城、温宿县相连，西部从霍尔果斯河一直向南到昭苏县的阿拉爱尔山口与哈萨克斯坦共和国接壤，中哈边境线长约 427 km。伊犁河流域东西长约 350 km，南北宽约 280 km，流域土地总面积 5.741 8 km^2（伊犁哈萨克自治州地方志编纂委员会，2004；张军民，2006）。

伊犁河流域北、东、南三面高山环绕，地势东高西低向西开敞，外形轮廓近似以西部国境线为底边的等腰三角形，其一系列近东西走向的山地和谷地、盆地大致平行相间组成的地形结构，形成了伊犁河流域四山夹三谷一盆及一开阔的河谷平原的独特地形地貌，即特克斯河谷、巩乃斯河谷和喀什河谷，昭苏盆地，伊犁河谷平原（胡汝骥，2004）。伊犁河干流及其三大支流特克斯河、巩乃斯河、喀什河穿流于谷地之间，形成富饶秀丽的伊犁河绿洲（王树声，2006）。该流域三面环山，向西敞开，南面阻碍塔里木盆地的干热气流入侵，北面阻碍西伯利亚的寒冷气流南下，西来湿润气流沿河谷顺地形长驱直入流域深处，气流沿坡上升生产的降水分异高度变化导致的热量分异，造成流域水热分配及组合在东西方向分异基础上，更具突出明显的垂直分异（艾南山，1984）。伊犁河流域典型的自然位置分布，造就了其独特的气候资源，成为新疆乃至中亚地区的一块“湿岛”，具有“塞外江南”之美称。其气候总的特点为温和湿润，昼夜温差大，夏热少酷暑，冬冷少严寒，春温回升迅速而不稳定，秋温下降较快；降水较充沛，各地差异大，山区多雷雨；积雪丰厚，大风日数少，无霜期较短，浅山地带冬季有明显的逆温层（伊犁哈萨克自治州地方志编纂委员会，2004）。

1. 降水充沛

该流域位于中纬度大陆中部，盛行西风环流，水汽主要来自大西洋。西风气流沿经地中海、里海、黑海和巴尔喀什湖等水域水汽的补充，再加上流域地形呈喇吸状向西敞开，西来较湿、较大的气流很容易进入盆地，同时受东南部高山拦截，在山区形成地形降水，致使伊犁河谷成为天山山系最大的降水中心和新疆降水量最多的地区，河谷区年平均降水量为 200～300 mm，海拔 1 800 m 以下降水量垂直递增率为每 100 m 40～60 mm，谷地周边海拔 1 500～2 500 m 高度上，年降水量＞800 mm，巩乃斯河 1 500～1 800 m 的迎风坡曾观测到 1 139.7 mm 的降水量（胡汝骥，1978）。根据实测和 1/30 万降水量等值级图量算，流域平均降水量为 553.4 mm，为全国平均值 648 mm 的 85%，是新疆平均值 147 mm 的 3.76 倍，其中山区平均降水量为 644.5 mm，平原平均降水量 345.4 mm，年平均降水补给 238.62 亿 m^3（胡汝骥，2004；张军民，2006）。

2. 时空分布差异大

该流域降水空间地域分布上是东部多于西部、山地多于平原、迎风坡大于背风坡。一般平原区降水量为 200～500 mm，随海拔升高，降水量随之增加；海拔 550～800 m 的区域降水量 200～350 mm；巩乃斯-喀什河谷（海拔 800～1 000 m）降水量 350～400 mm；特昭盆地降水量＞400 mm（海拔 1 000 m 以上）；森林带地域（海拔 1 600～2 200 m）降水量为 600～800 mm，甚至更多；但海拔高于 2 000 m 后，降水又迅速减小（新疆荒地资源综合考察队，1986）。该流域在季节分配上与新疆其他地区相比较均匀，春季降水量平均占年降水量的 30%～35%，夏季降水量占全年的 25%～40%，秋季降水量占全年的 22%，冬季占 10%，年变化较稳定（张军民，2006）。

1.3.2 伊犁河流域热量资源

1. 热量资源丰富但地域差异大

伊犁河流域热量资源较丰富，但受山地格局及地形、地势、下垫面等影响，气温具有明显的水平和垂直地带性，垂直方向变化更复杂。该流域年平均气温 2.9～9.1℃，极端最高气温 40.2℃（1979 年 8 月 3 日，霍城县和霍尔果斯气象站记录），极端最低气温－43.2℃（1969 年 1 月 28 日，昭苏），平均地势每升高 100 m，气温下降 0.2～4.0℃。春季回温快但不稳定，秋季降温迅速伴有冷空气入侵，夏季短促但有炎热（≥30℃）和酷暑（≥35℃）天气，冬季寒冷漫长偶有寒潮入境，一般 110～170 d，山区 200 d 以上。积温由南向北、从谷地到山地减少，农区≥0℃的积温 3 000～4 000℃，≥10℃的积温 2 500～3 500℃；牧区≥0℃的积温 2 500℃左右，≥10℃的积温 1 500～2 000℃。日照时数 3 000～2 000 h/a，日照率 67%～61%，太阳辐射强度 140～130 kJ/(cm^2·a)，生理辐射量 66～64 kJ/(cm^2·a)。年平均降水量 200～1 000 mm，年平均蒸发量1 800～1 250 mm。年平均温度 9.2～2.8℃，绝对湿度 9～8 hPa。年平均无霜期 180～90 d，积雪日数 80～150 d，积雪深度 10～40 cm 以上。气温日较差谷地平均为 14.0～15.0℃，山地为 9.0～10.0℃；气温年较差谷地平均为 5～8℃，山地平均为 2～5℃（李江风，2003）。

2. 河谷丘陵及平原区热量资源较充足

伊犁河谷平原区平均海拔 530～1 000 m，包括霍城县、伊宁县、伊宁市、察布查尔县、巩留县等地，3～10 月日照时数为 2 100 多小时，日照率 66%，太阳辐射能为 445.3 kJ/(cm^2·a)，年平均气温 7.5～9.7℃，平均最高气温 37.4～40.2℃，平均最低气温－43.2～－37.6℃，无霜期 160～170 d。

特克斯河谷、巩乃斯河谷和喀什河谷丘陵区，包括特克斯县、新源县、尼勒克县，海拔 800～1 600 m，3～10 月日照时数在 2 000 h 左右，日照率 62%，太阳辐射能为 466.2 kJ/(cm^2·a)，年平均气温 5.3～7.6℃，最高气温 39.8℃，平均最低气温－45.4～－41.6℃，无霜期 104～161 d。

昭苏盆地海拔 1 600～1 900 m，属于旱半湿润冷凉气候。年平均气温 0.7～2.9℃，最热 7 月平均气温 14.6℃，最冷 1 月平均气温－11.7℃，极端最低气温－40.7℃。终年无夏，冬季严寒，气候温凉湿润，冷季长达 205 d。平均气温稳定通过≥10℃的天数只有 94 d，积温 1 328℃（6 月 9 日至 9 月 10 日）（徐贵青，2004）。

1.3.3 伊犁河流域土地资源

伊犁河流域地貌类型多样、水分条件各异，土壤类型也较丰富，相应的植被类型有高山寒冷垫状植被、山地森林草甸植被、山地湿润草原植被、山地荒漠、草原、平原灌溉绿洲、平原荒漠、平原天然河谷次生林、草甸、绿洲等(包桂荣,2008)。

1.3.3.1 **土地资源**

伊河流域土地总面积563.47万hm^2，占全疆土地面积的3.35%。该流域宜农、宜牧、宜林用地494.11万hm^2，占土地总面积的87%；现有农地为95.40万hm^2，占土地总面积的16.93%；暂不宜利用地69.31万hm^2，占土地总面积的12.30%。宜用地中宜农荒地2.08万hm^2，宜林地55.59万hm^2，宜牧地341.08万hm^2，分别占宜用地面积的0.42%、11.25%和69.03%(新疆荒地资源综合考察队,1986)。在宜用地中，质量好的和比较好的一等、二等地达436.82万hm^2，占宜用地的93.87%，而质量较差和差的三等、四等地为30.29万hm^2，占宜用地的6.13%；山地普遍为宜林、宜牧的双宜土地，适宜发展优质林果业及草牧业，河谷平原区大多为宜林、宜牧、宜农的多宜性土地，适宜发展种养结合的现代特色生态农业(张军民,2005b)。

1.3.3.2 **土壤资源**

1. 土壤区域性分布

伊犁河谷的土壤资源十分丰富，类型多而独特。伊犁河谷西段(雅玛渡以西)土壤分布规律是：灰钙土(山前平原上中部)—草甸灰钙土(山前平原下部)—草甸土(扇缘带)—灰钙土(高阶地)—草甸土(低阶地)—沼泽土(河漫滩)。尼勒克谷地、巩乃斯谷地、特克斯谷地的两侧土壤分布规律一半与伊犁谷地相似，土壤分布是：栗钙土—草甸土。昭苏盆地地形特点是四周向中心倾斜，土壤分布是：沼泽土—草甸土—黑钙土。

2. 土壤分类

据第二次土壤普查资料，伊犁河谷土壤类型主要有：潮土、灌耕土、草甸土、沼泽土、盐土、黑钙土、灌耕黑钙土、栗钙土、灌耕栗钙土、灰钙土、灌耕灰钙土、风沙土、亚高山草甸土、高山草甸土、高山寒漠土裸岩倒石碓、灰褐色森林土等类型。

(1) 潮土：潮土分布在我区洪积-冲积倾斜平原的扇缘地带、河流冲积平原的低阶地以及山间洼地。全区潮土面积91万亩地(1亩=1/15 hm^2)，占普查农区耕地毛面积的8.51%，其养分含量一般较同地带性土壤的养分含量要高。

(2) 灌耕土：该土壤在伊犁河谷广大农区分布较为广泛，土壤适耕性好，宜耕期长，土壤养分含量高，缺素夺肥现象不明显，土壤养分代谢能力较高，土壤抗逆性强。

(3) 草甸土：草甸土是在地下水侵润和生长草甸植被作用下发育而成的土壤。主要分布在我区各条河流两岸的低阶地、河漫滩和泉水溢出带的上下边缘，以伊犁河、巩乃斯河两岸分布最为广泛，全区各县均有分布，面积44.5万亩，占全区总面积5.27%。

(4) 沼泽土：分布于扇缘泉水溢出带和低阶地的低洼部位，全区沼泽土面积135万亩，占总面积的1.6%。地表着生有芦苇、毛腊、水葱、莎草、三棱草等。

(5) 盐土：伊犁河谷盐土的分布成3条腰状模式，河谷两侧倾斜平原下缘夹伊犁河(含其支流)低阶地这三个地段。该区盐土分为3个亚类：草甸盐土、沼泽盐土和干盐土。

(6) 黑钙土:黑钙土是典型的草原土壤,是伊犁地区的重要牧场和农业区。主要分布在昭苏盆地、巩乃斯河谷的东部和喀什河谷地东部,另外在伊犁河的低山、特克斯河谷地、喀什和谷地、巩乃斯河谷地的丘陵和低山呈带状分布。并在亚高山和亚高山草甸土或灰褐色森林土成复区存在,分布在海拔 1 400～2 100 m,面积 1 180 万亩,占全区总面积的 13.97%。耕作黑钙土分布在昭苏盆地,新源东部那拉提地区,尼勒克县东部种蜂场一带,面积 126 万亩,占黑钙土面积的 10.71%。

(7) 栗钙土:伊犁河谷分布的栗钙土,上限与黑钙土带比邻,下限与灰钙土带相连,海拔高度在 850～1 500 m,分布面积较大。农区开垦耕种的栗钙土面积仅次于灰钙土,全区栗钙土分布面积 1 204 万亩,占全区总面积的 14.26%,目前河谷地带开垦耕种面积 273 万亩,占农区总面积的 25.53%,其中没有灌溉条件实行旱作面积达 54.7 万亩,占耕种栗钙土总面积的 20.03%。

农区栗钙土主要分布在特克斯县、昭苏县西南部、新源县中部、尼勒克县中部等地,地貌大多属于低山丘陵、山间谷地和山前平原上部。

(8) 灰钙土:伊犁河谷灰钙土是半荒漠草原带的土壤,它是伊犁河谷的地带性土壤。主要分布在伊犁河谷和巩乃斯河、喀什河谷地西部两侧的丘陵长岗,山前倾斜平原,河谷阶地,海拔在 560～1 000 m,从行政区划上来说,主要分布在霍城县、伊宁县、察布查尔县、巩留县、伊宁市、新源县和尼勒克县的额西部地区,面积 1 015 万亩,占总面积的 12.1%。

(9) 风沙土:分布范围大致东起霍城县治沙站,西至国境线,北起 62 团 11 连、64 团 11 连,南止伊犁河,本区风沙土有半固定风沙土、固定风沙土、灌溉风沙土 3 种类型。面积 50.5 万亩,占全区总面积的 0.59%。

(10) 亚高山草甸土:亚高山草甸土分布在山地黑钙土的上限,海拔高度在 1 800～2 800 m,与灰褐色森林土呈复区分布,覆盖度在 90%以上,是本区优良的夏季牧场,分布面积 1 280.4 万亩,占山地总面积的 22.39%。

(11) 高山草甸土:高山草甸土分布在亚高山草甸土的上限,属山地垂直带的上部,主要分布在科古琴山、伊连哈尔比尕山、那拉提山、婆罗科努山等地,海拔在 2 800～3 400 m,本区高山草甸土面积 1 079.22 万亩,占山地总面积的 19.11%。

3. 土地资源特征

(1) 耕作土壤的肥力特征:"两高"、"一厚"和"微偏碱"。

"两高":一是有机质含量高,各县农区有机质的加权平均值均大于 1,具体为:伊宁市 2.25%,伊宁县 2.06%,霍城县 1.67%,察布查尔县 2.34%,巩留县 2.53%,新源县 4.71%,尼勒克县 3.61%,特克斯县 3.94%,昭苏县 8.05%。在新疆农业土壤有机质含量>1%的面积比例位居第一。二是土壤速效钾含量高,本区各类土壤类型的速效钾含量都比较高,绝大多数都大于 200 mg/kg。

"一厚":土层深厚、均一,一般>1 m,灌淤层最厚达 5～8 m。

"微偏碱":土壤 pH 值中偏微碱,范围为 7.3～8.4,耕作土壤中很少 pH>8.5 的土壤。在新疆耕作土壤中,为 pH 比较适中的土壤。

本区土壤质地的特点是:质地适中,农区土壤 94%以上的土壤都是壤质土,而且小于 0.01 mm 的物理性黏粒大多处于 30%～50%,且以中壤质地为主。十分适宜优质瓜果、粮、糖料作物等多种作物生长。

(2) 土壤类型结构多样,发育良好。伊犁河流域土壤发育良好,土壤类型结构多样。除伊犁河中下游河谷有小片沙洲外，其他地域无沙漠分布；除雪线以上寒冻地带，地表均能形成植被、土壤；土壤类型及结构多样：陡坡山地分布有良好的森林及自然保存的野果林，缓坡山地分布有森林及草地，牧草质量之好、产量之高干旱区少有（张军民，2005b）。

1.4 伊犁河流域农业发展

伊犁河流域在新疆伊犁地区境内，行政区上和伊犁河谷基本一致。伊犁州直主要包括霍城县、伊宁县、察布查尔县、尼勒克县、新源县、巩留县、特克斯县、昭苏县、奎屯市和伊宁市，及新疆生产建设兵团农四师、农七师所属的全部团场，流域国土面积 56 350 km^2，总人口 281.5 万，少数民族人口占 61.3%。伊犁素有"塞外江南"、"中亚湿岛"的美称，2008 年又获得"中国十大新天府"殊荣，是历史上著名的"天马之乡"，是新疆粮食、油料、蔬菜、畜产品、林果和农副产品的重要生产基地和伊犁马、新疆细毛羊、新疆褐牛的培育基地。伊犁州直拥有天山马鹿、雪豹、麋鹿、盘羊、四爪陆龟、裸腹鲟等 60 多种珍稀动物和野生核桃、苹果、巴旦杏、贝母等 3 000 多种植物、700 多种野生药材，是世界上少有的生物多样性天然基因库。

1.4.1 农林牧渔业发展概况

从 1949 年到 1998 年，伊犁地区国内生产总值由 0.55 亿元增到 65.32 亿元，年均递增 10.24%；农业总产值 40.85 亿元，年均递增 4.97%。农、林、牧、渔业全面发展，主要农畜产品居全区产量前列，成为新疆粮、油、畜产品和糖料生产基地。工业生产迅猛发展，形成了以食品加工、纺织、饮料、煤炭、皮革、电力、建材、制糖、造纸等较为齐全的工业体系。固定资产从 1953 年到 1998 年累计投资 48.8 亿元。财政收入到 1998 年达到 2.92 亿元，比 1952 年增长 23.3 倍。对外进出口总额由 1992 年的 1 042 万美元增到 1998 年的 2 696 万美元。农牧民人均纯收入由 1978 年 110 元提高到 1998 年的 1 762 元（伊犁地区统计局编委会，1949—1999）。

从 2000 到 2010 年，农林牧渔业得到飞速发展。生产总值从 414 845 万元升至 1 347 895 万元，年递增率 12.5%（图 1.1）。农林牧渔业结构从 2000 年的农：林：牧＝56.4：1.4：41.2 变化为 2010 年的农：林：牧：渔：农林牧渔服务业＝53.12：1.81：42.68：0.69：1.7，结构越来越趋于合理（图 1.2）。2011 年，伊犁州直农村经济总收入 203.62 亿元，较上年增长 17.41%；农牧民人均增收 1 221 元，纯收入达到 7 813 元，较上年增长 18.5%，创历史新高。在畜牧业发展上，将牧民定居、标准化养殖作为重点工作，新建改建标准化养殖小区 75 个，完成牧民定居 2 754 户，农牧民新增收入中来自畜牧业的贡献额达到 400 元以上，在农牧民人均增收中的比重达到 33.33%。高效种植业成为农业生产中的重要力量，伊犁州直农作物总播种面积 709.71 万亩，粮食总产 255.62 万 t。各县市均建成 300 亩以上的农业科技示范园区，建设特色作物示范田达 116.65 万亩，高效种植业在农牧民人均增收中的比重达到 16.21%。特色林果业也得到较快发展，新增特色林果 38.39 万亩，挂果面积 31.77 万亩，各类果产品总产量达 27.16 万 t，产值 11.6 亿元，拉动农民人均增收 270 元，林果业在农牧民人均增收中的比重达到 5.57%（苏敏，2012）。

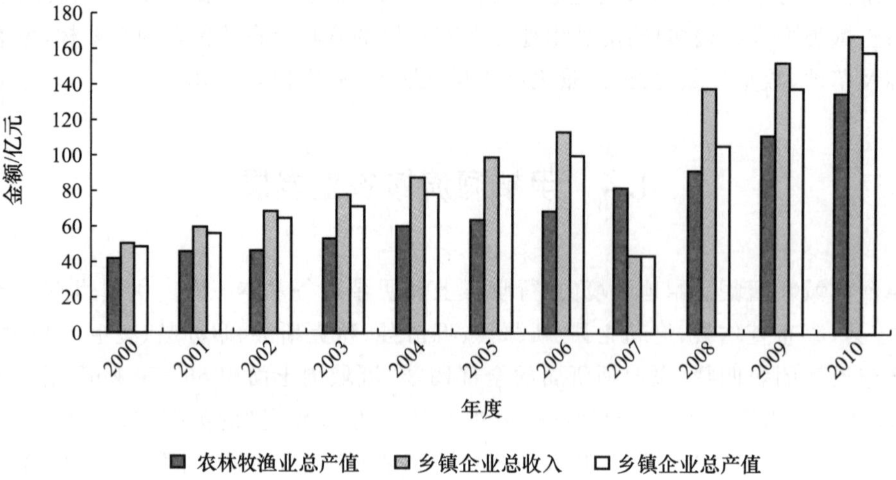

图 1.1 伊犁州直 2000—2010 年农林牧渔业总产值、乡镇企业总收入、企业总产值变化示意图

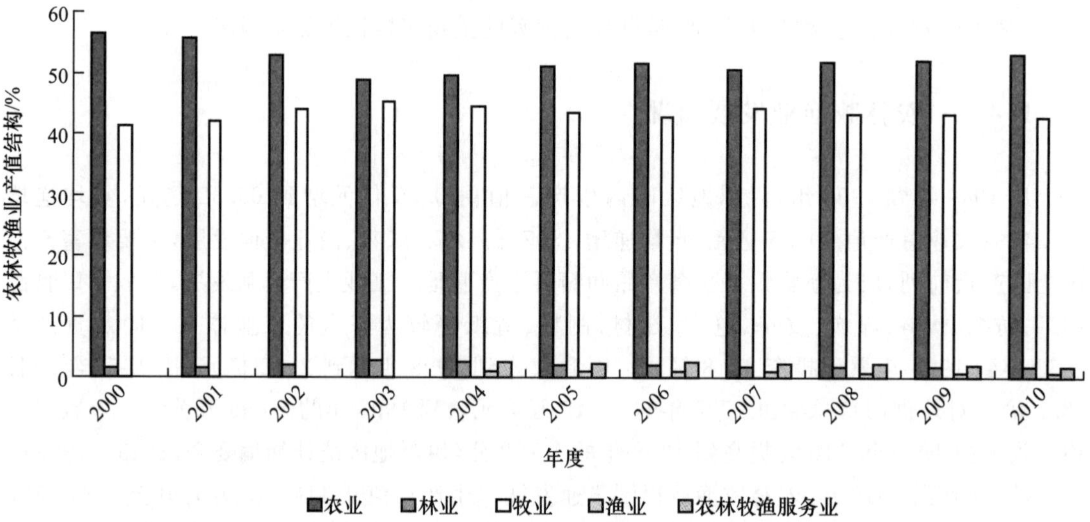

图 1.2 伊犁州直农林牧渔业产值结构

1.4.2 州直农业生产概况

伊犁河流域由于独特的气候条件，适宜种植粮食、谷物、豆类、油料、糖料、麻类、棉花等各类农作物。多年来，州党委、政府非常重视粮食安全生产，致力于高产科技攻关和加大科技成果转化力度，大力推进了高效种植业和设施农业发展，已逐步建成新疆乃至全国重要的粮食、豆类、油料、糖料、麻类等重要的生产基地。随着伊犁河流域深入开发，宜农面积逐年增加，农作物总播种面积由 2000 年的 31.823 万 hm^2 增加至 2010 年的 46.053 万 hm^2。粮食面积由 2000 年的 16.971 万 hm^2 增至 2010 年的 33.481 万 hm^2；产量由 2000 年的 92.37 万 t 增至 2010 年的 228.2 万 t。谷物种植面积 2000—2005 年基本持平，从 2005 年种植的 13.961

万 hm^2 增至 2010 年的 29.087 万 hm^2。豆类 2000—2010 年种植面积基本上变化不大，维持在 4 万 hm^2 左右。棉花种植面积从 2000 年的 0.255 万 hm^2 增至 2010 年的 1.012 万 hm^2，2008 年种植面积最大达 2.121 万 hm^2，产量达 21 937 t。油料种植面积从 2000 到 2010 年基本持平，维持在 5.5 万 hm^2 左右，产量 13 万 t 左右。麻类种植面积从 2000 到 2010 年呈正态分布，2005 年种植面积最大，达 2.299 万 hm^2，产量 115 894 t。甜菜种植面积从 2000 年开始，每隔 4～5 年种植趋势呈正态分布，2007 年种植面积达 3.251 万 hm^2，产量 199 万 t。烟叶种植面积从 2000 到 2010 年逐年减少。蔬菜种植面积从 2000 到 2008 年基本持平，从 2009 年开始，种植面积增加，2010 年达 1.76 万 hm^2。药材、薯类、瓜果、打瓜类、苜蓿等种植面积基本持平(图 1.3 至图 1.8)。

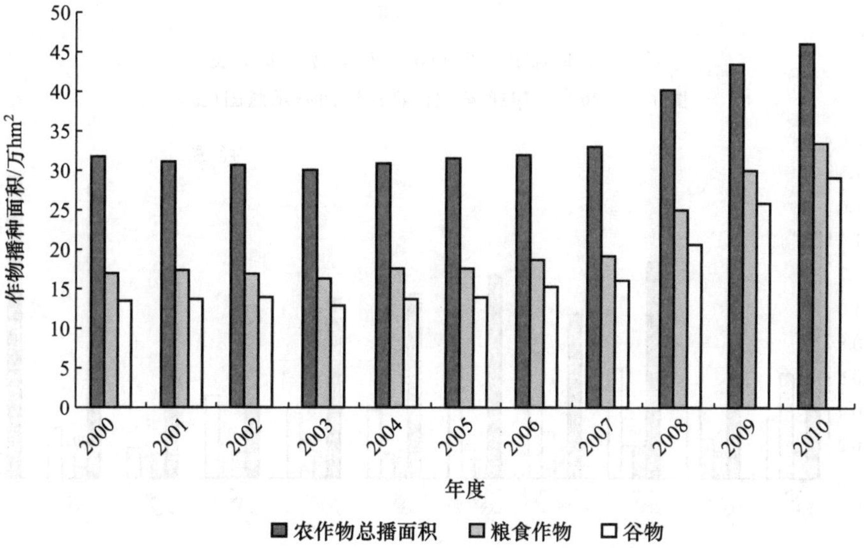

图 1.3 2000—2010 年农作物播种面积示意图(一)

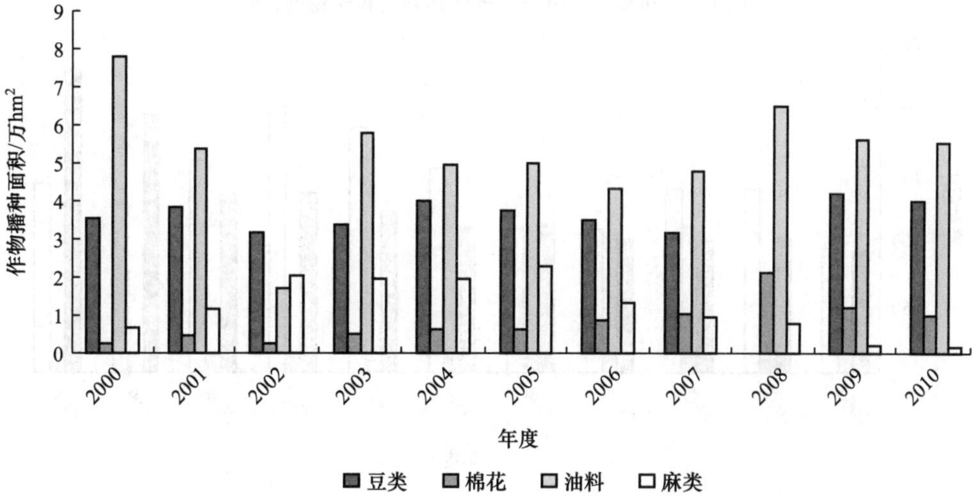

图 1.4 2000—2010 年农作物播种面积示意图(二)

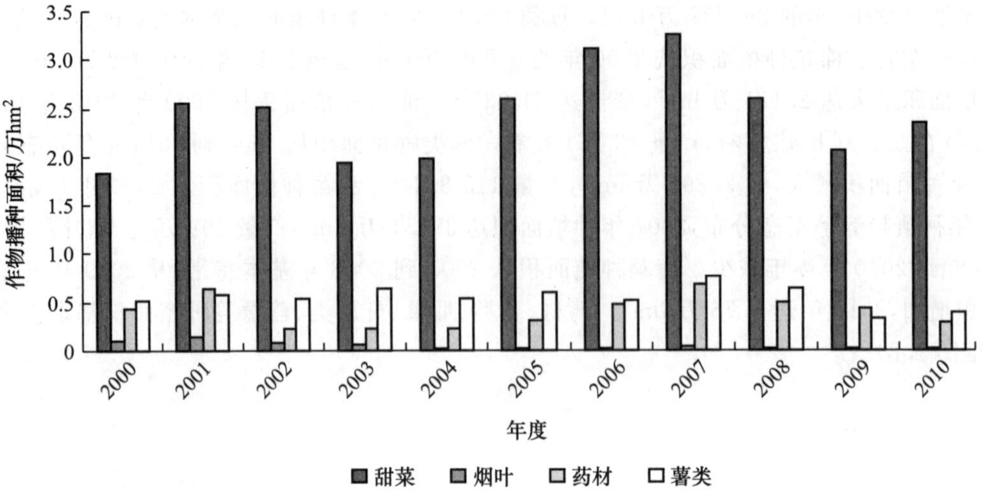

图 1.5　2000—2010 年农作物播种面积示意图(三)

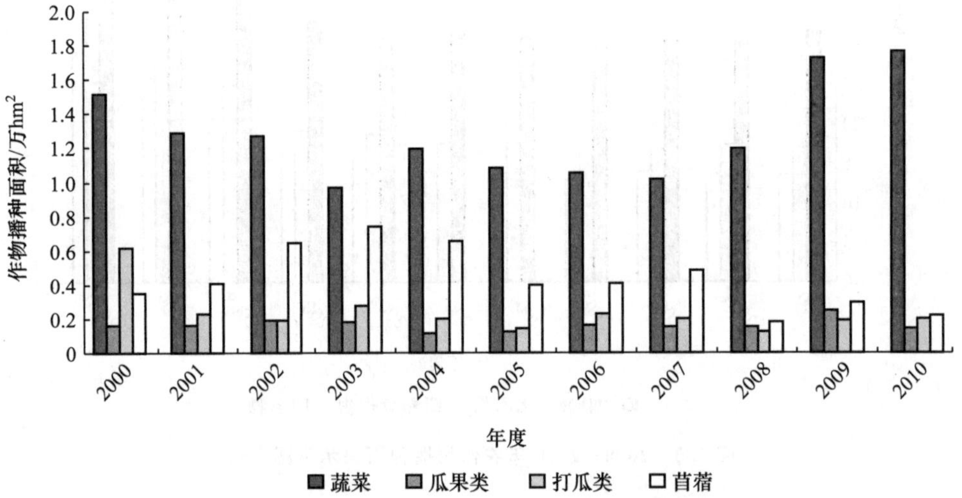

图 1.6　2000—2010 年农作物播种面积示意图(四)

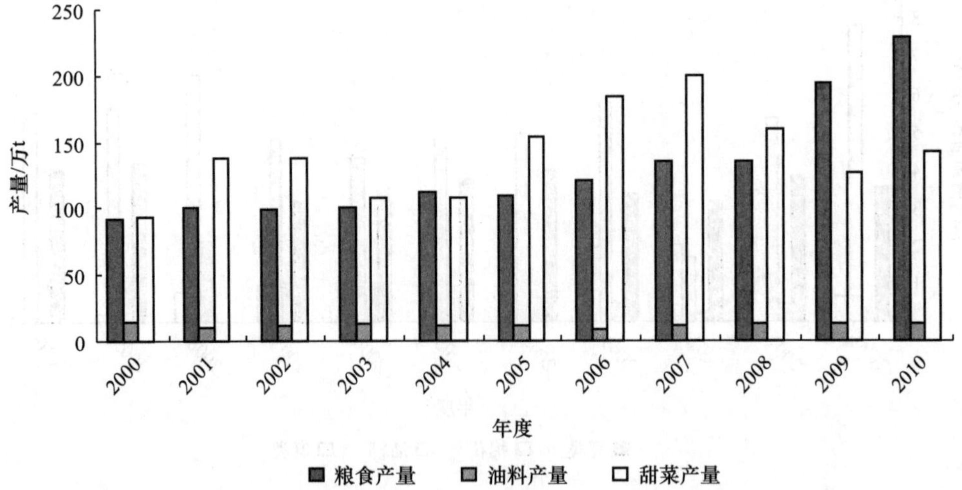

图 1.7　2000—2010 年农作物产量变化示意图(一)

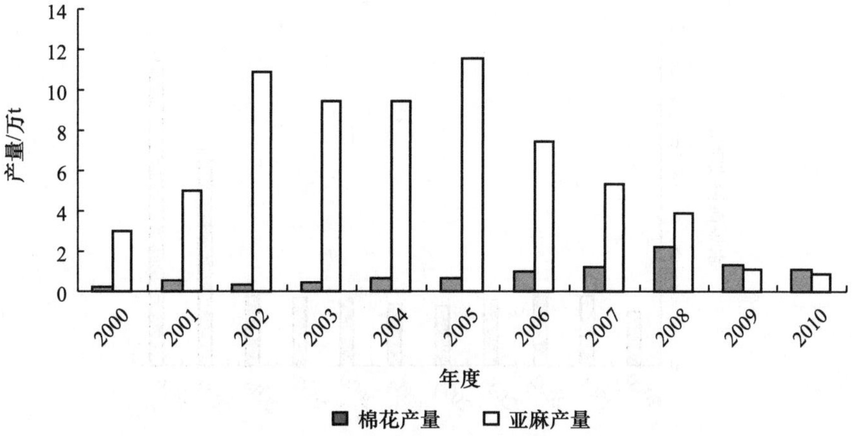

图 1.8 2000—2010 年农作物产量变化示意图(二)

1.4.3 州直林业生产概况

"十五"期间,伊犁河谷按照伊犁州党委、人民政府提出的"加快发展用材林,继续建设防护林,做大做强经济林,切实保护天然林"的方针,坚持"生态优先"、"三效兼顾"的原则,确保重点生态工程建设质量和效益的同时,注重发展后续产业,形成了地上栽树,林下种草,家中有畜的"营林、种草、养畜"的农林牧综合发展模式,伊犁河谷森林覆盖率也从 2001 年的 8.67%提高到目前的 10%以上。从 2000 年开始,当年造林面积逐年增加,由 2000 年的 2 131 hm^2 增加至 2010 年的 31 060 hm^2(图 1.9)。按照"突出特色产业,调优农业结构"的指导思想,以市场为导向,以效益为中心,积极推广名、优、特、新等林果品种,实行区域化布局、规模化生产、产业化经营,强龙头,建基地,创名牌,占市场,以点带面,整体推进,走生态型、效益型、科技型和高产、高效、优质的林果产业之路,促进了林果业健康、持续、快速地发展,使林果业成为农民增收致富之源。水果面积由 2000 年的 14 631 hm^2 增至 2010 年的 81 978 hm^2,年递增率 18.8%(图 1.10);水果产量 100 300 t 增至 234 500 t(图 1.11)。

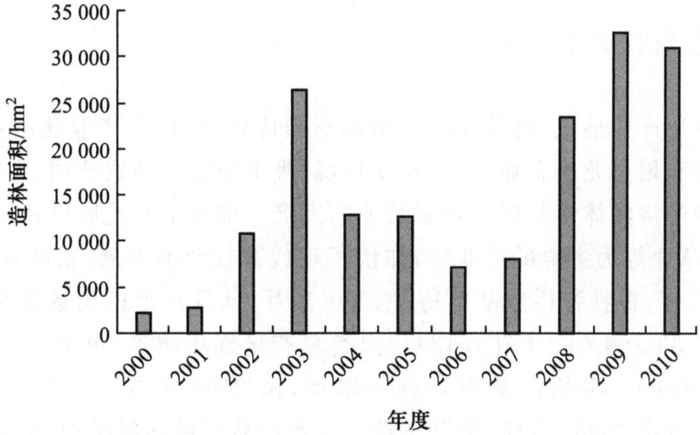

图 1.9 伊犁州直 2000—2010 年造林面积变化示意图

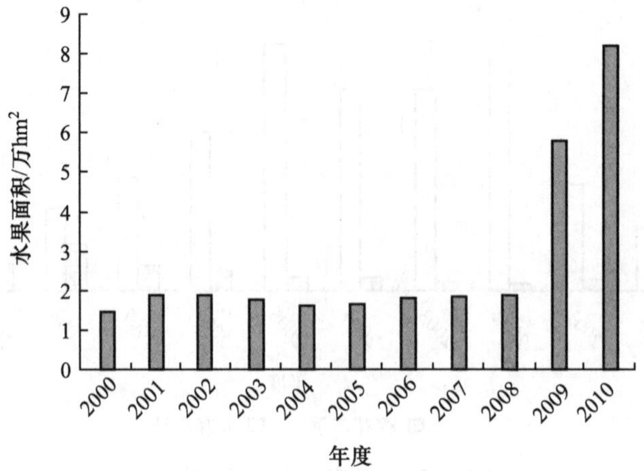

图 1.10　伊犁州直 2000—2010 年水果面积变化示意图

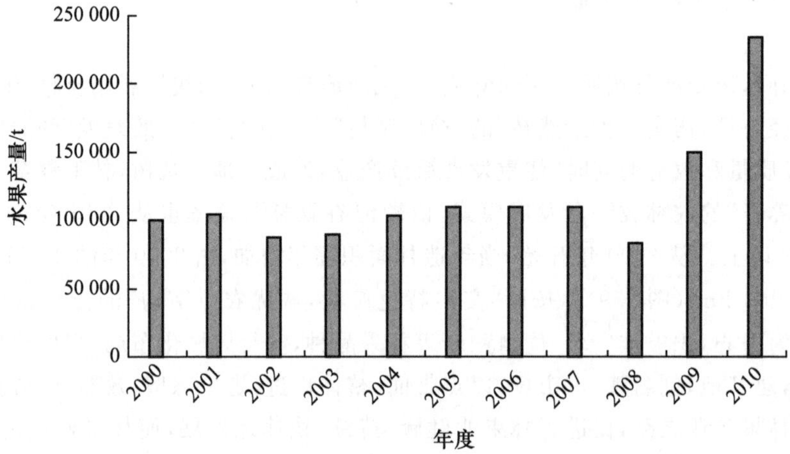

图 1.11　伊犁州直 2000—2010 年水果产量变化示意图

1.4.4　州直畜牧业生产概况

坚持畜牧业主导产业地位,畜牧业生产结构不断优化,坚持走产业化的道路,养殖基地建设初具规模。扶持和培育龙头企业,创造宽松环境,吸引新疆美利奴公司、中洲公司、巴口香实业等一批有实力的经济实体参与伊犁州畜牧业的发展。饲料工业发展迅速,初步形成了乳品、肉类、禽蛋、饲料、草业等为主要的产业链,加快了现代畜牧业的发展,畜牧业经济实力进一步增强。2000—2010 年,畜牲存栏数基本持平,600 多万头(只);出栏头数逐年增加,由 313.36 万头(只)增至 472.33 万头(只)(图 1.12)。肉类总产量逐年增加,由 2000 年的 128 025 t 增至 2010 年的 220 844 t。牛奶产量也是逐年增加,由 2000 年的 243 673 t 增至 2010 年的 568 694 t。绵羊毛产量 2000—2010 年基本持平。水产品产量逐年增加,由 2000 年的 8 334 t 增至 2010 年的 11 902 t(图 1.13)。

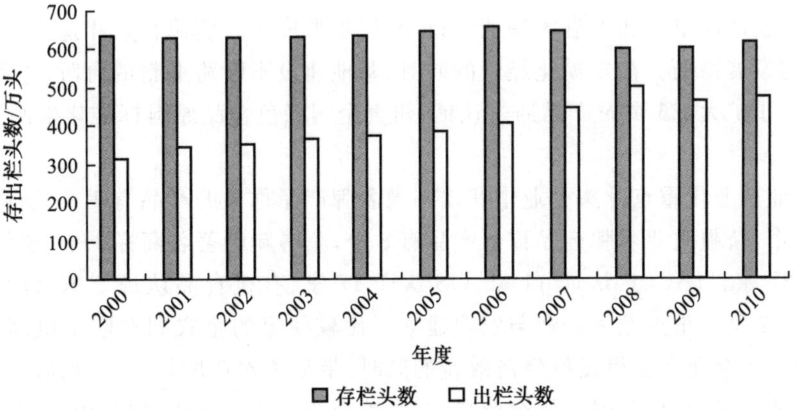

图 1.12　伊犁州直 2000—2010 年存栏、出栏头数变化示意图

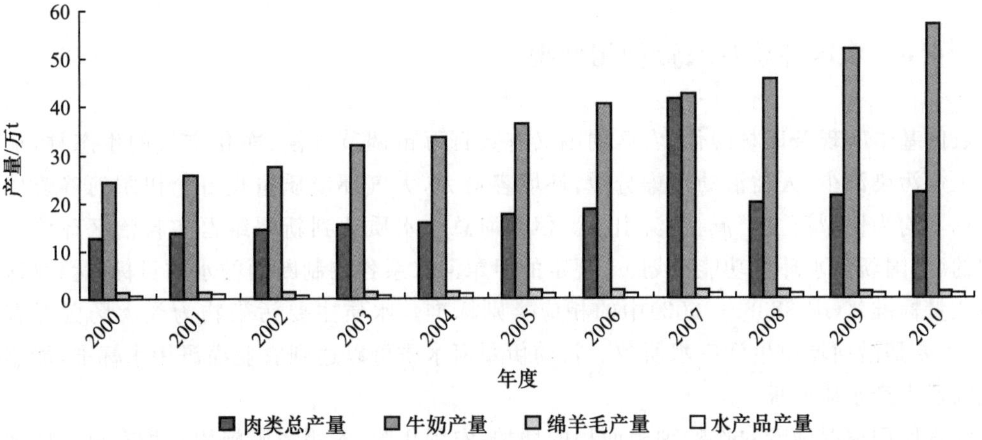

图 1.13　伊犁州直 2000—2010 年肉、牛奶、绵羊毛、水产品产量变化示意图

1.4.5　州直农业产业化发展情况

近年来，州直以发展农业产业化重点龙头企业为切入点，大力推进农业产业化经营。通过政策引导、资金扶持，涌现出了以“四方”、“伊欣”、“盛康”、“德康”、“伊源”、“天宝祥”、“向新”、“百信”、“华蓝”等龙头企业为代表的制糖、粮油、果蔬、乳、肉制品、蜂产品、林木生产加工产业链。一批生产规模大、产品档次高、带动能力强的标志型企业为伊犁州的经济发展注入了生机和活力。

截至 2010 年，州直拥有国家级、自治区级和州级农业产业化重点龙头企业达到 61 家，其中国家级农业产业化重点企业 2 家、自治区级农业产业化重点龙头企业 33 家、州级农业产业化重点龙头企业 26 家；资产总额达 42.2 亿元。固定资产净值达 17.3 亿元。2009 年实现销售收入 34.6 亿元、带动农户 23 万户。年销售收入超过 1 亿元的企业有 12 家。重点龙头企业的快速发展成为农业增效、农民增收的重要支撑。以市场为导向，大力发展以设施农业为重点的高效种植业、现代畜牧业、特色林果业和劳务经济四大支柱产业，有力地促进了粮食、油料、林果、畜产品、农产品出口加工五大基地建设，并逐步形成了与资源特点相适应的区域化、专业化和规模化的发展格局。在规模化经营的同时，基地建设不断跨上新的台阶，绿色有机农产品生产基地进一步扩大，26 个农产品通过认证，州直全国绿色食品原料标准化生产基地达 317.7 万亩。

目前，农业产业化重点龙头企业中获得中国名牌产品称号的产品有 1 个，新疆名牌产品称号产品有 11 个，新疆农业名牌产品称号产品有 8 个，获得新疆著名商标 4 个，获得 ISO9000 系列认证企业 27 家、HACCP 认证 14 家、OS 认证 17 家、有机食品认证 3 家、绿色食品认证 7 家、GMP 认证 2 家。重点龙头企业与农户建立了比较稳定的企农利益联结机制，经营模式不断完善，促使龙头企业在获得良好经济效益的同时，带动了农业增效、农民增收，培养了产业基地，加快了产业化进程(伊犁州乡镇企业局)。乡镇企业总收入逐年增加，由 2000 年的 503 809 万元增至 2010 年的 1 676 366 万元；乡镇企业总产值逐年增加，由 2000 年的 481 883 万元增至 2010 年的 1 584 227 万元(图 1.1)。

1.4.6 农区环境及农资使用情况

农区基本实现条田林网化，农区周围又有数百万亩调节气候、净化空气的生态林，加之农牧区工业污染源少，人类活动污染分散，环境容量大，大气环境质量良好。伊犁河谷流域农业生产用水均为伊犁河主干流、支流引水。伊犁河总体水质达到新疆维吾尔自治区环境保护局编制的《中国新疆水环境功能区划》中规定的伊犁河水系各控制断面的水质目标，达到《地表水环境质量标准》(GB 3838—2002)中的相应类别标准。水质主要污染物为粪大肠菌群有超标现象，主要是沿河城镇生活废水所致。目前伊犁河水质可以达到农业灌溉用水标准，能够满足绿色农业生产水质要求。

农资使用情况随着农作物种植面积的增加，农用化肥、农用薄膜施用量均有显著增加。农用化肥施用量自 2000 年的 43 070.75 t 增至 2010 年的 97 067 t；农用薄膜施用量由 2000 年的 1 456.16 t 增至 2010 年的 3 766 t；农药施用量基本持平，维持在 450 000 t 左右(图 1.14 至图 1.16)，农资使用情况在可控范围之内。

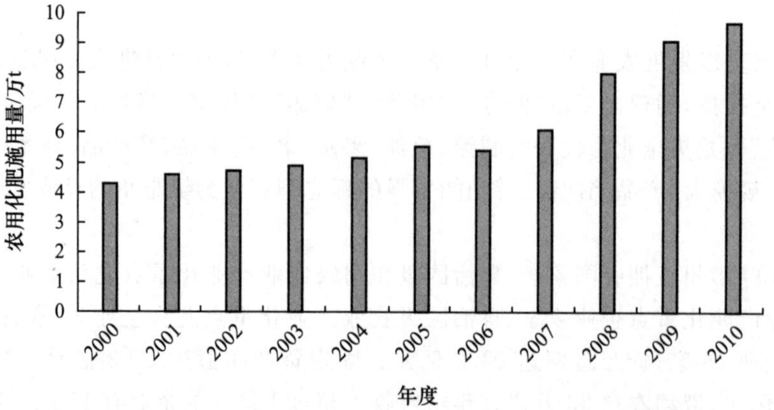

图 1.14 伊犁州直 2000—2010 年农用化肥施用量变化示意图

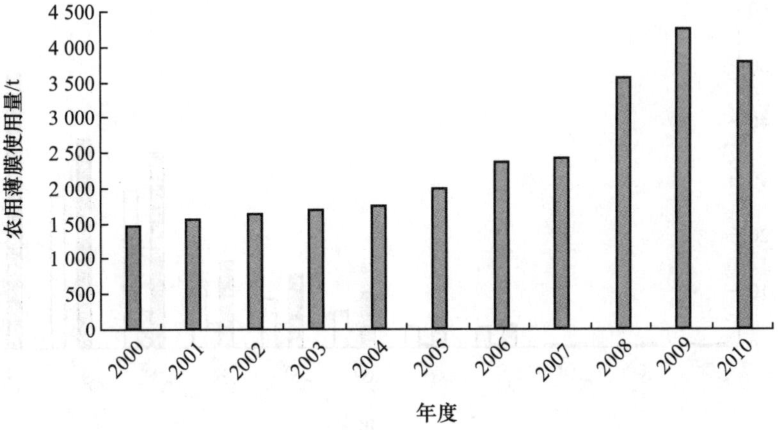

图 1.15 伊犁州直 2000—2010 年农用薄膜使用量变化示意图

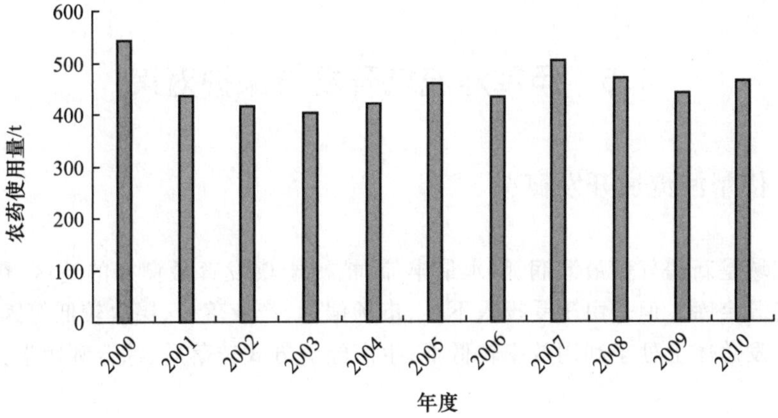

图 1.16 伊犁州直 2000—2010 年农药使用量变化示意图

1.4.7 外贸出口情况

州直与哈萨克斯坦等国接壤，是新疆和全国向西开放的重要商埠和国际大通道。沿边有霍尔果斯、都拉塔等口岸，其中霍尔果斯口岸是西北地区最大的公路口岸，具有年进出口货物 200 万 t、出入境人员 300 万人次的通关能力。具备发展外向型农业、外向型农产品销售和深加工产品销售、轻工业产品销售的多种优势。外贸进出口呈强势增长趋势，由 2000 年的外贸进出口总额 6 339 万美元增至 2010 年的 488 391 万美元；进口总额由 2000 年的 1 517 万美元增至 2010 年 187 853 万美元；出口总额由 2000 年的 4 822 万美元增至 2010 年的 300 538 万美元(图 1.17)。

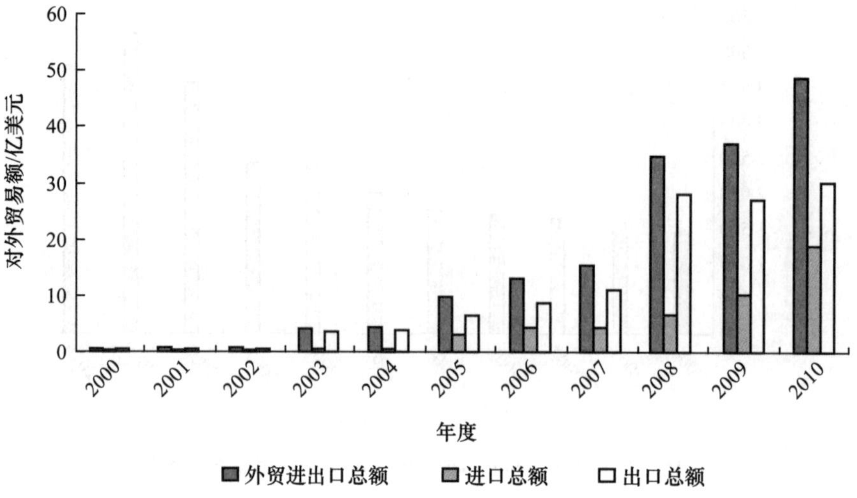

图 1.17　伊犁州直 2000—2010 年对外贸易额变化示意图

1.5　伊犁河流域开发与保护对策

1.5.1　伊犁河流域开发概况

伊犁河流域是新疆气候最湿润、降水最丰沛、植被土壤发育最良好的地区，堪称干旱区的“湿岛”和水资源宝库。但是由于受投入不足、市场偏远、产业落后、层次较低等因素的影响，该流域水资源开发总体上处于利用效率较低下、生产经营方式较落后、综合利用潜力巨大的初级阶段。

1. 水资源利用水平低

目前，伊犁河流域 95%以上水资源用于农牧业生产，其中灌溉用水占 90%以上。但由于农业基础设施建设投入不足，农牧业生产经营方式落后，农业生产仍停留在大水漫灌的粗放阶段，畜牧业仍以天然草原放牧的游牧业为主，水资源利用水平极其低下。刘宁(2006)报道新疆北部和西部占全疆水资源量的 93%，而伊犁河和额尔齐斯河两大流域水资源拥有量占全疆的 32%，其利用率仅为 20%。

2. 水利设施建设影响生态环境

目前伊犁河流域建有喀什河吉林台一级水电站、特克斯恰普其海水利枢纽工程、南岸大渠及灌区配套建设工程等重大水土开发工程，对伊犁水、土、光热资源开发利用和国民经济发展无疑会起到积极的促进作用，但也会对伊犁河下游水生生物产生影响，致使鱼类繁殖规律遭到破坏，导致鱼类繁育场面积萎缩，鱼类的饵料生物资源减少，质量下降。引起下游水文情势和水质发生变化，改变了径流量的自然运行规律，径流规律的改变无疑对生物产生不利影响，甚至产生破坏。造成伊犁河水位下降，并引起伊犁河下游水质将发生变化。

3. 农业灌溉污染较重

由于灌溉用水的增加，许多灌区大水漫灌、大水压碱，使地下水位增高，盐渍化问题较严重，流入伊犁河使其盐渍化程度会逐渐增高。同时由于大量使用化肥，农田废水中的氮、磷等也将进入伊犁河，随之引起伊犁河水质中 pH、COD、BOD_5、色度等指标的变化。据推测有一定的影响，虽然未达到污染程度，对鱼类生存未造成危害，但也应引起人们的注意。

4. 草场退化相对严重

伊犁河流域天然草场总面积 5 390 万亩，其中春秋草场面积约 1 682 万亩，理论载畜为 446 万标准畜；冬草场面积约 1 425 万亩，理论载畜量为 590 万标准畜。但是近年来随着伊犁畜牧业的快速发展，2003 年底牲畜存栏头数已达 627.78 万头，尚有一半仍处于天然游牧状态，春、秋、冬三季草场均显不足，特别是春秋草场过牧严重，草场普遍退化。退化草场多分布于伊犁河谷平原区和前山丘陵地带，高程在 600～1 200 m，面积 570 余万亩的温带半荒漠草场，退化十分严重的已向荒漠化、沙漠化方向发展(周聿超，1999；张军民，2005)。

5. 废水排污量大，水环境已局部污染

随着伊犁州直社会经济的迅速发展，工业废水、农田高浓矿化水及生活污水排放量不断增加。存在着沿河大量未经达标处理的生活、工业污水及高浓矿化农田水直接排入河中的不良现象。其中包括该州的 4 个制糖厂、5 个亚麻厂、2 个钢厂在内的工商企业，每年的工业废水排放量达 3 500 万 t，而生活污水年排放量竟达到 8 000 万 t(周晓玲，2004)。伊犁州监测中心站对伊犁河近年水质监测分析得出结论：单纯从水质来讲，全流域各水期、各断面水质监测结果均达到清洁水平。但从生化指标来看，伊犁以劣Ⅴ类水质为主，水质状况属重度污染(张亮，2005)。

6. 水土流失严重

“十五”以来，伊犁州水土流失现象日趋严重。据初步测算，2001 年以来，伊犁河流域水土流失面积达 37 419 km^2，中度以上水土流失面积达 12 000 km^2，占州直国土面积的 21.49%。伊犁河含沙量在逐年增加。20 世纪 50 年代伊犁河含沙量为 0.59 kg/m^2。到 90 年代实测含沙量为 0.77 kg/m^2。

7. 伊犁河湿地面积减少一半

伊犁河流域是新疆最大的一块湿地，也是新疆生物多样性最丰富的地区之一，有国家级鸟类保护品种 19 种、鱼类 44 种、陆栖脊椎动物 146 种、昆虫 196 种。目前该流域共有湿地 24 万 hm^2，只占新中国成立初期面积的一半。伊犁河是新疆三大国际河流之一。由于不合理的开发利用，伊犁湿地生态系统退化，湿地面积逐年缩小，一些地区出现荒漠化，沿岸草场不同程度退化，生态效益、社会效益和经济效益不能正常地发挥(张勇健，2007)。

1.5.2 伊犁河流域开发潜力巨大

1. 水资源需求日益增加

近几年，哈萨克斯坦 GDP 保持 9%的高增长率，经济的恢复使哈萨克斯坦对水资源的需求也在同步增长，以咸海为中心的中西部地区生态恶化及区域干旱化趋势备受关注，作为新疆水土开发优势和潜力最大的区域，伊犁河流域未来不仅新增 221 万～621 万亩灌溉用地，引水率从目前的 25%提高到 45%以上，还要向南、北疆核心区调水，支持新疆国土开发及能源基地建设；同时伊犁河流域作为新疆外向型经济发展的窗口和前沿，必将会在东联西出、内引外联、国际加工贸易等方面扮演更加重要角色，如何充分合理利用相对富水的伊犁河水已成为新疆乃至国家农业发展重点和战略决策的依据(张军民，2008)。

2. 开发潜力巨大

根据伊犁河流域优越的水资源条件及其在国家和自治区经济发展中的战略地位，从实现全疆水资源的合理配置到以期实现经济、社会和环境效益共赢，应着重首先围绕满足本区用水、跨区调水、出境水量三方需要的开发总任务，来实现改善和提高流域内农、林、牧、渔业发展的生态基础和灌溉条件；承担向天山南北两大盆地，实施跨流域调水的生态建设任务；加强防洪、水土保持等土地综合治理(伊犁哈萨克自治州统计局，2004)。

1.5.3 伊犁河流域水土开发及保护对策

伊犁河流域具有发展农业的得天独厚的气候和水资源等自然条件。随着伊犁河南岸大渠和北岸大渠的建设，流域又可新开发土地 25.33 万 hm^2。从新开发土地在伊犁河流域的分布看，大多数分布在伊犁谷地和尼勒克谷地，处于山前洪积-冲积平原和河流冲积平原的三四级阶地上(新疆伊犁地区土地管理局，2000)。伊犁河流域水土开发任重而道远，科学规划，合理布局，为伊犁经济社会发展保驾护航。

1. 加强流域生态环境保护

严格执行《伊犁河流域生态环境保护条例》，全面加强生态环境保护和建设，按照“资源开发可持续、生态环境可持续”的开发原则，实施伊犁河谷百万亩生态经济林工程，积极推进天然林保护、“三北”防护林、国家重点公益林保护工程，启动实施伊犁河流域湿地保护工程，扎实做好退耕还林、退牧还草工作。认真落实国家草原生态保护补助奖励政策，建立完善矿产资源开发生态补偿机制。着力抓好工业污染防治，强化节能减排，大力发展循环经济和清洁生产。大力推进节水建设，强化土地集约节约利用。加大城乡污染防治力度，推进城镇垃圾、污水处理设施建设，开展农村环境连片整治。进一步加强环境保护的法律监督、舆论监督和社会监督，强化环境执法检查，加大环境违法案件查处力度。保护好伊犁的草原、森林、河流、植被和湿地。

2. 建立完善的水资源管理体系

调整现有水利融资机制，合理配置水资源所需资金，逐步形成效益性驱动机制。推广包括产业水价、季节水价在内的经济水价形式，制定各行各业用水定额，做到适时、适人、适地。大力调整产业结构，合理开发新型工业，保护伊犁生态环境建设，推动整个伊犁河流域的可持续发展。积极建立国际间伊犁河水资源管理体制，积极探索中国与哈国共同实现伊犁河流域可持续发展的道路，实现利用与保护平衡发展。

3. 制定适宜的土地开发政策

在建立和完善流域水管理、土地管理为主体的政策法规的同时，要出台一系列鼓励政策，充分地对政策资源进行及时、准确、科学地开发和利用，遵守市场经济规律，用好经济杠杆。选好优势项目，做好优势定位。鼓励企业和农民参与开发，构建规模化经营与农牧民个体经营的转换模式。

4. 合理配置资源，持续发展

合理配置资源，突出规模优势、地域优势、特色优势及品种优势。改变过去“只利用不保护”、“只保护不利用”或“先破坏，后治理”、“边破坏，边治理”的错误理念，运用生态学原理、循环经济原理、系统工程等方法，借助现代管理技术，坚持市场导向原则、因地制宜原则、科学规划原则和政府服务原则，实现水土资源持续利用，促进生态与经济协调发展。

5. 加强国际合作

伊犁河流域开发应充分与两国政治安全、经济安全、能源安全及区域安全等根本利益、长远需求和战略目标密切相联。加强中国与哈萨克斯坦两国的合作,必须坚持服务、服从于中哈能源合作,必须有利于、有宜于国家能源安全、地区安全的战略需要,必须与中哈两国区域一体化战略保持一致与和谐的原则,合理有序开发,实现双赢(张军民,2008)。

6. 主攻、集成七大农业开发技术

伊犁河流域新开发土地与已经开发利用的土地所处的地形位置的不同,使土壤、温度、降水、光照等自然条件对农业开发技术提出了新的要求,在充分考虑新开垦土地的自然条件对农业开发影响的基础上,应着力主攻和集成农业开发的七大技术即保护性耕作技术,新垦土地快速改良培肥技术,次生盐渍化预防和治理技术,筛选适宜新垦土地的高效作物或林草品种、制定优质高效栽培技术,推广节水灌溉技术,新型施肥技术和应用区域化成套先进生产机械(马兴旺,2008),以点带面,逐步示范与推广,从技术层面推动伊犁河流域水土开发持续发展。

7. 准确定位,持续发展

结合伊犁自然优势和区位优势,面向国内市场和中亚市场,大力发展特色农牧业。按照“优质、高产、高效、生态、安全”的要求,着力打造粮食、油料、蔬菜、林果、畜产品和出口农产品加工六大基地。加快发展现代畜牧业。做大做强牛、羊产业,加快发展马产业,适度发展猪、禽产业,推进传统畜牧业向现代畜牧业转变。大力发展高效种植业。认真抓好粮食生产,稳定面积、提高单产、优化品质、科技示范,提高综合生产能力。巩固提升林果业。坚持巩固提高、适地发展的原则,进一步优化林果业结构和布局,着力在强化管理、普及良种、科技示范和储藏保鲜、运输销售上下工夫,全面提升林果业发展效益。加快农业产业化进程。支持现有龙头企业加快发展,坚持政府引导、统一规划、扶优扶强,整合畜牧业、林果业、蜂蜜、薰衣草等优势农产品资源,促进优势资源向知名品牌企业集中,带动产业集聚发展。

8. 强化服务,增强意识

加大对《水法》、《防洪法》、《土地法》等相关法律法规宣传、贯彻、普及与保护工作,使广大人民充分认识到对伊犁河流域环境的破坏和对水质、土地污染的严重性、危害性,增强其紧迫感和责任感。并鼓励农牧民逐步转变生产、生活方式,应与社会各界建立长期联系制度,定期走访、设置举报电话,让居民积极参与到对水土污染的监督工作中来,发现问题及时处理。

加强水利、土地等资源设施建设,提高技术人员管理水平。对现有灌区进行技术改造,大力推行节水新工艺、渠道防渗和田间配套技术;优化集成工程节水、农艺节水和生态节水灌溉,推广节水器具的广泛应用,创建节水型工业和农业格局,并提高工业用水重复利用率,实现用水集约化;采取管灌、渗灌、滴灌相结合的灌溉方法,有效提高灌溉利用系数,实施“总量控制、定额管理、用水户参与”的用水机制。鼓励在岗工作人员的再教育培训,提高其专业技能的熟练化程度;不断注入新鲜血液,积极引进外来专业技术人才,实现水利、土地部门的人力资源管理的科学化和正规化(王珍,2007)。

参考文献

艾南山.1984.伊犁盆地的水系与新疆构造应力场的关系[J].新疆地理,(1):28-34.

包桂荣,白长寿,高清竹,等.2008. 新疆伊犁河流域土地利用变化及其对生态系统服务价值的影响[J]. 中国农业气象,29(2):208-221.
陈亚宁,贺西安,张小云.2007. 流域开发与土地管理模式——兼谈伊犁河流域土地开发与产业定位[J]. 干旱区地理,30(4):595-600.
胡汝骥.2004. 中国天山自然地理[M]. 北京:中国环境科学出版社.
李江风,等.1994. 伊犁地区历史径流深度场的重建[J]. 自然资源学报,9(1):67-76.
李江风.2003. 塔克拉玛干沙漠及其周边天气气候[M]. 北京:科学出版社.
刘宁.2006. 新疆内陆河泛流域水利发展探析[J]. 水利水电技术,(1).
马兴旺,孟凤轩,许咏梅,等.2008. 伊犁河流域农业开发问题与技术对策[J]. 新疆农业科学,45(S3):10-12.
苏敏. 伊犁新闻网讯. 伊犁日报,2012-01-09.
王树声,穆桂金.1983. 天山西段结构与地貌组合[J]. 新疆地理,6(1):26-34.
王珍.2007. 伊犁河流域水资源开发利用问题研究[J]. 伊犁师范学院学报,3:48-51.
新疆荒地资源综合考察队.1986. 新疆重点地区荒地资源合理利用[M]. 乌鲁木齐:新疆人民出版社.
新疆伊犁地区土地管理局.2000. 伊犁地区后备耕地资源调查报告[R].
徐贵青,魏文寿.2004. 新疆气候变化及其对生态环境的影响[J]. 干旱区地理,27(1):14-18.
伊犁地区统计局编委会.1949—1999. 跨世纪的伊犁[M]. 北京:中国统计出版社.
伊犁哈萨克自治州地方志编纂委员会编.2004. 伊犁哈萨克自治州志[M]. 乌鲁木齐:新疆人民出版社.
伊犁哈萨克自治州统计局编.2004. 伊犁哈萨克自治州统计年鉴[M].
伊犁河流域生态环境综合整治项目[EB/OL]. 新疆环境保护网 http://www.xjepb.gov.cn/
袁玉江,叶玮,董光荣.2000. 天山西部伊犁地区年降水的重建与分析[J]. 冰川冻土,22(2):121-127.
张军民.2005a. 伊犁河流域地表水资源优势及开发利用潜力研究[J]. 干旱区资源与环境,19(7):132-146.
张军民.2005b. 伊犁河流域土壤发育规律研究[J]. 石河子大学学报,23(5):583-586.
张军民.2006a. 伊犁河流域地质构造及其地形地貌特点的研究[J]. 石河子大学学报,24(4):442-445.
张军民.2006b. 伊犁河流域气候资源特点及其时空分布规律研究[J]. 干旱气象,24(2):1-4.
张军民.2008. 伊犁河流域综合开发的国际合作[J]. 经济地理,28(2):247-249.
张亮. 伊犁河急需大家来保护[EB/OL]. 伊犁河网 http://yl.xjkunlun.cn,2005-06-03.
张勇健,金光辉.2007. 近半个世纪伊犁河流域失去50%湿地[J]. 新疆林业,(3):11.
中国科学院地理研究所.1992. 亚洲中部水资源研究[M]. 北京:科学技术文献出版社.
周晓玲.2004. 联合国助哈保护伊犁河-巴尔喀什湖流域[J]. 科技与经济,(3).
周聿超.1999. 新疆河流水文水资源[M]. 乌鲁木齐:新疆科技卫生出版社.

第2章

国内外有机农业研究进展

2.1 国际有机农业发展概述

“有机农业”一词是由英文词组“Organic Agriculture”直译过来的，国际有机农业运动联盟(International Federation of Organic Agriclutural Movement，IFOAM)、欧盟、美国、中国等许多国家对有机农业都有所定义，但含义基本相同，即遵照有机农业生产标准，在生产中不采用转基因技术及材料，不使用任何化学合成的农药、化肥、生长调节剂、饲料添加剂等物质，遵循自然规律和生态学原理，协调种养平衡，采用一系列的可持续发展的生物技术及农业技术进行农业生产。有机产品包括有机食品和有机用品。有机食品是指来自于有机农业生产体系，根据有机农业生产要求和相应的标准生产、加工，并通过有机认证机构认证的农副产品(包括粮食、蔬菜、水果、肉、蛋、奶、茶、中药、调味品等)。有机用品包括按照有机方式生产出来的有机化妆品、有机纺织品、有机林产品和有机农业生产资料(有机肥料和有机农药等)。

2.1.1 全球有机农业发展现状

2.1.1.1 全球有机农业种植和野生采集面积发展状况

IFOAM是推动世界性有机农业和有机食品发展的专门组织，现在已经有100多个国家和地区的700多个团体加入该组织。有机农业因其环境友好，并在技术和产业发展上支持农业的可持续和地球的可持续发展，使得近年来有机农业产业和市场保持持续增长。从2000年到2010年，全球从事有机生产和有机认证的国家由86个增长到了160个，有机耕作的面积达到3 700万 hm^2，有机采集、有机水产、有机林业和有机放牧面积达到4 300万 hm^2，合计有机农业面积达到8 000万 hm^2(Helga，2012)(图2.1)。目前面积较大的区域包括大洋洲(1 210万 hm^2)、欧洲(1 000万 hm^2)和拉丁美洲(840万 hm^2)(图2.2)，有机农业耕作面积最大的国家包括澳大利亚(有机耕作面积是1 200万 hm^2)(Els和Alexandra，2012)、阿根廷(有机耕作

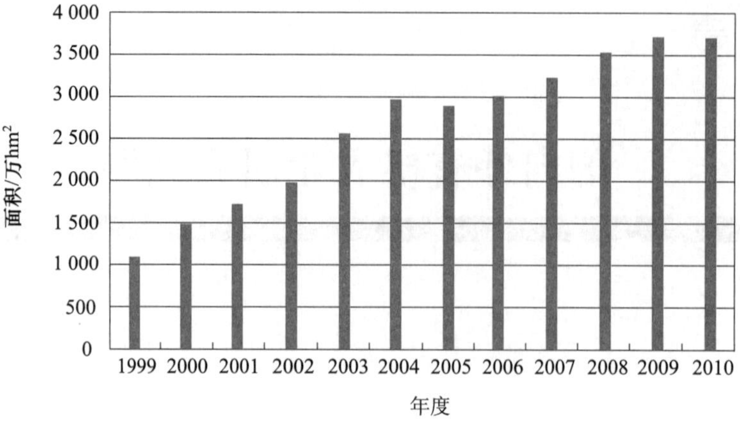

图 2.1　**1999—2010 年全球有机农业面积增长**

来源：2012 年度 FiBL 统计数据。

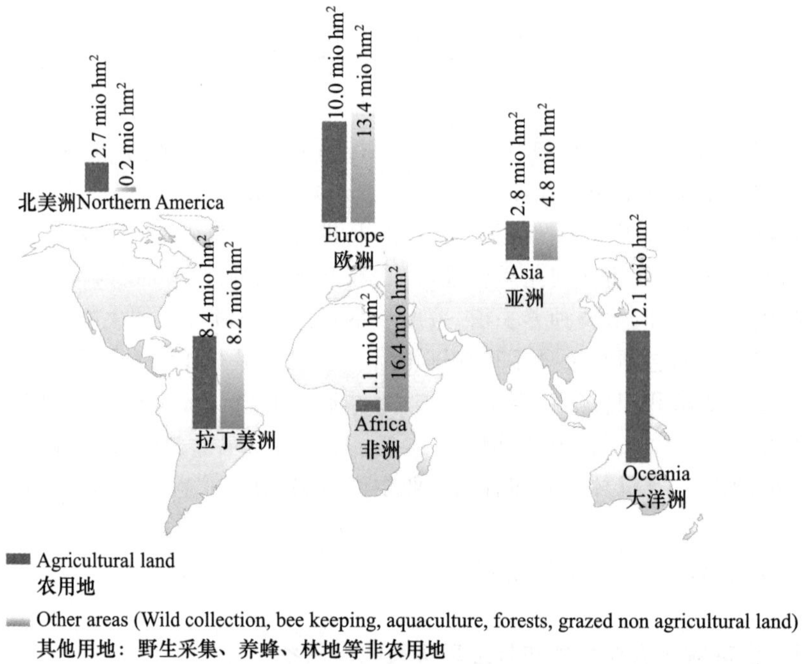

图 2.2　**2010 年全球有机农业分布**

来源：2012 年度 FiBL 统计数据。

面积是 420 万 hm²）和美国（有机耕作面积是 195 万 hm²）（Helga，2012）（图 2.3）。有机农业野生采集面积大于耕作面积的国家包括芬兰、巴西、喀麦隆和赞比亚。

与 2009 年相比，有机农业耕作面积稍有下降，总体降低了 5 万 hm²，下降比例约为 0.1%。欧洲有机农业有了最大的增长，面积增加了 80 万 hm²，增长率为 9%，其中法国、波兰和西班牙有机农业耕作面积增长最多，分别增加了 17 万 hm²、15 万 hm² 和 13 万 hm²（Helga，2012）。但是在亚洲有机农业耕作面积有所下降，主要是因为印度和中国的有机耕作面积减少。

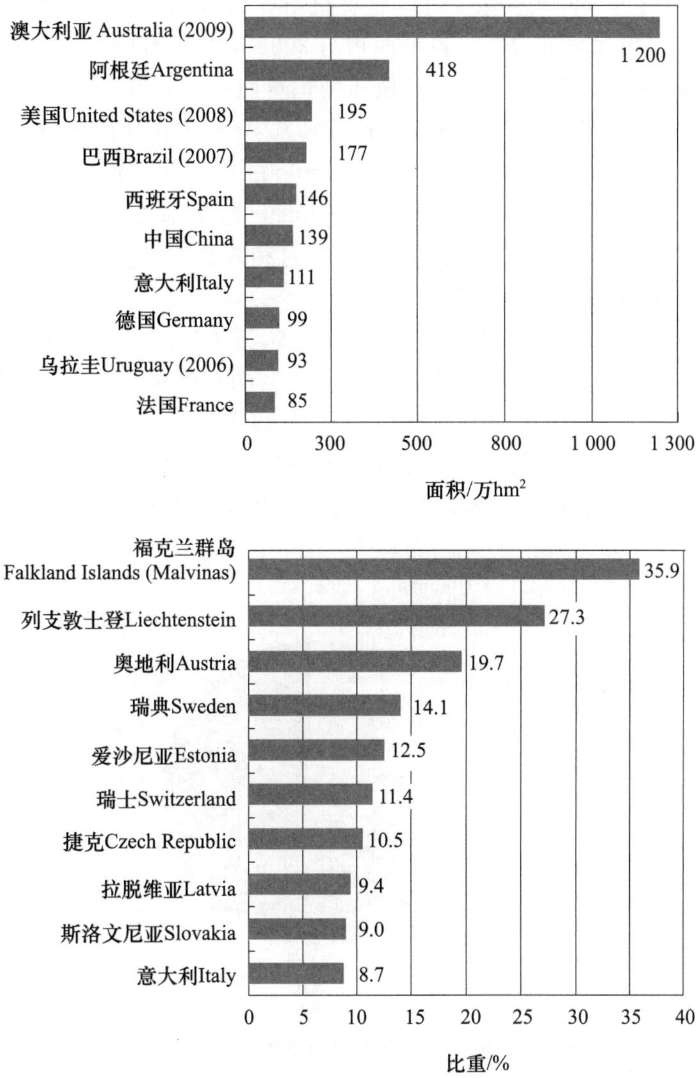

图 2.3 **2010 年全球有机农业面积最大和比重最大的 10 个国家**

来源：2012 年度 FiBL 统计数据。

目前有机农业的面积已经占世界农业面积的 0.9%，其中比重较大的区域包括大洋洲占 2.9%，欧洲占 2.1%，非洲占 0.1%，亚洲占 0.2%，拉丁美洲占 1.4%，北美洲占 0.7%，欧盟内部有机耕作面积已经占 5.1%(Helga，2012)。一些国家有机农业已经成为农业的主体形式之一，有 7 个国家的有机农业比重超了 10%，7 个国家中欧洲有 6 个，分别为奥地利、捷克、爱沙尼亚、列支敦士登、瑞典和瑞士，拉丁美洲有 1 个，为福克兰群岛(Helga，2012)。福克兰群岛有机农业的比重超过了 1/3，达到了 35.9%，列支敦士登超过了 1/4，达到了 27.3%，奥地利接近 1/5，到达了 19.7%。在所有有机农业面积中，有约 1/3 的面积(约 2 370 万 hm^2)分布在发展中国家和新兴市场(Helga，2012)。

2.1.1.2 世界有机农业种植种类

从有机耕作的作物品种类型来看，草地和放牧草地面积为 2 370 万 hm^2，占总有机耕作面积的 2/3，耕作面积约为 610 万 hm^2，约占总有机耕作面积的 17%，多年生作物面积为 270 万 hm^2，约占总有机耕作面积的 7%。耕地面积与 2009 年相比增长了 6%，耕地种植中以谷物类种植为主，其中稻谷 250 万 hm^2，耕地种植绿肥饲草面积 200 万 hm^2，油料作物 50 万 hm^2，蛋白类作物 30 万 hm^2，蔬菜 20 万 hm^2（Helga，2012）。多年生作物面积与 2009 年相比增长了 6%，其中主要的多年生作物包括咖啡约 64 万 hm^2，占总有机耕作面积的 1/15；橄榄 50 万 hm^2，可可 29 万 hm^2，坚果 26 万 hm^2，葡萄 22 万 hm^2。野生采集的面积，非洲约占全世界的 39%，欧洲约占全世界的 30%，主要是野生浆果、药材和芳香类作物。

2.1.1.3 世界从事有机农业生产人口

到 2011 年底从事有机农业生产的生产者共有 160 万人，比 2010 年的 180 万人减少了 20 万人，比 2009 年的 140 万人增加了 20 万人。目前 34%的有机农业生产人口在非洲，亚洲其次占 29%，欧洲再次占 18%（Helga，2012）（图 2.4）。从事有机农业生产人口最多的国家是印度（40 万人）、乌干达（18.9 万人）、墨西哥（12.9 万人）和埃塞俄比亚（12.3 万人）（Addisu，2012）（图 2.5）。约 80%的有机农业生产人口分布在发展中国家及新兴市场国家。

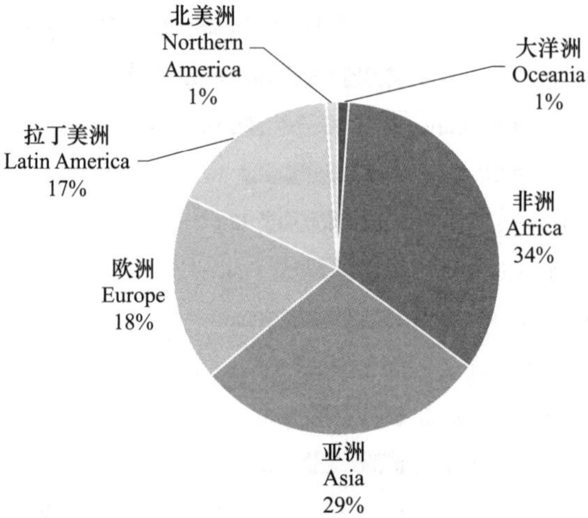

图 2.4 2010 年全球有机农业生产者区域分布

来源：2012 年度 FiBL 统计数据。

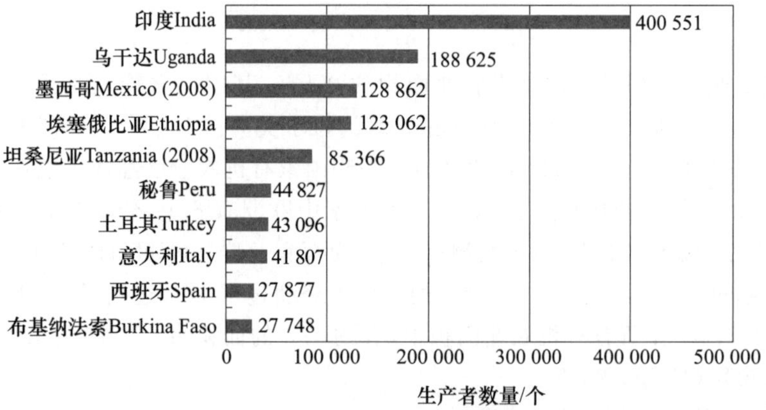

图 2.5 2010 年全球有机农业生产者最多的 10 个国家

来源：2012 年度 FiBL 统计数据。

按照人均有机耕作面积来看，世界人均耕作有机农田 20.6 hm^2，人均耕作面积处于世界平均水平以上的有大洋洲（人均 1 435.4 hm^2）、北美洲（人均 155.4 hm^2）和拉丁美洲（人均 30.24 hm^2），人均耕作面积处于世界水平以下的有非洲（人均 2.0 hm^2）、亚洲（人均 4.9 hm^2）。有机农业人均耕作面积超过 100 hm^2 的国家世界范围内有 26 个，其中欧洲最多有 9 个，分别是捷克、冰岛、摩尔多瓦、黑山共和国、葡萄牙、俄罗斯、斯洛伐克、乌克兰和英国；拉丁美洲有 7 个国家人均耕作面积超过 100 hm^2，分别是阿根廷、巴西、智利、福克兰群岛、法国、巴拿马和乌拉圭；亚洲有 5 个国家人均耕作面积超过 100 hm^2，分别是孟加拉、哈萨克、沙特阿拉伯、叙利亚和东帝汶；非洲两个国家人均耕作面积超过 100 hm^2，分别是莱索托和尼日尔；北美洲有两个国家人均耕作面积超过 100 hm^2，为美国和加拿大；大洋洲有一个国家人均耕作面积超过 100 hm^2，为新西兰，人均 124.5 hm^2。人均耕作面积最大的国家是福克兰群岛，人均达到 4.9 万 hm^2，人均耕作面积最小的国家是非洲的马拉维，人均仅 0.11 hm^2。

2.1.1.4 世界有机农业市场发展现状

与从事有机农业生产者相对波动相比，有机农业市场持续增长，目前有 1/3 的有机耕作面积约 1 340 万 hm^2 的土地用来从事有机贸易生产，2000—2010 年 10 年间世界有机农业市场增长了 10 倍，截止到 2010 年底全球有机农业的市场消费达到 590 亿美元，并且主要分布在北美和欧洲（Amarjit，2012），近年有机农业产业发展的迅速增长也主要来源于这两个地区的有机农业产业发展。有机农业生产与有机农业市场之间存在割裂，非洲和拉丁美洲是作物主要的有机产品生产区域，但生产的有机农产品主要是用于出口。目前美国拥有世界最大的有机农产品市场，每年 267 亿美元，德国处于世界第二位，每年 60 亿欧元。并且美国有机农业市场年度增长最大，美国 2010 年有机农业消费增长了 20 亿美元，法国增长了 3.4 亿欧元，德国增长了 2 亿欧元（Amarjit，2012）。人均有机食品消费比较高的国家主要集中在欧盟的中部和北部的小国家，其中瑞士人均消费最高，每年有机农产品人均消费 153 欧元，丹麦 142 欧元，卢森堡 127 欧元，奥地利 118 欧元的人均有机农产品消费紧跟其后（Amarjit，2012）。在有机农业的销售渠道上，超市在欧洲还是主要的消费方式，但私人零售业也发展迅速（图 2.6、图 2.7、表 2.1）。

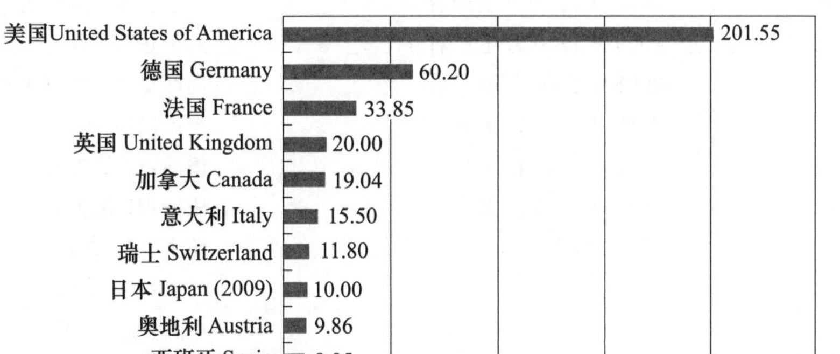

图 2.6 2010 年全球有机农业市场最大的 10 个国家

来源：2012 年度 FiBL 统计数据。

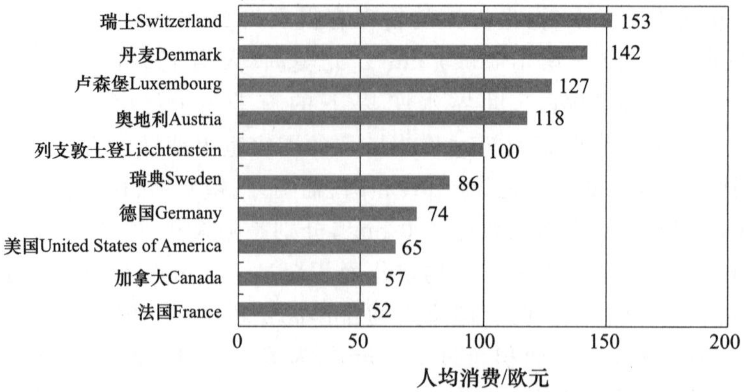

图 2.7 **2010 年全球有机农业市场最大的 10 个国家**

来源:2012 年度 FiBL 统计数据。

表 2.1 **世界有机农业产业发展**

指　　标	世界范围	引领国家
开展有机认证的国家	2010 年:160 个国家	
有机农业面积	2010 年:3 700 万 hm^2	澳大利亚:2009 年 1 200 万 hm^2
	2009 年:3 710 万 hm^2	阿根廷:420 万 hm^2
	1999 年:1 100 万 hm^2	美国:2008 年 190 万 hm^2
有机农业面积占比例	2010 年:0.9%	福克兰群岛:35.9%
		列支敦士登:27.3%
		澳大利亚:19.7%
有机农业面积增长率	2010 年:减少 5 万 hm^2,−0.1%	法国:增加 16.8 万 hm^2,+24%
	2009 年:增加 190 万 hm^2,+5%	波兰:增加 15.5 万 hm^2,+42%
	2009 年:增加 290 万 hm^2,+9%	西班牙:增加 12.6 万 hm^2,+9%
有机采集面积	2010 年:4 300 万 hm^2	福克兰群岛:780 万 hm^2
	2009 年:4 100 万 hm^2	巴西:620 万 hm^2
	2008 年:3 190 万 hm^2	喀麦隆:600 万 hm^2
有机农业生产者	2010 年:160 万生产者	印度:40 万生产者
	2009 年:180 万生产者	乌干达:18.9 万生产者
	2008 年:140 万生产者	墨西哥:12.9 万生产者
有机农业市场	2010 年:591 亿美元	美国:267 亿美元
	2009 年:541 亿美元	德国:84 亿美元
	1999 年:152 亿美元	法国:47 亿美元
人均消费	2010 年:世界人均 8.6 美元	瑞士:213 美元
		丹麦:198 美元
		卢森堡:177 美元
拥有有机认证标准国家	2010 年:84 个国家	
	2009 年:74 个	
有机认证公司	2011 年:549 个	日本、美国、韩国
	2010 年:532 个	
	2009 年:489 个	

来源:2012 年度 FiBL 统计数据。

2.1.2 世界各大洲有机农业发展现状

2.1.2.1 非洲有机农业发展现状

非洲的有机农业在非洲的食品安全、贫困和气候变化中占有非常重要的作用。非洲目前已经认证了100多万 hm^2 有机农业，占世界有机农业总面积的3%（Hervé，2012）。截至2010年非洲有54万人从事有机农业生产。乌干达是目前非洲有机农业面积最大的国家，有23万 hm^2，突尼斯拥有18万 hm^2，有机农业处于第二位，埃塞俄比亚有14万 hm^2 处于第三位（Addisu，2012）。在非洲有机农业面积比例最高的3个国家分别是圣多美和普林西比（7.9%）、塞拉利昂（1.9%）和突尼斯（1.8%）（Hervé，2012）。非洲的有机农产品主要用于出口，2010—2011年乌干达出口有机农产品金额达到4 200万美元，埃塞俄比亚有机农产品出口贸易金额为3 390万美元（Addisu，2012）。非洲有机农产品主要种植的作物类型为咖啡、橄榄、可可、油料作物和棉花。欧盟目前是非洲最大的农产品贸易伙伴。有机农业的发展为非洲农业提供了新的契机，非洲国家政府也认识到了有机农业对非洲发展的重要性，非盟2010年决定支持有机农业在非洲的发展，并制定了像非洲生态有机农业创新计划等支持有机农业发展的政策方针，并于2011年11月在奈洛比召开了IFOAM-非盟联合会，并计划在2012年4月在赞比亚首都拉萨卡召开非洲有机农业大会，以全面推动非洲有机农业的发展（图2.8）。

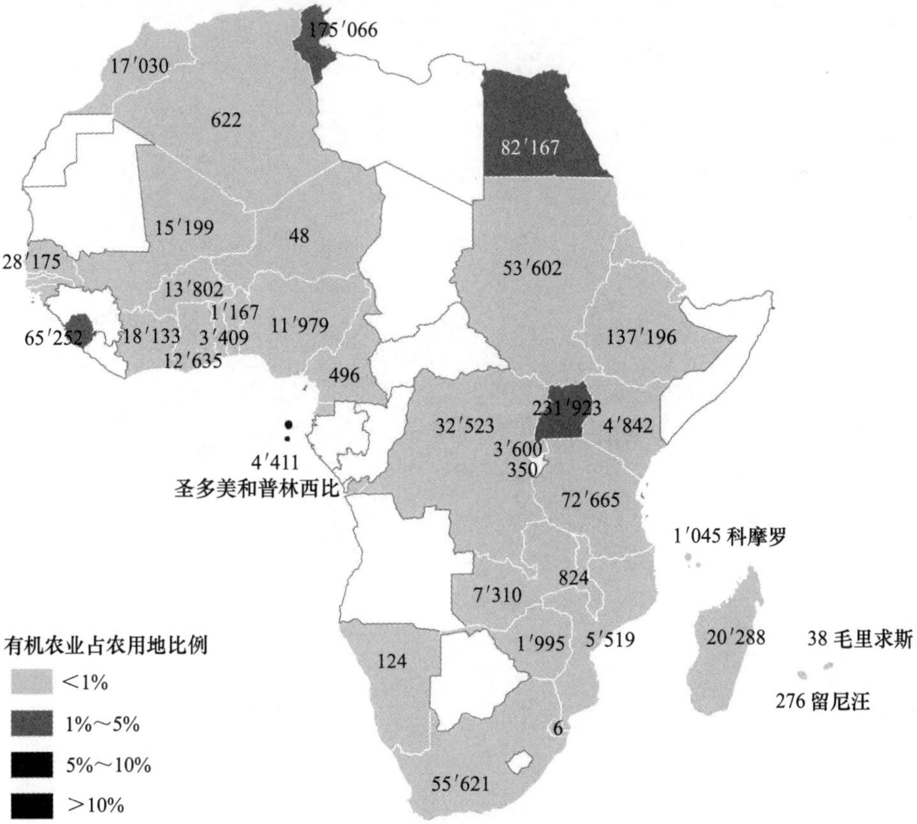

图2.8 2010年非洲有机农业分布

来源：2012年度FiBL统计数据。

2.1.2.2　**亚洲有机农业发展现状**

如图 2.9 所示，2010 年亚洲有机农业用地共约 280 万 hm²，占世界总有机农业用地的 7%。亚洲有机农业生产者近 50 万人，其中 40 万人在印度。主要的有机农业生产国家包括中国（140 万 hm²）和印度（80 万 hm²），东帝汶拥有最大比例的有机农业用地（近 7%）（Ong，2012）。与 2009 年相比，有机农业用地减少，原因是中国和印度有机农业用地数量下降。令人兴奋的是有机农业用地的减少并没有影响到有机农业贸易，亚洲仍占出口量的 13%，印度的出口量比 2009 年增长了 20%（Ong，2012）。在中国、印度、日本、菲律宾、韩国，规定有机标签需要进行第三方认证。印度和日本已经和欧盟建立了第三方国家互认，以及美国农业部（USDA）的认证系统。出口到别国的大部分有机农产品都由国际和欧盟认证机构或美国农业部认可的国际认证机构负责认证。因亚洲农业的蓬勃发展，2011 年秋季，由世界有机农业运动联盟（IFOAM）发起的第十七届有机世界大会（OWC）在韩国京畿道（Gyeonggi Paldang）成功举

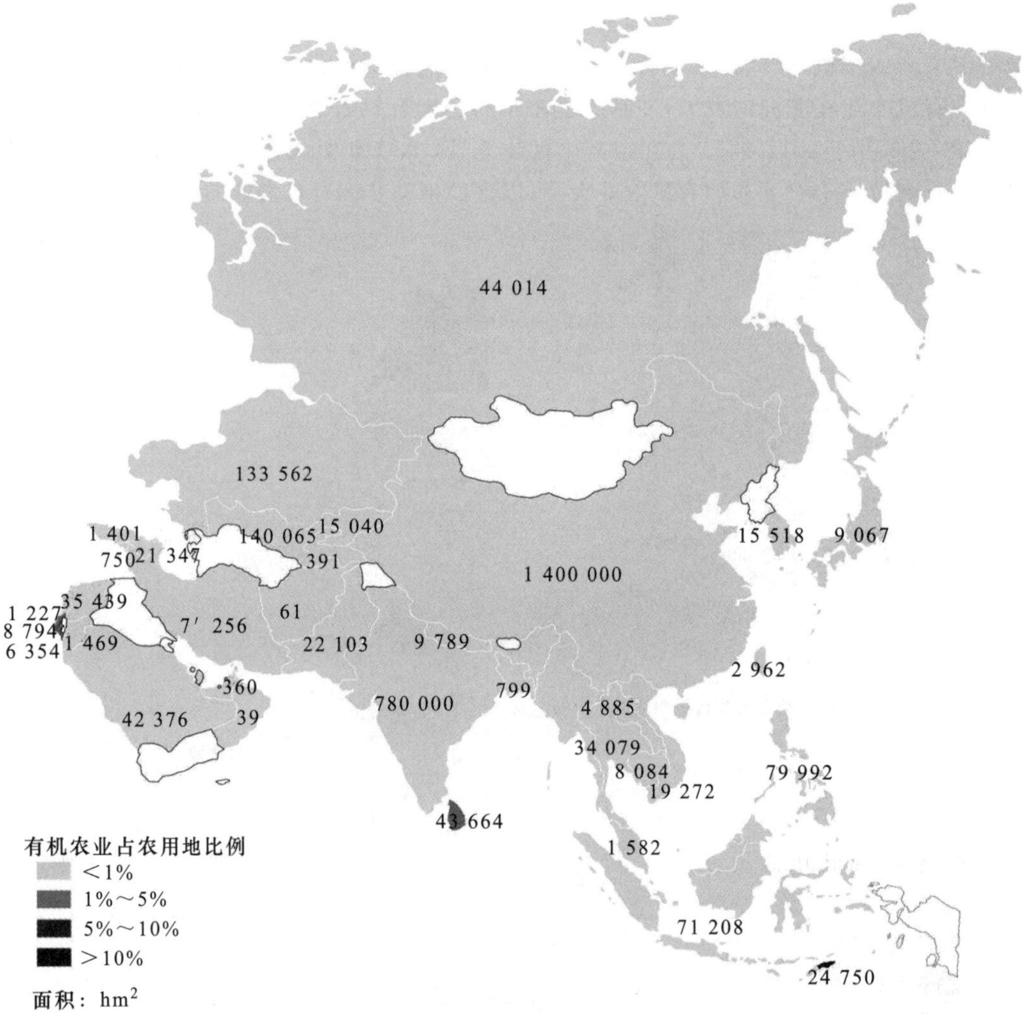

图 2.9　**2010 年亚洲有机农业分布**

来源：2012 年度 FiBL 统计数据。

行，吸引了 76 个国家约 2 000 名参会者。大会由京畿道省、南扬州市(Namyangju City)和韩国可持续农业联盟(KFSA)联合主办。

2.1.2.3 欧洲有机农业发展现状

2010 年底，约 28 万农民拥有 1 000 万 hm^2 的有机农业用地。欧洲 2.1%和欧盟 5.1%的农业用地是用于有机农业的，欧洲有机农业分布见图 2.10。欧洲的有机农业用地占世界总水平的 27%。欧洲有机农业产业成熟，发展迅速，2010 年与 2009 年相比，有机农业用地增长了近 80 万 hm^2。拥有有机农业用地最多的是西班牙(150 万 hm^2)、意大利(110 万 hm^2)、德国(99 万 hm^2)(Raffaele 等，2012)。欧洲有 6 个国家拥有的有机农业用地超过了 10%：列支敦士登(27.8%)、匈牙利(19.7%)、瑞典(14.1%)、爱沙尼亚(12.5%)、瑞士(11.4%)、捷克(10.5%)(Helga，2012)。2010 年出售有机农产品约 196 亿欧元。2010 年最大的有机农产品市场在德国，交易额 60 亿欧元。第二和第三分别是法国(34 亿欧元)和英国(20 亿欧元)。2012 年，一个关于有机市场数据透明化的新研究项目开始启动。可预计这将为改善欧洲市场数据迈进一大步(图 2.10)。

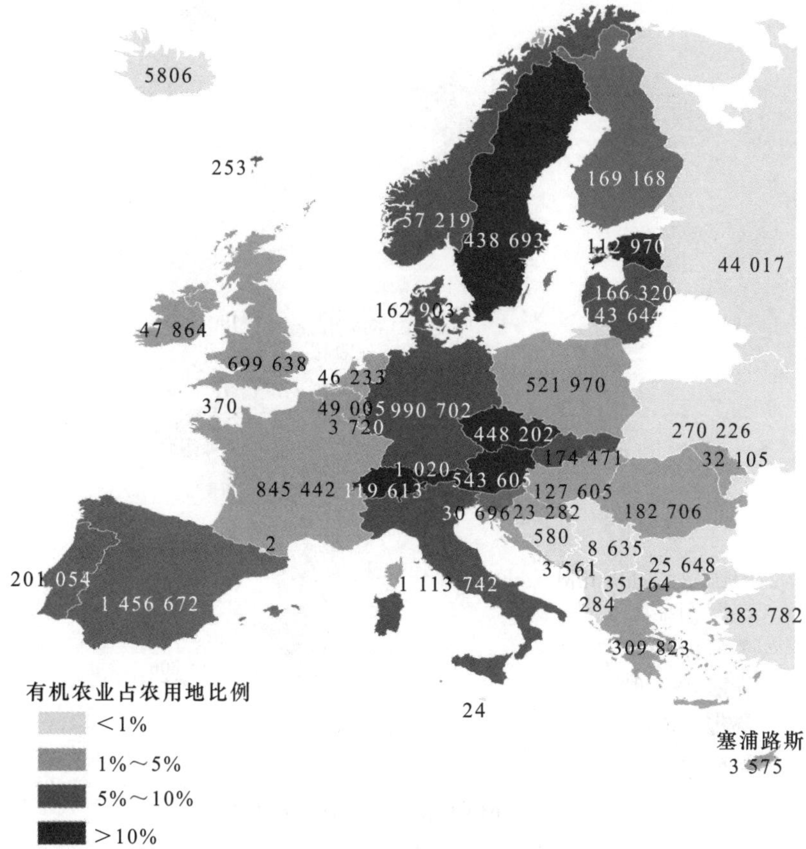

图 2.10 2010 年欧洲有机农业分布

来源：2012 年度 FiBL 统计数据。

2.1.2.4 **拉丁美洲有机农业发展现状**

2010 年，拉丁美洲超过 27 万生产者管理着 840 万 hm^2 的有机农业用地。占到世界总有机农业用地的 23% 和拉美总农业用地的 1.4%。位于前几位的国家包括阿根廷（420 万 hm^2）、巴西（180 万 hm^2）、乌拉圭（90 万 hm^2）。有机农业占农用地最高比例的是福克兰群岛/马岛（35.9%）、多米尼加共和国（8.5%）、附属圭亚那（7.8%）（图 2.11）（Patricia，2012）。

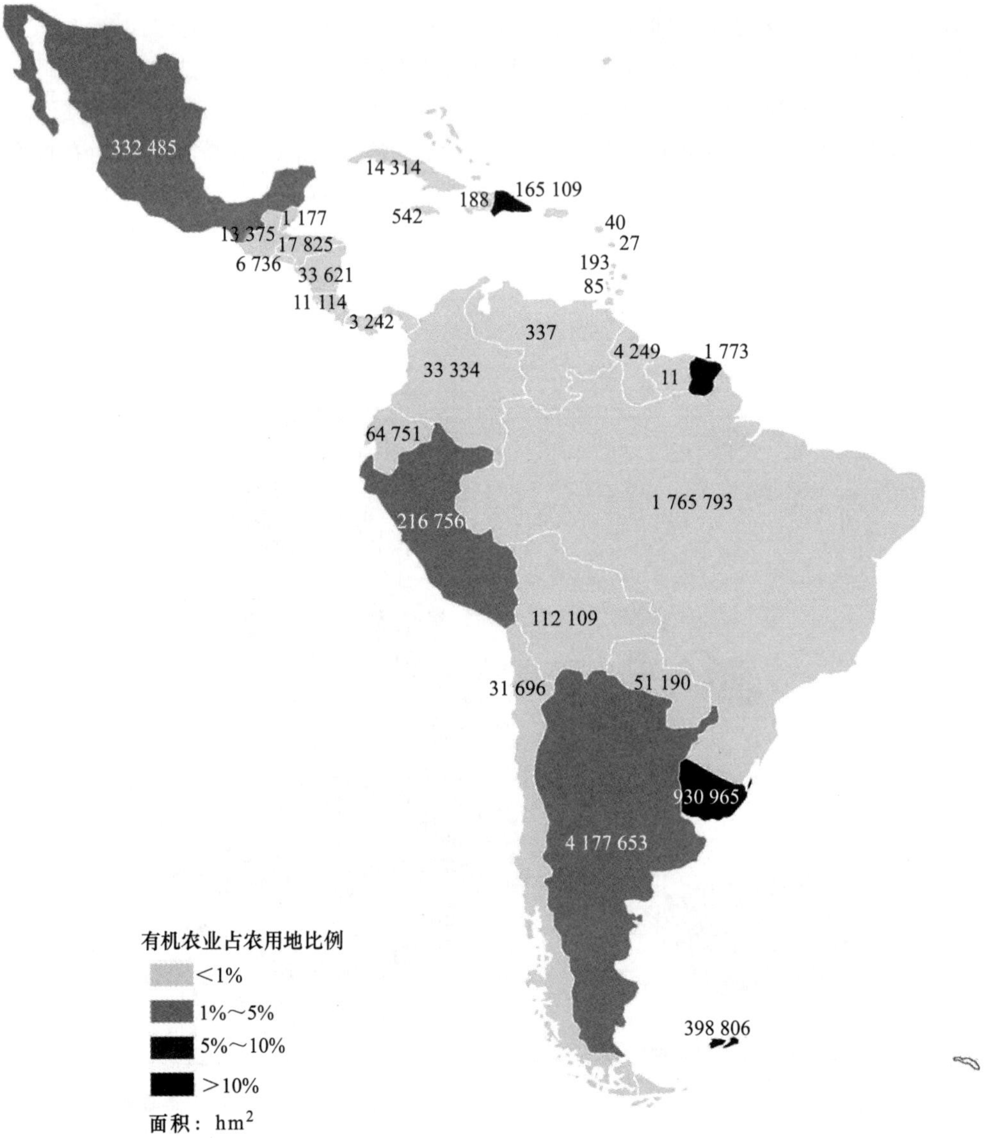

图 2.11 **2010 年拉丁美洲有机农业分布**

来源：2012 年度 FiBL 统计数据。

在拉美和加勒比地区，有机农产品主要以出口为导向，平均 85% 的有机农产品是出口到欧盟、美国和日本等主要有机农产品市场的。对热带和山区生态系统的国家而言，主要出口的有机农产品包括咖啡、可可、香蕉和藜。对拥有大量牧场的国家而言，主要出口的是肉类和羊毛。这些国家的野生坚果对出口国际市场也很重要。阿根廷和哥斯达黎加是拉美仅有的两个国家拥有对欧盟出口的第三国地位。

过去几十年，拉丁美洲有机农业市场的主要推动力量来自于有机农业生长组织、非政府组织（NGOs）和当地政府，促进了国内市场的发展和规模的扩大。政府在有机市场的主要作用在监管和有机生产规范制定等内容，使得在这个地区制定了很多有机农业规程与规范。有机运动希望能够通过公共政策培育和有机农业市场发展，让政府更有效地参与到有机农业产业发展中，不仅有利于以出口为导向的生产者，而且有利于国内有机市场和有机生产农户的利益。

2.1.2.5 北美洲有机农业发展现状

北美洲有 270 万 hm^2 的有机农业用地，其中美国有 200 万 hm^2（2008），加拿大有 70 万 hm^2（2009），有机耕作面积占这个地区总农业用地的大约 0.7%，占世界总有机农业用地 7%（Barbara，2012）（图 2.12）。根据 2011 年有机贸易联合会（OTA）对有机工业的调查发现，2010 年美国有机市场增长了约 8%，达到近 290 亿美元（食品和非食品）。2010 年美国总的食品销售增长不到 1%，而有机食品工业增长了 7.7%。在有机非食品领域，有机补品的价值为 6.81 亿美元，比 2009 年的数字增长了 7.4%（Barbara，2012）。自 2009 年执行强制性的联邦法规以来，2010—2011 年，加拿大有机市场继续显示出稳定增长的信号和消费者的信心。加拿大有机贸易联合会估计，2010 年年底加拿大消费者市场估值 26 亿加元。

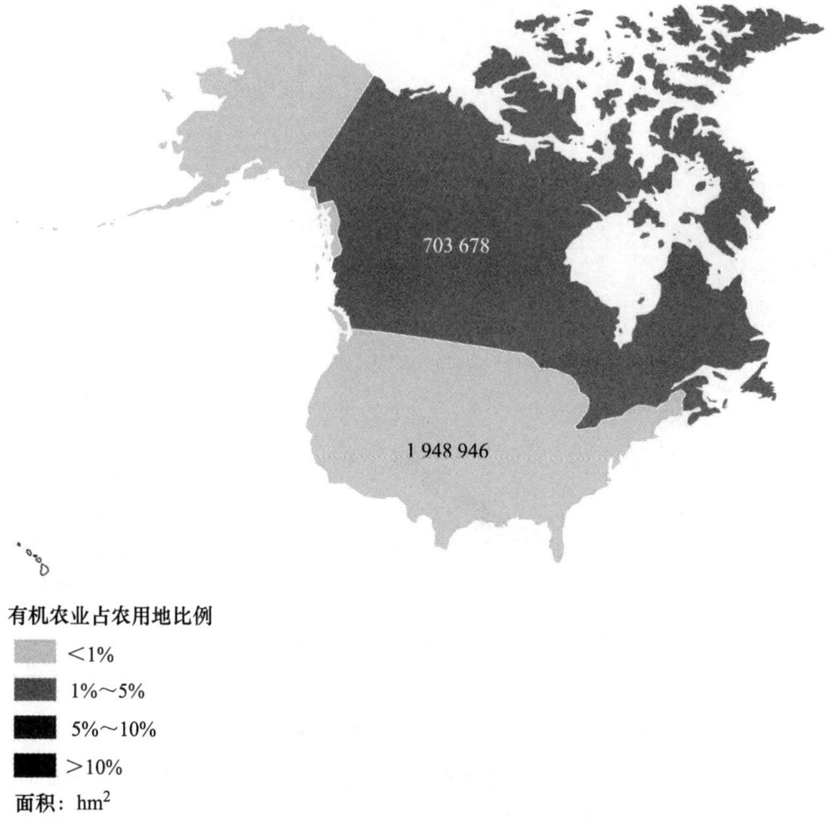

图 2.12 **2010 年北美洲有机农业分布**

来源：2012 年度 FiBL 统计数据。

2011 年 6 月底，加拿大政府与欧盟有机产品的贸易商达成了平等协议，这是世界上第二个此类协议。第一个有机平等协议是由加拿大食品监督局和美国农业部于 2009 年 6 月签署的。2011 年 12 月，美国与欧盟间的一个有机平等协议框架被批准。这些协议的签署必将为这两个地区有机农业的发展和世界有机贸易的发展带来新的契机。

2.1.2.6 **大洋洲有机农业发展现状**

如图 2.13 所示，包括澳大利亚、新西兰和一些群岛如斐济、巴布亚新几内亚、汤加和瓦努阿图。这些国家和地区共有 8 500 有机农业生产者和 1 213 万 hm^2 土地，占当地农业总用地的 2.9%和世界总有机农业用地的 33%。这个地区 99%的有机农业用地都在澳大利亚(1 200 万 hm^2，其中 97%是广阔的牧场)(Els 和 Alexandra，2012)，然后是新西兰(12.4 万 hm^2)和萨摩亚(9 714 hm^2)。拥有最高比例有机土地的是萨摩亚(7.9%)，第二是法属波利尼西亚(3.8%)，第三是纽埃(3.1%)(Els 和 Alexandra，2012)。澳大利亚、新西兰和太平洋群岛有机工业的增长是因为受到快速增长的海外需求的巨大影响，同时国内市场也在增长。2009 年澳大利亚和新西兰的国内市场分别是 9.47 亿澳元和 3.5 亿新西兰元(Els 和 Alexandra，2012)。

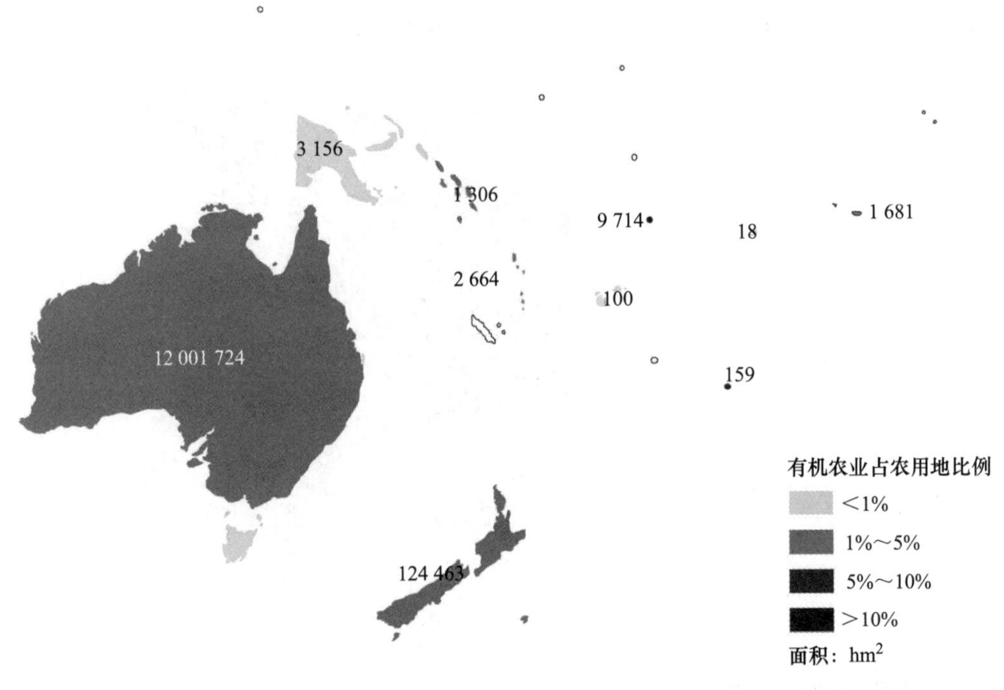

图 2.13 2010 年大洋洲有机农业分布

来源：2012 年度 FiBL 统计数据。

2009 年澳大利亚国内市场最大的变化是，澳大利亚有机和生物动力产品标准被澳大利亚标准协会采纳并发布，同时澳大利亚工业和检验检疫局(AQIS)正在联合致力于制定可被同时用于国内和出口市场的标准。在政策和项目上，州政府和联邦政府继续对有机农业生产从财政上给予支持促进常规耕作向有机耕作的转换。

2010 年，世界有机认证组织(IOAS)对太平洋有机标准(POS)进行评估，发现经过一些调整后，此标准已经与欧盟规定的有机农业要求标准相一致（Helga 和 Julia，2012）。这表明通过世界有机认证组织的评估，按照太平洋有机标准进行生产的有机农产品可以向欧盟出口，但太平洋有机标准在国际认可方面 2011 年进展较小，2010 年在新喀里多尼亚，太平洋地区第一个“保证加入系统”（PGS）成立，PGS 使用太平洋有机标准（POS）作为产品标准，保障大部分的有机认证产品能够用于出口。尽管 2009 年太平洋地区秘书处（SPC）发布了关于有机农业发展的政策概要，旨在帮助这个区域的政府和其他组织发展相关的政策，即遇到区域性危机时保障有机农业发展，以全面推动该地区国内有机农业产业的发展，但提出的政策概要并没有完成真正的完成立法和政策。虽然太平洋有机标准的实施由于资源限制进展缓慢，但整个区域运动的势头正盛，并受到国内政策的关注和认识，因此对这个区域有机农业发展的前景还是非常积极的。

2.2 中国有机农业产业发展

2.2.1 中国生态农业与有机农业的发展历程

2.2.1.1 生态农业与绿色食品发展

我国于 20 世纪 80 年代初引进了生态农业，在学术界得到了接受，并对生态农业开展了广泛的研究、试验和示范。截至目前，全国不同类型、不同级别的生态农业建设试点已达 3 000 多个，其中国家级试点县 51 个，省级试点县 100 多个，其中 11 个县荣获“全球 500 佳”称号，生态农业建设示范面积已达 666.67 万 hm^2，约占全国耕地面积的 7%。51 个县的土壤沙化和水土流失基本得到控制，水土流失治理率达到 73.4%，土壤沙化治理率达到 60.5%，森林覆盖率提高了 3.7 个百分点，秸秆还田率达到 49%，省柴灶普及率达 72%，废气净化率、废水净化率、固体废弃物利用率等均有大幅度提高，生态环境和农业的抗灾能力大大改善（孟凡乔等，2003）。

经过多年的实践探索，在生态农业快速发展的同时，我国农业的可持续发展逐渐形成了发展生态农业和绿色食品结合的发展模式。绿色食品是遵循可持续发展原则，按照特定生产方式生产无污染的安全、优质、营养类食品。发展绿色食品，从保护、改善生态环境入手，以开展无污染食品为突破口，将保护环境、发展经济、增进人们健康紧密地结合起来，促成环境、资源、社会发展的良性循环。

我国的绿色食品经过 20 年的发展，产品总量规模不断扩大，1990—2009 年，绿色食品企业由 63 家发展到 6 003 家，产品由 127 个发展到 15 707 个，年均增长率分别达到 27% 和 29%。生产总量由 50 万 t 增加到近 1 亿 t，产地环境监测面积由 60 万亩扩大到 2.5 亿亩，其中，种植业面积达到 1.9 亿亩，约占全国主要农作物种植面积的 8%。2009 年，绿色食品国内年销售额达到 3 162 亿元。绿色食品品牌影响已从国内扩大到国外，国际化进程不断加快（孟凡乔等，2003）。

2.2.1.2 有机农业兴起与发展

我国真正开始有机农业的研究是在 20 世纪 80 年代末国家环保总局南京环境科学研究所与加州大学圣克鲁斯分校、洛克菲勒兄弟基金会等进行的合作研究。1989 年，国家环境保护局南京科学研究所农村生态研究室加入了国际有机农业联盟(IFOAM),成为中国第一个 IFOAM 成员。1990 年浙江省茶叶进出口公司经过荷兰有机认证机构 SKAL 有机认证检查并获得了荷兰 SKAL 的有机颁证,这标志着有机农业在中国的正式启动(杜相革和王慧敏,2007)。

1994 年 10 月经国家环保总局的批准,在国家环保总局南京环境科学研究所的农村生态研究室改组为“国家环境保护局有机食品发展中心”,后改称为“国家环境保护总局有机食品发展中心(OFDC)”,OFDC 十分积极地参加了 IFOAM 的几乎所有的重要国际活动,并在 2003 年初正式获得 IFOAM 的国际认可,成为继泰国的 ACT 和日本 JONA 后的亚洲第三家获得 IFOAM 认可的机构,也是到目前为止中国唯一获得国际认可的有机认证机构。

OFDC 的成立是我国有机农业和有机食品发展的里程碑,它的主要职能是专门从事有机食品的检查认证、宣传培训、质量监督、生产技术研究和咨询及国际交流与合作。1999 年,为了使我国有机食品认证工作能够与国际惯例接轨,OFDC 将有机生产咨询指导的功能分离出来,成立了专门从事有机食品的研究咨询机构——南京环球有机食品研究咨询中心。这标志着我国有机农业生产、咨询、认证的完整体系已基本建立,为促进我国有机农业的健康、规范发展打下了基础。与此同时,中国绿色食品发展中心也将绿色食品分为 A 级与 AA 级两类,以便更好地与国际有机食品的要求接轨,A 级绿色食品为我国特有的食品的标准,以限制使用化学品为主要特征;AA 级绿色食品是以欧盟有机农产品标准为参考提出的我国有机农产品标准的雏形。OFDC 获得 IFOAM 认可,对中国有机认证与国际接轨大有帮助和推动,也有助于与获得 IFOAM 认可的其他国家的有机认证机构实施互认,因而有利于打破发达国家在国际贸易上设置的“绿色壁垒”(席运官和钦佩,2002)。

20 世纪 90 年代末,除 OCIA 外,其他一些国外的认证机构纷纷在中国设立办事处或发展独立检查员进行认证工作,如法国的 ECOCERT、德国 BCS、瑞士 IMO 和 BioSuisse、日本 JONA和 NOAPA 等也在中国开展检查认证工作。国内也在逐步建立了其他一些认证机构,如中国农业科学院茶叶研究所有机茶研究与发展中心,专门从事有机茶的认证。

10 多年来,这些境外机构的检查、认证和培训活动,为我国的有机农业的推广和产品出口做出了巨大的贡献。目前,这些国外的认证机构根据《中华人民共和国认证认可条例》,已经或正在按规定与国内的机构合作,在中国注册成立合资的认证机构,或采取分包的形式继续开展有机认证工作。

从 1999 年开始,国家环保总局就邀请了农业、环境、林业和水产等多领域专家讨论和制定了《有机食品生产和加工技术规范》(部级标准),并于 2001 年底颁布实施。2001 年 6 月 19 日,国家环保总局正式发布了《有机食品认证管理办法》,该办法适用于在中国境内从事有机认证的所有中国和外国有机认证机构和所有从事有机生产、加工和贸易的单位和个人。这些管理办法和规范的实施,较好地规范和管理了包括有机认证机构及有机生产、加工和贸易者在内的中国有机食品行业,使之较健康有序地向前发展。

2003 年前,我国还没有制定和实施有机产品认证的国家标准,因而,在国内销售的有机产品基本上认同各个认证机构执行的认证标准,不同认证标准使得认证活动出现一些不协调的现象。2003 年我国将有机产品认证管理工作移交到国家认证认可监督管理委员会(CNCA)。2003 年 8 月中国认证机构国家认证认可监督管理委员会《有机产品生产与加工认证规范》正式发布实施。2004 年 11 月 5 日,国家质检总局局长签发的国家质检总局第 67 号令,宣布《有机产品认证管理办法》也自 2005 年 4 月 1 日起施行。2005 年 4 月 1 日起颁布了我国有机农业国家标准(GB/T 19630),并正式实施。该国家标准分为生产、加工、标志与销售和管理体系4个部分,国家标准的发布和实施是我国有机产品事业的一个里程碑式的事件,标志着我国有机产品事业又走上了一个规范化的新台阶。从此,在国内销售的有机产品必须按照中国的有机产品标准进行认证,中国的有机农业进入了快速发展时期。

2.2.2 中国有机农业产业发展

从1990年我国认证第一个有机农产品(有机茶叶)到2010年20年间,我国有机农业产业发展迅速,截至2009年底,我国有机农业面积达到约50万 hm^2,认证的企业数量为3 800余家,遍布全国除西藏以外的所有省份。有机农业目前已经是我国可持续农业发展的重要组成部分,农产品国际贸易的主要类型之一。

2.2.2.1 我国有机种植业生产与分布

2009年,按照中国有机产品标准进行生产的总体情况为有机生产面积49.18万 hm^2,其中有机种植的面积33.84 hm^2,有机转换土地面积为15.34万 hm^2。有机产品产量为187.39万t;有机转换产品为138.27万t。

按照中国有机产品标准进行的有机作物生产分布区域排序,除了西藏和台湾外,我国的其他30个省市自治区均有有机生产的基地,其中最大的有机生产基地是辽宁,有机种植面积达5万多 hm^2,占到了总有机种植面积的16%;其次是黑龙江,4.1万 hm^2;种植面积大于1万 hm^2 的省市自治区包括新疆(3.8万 hm^2)、内蒙古(2.2万 hm^2)、浙江(2.1万 hm^2)、吉林(2.0万 hm^2)、北京(1.9万 hm^2)、山东(1.8万 hm^2)、贵州(1.4万 hm^2)、江西(1.3万 hm^2)、云南(1.2万 hm^2)和陕西(1.1万 hm^2)。另外,我国已经开展了在国外进行有机认证的业务,其中在意大利的认证面积达到了4 900 hm^2,在泰国也按照中国标准认证了有机生产基地。

2.2.2.2 我国有机采集生产及分布

野生采集是有机生产的一部分,野生采集不需要生产性投入,在自然承受力下开展采集活动,获得自然生长的农产品资源。2009年,按照中国有机产品标准进行生产的野生采集面积99.34万 hm^2。有机野生产品产量为81.61万t;按照国际标准进行生产的野生采集面积109.05万 hm^2;野生采集产品15.43万t。

从采集的区域来看,按照中国有机产品标准进行认证的有26个省市自治区,其中分布在吉林、黑龙江、江西三省的采集面积都在10万 hm^2 以上;内蒙古和四川的采集面积在5万 hm^2 以上,还有包括北京和天津在内的10个省市的采集面积在1万 hm^2 以上,总体采集面积达到了近百万公顷。

2.2.2.3 我国有机畜牧业发展

有机畜牧业因其对有机原料和生产技术需求较高,而我国天然牧场的面积相对较小,一直以来是我国有机农业发展中较弱的部分。截止到2009年底,我国共有267个畜牧业生产基地,其中内蒙古凭借其地理和产业优势排列首位,共有36个生产基地,其次是浙江、新疆、四川、河北和北京五省市,目前都拥有20个生产基地以上。超过10个有机养殖基地的省份还包括山东和吉林。目前辽宁和贵州还没有有机畜牧业基地。

2.2.2.4 我国有机加工业发展

我国有机农产品加工处于初级阶段,基本上是简单的清选、冷冻、脱水等环节。截至2009

年，谷物磨制产量最高达 90 多万 t，处于加工第一位；饮料制造业位列第二，有 80 多万 t，其他农副食品加工排在第三位，达 60 多万 t。转换器加工的产品与有机产品加工分类的规律类似，总量只有有机产品的 1/10。综合两类产品，按不同种类所占的比例可以看出（图 2.14），谷物磨制的比例占到总量的 27%，饮料制造业占 23%，排在第三位的是其他农副食品加工，食品制造业和其他加工制造业的产量也都达到了 11%。

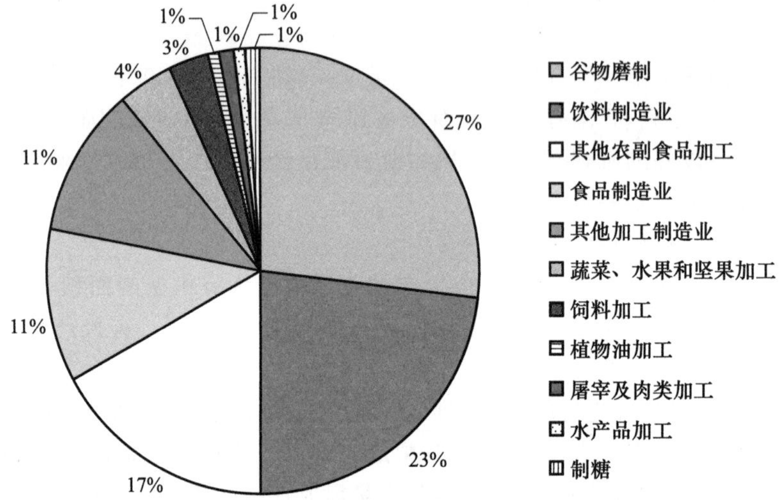

图 2.14 2009 年中国有机与转换期加工产品不同种类所占比例

来源：中国有机农业产业报告。

2.2.2.5 我国有机种植业、养殖业主要类型

在种植生产中，有机产品按种类主要分了谷物种植、蔬菜和园艺作物种植、水果和坚果种植和中药材的种植。在按照中国有机产品标准认证的产品中，谷物类作物种植面积最大，达 18.03 万 hm^2，占到了有机种植面积的 53%；蔬菜和园艺作物、水果和坚果的种植面积稍低于谷物的种植面积，分别为 3.5 万 hm^2（10%）和 11.9 万 hm^2（35%）。中药材的种植面积较小，只有 3 541 hm^2。从产量上看，有机谷物的产量达到了 85 万 t，蔬菜类作物产量也达到了54 万 t 左右，水果和干果类有 48 万 t，中药材有近 5 300 t（表 2.2）。

表 2.2 2009 年中国有机作物生产总体分布概况

产品种类	国家标准				国际标准			
	有机认证		转换认证		有机认证		转换认证	
	面积/万 hm^2	产量/万 t	面积/万 hm^2	产量/万 t	面积/万 hm^2	产量/万 t	面积/万 hm^2	产量/万 t
谷物及其他作物	18.03	84.71	8.06	49.32	37.91	119.18	1.27	5.76
蔬菜、园艺作物	3.51	54.29	1.86	51.88	2.09	24.52	0.07	2.01
水果、坚果、饮料和香料作物	11.94	47.86	5.01	35.14	2.49	15.03	0.44	2.11
中药材	0.35	0.53	0.41	1.93	0.61	0.61	0.01	0.05
总计	33.84	187.39	15.34	138.27	43.10	159.34	1.78	9.93

在有机畜牧业中，家畜的生产是主要部分，2009 年，我国有机家畜的生产包括了肉牛、奶牛、绵羊、山羊、猪、马、驴以及骆驼等多个品种，牛、羊和猪的生产占主要部分，其中认证的有机牛有近 45 万头，有机羊 476 万头，有机猪近 17 万头。有机牛中包括了部分奶牛，奶牛近 2.7 万头，在认证的有机牛和羊中 12%～16%是处于转换期的，对于猪的生产，处于转换期的产品要高一些，达到了 40%。在家禽的生产中，主要包括的品种有肉鸡、蛋鸡、鸭、鹅、鸽子、鹅、鸵鸟、大雁等多个品种，以肉鸡和蛋鸡的生产为主，2009 年我国共饲养有机肉鸡 221.7 万羽(包括 14.4 万羽转换的)，蛋鸡 24.3 万多羽(包括 0.8 万羽转换)。除了家畜和家禽的生产之外，还有些生产企业也有一些动物产品的生产，比如在吉林省有 4 万只有机林蛙的养殖，另外还有生产有机蚕茧(24 t)和大麦虫(48 t)的企业；另外还有有机羊绒毛(443 t)和驼绒毛(22.7 t)的生产。

2.2.2.6 有机认证企业与有机贸易

在我国 31 个省市自治区中，均有有机生产企业进行申请，2009 年我国按照中国有机产品标准 GB 19630 进行生产和认证的企业数量为 3 880 家，生产基地为 3 453 个，有机产品加工厂为 1 579 个；按照国际标准进行生产和认证的企业数量为 510 家；生产基地为 523 个；有机产品加工厂为 439 个(表 2.3)。

表 2.3 2009 年中国有机产品认证企业、基地、加工厂数量

标准种类	国家标准	国际标准	合计
认证的企业数	3 880	510	4 390
认证的基地数	3 453	523	3 976
认证的加工企业	1 579	439	2 018

2009 年我国出口有机产品的总贸易额为 17 031 万美元；出口贸易量为 124 086 t。由于国内企业原料和贸易需求，在中国进行交易的有机产品(最终以出口为目的)贸易额为 8 183 万美元；贸易量为 54 108 t。如果包括中国内部的贸易，2009 年我国出口有机产品的总贸易额为 25 214 万美元，贸易量为 178 194 t。

2009 年中国向国外出口有机产品种类可以分为豆类、谷物、坚果、蔬菜、调味品、茶叶、纺织品、蔬果、中草药、植物油和蜂产品等，其中豆类占总贸易量的 62.67%，贸易额的 42.54%；谷物、坚果等大宗农产品，占贸易量的 25.56%，贸易额的 21.32%。

从区域分布上来看，出口额最大的区域是欧洲，达 7 840 万美元，其次为北美洲 7 158 万美元；这两个洲合计占出口贸易总额的 88%；贸易量也是欧洲排第一位，为 60 552 t，北美排第二位 44 400 t，两个洲的贸易量占贸易总量的 84.6%。其次为亚洲和大洋洲。出口到南美洲和非洲的产品所占比例非常小，还不足总量的 0.2%。

2.3 有机农业关键技术概述

有机农业生产重视自然资源的利用，以自然的物质循环和能量再生为基础，辅助现代化的农业管理技术，达到生产过程中清洁、无废弃物、无污染，以生产健康、安全和环境友好的农产品。

开展有机农业生产，需要重点关注环境检测与保护、肥力调控和病虫草害综合管理技术等环境科学、生态学、土壤学、耕作学、植物保护学等多学科知识与生产管理技术，形成能够针对各个作物、各个地区的综合生产、管理技术规程与技术标准。

2.3.1 有机农业环境检测与管理

良好的生态环境条件是有机生产的基础，一方面为作物生长提供土壤、水、空气等物质基础，另一方面良好的环境、多样性的生物也为后期的生产管理降低成本。在环境选择上周围不能有工矿企业，并远离城市、公路、车站、码头等交通要道，以避免有害物质的污染，要对有机生产基地的大气、土壤、灌溉水进行监测，并由县级和县级以上环保部门提供的监测报告，以确保环境条件达到有机生产标准的要求。在有机生产过程中，优先选择节水、低环境影响、保持生物多样性的技术方法和方案，以保持良好生态环境的可持续发展。

在环境质量要求方面，有机生产的水质要求应符合 GB 5084 农田灌溉水质标准，土壤应符合 GB 15618 土壤环境质量标准二级标准，空气应符合 GB 30954 环境空气质量标准的二级标准要求。

在土壤环境质量中重点控制镉、汞、砷、铜、铅、铬、锌、镍 8 个重金属和六六六、DDT 2 个高度高残留农药的污染；在水环境中重点控制 COD、重金属、有机污染物等的污染；在空气质量中重点控制二氧化硫、氟化物、铅、总悬浮颗粒物、氮氧化物等污染物的污染。

2.3.2 土壤肥力调控技术研究

土壤肥力调控技术主要包括有机质的保持、水土保持和新型肥料开发与应用技术等。目前国内外开展较多的工作在有机堆肥与生物菌肥开发技术、豆科绿肥及共生生物多样化轮作技术等。研究堆肥微生物提高堆肥效率并增加生物有机肥(溶磷菌、植物促生菌等)提高有机肥的肥效，通过与豆科作物间作、轮作等栽培措施利用固氮根瘤菌与豆科作物共生固氮提高土壤肥力。

目前应用在有机农业上的天然肥料按照来源不同分为：农家肥、绿肥、堆肥、生物有机肥、商品有机肥、矿质肥料等；按照用途不同分为：基肥、冲施肥、叶面肥等。

有机肥料：又称农家肥，主要来自农村和城市可用做肥料的有机物，包括人、畜粪尿和作物秸秆、绿肥等。人粪尿需经腐熟无害化处理；家畜粪尿和厩肥需要堆肥处理；秸秆作为植物残体，含有作物生长所需的大量元素和微量元素，使用也需要和家畜粪便堆肥处理；绿肥包括紫云英、田菁、苜蓿等作物，主要是利用豆科作物增加生物固氮量。

矿质肥料:包括天然硫酸钾、磷矿粉、泥炭与腐殖酸类肥料等,但使用时应注意矿质肥料中的重金属含量的监测,防止重金属污染。

饼肥:菜籽饼、棉籽饼、豆饼、芝麻饼、花生饼、蓖麻饼、茶籽饼等。含有大量的有机质和氮、磷等营养物质,需要腐熟后使用。

蚯蚓肥:可以改良土壤。主要用于苗床或容器育苗时可疏松透气、培育壮苗、减轻病虫害发生、改善农产品品质等。

商品有机肥:以堆肥、蚯蚓粪、矿质肥料、生物活菌、氨基酸等为原料进行商品化生产,在有机农业中使用需要对商品有机肥进行有机认证。

2.3.3 病虫草害的综合管理技术

绿色有机农产品生产中病虫草害的控制总原则是以防为主、以治为辅的综合防治方针,主要采用农业的、物理的、生态的以及生物的防治方法把病虫草害控制在危害的经济阈值以下。伊犁河谷有机绿色农产品生产病虫草害管理技术研究重点是综合利用农业措施、物理防治、生态调控技术,微生物源、植物源、矿物源农药,昆虫天敌培育和性诱剂等技术研究,建立绿色有机农产品植保技术规程。

2.3.3.1 病害综合管理技术研究

大面积种植感病寄主、强致病力病菌和适宜的发病条件是植物病害流行的三要素。病害管理就是通过耕作措施,物理、生态方法辅助于生物防治手段创建有利于植物生长而不利于病菌生长的环境条件,抑制病菌生长,控制病害流行。有机农产品生产病害综合管理技术重点在于利用农业措施、生态调控和生物防治技术建立从种子到收获的全程病害管理规程(杜相革等,2002)。可以通过轮作、农业耕作等措施降低病菌初侵染源,例如,在新疆新源县开展的有机大豆生产通过玉米和大豆轮作,降低根部病虫害的发生;通过调整大豆播种期,避开高温高湿病害高发期;通过多种大豆品种混合播种增加生物多样性提高抗病能力;在伊犁州霍城县通过采用滴灌技术减少地表蒸发、降低葡萄园空气湿度、控制病害发生等多种农业措施控制病害发生。根据病害发生流行气候条件提前施用矿物源和生物源农药,预防病害发生。矿物源杀菌剂有石硫合剂和波尔多液;生物源杀菌剂包括生物提取物、重寄生类和诱导抗性类等多种来源生物农药。

2.3.3.2 虫害综合管理技术研究

虫害综合治理技术以培育释放天敌、黑光灯诱杀、性诱剂和驱避剂及生物源杀虫剂等多种措施控制虫害发生。生物源杀虫剂根据来源主要分为微生物源杀虫剂和植物源杀虫剂。微生物源杀虫剂包括细菌类、真菌类和病毒类杀虫剂,常用的细菌产品是苏云金杆菌,对部分害虫防治效果高于化学农药;常用的真菌产品是白僵菌和绿僵菌,能防治200种左右的害虫;而最常用的病毒产品则是核多角体病毒(NPV)。植物源杀虫剂在我国登记注册的有除虫菊、百部碱、苦参碱、氧化苦参碱、川楝素、印楝素、茴蒿素、藜芦碱、茶皂素、莨菪碱、马钱子碱、烟酮以及棉籽碱、牛儿醇、蓖麻油等。

2.3.3.3 草害综合管理技术研究

草害一直是围绕世界绿色有机农产品生产的主要难题之一,有机农产品生产中杂草种子可以从有机肥、水、风等多重方式进入到有机耕作农田。目前在我国新疆伊犁州开展的有机农业生产研究中，新疆广阔的草场面积，适宜的气候条件，杂草同样也是伊犁州农业生产面临的一大难题。在伊犁州绿色有机农产品生产关键技术研究中从有机肥腐熟、秋季翻耕、推迟播种再翻耕等多重措施进行研究以控制杂草生长。但从根本上解决杂草问题还依赖于生物源除草剂的开发应用，但目前国内外还没有高效生物除草剂的商品化生产。

2.3.3.4 国内外的主要病虫草害防控生物农药

1. 有益昆虫

国内外有机农业生产普遍利用有益昆虫来防治害虫的危害，可以采取市场购买、人工养殖和生态调控培育自然天敌等多种手段进行。目前应用的有机昆虫包括以下几种。

赤眼蜂：可寄生大多数鳞翅目昆虫的卵。雌虫产卵于鳞翅目昆虫的卵内，孵化出的赤眼蜂幼虫直接取食寄主卵壳内正在发育的幼虫，并化蛹。成虫以花蜜为食。

桃蚜瘿蚊：老熟幼虫捕食蚜虫。20 世纪 70 年代最早在芬兰和苏联应用；1978 年在芬兰商品化生产。以蚜虫进行人工扩繁。制剂以瓶装的蛹与蛭石的混合物，裹以潮湿的棉花。也有成虫出售。

草蛉：幼虫捕食蚜虫。成虫只取食花蜜和花粉。以蚜虫或人工饲料进行人工扩繁。制剂一般为幼虫，多个装于同一容器或装于具有多个小格的盒中，每小格一头。也有将卵与麸皮、米壳或其他材料混合后出售。

异色瓢虫和七星瓢虫：幼虫和成虫均捕食蚜虫和螨、介壳虫。起源于亚洲，主要在中国。以螟蛾卵或蚜虫人工扩繁。异色瓢虫(*Harmonia axyridis*；pallas)是蚧壳虫、蚜虫、红蜘蛛等害虫的主要天敌，主要分布于中国、俄罗斯、蒙古、朝鲜、日本等地。我国各地基本上均有分布。在我国北方，异色瓢虫是瓢甲科昆虫的优势种群。制剂主要是以盒装幼虫，并带有食物(一般为粉螟卵)以供运输过程中取食。

捕食螨：捕食螨喜食害螨的卵。捕食量大，控制时间长，能主动搜索害螨，害螨不会像对农药产生抗药性那样对捕食螨产生抗生。

斯氏线虫：昆虫寄生线虫。借助其头感器在土壤中扩散，主动寻找寄主，亦可借助诸如水流等物理因素扩散。具有杀虫范围广、主动寻找寄主、易于人工培养且成本低廉，使用安全等优点，成为当今国际生防领域研究热点仅次于 Bt 的生物防治制剂。

2. 生物源和矿物源杀虫剂

除虫菊素：神经毒剂，以触杀作用为主；杀虫谱广，对多种农业害虫及家蝇、蚊子、蟑螂等卫生害虫有毒杀作用。来源于除虫菊的花中，以白花除虫菊中的有效成分含量最高。

鱼藤酮制剂：广谱杀虫剂，有触杀和胃毒作用，是细胞呼吸代谢抑制剂，对多种农业害虫有毒杀作用。来源于鱼藤的根部。

印楝素：主要干扰昆虫的正常行为，表现为拒食、驱避、产卵忌避及绝育等，抑制昆虫的生长发育，并具有毒杀作用，触杀、胃毒和内吸活性，是目前世界公认的活性最强的拒食剂。来源于印楝树的各部位，在种核中的有效成分含量最高。

苦参碱：杀虫谱广，对昆虫有触杀和胃毒作用，以触杀为主，作用于神经系统，能使害虫中枢神经麻痹，抑制呼吸作用，窒息死亡。主要来源于豆科植物苦参的根中。

藜芦碱：对昆虫有触杀和胃毒作用，能使害虫肌肉瘫痪。来源于百合科藜芦属白藜芦的根茎和喷嚏草的种子。

百部碱：对昆虫有触杀和胃毒作用，也可以杀灭虫卵。来源于百部科植物对叶百部的块根。

50%硫磺悬浮剂：有效成分是硫磺粉。50%硫磺悬浮剂活性高纯硫磺，在适当的温度、湿度条件下释放出有效气体，对病虫害的呼吸系统产生抑制作用，使其不能进行正常的新陈代谢窒息而亡。

Bt乳剂：苏云金杆菌乳剂简称Bt乳剂，外观为黄褐色液体，是一种细菌性微生物农药。主要是胃毒剂，没有内吸杀虫作用。

白僵菌和绿僵菌：白僵菌和绿僵菌是半知菌类的虫生真菌，具有营养器官——菌丝和繁殖器官——分生孢子，菌丝有横隔、有分枝，可以侵入6个目15科200多种昆虫、螨类的虫体内大量繁殖，同时不断产生大环脂类毒素和草酸钙结晶，这些物质可引起昆虫中毒，使体液机能发生变化，打乱新陈代谢以致死亡。

3. 生物源和矿物源杀菌剂

黄芩苷/黄芩素：黄芩主要分布在河北、辽宁、陕西、山东、内蒙古、黑龙江等省、自治区。来源于黄芩根的提取物，制剂类型为黄芩苷水剂。

小檗碱（黄连素）：主要产地是在四川，来源于黄连根的提取物，制剂为小檗碱水剂。

大黄素：大黄主要分布在四川北部和甘肃。大黄素来源于大黄的提取物，制剂为大黄水剂。

大蒜素：由百合科葱属植物大蒜的鳞茎（大蒜头）提取而得。

儿茶素：有效成分从天然植物儿茶中采用物理方法提取。对人畜等低毒，对环境友好，喷雾后能快速杀灭植物体内和植物表面的病原菌。

高锰酸钾：是强氧化还原剂，其溶液具有很强的杀菌、消毒及防腐作用。可用于种子处理和叶部病害的防治。

石硫合剂：生物活性主要是多硫化钙，具有药效高、无抗药性、可长期使用、残效期长等特点，主要用于果树早春和晚秋的预防性病虫害防控。

波尔多液：保护性药剂，杀菌谱广，主要用于预防性防治。波尔多液呈碱性，不能和忌碱性物混用，白菜等对铜敏感的作物也避免使用。

木醋液和竹醋液：也叫植物酸，是在木材和竹子干馏过程中得到的一种赤褐色混合物，含有酸、醇、酚、酮等多种有机物，其中大多是微量成分。作为一种天然林产品的副产物，广泛地应用于化工业、林业、农业、畜牧业、食品加工业与医药卫生业。可用于多种病虫害的预防和防治。

参考文献

杜相革，王慧敏，王瑞刚．2002. 有机农业原理和种植技术[M]. 北京：中国农业大学出版社．

杜相革，王慧敏．2007. 中国有机农业概论[M]. 北京：中国农业大学出版社．

孟凡乔，乔玉辉，李花粉．2003. 绿色食品[M]. 北京：中国农业大学出版社．

席运官，钦佩，2002. 有机农业生态工程[M]. 北京：化学工业出版社．

Addisu A. 2012. Organic Agriculture in Ethiopia: Current Status and Perspectives. The World of Organic Agricultrue 2012[M]. FiBl and IFOAM, 157-165.

Amarjit S. 2012. The Global Market for Organic Food and Drink. The World of Organic Agricultrue 2012[M]. FiBl and IFOAM,122-126.

Barbara F H. 2012. North American Overview. The World of Organic Agricultrue 2012[M]. FiBl and IFOAM,263-267.

Els W, Alexandra M. 2012. Organic Farming in Australia. The World of Organic Agricultrue 2012[M]. FiBl and IFOAM,288-290.

Helga W. 2012. Organic Agriculture in Europe: Overview. The World of Organic Agricultrue 2012[M]. FiBl and IFOAM,200-205.

Helga W. 2012[M]. The World of Organic Agriculture.

Helga W, Julia L. 2012. Current Statistics on Organic Agriculture Worldwide. The World of Organic Agricultrue 2012[M]. FiBl and IFOAM,35-118.

Hervé B. 2012. Organic Farming in Africa: Latest Developments. The World of Organic Agricultrue 2012[M]. FiBl and IFOAM,146-150.

Ong K W. 2012. Organic Asia 2012. The World of Organic Agricultrue 2012[M]. FiBl and IFOAM,170-178.

Patricia F. 2012. Organic Agriculture in Latin America and the Caribbean. The World of Organic Agricultrue 2012[M]. FiBl and IFOAM,240-251.

Raffaele Z, Danilo G, Daniela V. 2012. Scenarios of the organic food market in Europe[J]. Food Policy, 37: 41-57.

The World of Organic Agriculture. 2012. www. organic-world. net /former-editions. html.

Years Leading, Uniting And Assisting The Organic Movement Worldwide. 2012. Growing markets, stable area. www. ifoam. org/IFOAM_Biofach2012_WOA_PressReleaseen. pdf.

第3章

伊犁河流域绿色食品和有机产品生产环境条件评价与区划

世界农业发展引发的诸多问题，如自然资源耗竭、生态环境恶化、土地生产力下降、食品安全等问题，形成了农业发展过程中的很多矛盾。为解决这些问题，人们进行了很多探索，其中农业生产方式的变革，如有机农业、生物农业、生态农业、持久农业、再生农业及综合农业等应运而生。我国健康农产品主要包括无公害农产品、绿色食品和有机食品（吴文良和孟凡乔，2004）。其中绿色食品是 20 世纪 90 年代初由农业部启动的，以生产无污染、安全、优质、营养类食品为主要目标的政府活动；完全按照国际有机农业标准的中国有机食品生产开始于 90 年代初，以国外机构到中国开展有机茶认证检查为标志，2005 年我国颁布了自己的有机农业生产标准，即中国有机产品标准 GB/T 19630—2005。绿色食品是遵循可持续发展原则，按照特定生产方式生产，经专门机构认定，许可使用绿色食品标志商标的无污染的安全、优质、营养类食品（中华人民共和国农业行业标准——绿色食品）（刘连馥，1998）。有机农业是指遵照一定的有机农业生产标准，在生产中不采用基因工程获得的生物及其产物，不使用化学合成的农药、化肥、生长调节剂、饲料添加剂等物质，遵循自然规律和生态学原理，协调种植业和养殖业的平衡，采用一系列可持续发展的农业技术以维持持续稳定的农业生产体系的一种农业生产方式。

伊犁哈萨克自治州位于祖国西北边陲，新疆西部，三山环抱，其相对封闭的生态环境，在市场经济初期的资源掠夺式的开发中未遭到严重破坏和污染，是新疆乃至西部保留为数不多的绿色生态区域，作为中国西部绿色生态资源基地的区域定位具有得天独厚的条件和优势。但是近几年，伊犁州农业增长速度较快，农业生产连年丰收，农业生产中化肥的大量施用已经逐渐暴露出了其产量的不可持续性和诸多弊端。为了维持伊犁河谷的自然、区位地理等自然环境及绿色生态资源的竞争优势，发展绿色食品和有机食品是伊犁河谷和当今农业发展的必然趋势。

绿色食品和有机食品产地是指绿色食品和有机食品的初级农产品和农产品深加工原料的生长地，比如小麦、蔬菜的种植地块等。显然，绿色食品和有机食品的产地是一个由生物、空气、水、土壤等环境要素组成的生态系统。其产地的选择是指在产品开始生产之前，对产地生态环境条件的调查和现场考察，对场地的环境监测和环境现状质量评价，并通过环境质量的现状评价，对产地环境质量是否适合生产绿色食品和有机食品做出合理的判断。绿色食品和有机食品产地的建设是指对已经确定为绿色食品和有机食品的产地或备用产地进行生态建设与环境污染控制，使其保持良好的生态环境质量。

基地规划是绿色食品和有机农业基地建设的第一步，是一项技术性很强的工作，应将其放在核心地位。基地规划要具有整体性，将自然生态、经济和社会因素综合考虑，注重协调发展；要将经济、生物、技术和人口素质等进行系统的有机结合，建立自然、社会、物资、技术等多元多层次的保障体系。因此，在新疆伊犁州绿色食品和有机农业规划前，必须了解伊犁州的环境状况以及绿色食品和有机农业的产地环境要求。

3.1　绿色和有机食品产地环境要求与选择

3.1.1　绿色食品产地环境要求

绿色食品生产基地应选择在无污染和生态条件良好的地区。基地选点应远离工矿区和公路铁路干线，避开工业和城市污染源的影响，同时绿色食品生产基地应具有可持续的生产能力。绿色食品产地空气中各项污染物含量不能超过表3.1中所列的指标要求（中华人民共和国农业部，2000）。

表3.1　空气中各项污染物的指标要求（标准状态）

项　目		指　标	
		日平均	1 h平均
总悬浮颗粒物（TSP）/（mg/m^3）	≤	0.30	—
二氧化硫（SO_2）/（mg/m^3）	≤	0.15	0.50
氮氧化物（NO_x）/（mg/m^3）	≤	0.10	0.15
氟化物（F）/（$\mu g/m^3$）	≤	7	20
		1.8 $\mu g/(dm^2 \cdot d)$（挂片法）	

注：日平均指任何一天的平均指标；1 h平均指任何1 h的平均指标；连续采样3 d，每日3次，晨、午和夕各一次；氟化物采样可用动力采样滤膜法或用石灰滤纸挂片法，分别按各自规定的指标执行，石灰滤纸挂片法挂置7 d。

绿色食品产地农田灌溉水中各项污染物含量不应超过表3.2所列的指标要求（中华人民共和国农业部，2000）。

表3.2　农田灌溉水中各项污染物的指标要求

项　目		指　标
pH值		5.5～8.5
总汞/（mg/L）	≤	0.001
总镉/（mg/L）	≤	0.005
总砷/（mg/L）	≤	0.05

续表 3.2

项 目		指 标
总铅/(mg/L)	≤	0.1
六价铬/(mg/L)	≤	0.1
氟化物/(mg/L)	≤	2.0
粪大肠菌群/(个/L)	≤	10 000

注:灌溉菜园用的地表水需测粪大肠菌群,其他情况不测粪大肠菌群。

除了大气和灌溉用水符合标准外,绿色食品生产基地的土壤中各项污染物指标同样不能超过表 3.3 中的限量要求(中华人民共和国农业部,2000)。

表 3.3 土壤中各项污染物的指标要求 mg/kg

耕作条件		旱田			水田		
pH 值		<6.5	6.5~7.5	>7.5	<6.5	6.5~7.5	>7.5
镉	≤	0.30	0.30	0.40	0.30	0.30	0.40
汞	≤	0.25	0.30	0.35	0.30	0.40	0.40
砷	≤	25	20	20	20	20	15
铅	≤	50	50	50	50	50	50
铬	≤	120	120	120	120	120	120
铜	≤	50	60	60	50	60	60

注:果园土壤中铜限量为旱田中铜限量的 1 倍;水旱轮作用的标准值取严不取宽。

3.1.2 有机食品产地环境要求

有机生产需要在适宜的环境条件下进行。有机生产基地应远离繁华地区、工矿区、交通主干线、工业污染源、生活垃圾场等。基地的环境质量应符合相关要求,其中环境空气质量符合 GB 3095—1996 中二级标准和 GB 9137 的规定;农田灌溉用水水质符合 GB 5084 的规定;土壤环境质量符合 GB 15618—1995 中的二级标准(国家质量监督检验检疫总局和中国国家标准化管理委员会,2012)。

环境空气质量 GB 3095—1996 中二级标准值见表 3.4(国家环保总局,1996)。

表 3.4 空气中各项污染物的浓度限值(标准状态)

项 目		GB 3095—1996 二级标准限值	
		日平均	1 h 平均
总悬浮颗粒物(TSP)/(mg/m^3)	≤	0.30	—
二氧化硫(SO_2)/(mg/m^3)	≤	0.15	0.50
二氧化氮(NO_2)/(mg/m^3)	≤	0.12	0.24
臭氧(O_3)/(mg/m^3)	≤	—	0.20
一氧化碳(CO)/(mg/m^3)	≤	4	10
氟化物(F)/[μg/(dm^2 · d)](挂片法)	≤	3.0(月平均)	2.0(植物生长季平均)

农田灌溉用水水质标准 GB 5084—92 中的限量值见表 3.5(国家环保总局,1992)。

表 3.5 农田灌溉用水标准中各项污染物的指标要求 mg/L

项 目		水作	旱作	蔬菜
生化需氧量(BOD_5)	≤	80	150	80
化学需氧量(COD_{Cr})	≤	200	300	150
悬浮物	≤	150	200	100
阴离子表面活性剂(LAS)	≤	5.0	8.0	5.0
凯氏氮	≤	12	30	30
总磷(以 P 计)	≤	5.0	10	10
总砷/(mg/L)	≤	0.05	0.1	0.05
pH 值		5.5～8.5		
全盐量		1 000(非盐碱土地区);2 000(盐碱土地区);有条件的地区可以适当放宽		
总汞/(mg/L)	≤	0.001		
总镉/(mg/L)	≤	0.005		
总铅/(mg/L)	≤	0.1		
六价铬/(mg/L)	≤	0.1		
氟化物/(mg/L)	≤	2.0(高氟区);3.0(一般地区)		
粪大肠菌群/(个/L)	≤	10 000		

有机食品的产地环境土壤应符合土壤环境质量 GB 15618—1995 中的二级标准,其二级标准值见表 3.6(国家环保总局,1995)。

表 3.6 土壤中各项污染物的指标要求 mg/kg

项 目		二级标准		
		pH 值<6.5	pH 值 6.5～7.5	pH 值>7.5
镉	≤	0.30	0.30	0.60
汞	≤	0.30	0.50	1.0
砷(水田)	≤	30	25	20
砷(旱地)	≤	40	30	25
铅	≤	250	300	350
铬(水田)	≤	250	300	350
铬(旱地)	≤	150	200	250
铜(农田等)	≤	50	100	100
铜(果园)	≤	150	200	200
锌	≤	200	250	300
镍	≤	40	50	60
六六六	≤	0.5	0.5	0.5
滴滴涕	≤	0.5	0.5	0.5

绿色食品和有机食品对产地的环境条件都有严格的规定，但是绿色食品和有机食品对大气、灌溉用水以及土壤中污染物的限量值不尽相同，绿色食品标准对产地环境条件的要求有些项目比有机食品严格，但是有机食品标准对产地环境条件要求的分析项目比绿色食品的要求更全面。

3.1.3 产地的选择

绿色食品和有机食品基地考察和选择的基本指导思想是，产地应选择在生态环境良好、空气清新、水质纯净、土壤未受污染的区域，故应尽量避开繁华都市、工业区和交通要道。新疆伊犁州的农业生态环境相对良好，工业企业相对较少，是绿色食品和有机产品产地的首选区域。绿色食品和有机食品种植基地选择一般遵循以下原则：①生产基地应避开繁华都市、工业区和交通要道的中心，周围不得有污染源，特别是上游或上风口不得有污染物质或有害气体排放。②基地具有清洁的生产水源，在水源或水源周围不得有污染源或潜在污染源。③土壤肥力较好，在绿色食品和有机农业基地系统内或其周围有保持土壤肥力的较丰富的有机肥源。土壤重金属的含量位于正常值区域，周围没有金属或非金属矿山，没有严重的农药残留、化肥、重金属污染历史。④大规模的绿色食品和有机农业基地要能获得足够的劳动力资源。⑤土地要有较长期的经营使用权，基地周围最好具有天然的隔离防护缓冲地带(刘连馥，1998)。

绿色食品和有机食品产地选择任务是为其产地的环境质量监测和质量评价做技术准备。因此，在开发绿色食品和有机食品之前，一是为环境监测进行现场踏勘，调查产地环境要素的质量状况，查看外源污染、内源污染的确实情况，在环境监测图上标出产地的区域、点数和点位，为正确的布点采样做出准备。二是经过现场调查，了解产地及其周边的生态环境质量状况，初步评估产地的生态环境质量，为后续的生态环境建设提供依据。

3.1.4 产地的调查

在进行绿色食品和有机食品产地建设之前，要对产地的环境条件进行调查，调查的内容包括：①产地周边的工业、交通、居民村落等的布局，污染源排放污染物的类型，污染物的种类，排放方式和排放量，以及污染物进入产地的路径。②空气污染污染源与产地边界的距离有多大，是否有交通主干线通过产地，车流量有多少。污染源与常年主导风向、风速的关系，即污染源是否在产地的上风向，估计空气中污染物的影响范围。③绿色食品和有机食品生产的农田灌溉用水情况，污染源的污水是否进入产区的地面水，或是否影响产区的地下水，产地是否有污水灌溉或污灌历史等。

除了产地的外源污染情况需要调查外，产地的内源污染情况同样需要调查，包括：①肥料的种类和配方施肥情况，化肥的品种，有机肥的品种，施肥水平，是否使用污泥肥、垃圾肥、矿渣肥、稀土肥等情况。②病虫害的主要防治手段，是否使用化学合成农药，化学农药的品种、数量，农药的安全使用情况。病虫草害发生、变化历史调查，是否出现过重大病虫害，如何控制的等。③农用塑料薄膜的使用历史，实测土壤残膜状况及残膜量。④是否有转基因物种。

3.2 绿色和有机食品产地环境监测与评价

绿色食品和有机食品产地的环境质量监测，其直接目的是为环境质量评价提供数据。产地的环境监测和现状评价的过程包括：资料调查、现场调查与评估、优化布点、样品采集与运送保存、分析测试、数据处理和质量评价，包括产地环境质量信息的捕获—传送—解析—综合评价的全过程，它可为绿色食品和有机食品的生产者和经营管理者提供代表环境质量和产品质量的信息。

3.2.1 产地的环境监测

环境监测是绿色食品和有机食品产地环境质量现状评价中一项工作量大、费工、耗时、经济投入较多的工作。因此，环境监测必须实行优化的监测原则。在监测的全过程实施环境监测质量保证措施，以确保监测质量为首要条件；在权衡监测投入与监测质量的关系上，以优先保证质量为前提。为了减少投入应充分利用现有的环境监测资料，并且重视现场调查，抓准环境问题，使监测单元的划分和点位的选择有充分的代表性。绿色食品和有机食品产地环境监测参数的选择主要根据环境质量评价需要而定，主要有重金属及其他污染物，如汞、镉、铬、砷、铅、氟、二氧化硫、氮氧化物、二氧化氮、总悬浮颗粒物等。

在一个区域内，监测的点数越多，就能获取较多的质量信息，这对保证监测质量是有利的，但经济投入相对较多。如果能提高点位对区域的覆盖面，则可减少点数，从而减少经济投入。为了提高绿色食品产地环境质量监测的可比性，《绿色食品产地环境质量现状评价技术导则》中规定，对集中连片的大田种植区，产地面积在 2 000 hm^2 以内，布设 3～5 个采样点；面积在 2 000 hm^2 以上，面积每增加 1 000 hm^2，增加一个采样点。如果大田种植区相对分散，则适当增加采样点数。对于大气质量监测点数的确定，如果产地布局相对集中，面积较小，无工矿污染源的区域，布设 1～3 个采样点。产地布局较为分散，面积较大，无工矿污染源的区域，布设 3～4 个采样点。样点的设置数量还应根据空气质量稳定性以及污染物对原料生长的影响程度适当增减。

点位是指采样单元中的具体取样位置，它只是一个极小的空间。点位对采样单元的代表性，可用点位的随机性或典型性来描述。当采样单元的环境条件一致时，点位可以随机确定；当条件不一致时，点位只能代表采样单元中具有典型主导因素的空间。例如，当用作物品种做主导因素时，在某采样单元内，既有粮食或果树，又有茶树或粮果混作，当评价粮食产地的环境质量时，只能在典型的粮食产地采样，而不能在粮果混作地采样，也不能在果树地或茶叶地采样。

3.2.2 产地的环境质量现状评价

产地环境质量现状评价是绿色食品和有机食品开发的一项基础性工作，它是根据产地的调查、选择和环境监测资料，按照环境质量标准，并用一定的评价方法进行综合分析，对产地环境质量是否适合开发成绿色食品和有机食品产地所做出的定量描述，以及对开发后的环境建设提出建议。

3.2.2.1 **现状评价体系与评价参数**

产地环境质量现状评价体系包括空气环境、水环境、土壤环境，评价的程序见图 3.1，具体参数见表 3.7（孟凡乔等，2003）。

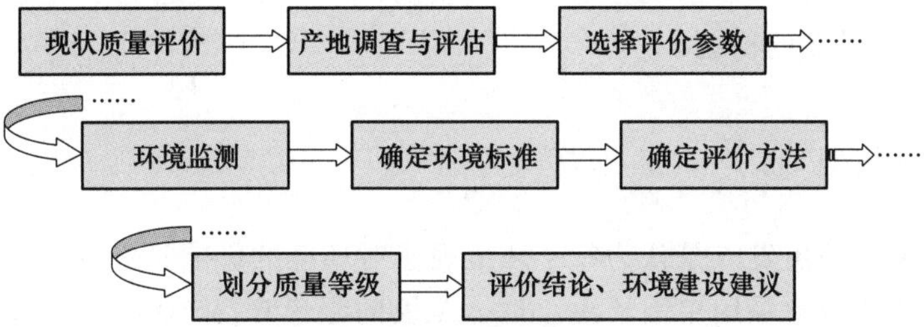

图 3.1 现状质量评价程序

表 3.7 产地环境质量评价参数

环境要素	评价参数
空气	SO_2、NO_x、TSP、氟化物、二氧化氮、臭氧
水质	无机污染物（pH、DO、F、CN、Hg、Cd、Pb、As、Cr 等） 有机污染物（COD、BOD_5、有机氯等） 细菌学指标（大肠杆菌、细菌等）
土壤	无机污染物（Hg、Cd、Pb、As、Cr 等） 有机污染物（六六六、DDT）

3.2.2.2 **评价标准与评价模式**

产地环境质量现状评价标准包含空气质量标准、农田灌溉水质量标准、土壤环境质量标准等。

环境质量现状评价是建立在单因子评价基础上的。单因子评价，通常以环境要素的实测值与评价标准比较，计算污染物的污染指数 P：

$$P_i=\frac{C_i}{S_i}$$

式中：P_i为 i 污染物的污染指数；C_i为污染物的实测值；S_i为污染物的环境标准。

多因子污染评价模式一般采用计权型多因子模型指数法。计权型环境质量指数的出发点是认为各环境因子对环境的影响是不等权的，因而环境评价应分别计算各自的权系数。权数的确定方法目前多采用专家调查法，即通过专家来确定环境因子的权数。因此计权型多因子模型的可靠性就依赖于各位专家，专家科学地、合理地确定权数是评价质量的关键。

计权型多因子指数模型有 4 种：

加权型指数模型 $$P=\sum W_i P_i$$

式中：W_i为第 i 个环境污染因子的加权系数值。根据权的概念，$\sum W_i=1$。

均权叠加法模型 $P=\frac{1}{n}\sum P_i$

内梅罗法模型 $P=\sqrt{\frac{P_{max}^2+P_{ave}^2}{2}}$

式中：P_{max}为环境因子的最大值；P_{ave}为指标的平均值。

内梅罗法是另一种计权法。既考虑了最严重的污染因子，又避免了确定权系数时人的主观因素，是目前应用最多的模型。

平均方根指数模型 $P=\sqrt{\frac{\sum P_i^2}{n}}$

平均方根法考虑的出发点是认为每个环境因子对环境的影响是等权的。

绿色食品现状评价常采用单因子法。对AA级的绿色食品产地，各项污染物含量都不能超过绿色食品产地的环境质量标准，即 $P_i<1$；A级绿色食品产地的要求比AA级略低，在多个单项污染指数中，有以一两个指数的 $P_i\geqslant1$，则可从实际出发，分析环境质量的发展趋势，看可否对环境质量预控，并向良性转化发展的难易程度而综合考虑，做出是否可开发为绿色食品产地的结论。

21世纪将是以绿色为主导潮流的世纪，绿色有机农副产品无污染、无残药、无激素，是从“土地到餐桌”实现全程质量监控生产出来的安全、健康、优质的农产品，已成为发达国家的消费主流。绿色食品和有机食品的开发是提高农副产品竞争力，实现农业增效、农民增收的需要，是保护农业生态环境、促进农业可持续发展的需要，也是农业和农村经济结构战略性调整的需要。新疆伊犁州既有天山雄奇，又有伊犁河谷之秀丽，自然环境优美，果子沟风光奇特、大草原广阔无垠、土地肥沃、水源充足、物产资源丰富，宜农宜牧宜林。伊犁河谷的水土光热组合优越，盛产小麦、玉米、水稻、大麦、棉花、油菜、胡麻、啤酒花、红花、薰衣草、烤烟等农作物和经济作物，适宜规模发展生态农业。伊犁河谷已成为新疆乃至西部重要的生态农林牧资源及绿色有机产品基地和资源战略接替地，绿色生态自然条件环境无可比拟、得天独厚，是发展绿色生态产业基地的最佳区域(孟凡乔等，2008)。但是在开发绿色食品和有机产品之前，需要按照绿色食品和有机食品标准的要求对产地环境进行监测和评价。

3.3 新疆伊犁州土壤环境监测与评价

3.3.1 伊犁州土壤重金属含量分析

通过对新疆伊犁州600个土壤样品的检测分析，根据我国绿色、有机农产品对产地土壤的环境要求对伊犁州土壤中重金属含量进行了分析。伊犁州全州各元素含量分布情况见表3.8。伊犁州全州土壤中Cu、Zn、Ni、Cr、Pb、As、Hg、Cd的含量范围分别为：11.07～59.90 mg/kg、39.58～160.40 mg/kg、15.98～55.05 mg/kg、9.99～95.30 mg/kg、14.98～53.80 mg/kg、2.08～14.86 mg/kg、0.004～0.104 mg/kg、0.012～1.299 mg/kg。全州土壤中元素Cu、Zn、Ni、Cr、Pb、As、Hg、Cd含量的算数平均值分别为27.85 mg/kg、83.33 mg/kg、

35.00 mg/kg、45.26 mg/kg、30.58 mg/kg、8.05 mg/kg、0.022 mg/kg、0.362 mg/kg。

表 3.8 伊犁州全州各元素含量分布情况 mg/kg

元素	最小值	最大值	平均值	5%值	10%值	50%值	75%值	90%值	95%值
Cu	11.07	59.90	27.85	16.95	19.41	26.6	30.88	36.91	39.52
Zn	39.58	160.40	83.33	57.98	63.25	82.12	93.29	103.26	108.94
Ni	15.98	55.05	35.00	24.65	26.76	35.26	38.38	42.87	45.62
Cr	9.99	95.30	45.26	14.99	22.18	44.20	58.74	66.07	73.48
Pb	14.98	53.80	30.58	24.58	24.92	29.93	34.50	39.51	40.93
As	2.08	14.86	8.05	3.51	4.72	7.98	9.86	11.55	11.95
Hg	0.004	0.104	0.022	0.008	0.010	0.018	0.026	0.040	0.065
Cd	0.012	1.299	0.362	0.033	0.083	0.331	0.409	0.553	0.834

对伊犁州土壤中 Cu、Zn、Ni、Cr、Pb、As、Hg、Cd 的含量进行分析，用 Sigmaplot 作图软件绘制元素含量盒状图如图 3.2 所示。从图中可以看出伊犁州土壤中 8 种元素含量的集中分布范围。

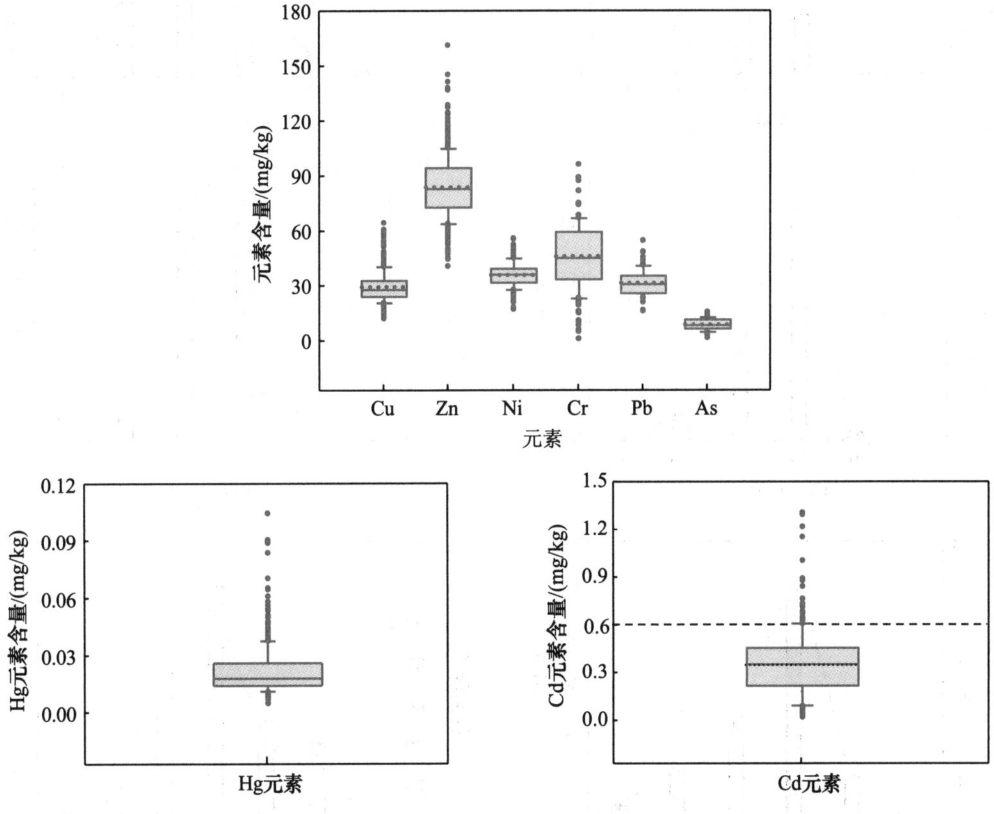

图 3.2 伊犁州土壤元素含量

注：盒状图距零最近含量线表示 25%的含量，中间为中位值，最大为 75%的含量值，误差线分别代表 10%、90%含量。虚线表示平均值，点图代表位于 10%、90%位置含量以外的点。

伊犁州土壤中元素 Cu、Zn、Ni、Cr、Pb、As、Hg、Cd 的含量频数分布如图 3.3 所示。

通过图 3.3 可以看出全州土壤中的 Cu 含量 85%的数据分布在 20～45 mg/kg；Zn 有

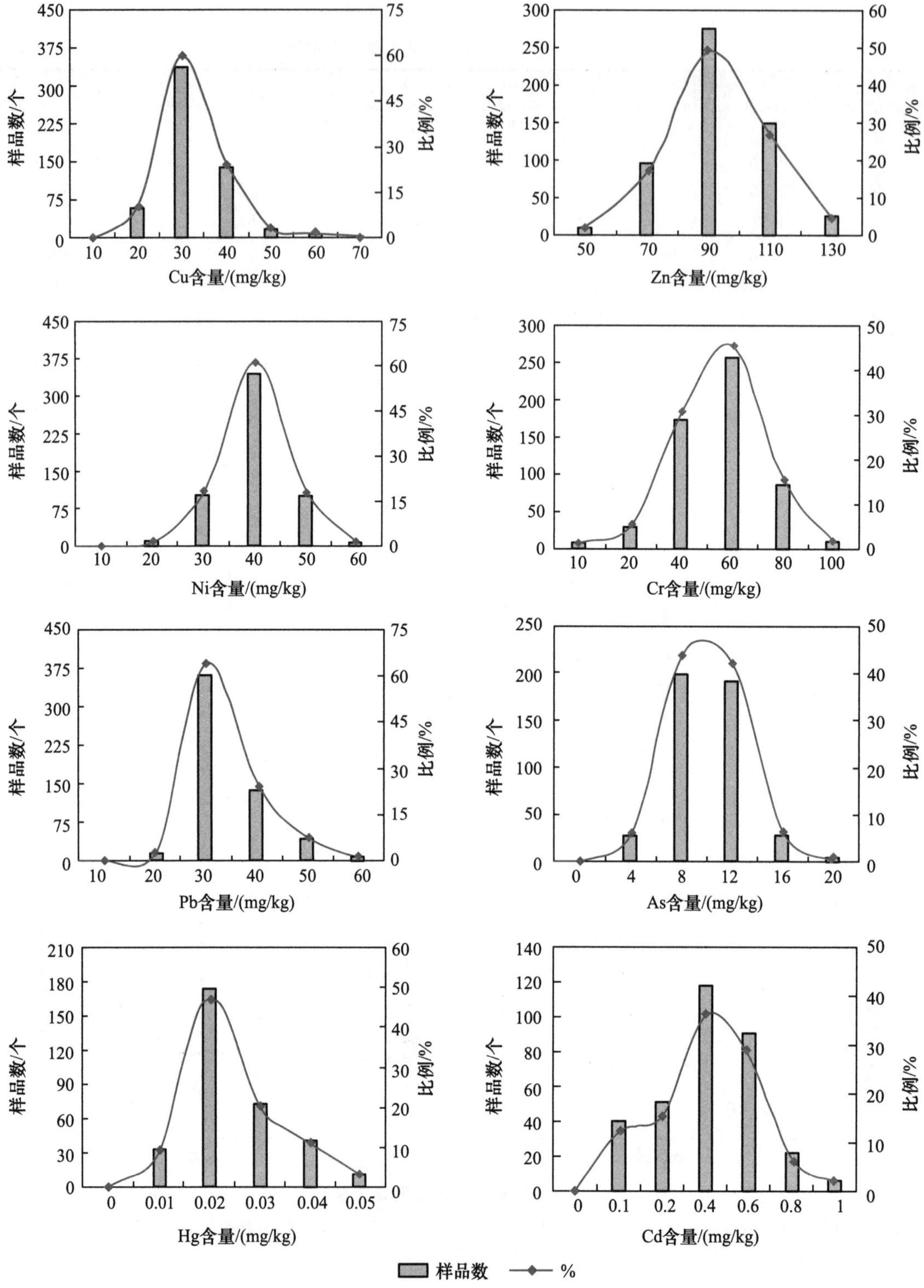

图 3.3 伊犁州土壤 8 种元素含量分布情况

>90%的数据分布在 60～110 mg/kg；Ni 有>85%的数据在 30～50 mg/kg；Cr 的数据有 90%左右分布在 20～80 mg/kg；Pb 有 85%左右的数据分布于 20～40 mg/kg；元素 As 的含量有 80%的数据在 4～12 mg/kg；元素 Hg 有 85%的数据分布在 0.01～0.04 mg/kg；Cd 元素 60%的数据分布在 0～0.40 mg/kg。

环境容量一般是指在环境质量标准的约束下土壤所能容纳污染物的最大数量，称为土壤环境容量(贾琳等，2009)。从图 3.4 可以看出除了元素 Cd 以外，其余各元素的环境容量值都很大，Cd 对我国绿色有机农产品产地土壤的最高限量值的环境容量为 0.536 kg/hm^2。

通过对全州测定的土壤数据进行分析并依据我国绿色、有机农产品产地对土壤环境中各元素的标准值，采用单因子污染指数法对土壤进行质量评价，结果发现 Pb 对于 NY/T 391—2000 绿色食品产地环境技术条件，Cd 对于 GB/T 19630—2011 中国有机食品标准有不同程度的超标现象，全州的超标率分别为 1.06%和 6.22%。

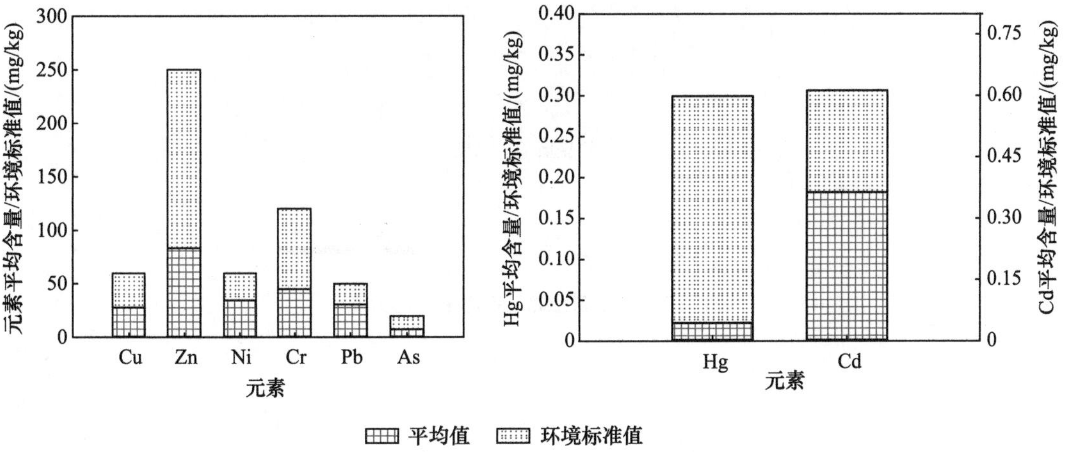

图 3.4 伊犁土壤重金属平均含量及环境标准值

注：图中 Cd 采用标准中的最高限量值，其余 7 种元素标准均采用绿色-有机标准中的最低限量值。

从以上测定结果可以看出伊犁州土壤的环境质量总体而言较好，并没有受到工业发展的严重影响(中国环境监测总站，1990)，其中对于重金属元素的测定结果表明：

(1) 伊犁州全州土壤中 Cu、Zn、Ni、Cr、Pb、As、Hg、Cd 的含量范围分别为：11.07～59.90 mg/kg、39.58～160.40 mg/kg、15.98～55.95 mg/kg、9.99～95.30 mg/kg、14.98～53.80 mg/kg、2.08～14.86 mg/kg、0.004～0.104 mg/kg、0.012～1.299 mg/kg。

(2) 8 种元素在各县的检出率均为 100%，参照我国绿色-有机食品对产地土壤环境的标准要求，运用单因子污染指数法对八县土壤中各元素的污染指数进行计算，结果发现：元素 Pb 在察布查尔县、新源县出现超标，超标率分别达到 3.30%和 7.20%；元素 Cd 在察布查尔县、霍城以及伊宁县的土壤中也分别出现超标现象，超标率分别为 11.11%、9.09%和 7.78%；其余各种元素没有出现超标。

3.3.2 伊犁州土壤重金属元素含量空间分布图(ArcGIS)

根据重金属元素分布，利用 ArcGIS9.2 软件中的统计模块对 8 种元素进行普通克里格插值(汤国安，2006)，最后得到伊犁州土壤中 Cd、Pb、As、Hg、Cr、Ni、Cu、Zn 8 种元素的含量空间分布图，见图 3.5 至图 3.12。

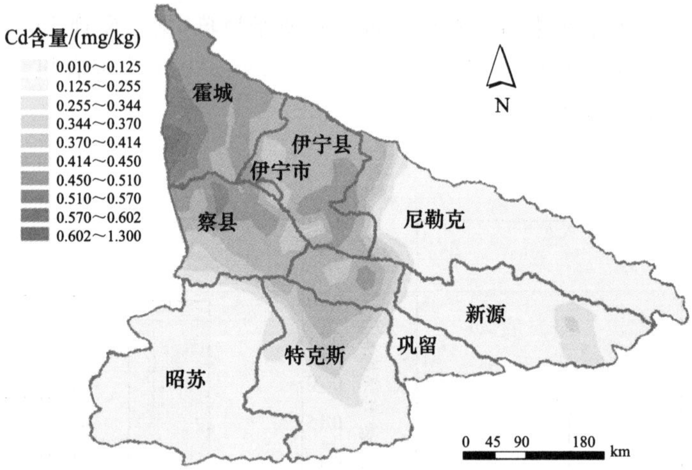

图 3.5 伊犁州土壤 Cd 含量空间分布

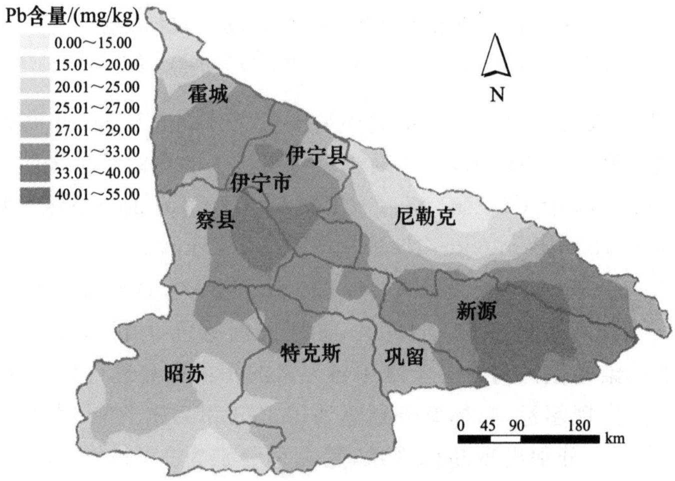

图 3.6 伊犁州土壤 Pb 含量空间分布

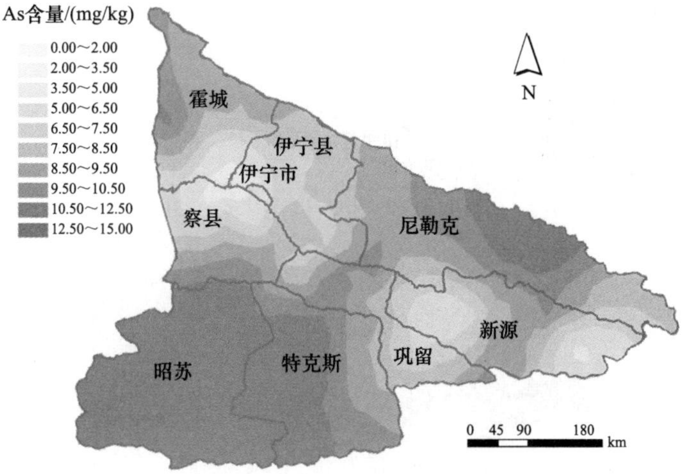

图 3.7 伊犁州土壤 As 含量空间分布

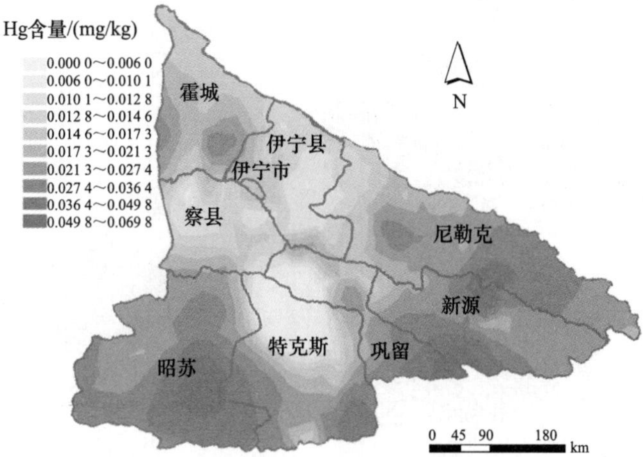

图 3.8 伊犁州土壤 Hg 含量空间分布

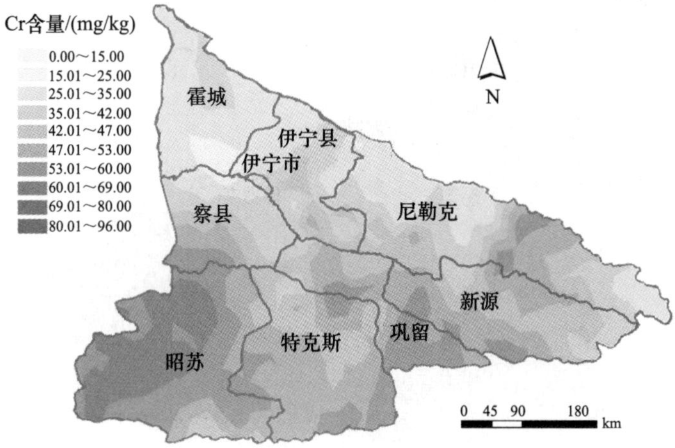

图 3.9 伊犁州土壤 Cr 含量空间分布

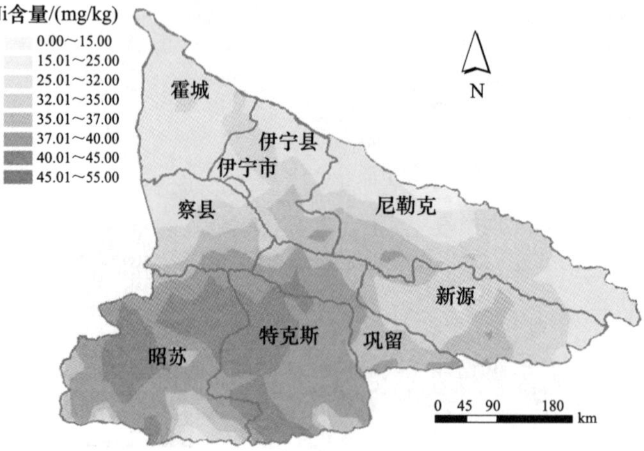

图 3.10 伊犁州土壤 Ni 含量空间分布

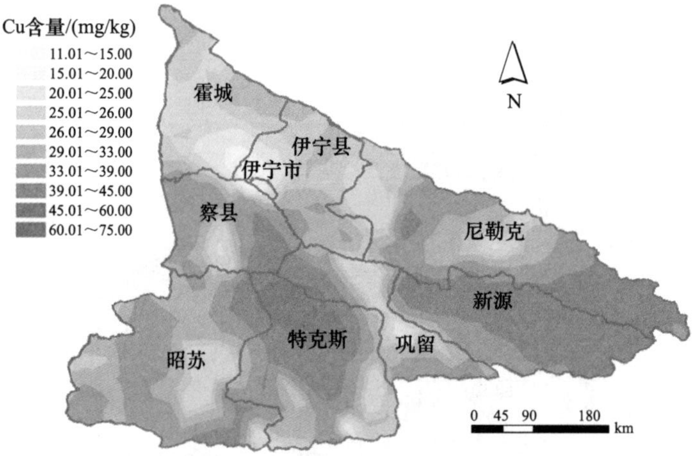

图 3.11 伊犁州土壤 Cu 含量空间分布

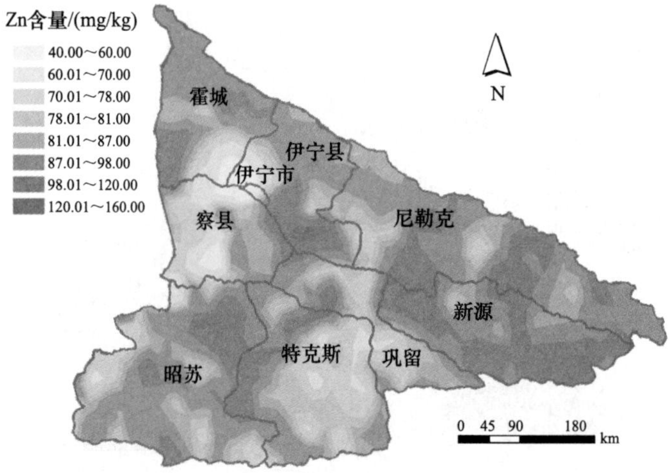

图 3.12 伊犁州土壤 Zn 含量空间分布

3.3.3 伊犁州土壤农药残留分析

六六六(BHC)和滴滴涕(DDT)是两种有机氯农药,虽然世界各国早已禁用,我国也在20世纪80年代禁用,但由于其难降解性、残留的持久性所以仍然受到关注。所以我国对绿色、有机农产品产地的土壤环境要求中仍然涉及到这两种农药残留的监测。

对伊犁州全州八县的土壤样品进行了农药残留的抽查测定工作,八县抽测土壤样品中除了伊宁县一土壤样品有滴滴涕检出外,其余样品六六六、滴滴涕均未检出。部分抽测样品监测结果见表3.9,样品监测色谱图见图3.13。以上测定结果表明新疆伊犁州土壤中的六六六、滴滴涕残留量均能达到有机食品对产地土壤环境的标准要求。

表3.9 伊犁土壤六六六、滴滴涕含量 mg/kg

土样	察县1	察县2	察县3	霍城1	霍城2	霍城3	新源1	新源2	新源3	伊宁1	伊宁2	伊宁3
$C_{六六六}$	ND	ND	ND	ND	ND	ND	ND	ND	ND	ND	ND	ND
$C_{滴滴涕}$	ND	ND	ND	ND	ND	ND	ND	ND	ND	ND	0.062	ND

注:ND表示未检出。

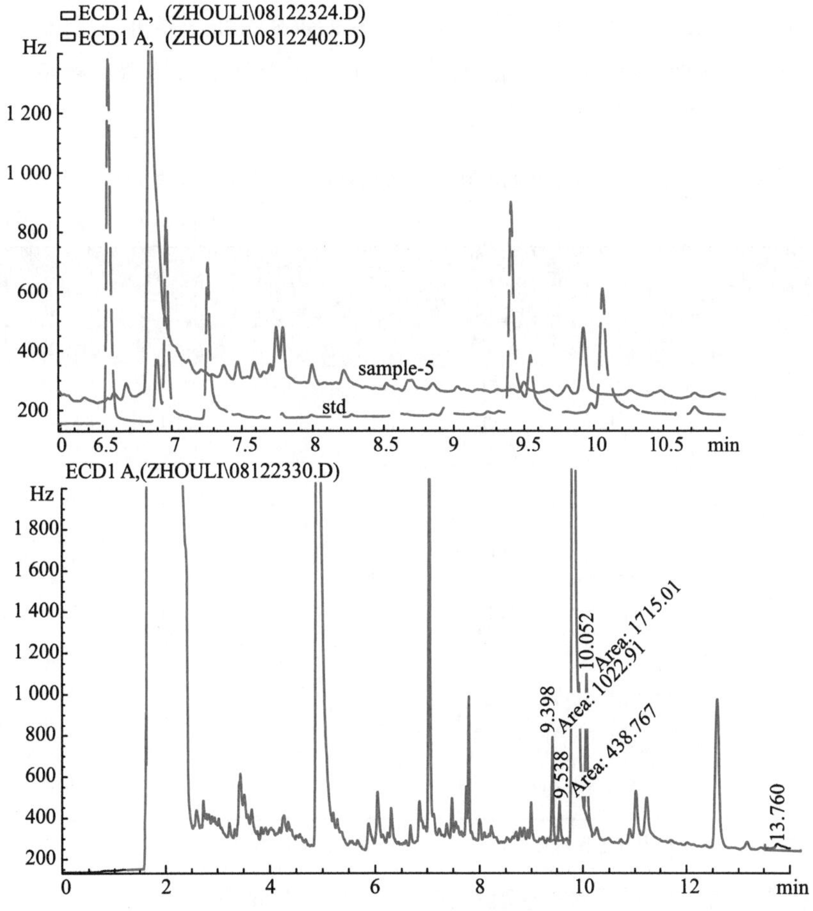

图3.13 样品六六六、滴滴涕色谱图

3.4 新疆伊犁河水环境评价

伊犁河位于新疆伊犁地区，源于天山山脉，向西流出国界，最后注入哈萨克斯坦共和国的卡普恰盖水库，是新疆地区一条著名的内陆河。上游有3条源流，即特克斯河、巩乃斯河和喀什河，主源为特克斯河。伊犁河及其三大支流是伊犁地区各族人民赖以生存的重要资源，对当地经济发展有着举足轻重的作用。目前，主要功能为旅游、发电及工农业生产、生活用水。

绿色食品和有机食品对产地的环境条件都有严格的规定，但是绿色食品和有机食品对灌溉用水中污染物的限量值不尽相同，绿色食品标准对产地环境条件的要求有些项目比有机食品严格，但是有机食品标准对产地环境条件要求的分析项目比绿色食品的要求更全面。为了评价伊犁河的水质是否符合绿色食品和有机食品生产灌溉水的要求，对伊犁河2001—2008年8年的水质变化进行了分析。

3.4.1 2006年伊犁河水质

2006年伊犁河的水质情况见表3.10。从伊犁河的水质分析结果可以看出，除了天西局木材厂和英牙尔乡监测断面为Ⅳ类水质外(主要是石油类污染物浓度增加)，新疆伊犁河各监测断面的水质基本上都能达到Ⅱ～Ⅲ类水质。

表3.10 2006年新疆伊犁州伊犁河监控断面主要监测指标年均值含量

mg/L(汞为μg/L，pH为无量纲)

断面名称	pH	溶解氧	高锰酸钾指数 COD_{Mn}	五日生化需氧量 BOD_5	氨氮	石油类	挥发酚	汞	铅
2#信箱	8.36	9.4	1.9	1.0	0.20	0.03	0.002	0.02	0.005
霍城63团	8.32	9.3	2.0	1.0	0.18	0.04	0.001	0.02	0.005
天西局木材厂	8.27	9.1	2.4	1.0	0.46	0.06	0.002	0.02	0.005
天西局渔厂	8.31	9.2	2.1	1.0	0.24	0.01	0.002	0.02	0.005
昭苏76团	8.28	8.9	1.3	1.0	0.17	0.01	0.002	0.02	0.005
雅马渡大桥	8.29	9.4	1.5	1.0	0.19	0.01	0.002	0.02	0.005
伊犁河大桥	8.38	9.4	2.0	1.0	0.23	0.01	0.002	0.02	0.005
英牙尔乡	8.38	9.7	2.6	1.0	0.19	0.17	0.002	0.02	0.005
绿色食品农田灌溉水标准	5.5～8.5	—	—	—	—	—	—	1	0.1
有机食品农田灌溉水标准	5.5～8.5	—	—	80	—	—	—	1	0.1

注：表中伊犁河数据来源于国家环境保护总局2006年全国环境质量报告书。

2006年伊犁河各监测断面的高锰酸钾指数基本的含量范围在1.3～2.6 mg/L，都能达到Ⅱ类水标准。五日生化需氧量各监测断面的含量都是1 mg/L，能够达到Ⅰ类水的标准。从有机污染物的分析指标可以看出，伊犁河有机污染物的含量比较低。

伊犁河各监测断面的氨氮的含量较大，天西局木材厂监测点氨氮的含量比较高，但是都能达到Ⅱ类水标准。伊犁河各监测断面石油类的含量，由于天西局木材厂和英牙尔乡监测点石油类的含量比较高，这两个监测点的水质为Ⅳ类。伊犁河各监测断面挥发酚的含量变化不大，都能够达到Ⅱ类水标准。

3.4.2 2007年伊犁河水质

2007年伊犁河的水质情况见表3.11。从伊犁河的水质分析结果可以看出，除了霍城63团和雅马渡大桥监测断面为Ⅳ类水质外（分别主要是氨氮和石油类污染物浓度增加），新疆伊犁河各监测断面的水质基本上都能达到Ⅱ～Ⅲ类水质。

表3.11 2007年新疆伊犁州伊犁河监控断面主要监测指标年均值含量

mg/L（汞为μg/L，pH为无量纲）

断面名称	pH	溶解氧	高锰酸钾指数 COD_{Mn}	五日生化需氧量 BOD_5	氨氮	石油类	挥发酚	汞	铅
2#信箱	8.4	9.4	2.1	1.0	0.20	0.01	0.001	0.02	0.005
霍城63团	8.2	8.7	2.9	2.0	1.32	0.02	0.002	0.02	0.005
天西局木材厂	8.2	8.7	2.4	1.0	0.19	0.01	0.001	0.02	0.005
天西局渔厂	8.2	9.8	1.9	1.8	0.68	0.01	0.001	0.02	0.005
昭苏76团	8.3	9.3	1.9	1.0	0.16	0.01	0.001	0.02	0.005
雅马渡大桥	8.3	9.3	1.8	1.3	0.16	0.1	0.002	0.02	0.005
伊犁河大桥	8.3	9.3	1.7	1.3	0.22	0.04	0.001	0.02	0.005
英牙尔乡	8.3	9.3	2.4	1.3	0.27	0.03	0.002	0.02	0.005
绿色食品农田灌溉水标准	5.5～8.5	—	—	—	—	—	—	1	0.1
有机食品农田灌溉水标准	5.5～8.5	—	—	80	—	—	—	1	0.1

注：表中伊犁河数据来源于国家环境保护总局2007年全国环境质量报告书。

2007年伊犁河各监测断面的高锰酸钾指数基本的含量范围在1.7～2.9 mg/L，都能达到Ⅱ类水标准。五日生化需氧量各监测断面的含量在1.0～2.0 mg/L，能够达到Ⅰ类水的标准。从有机污染物的分析指标可以看出，伊犁河有机污染物的含量比较低。

伊犁河各监测断面的氨氮的含量，霍城63团监测点氨氮的含量比较高，达到Ⅳ类水标准，其他断面都能达到Ⅲ类水质标准。伊犁河各监测断面石油类的含量，由于雅马渡大桥监测点石油类的含量比较高，这个监测点的水质为Ⅳ类。伊犁河各监测断面挥发酚的含量变化不大，都能够达到Ⅱ类水标准。

3.4.3 2008年伊犁河水质

2008年伊犁河的水质情况见表3.12。从伊犁河的水质分析结果可以看出，2008年伊犁河的水质良好，各监测断面的水质基本上都能达到Ⅰ～Ⅱ类水质。

表 3.12　2008 年新疆伊犁州伊犁河监控断面主要监测指标年均值含量

mg/L(汞为 μg/L,pH 为无量纲)

断面名称	pH 值	溶解氧	高锰酸钾指数 COD_{Mn}	五日生化需氧量 BOD_5	氨氮	石油类	挥发酚	汞	铅
2# 信箱	8.3	7.2	2.3	1.0	0.11	0.03	0.001	0.03	0.005
霍城 63 团	8.2	7	2.5	1.2	0.23	0.03	0.001	0.03	0.005
天西局木材厂	8.3	7.1	2.5	1.2	0.16	0.02	0.001	0.03	0.005
天西局渔厂	8.3	7.4	2.5	1.2	0.29	0.03	0.001	0.03	0.005
昭苏 76 团	8.3	7.8	2.3	1.0	0.13	0.02	0.001	0.03	0.005
雅马渡大桥	8.3	8.2	1.8	1.0	0.14	0.02	0.001	0.03	0.005
伊犁河大桥	8.3	7.8	2.1	1.1	0.17	0.03	0.001	0.03	0.005
英牙尔乡	8.3	8.3	2.2	1.1	0.25	0.02	0.001	0.03	0.005
绿色食品农田灌溉水标准	5.5～8.5	—	—	—	—	—	—	1	0.1
有机食品农田灌溉水标准	5.5～8.5	—	—	80	—	—	—	1	0.1

注:表中伊犁河数据来源于国家环境保护总局 2008 年全国环境质量报告书。

伊犁河各监测断面的高锰酸钾指数含量见图 3.14,基本的含量范围在 1.8～2.5 mg/L,都能达到Ⅱ类水标准。五日生化需氧量见图 3.15,各监测断面的含量在 1～1.2 mg/L,能够达到Ⅰ类水的标准。从有机污染物的分析指标可以看出,伊犁河有机污染物的含量比较低。

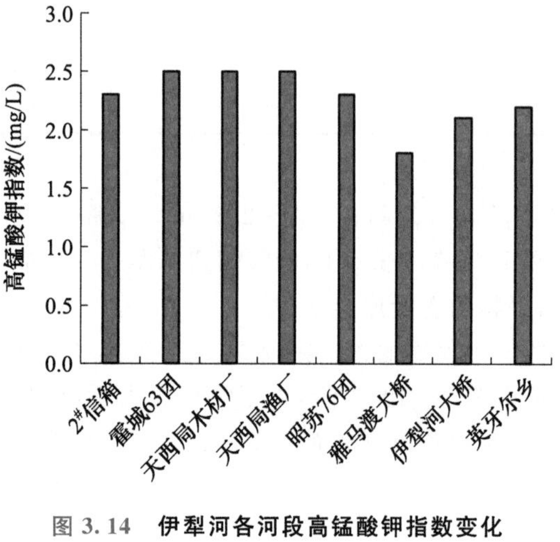

图 3.14　伊犁河各河段高锰酸钾指数变化

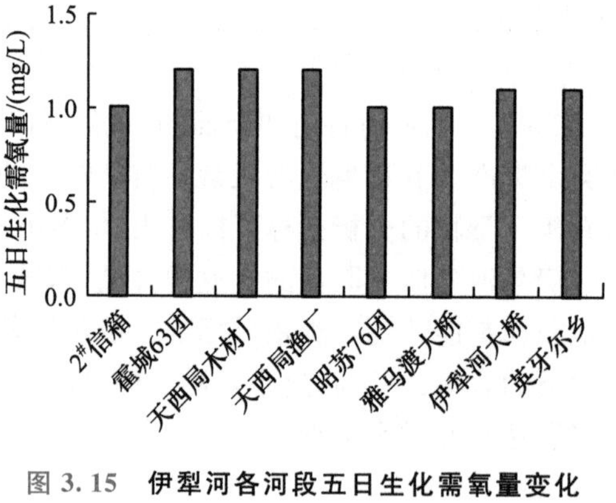

图 3.15　伊犁河各河段五日生化需氧量变化

伊犁河各监测断面的氨氮含量见图 3.16,各监测点氨氮的含量都比较低,能达到了Ⅱ类水标准。

伊犁河各监测断面石油类的含量见图 3.17，各监测点石油类的含量都比较低，达到了Ⅰ类水质标准。

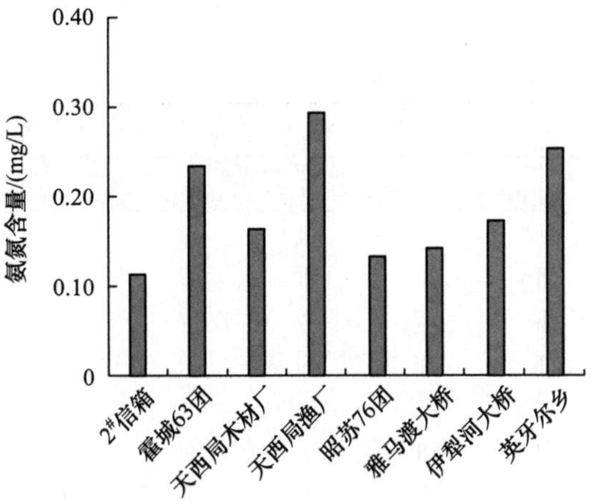

图 3.16 伊犁河各河段氨氮含量变化

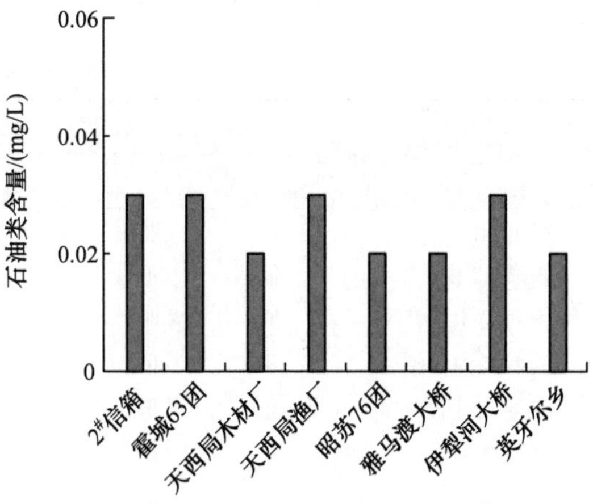

图 3.17 伊犁河各河段石油类含量变化

伊犁河各监测断面挥发酚的含量见图 3.18，各监测断面挥发酚的含量变化不大，都能够达到Ⅰ类水标准。

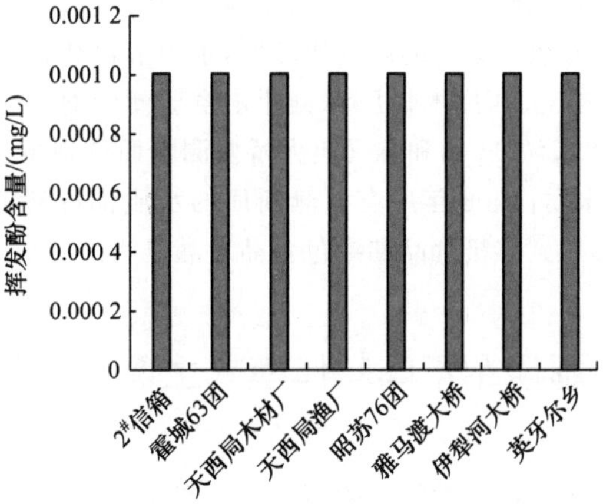

图 3.18 伊犁河各河段挥发酚含量变化

3.4.4 2001—2008 年伊犁河水质变化

从 2001—2008 年的水质变化可以看出(表 3.13)，新疆伊犁河各监测断面的水质基本上都能达到Ⅰ～Ⅲ类水质。按照我国地表水环境质量标准 GB 3838—2002 的分类，达到Ⅲ类水质的水主要适用于集中式生活饮用水地表水源地二级保护区；Ⅳ类水主要适用于一般工业用水区及人体非直接接触的娱乐用水区；Ⅴ类水主要适用于农业用水区及一般景观要求水域。从伊犁河的水质分析结果可以看出，除了天西局木材厂和英牙尔乡监测断面在2005年和2006年为Ⅳ类水质外（主要是石油类污染物浓度增加），其他监测断面和年份都能达到Ⅰ～Ⅲ类水质。总体来说伊犁河的水质良好，能够达到绿色食品和有机食品生产基地灌溉用水的指标要求。

表 3.13　新疆伊犁州伊犁河水质年际变化

断面名称	年份							
	2001	2002	2003	2004	2005	2006	2007	2008
2#信箱	Ⅱ	Ⅲ	—	Ⅰ	Ⅱ	Ⅱ	Ⅱ	Ⅱ
霍城63团	Ⅲ	Ⅱ	—	Ⅱ	Ⅱ	Ⅱ	Ⅳ	Ⅱ
天西局木材厂	Ⅲ	Ⅲ	—	Ⅱ	Ⅳ	Ⅳ	Ⅱ	Ⅱ
天西局渔厂	Ⅱ	Ⅱ	—	Ⅲ	Ⅲ	Ⅲ	Ⅲ	Ⅱ
昭苏76团	Ⅱ	Ⅱ	—	Ⅰ	Ⅰ	Ⅱ	Ⅱ	Ⅱ
雅马渡大桥	Ⅱ	Ⅱ	Ⅱ	Ⅱ	Ⅱ	Ⅱ	Ⅳ	Ⅰ
伊犁河大桥	Ⅱ	Ⅱ	Ⅱ	Ⅱ	Ⅱ	Ⅱ	Ⅱ	Ⅱ
英牙尔乡	Ⅱ	Ⅱ	Ⅲ	Ⅱ	Ⅱ	Ⅳ	Ⅱ	Ⅱ

注：表中水质评价结果来源于国家环境保护总局2001—2008年全国环境质量报告书。

3.4.5　小结

从2001—2008年的水质分析结果可以看出新疆伊犁河的水质良好，各监测断面的水质基本上都能达到Ⅰ～Ⅲ类。有机污染物的浓度比较低，水中溶解氧的浓度很高，基本上能够达到饱和溶解氧的浓度。2006年天西局木材厂和英牙尔乡监测断面由于石油类污染物浓度的升高，水质变为Ⅳ类；2007年霍城63团和雅马渡大桥监测断面分别由于氨氮和石油类污染物浓度的升高，水质变为Ⅳ类水质；2008年所有监测断面的水质都达到了Ⅰ和Ⅱ类。伊犁河历年各监测断面的水质都能够达到有机食品和绿色食品对灌溉水的要求。

3.5　新疆伊犁不同耕作模式土壤环境质量评价

不同生产模式是指有机、绿色、常规3种不同的生产模式，在有机种植前对不同种植基地、不同生产模式的外源添加物及土壤分别进行重金属、农药残留含量分析，经过不同生产模式种植后再取样对土壤中重金属、农药残留进行分析，以数据的年际变化来进行3种生产模式的环境风险评估。

3.5.1　不同种植模式下土壤重金属含量变化

不同种植模式在不同时期土壤中Cu、Zn、Ni、Cr、Pb、As、Hg、Cd 8种元素的含量见图3.19和图3.20。

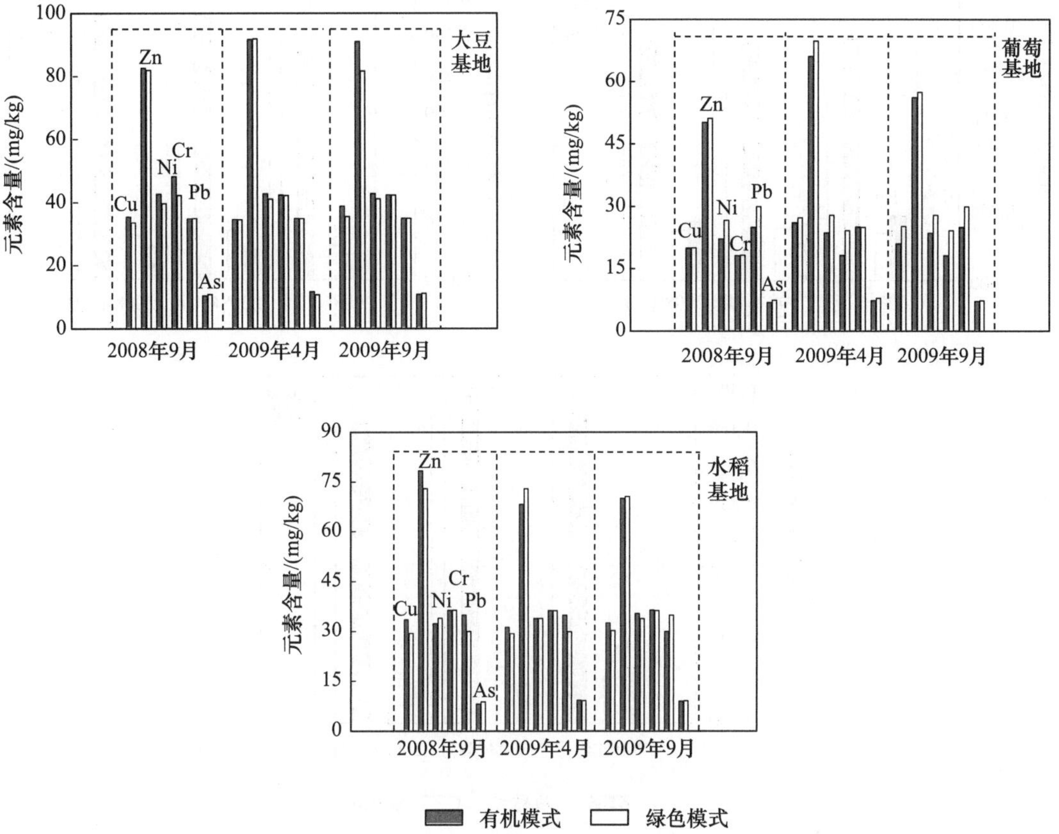

图 3.19 不同时期绿色、有机生产模式土壤 Cu、Zn、Ni、Cr、Pb、As 含量变化

8 种重金属元素在种植基地土壤中的含量自 2008 年 9 月至 2009 年 9 月的变化并不明显。绿色、有机生产模式下土壤中的各元素 3 个时期的含量均没有明显差异。一年多的时间土壤中的金属元素没有明显的累积(李双异等,2010)。

3.5.2 外源投入物微量元素含量

有机种植基地施用的有机肥主要有商品有机肥、活性蓖麻渣、牛羊粪。3 种有机肥料中金属元素的含量见表 3.14。商品有机肥:以大量动植物残体、排泄物及其他生物废弃物为原料,加工制成的商品有机肥料。商品有机肥中 Cu、Zn、As 的含量高于其他两种有机肥,分别达到 246.90 mg/kg、193.48 mg/kg、1.83 mg/kg;而牛羊粪中的 Cd 含量高达 1.557 mg/kg明显高于商品有机肥与活性蓖麻渣中的含量。在长期施用的情况下,有机种植基地有机肥的种类应该慎重选择。

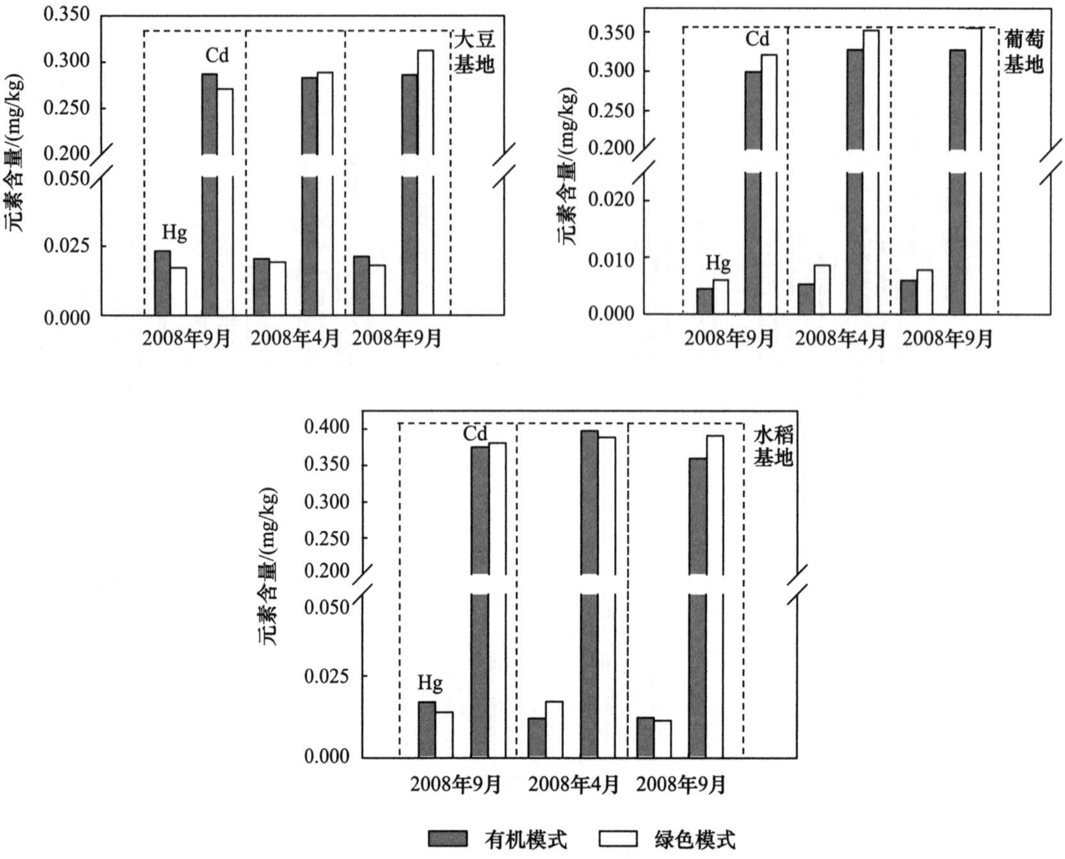

图 3.20 不同时期绿色、有机生产模式土壤 Hg、Cd 含量变化

表 3.14 有机肥重金属元素含量 mg/kg

样品	Cu	Zn	Ni	Cr	Pb	As	Hg	Cd
商品有机肥	246.90±2.38	193.48±8.14	19.21±2.34	18.21±2.55	25.01±2.63	1.86±0.06	0.107±0.011	0.342±0.059
活性蓖麻渣	19.93±1.83	75.13±5.24	16.14±2.34	12.16±1.63	24.91±0.49	0.53±0.06	0.026±0.005	0.345±0.053
牛羊粪	33.63±2.68	79.06±4.23	9.01±1.09	6.00±1.42	15.01±3.20	0.29±0.01	0.013±0.002	1.557±0.115

3.5.3 有机种植基地土壤农药残留分析

乙草胺是我国使用最多的 3 种除草剂之一，对有机种植基地土壤中乙草胺的含量进行残留量分析可以更好地评价有机种植基地的土壤环境质量，3 个基地土壤中乙草胺含量见表 3.15，色谱图见图 3.21。

表 3.15 有机种植基地土壤乙草胺含量 mg/kg

土壤样品	编号	乙草胺含量
大豆-绿色	Ⅰ	0.001 9
大豆-绿色	Ⅱ	0.003 2
大豆-有机	Ⅲ	0.002 9
葡萄-绿色	Ⅳ	0.004 8
葡萄-有机	Ⅴ	0.014 4
水稻-绿色	Ⅵ	0.003 8
水稻-有机	Ⅶ	0.005 4

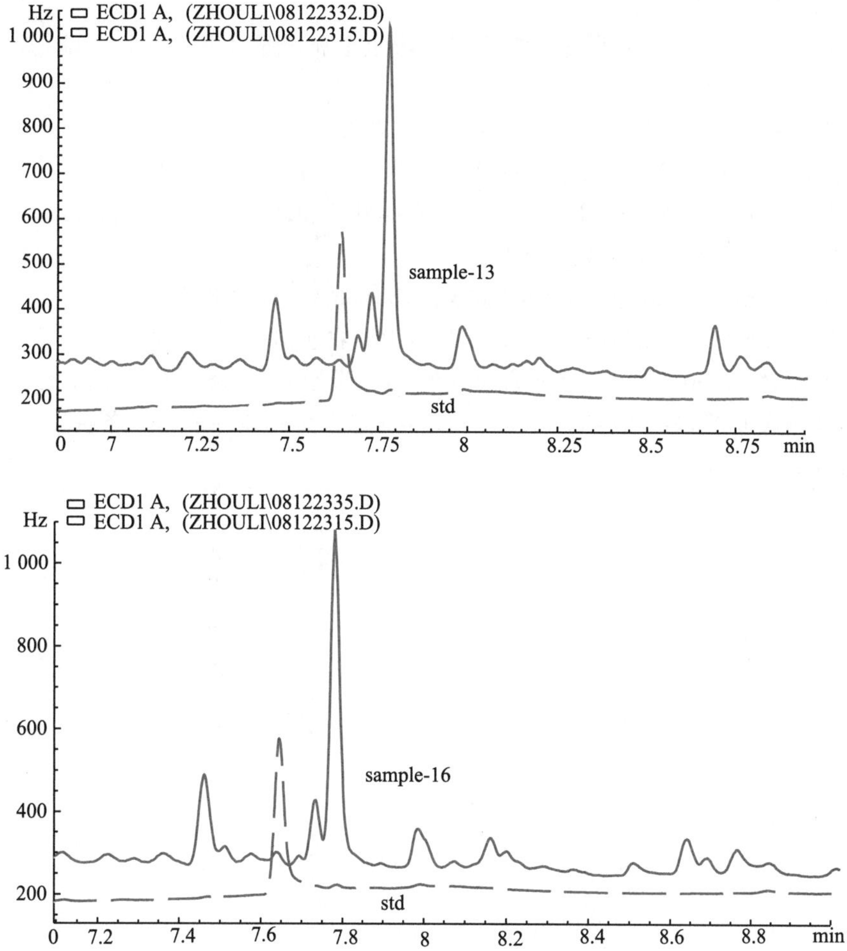

图 3.21 土壤样品Ⅰ、Ⅳ乙草胺色谱图

从表 3.15 中我们可以看出 3 个基地土壤中均检测出乙草胺含量,说明当地使用了这种除草剂并在土壤中有一定的残留量,环境质量评价过程中应注意乙草胺的影响。

参考文献

国家环保总局．1992. GB 5084—92 农田灌溉水质标准[S]. 北京：中国标准出版社．

国家环保总局．1995. GB 15618—1995 土壤环境质量标准[S]. 北京：中国标准出版社．

国家环保总局．1996. GB 3095—1996 环境空气质量标准[S]. 北京：中国标准出版社．

国家质量监督检验检疫总局和中国国家标准化管理委员会．2005. GB/T 19630—2005 中国有机产品标准[S]. 北京：中国标准出版社．

贾琳，杨林生，欧阳竹，等．2009. 典型农业区农田土壤重金属潜在生态风险评价[J]. 农业环境科学学报，28(11)：2270-2276.

李双异，刘赫，汪景宽．2010. 长期定位施肥对棕壤重金属全量及其有效性影响[J]. 农业环境科学学报，29(6)：1125-1129.

刘连馥．1998. 绿色食品导论[M]. 北京：企业管理出版社．

孟凡乔，乔玉辉，李花粉．2003. 绿色食品[M]. 北京：中国农业大学出版社．

孟凡乔，叶晨，焦子伟，等．2008. 伊犁地区绿色食品和有机农产品生产现状、问题辨识与对策分析[J]. 新疆农业科学，45(S3)：83-88.

汤国安．2006. 地理信息系统空间分析实验教程[M]. 北京：科学出版社．

吴文良，孟凡乔．2004. 有机农业概论[M]. 北京：中国农业出版社．

中国环境监测总站．1990. 中国土壤元素背景值[M]. 北京：中国环境科学出版社．

中华人民共和国农业部．2000. NY/T 391—2000 绿色食品产地环境技术条件[S]. 北京：中国标准出版社．

第4章

伊犁河流域绿色、有机大豆生产关键技术

伊犁河谷是新疆最大的大豆生产区，其中新源县、巩留县和伊宁县种植面积相对较大，占60%以上。由于大豆经济收益较好，区域连作现象严重，有的已连作15年以上。品种也趋向单一化，增产技术以增施化学肥料和加大农药防治病虫草害为主，但大豆产量近年变化不大。大豆连作使农田病虫害加重，产量降低，品质变劣，且减产程度基本与连作年限呈正相关。开展绿色和有机大豆生产关键技术研究与示范，恢复区域农业生态系统，有利于农业生态系统对环境因素的自我调节与修复，促进农田土壤资源持续利用和农田系统的良性循环，充分利用伊犁自然资源环境优势，形成新型大豆系列产品，市场前景广阔。

4.1 绿色大豆生产关键技术

绿色大豆生产过程必须进行严密监测、控制，防范农药残留、放射性物质、重金属、有害细菌等的污染，以确保绿色农产品的洁净，绿色大豆产地环境质量必须符合《绿色食品产地环境质量标准》(NY/T391—2000)的要求，空气、水体和土壤环境应符合生产绿色食品大豆的要求，严格限制化学物质的使用，高毒、剧毒或代谢物高毒以及可能致癌、致畸的农药都在禁用之列，产品必须符合《绿色食品豆类》(NY/T285—2003)的要求。

4.1.1 农田杂草防除关键技术

4.1.1.1 农田杂草种类

在大豆生长季内，新源县大豆农田中共发生杂草13科21种(表4.1)。单子叶杂草有4种，全部为禾本科杂草，占全部杂草的19.1%；双子叶杂草为17种，占全部杂草的80.9%(表4.2)，为发生杂草的主要类型。就生活型而言，一年生杂草为15种，占全部杂草的71.4%，为发生杂草的主要生活型；多年生杂草为3种，占全部杂草的14.3%；越年生杂草为3种，占全部杂草的14.3%(表4.3)。

表 4.1 新源大豆农田生长季杂草构成类型

	杂草种类	科	子叶类型	生活型
1	灰黎 *Chenopodium album* L.	藜科	双子叶	一年生
2	小黎 *Chenopodium serotinum* L.	藜科	双子叶	一年生
3	中亚滨黎 *Atriplex centralasiatica* Lljin	藜科	双子叶	一年生
4	刺黎 *Chenopodium aristatum* L.	藜科	双子叶	一年生
5	无芒稗 *Echinochloa crusgalli* (L.) Beauv. var. *mitis* (*Pursh*) Peterm	禾本科	单子叶	一年生
6	稗 *Echinochloa crusgalli* (L.) Beauv	禾本科	单子叶	一年生
7	狗尾草 *Setaria viridis* (L.) Beauv.	禾本科	单子叶	一年生
8	无芒雀麦 *Bromus inermis* Leyss	禾本科	单子叶	越年生
9	反枝苋 *Amaranthus retroflexus* L.	苋科	双子叶	一年生
10	天蓝苜蓿 *Medicago lupulina* L.	豆科	双子叶	越年生
11	野西瓜苗 *Hibiscus trionum* L.	锦葵科	双子叶	一年生
12	野油菜 *Rorippa montana* (Wall.) Small	十字花科	双子叶	一年生
13	田旋花 *Convolvulus arvensis* L.	旋花科	双子叶	多年生
14	龙葵 *Solanum nigrum* L.	茄科	双子叶	一年生
15	绵毛酸模叶蓼 *Polygonum lapathifoliun* L. var. *salicifolium* Sibth.	蓼科	双子叶	一年生
16	萹蓄 *polygonum aviculare* L.	蓼科	双子叶	一年生
17	苍耳 *Xanthium sibiricum* Patrin	菊科	双子叶	一年生
18	苣荬菜 *Sonchus brachyotus* DC.	菊科	双子叶	多年生
19	狼紫草 *Lycopsis orientalis* L.	紫草科	双子叶	越年生
20	水棘针 *Amethystea caerulea* L.	唇形科	双子叶	一年生
21	块根芍药 *Paeonia anomala* Linn. var. *intermedia* (C. A. Mey.) O. et B. Fedtsch.	毛茛科	双子叶	多年生

表 4.2 3 种种植方式小区生长季杂草构成类型(Ⅰ)

杂草类型(占全部杂草的比例)	杂草名称
单子叶杂草(19.1%)	无芒稗、稗、狗尾草、无芒雀麦
双子叶杂草(80.9%)	灰黎、小黎、中亚滨黎、刺黎、反枝苋、天蓝苜蓿、野西瓜苗、野油菜、田旋花、龙葵、绵毛酸模叶蓼、萹蓄、苍耳、苣荬菜、狼紫草、水棘针、块根芍药

表 4.3 3 种种植方式小区生长季杂草构成类型(Ⅱ)

杂草类型(占全部杂草的比例)	杂草名称
一年生杂草(71.4%)	灰黎、小黎、中亚滨黎、刺黎、无芒稗、稗、狗尾草、反枝苋、野西瓜苗、野油菜、龙葵、绵毛酸模叶蓼、萹蓄、苍耳、水棘针
多年生杂草(14.3%)	田旋花、苣荬菜、块根芍药
越年生杂草(14.3%)	无芒雀麦、天蓝苜蓿、狼紫草

绿色种植方式共发生杂草 10 科 16 种，绿色种植方式大豆苗期杂草群落的优势种为无芒稗、灰黎和野油菜；花期杂草群落的优势种为田旋花和野西瓜苗，其次为无芒稗、灰黎等；成熟期时绿色种植方式已无明显处于优势地位的种($P<0.05$)，只有田旋花、狗尾草发生的量相对

较高。

4.1.1.2 **杂草防除技术**

杂草的防除措施应从生物与环境的整体出发，以精选种子、使用腐熟粪肥、清除田边杂草、合理耕作、轮作倒茬等农业防除为基础，化学防除与机械锄草相结合，辅助人工拔除，把杂草危害控制在最低程度。

首先，在大豆播种前进行耕翻土地，将杂草种子深理于土中，以减少杂草出土数量。施用充分腐熟有机肥，防止将仍具有生活力的杂草种子带进农田，并清除田边杂草。与玉米或向日葵等进行合理轮作倒茬，改变杂草生态环境，创造不利于杂草生长的条件。精选种子，清除混杂在大豆种子中的杂草种子。其次，大豆种植前，以 50%乙草胺 1 950 mL/hm^2 进行土壤处理，后期不再使用化学除草剂。另外，大豆苗期需进行人工除草，花期进行机械除草，成熟期拔除农田较大杂草，以免妨碍机械收获。

4.1.2 绿色大豆农田病虫害防治关键技术

4.1.2.1 **大豆农田主要病害**

伊犁大豆主要发生的病害有霜霉病、菌核病、叶烧病和大豆细菌性疫病（李征杰等，2004a；陈卫民等，2003；李征杰等，2004b；王华等，2006；付文君等，2006）。大豆霜霉病，由霜霉目东北霜霉菌（*Peronospora manschurica*）真菌侵染所引起。在大豆的全生育期均可发病，主要危害部位为叶片与果实，症状为病株叶背面密生灰白色霜霉层，为病原菌的孢囊梗和孢子囊。被侵染豆荚表面无明显症状，病粒表面粘附灰白色的菌丝层，内含大量的病菌卵孢子。主要在湿度较低、潮湿的气候下发病。

大豆菌核病，由子囊菌亚门核盘菌（*Sclerotinia sclerotiorum*（Lid) de Bary）引起。在大豆的全生育期均可发病，主要危害部位在茎上，多从主茎中下部分开始，症状为病斑为浅褐色不规则状，常绕茎扩展致使病部以上枯死或倒伏，湿度大时菌丝处形成黑色菌核，且病茎髓部中空常内充菌核。

大豆细菌斑疹病（叶烧病），由大豆黄单胞杆菌（*Xanthormonas compestris* pv. Phasaoli var. sojense）细菌侵染所引起。主要危害部位为叶片和豆荚，也可于叶柄和茎发病。症状为叶片染病初期，叶面出现黄绿色小疮，并逐渐隆起形成多角形或不规则形红褐色小泡斑，周围有黄色晕圈，表皮破裂后成斑疹状。严重时病斑融合形成大块变褐枯斑，组织变相枯死，似火烧状。荚上病斑初为红褐色圆形小点，后变成黑褐色枯斑稍隆起。

大豆细菌性疫病（细菌性斑点病），主要由（*Pseudomonas glycinea* Coerper）细菌引起。主要危害部位为叶片。幼苗症状为子叶产生褐色半圆形斑点，成株症状为叶片产生褪绿不规则水渍状小斑，后扩大，病斑边缘成深褐色，外围有黄色的晕圈。茎秆上的病斑为暗褐色长条形。种子病斑为不规则褐色小斑，常覆一层菌脓。

伊犁大豆主要发生虫害有以下几种：

黄地老虎，大豆苗期幼虫多咬断幼苗，造成危害。在大豆主茎木质化后，会造成根部受伤，影响植株吸收水分，使植株枯死。一年发生 2 代，一般以幼虫于土层中越冬。

苜蓿叶蛾，幼虫具暴食性，危害大豆叶片，造成大面积缺刻，有时也危害花蕾与豆荚。一年发生 2 代，以蛹的形式在土层中越冬。

红蜘蛛,成虫、幼虫及若螨危害大豆叶片,在叶背织网吸食叶汁。一年发生10代,一般以雌螨成虫集于枯叶、杂草根部或者土地缝隙中越冬(唐永清,2006)。

4.1.2.2 **防治方法**

(1) 选用抗病或耐病品种,或采用无病种子;收获后及时清除田间病残体,减少再侵染菌源;与禾本科作物轮作倒茬,合理密植,控制水肥。

(2) 合理轮作。做到不重茬、不迎茬,不仅能抑制土壤中有害病原物,特别像根腐病等靠土壤残留病源侵染的病害,还可以减轻害虫种群数量,促进防治效果。

(3) 科学施肥。合理施肥能改善植物的营养条件,提高植物的抗病虫能力。施肥时应以农家肥、有机肥为主,配合施用磷、钾肥,实行配方施肥。如新源县示范区采用大豆与玉米轮作,底肥施尿素150 kg/hm^2,二铵135 kg/hm^2,农家肥20~40 m^3/hm^2(根据农家肥种类确定),追肥施尿素150 kg/hm^2 即可。

(4) 生物防治。首先应注意保护天敌。施药时,应控制施药种类和数量,使用高效、低毒、低残留农药,不要随意加大药量及施药浓度,确保天敌生存、繁殖,增加其种群数量,以帮助人类杀灭害虫,抑制害虫的生长发育,减轻害虫危害。其次应用生物农药。生物农药具有高效、低毒、无残留、产生抗药性慢等优点,既能有效地杀灭害虫、保护天敌,又不污染环境、土壤。应大力推广青虫菌、杀螟杆菌、白僵菌等生物药剂防治病虫害。

(5) 化学药剂防治。化学药剂防治具有见效快、效果好等优点,但不能把农药当成是万能的,滥用农药。这样不仅增加防治成本,还会杀伤天敌,对作物产生药害,引起人畜中毒,污染环境和农产品。因此,只有在其他方法不能有效控制时,才使用农药。生产绿色食品大豆应根据NY/T 393—2000有关农药使用准则执行。

4.2 有机大豆生产关键技术

大豆在我国有着悠久的栽培历史,在我国的农业生产上曾起到重要的作用,我国曾经是世界上最大的大豆生产国,在世界大豆市场处于绝对垄断的地位。但是,在新中国成立后的半个世纪中,情况发生了巨大的变化。在最近10年里,大豆产量由原来的世界第一,退居为继美国、巴西和阿根廷之后的世界第四,同时,由原来最大的大豆净出口国转变成大豆、豆粕和豆油全面进口的净进口国。随着国际有机大豆市场需求的急剧扩大,尤其是日本、韩国和东南亚国家对有机大豆食品的迅猛需求,有机大豆在国内、国际市场都有巨大的潜力和发展前景。

4.2.1 有机大豆田间管理技术

1. 土肥管理

每年8月中旬按照80~100 m^3/hm^2 畜禽(猪、羊或牛)粪便拉到地头,喷洒水后用土覆盖,充分腐熟。待大豆收割后,按照60 m^3/hm^2 腐熟有机肥施入大田后深耕,耕深20~25 cm。

2. 播种

整地:用联合整地机耙地保墒,耙入土壤5~8 cm,达到"齐、平、松、碎、净、墒"六字标准。耙地后晾晒1 d后播种。

种子:品种选用94-9B,新大豆8号等,播前种子用选种机精选(能人工粒选更好),清除破碎粒、秕粒、杂质,以保证种子质量,要求种子纯度达到98%,发芽率90%以上,净度达98%,种子含水量12%。

种子处理:可用大豆根瘤菌包衣处理,播种前一天傍晚按照根瘤菌与种子量1∶30包衣处理,包衣后阴干。

播种:5 cm地温稳定在10～12℃时即可播种,伊犁地区一般在4月中下旬至5月初。播种量8～9 kg/亩。播深控制在3～5 cm,土壤墒度差,适当播深,墒度好略浅,种子一定要播在湿土上。

播种质量要达到:播行端直、下籽均匀、无浮籽、镇压确实、起落线整齐、交接行准确、不重不漏、到头到边。

查苗补种:播种时由于机械和其他原因造成漏播时应做好标记,播后应及时补种。现行出苗后如发现有漏播断条应及时补种,补种时应把种子补在湿土上,以确保出苗。

3. 中耕除草

中耕:第一次中耕在现行后进行,留护苗带8～10 cm,中耕深度10～12 cm;第二次中耕在苗高10～12 cm时,留护苗带10 cm,中耕深度14～16 cm;第三次中耕、开沟、培土一次进行,现蕾开花初期进行,护苗带12 cm,做到不伤苗、不压苗。

人工松土除草:第一次人工锄草在大豆现行时进行,结合锄草人工疏苗,去小苗、留大苗,去病苗、留健苗,做到匀留苗。第二次人工锄草在大豆苗高15～20 cm时进行,即在大豆分枝期拔除大豆株间杂草。第三次人工除草在大豆灌水封垄后,顺行拔除杂草。

4. 灌溉

大豆全生育期需灌水2～3次,亩灌量300～400 m^3,尤其在大豆分枝到结荚、鼓粒阶段需要充足的水分。

初花水:见花浇头水,亩灌水用量80～100 m^3,可促进植株迅速生长,利于花器发育。

盛花水:这时大豆植株的生活力旺盛,生长发育快,植株高大,叶面蒸腾量大(头水15 d后进行)。亩灌水80～120 m^3。

鼓粒期:是创造大豆积累有机物质的重要时期,如果土壤水分不足,就会使大豆灌浆不好,百粒重降低,增加秕粒,从而降低产量和质量,这时应保持土壤湿润,亩灌水70～80 m^3。

5. 植保措施

监测田间温度和湿度,在温度20～25℃,空气湿度>80%时,将有利于霜霉病和菌核病发生和流行,进行生物药剂防治。特别是在雨后进行药剂防治。

药剂A:1.1%儿茶素可湿性粉剂400倍液+0.5%卫保水剂400倍液+1.5%天然除虫菊素水乳剂1 500倍液

药剂B:0.5%卫保水剂400倍液+100单位多抗霉素+0.6%清源宝水剂1 000倍液

A与B交替喷施,间隔时间为7 d。

6. 收获

康拜因等机械收割,田间豆叶全部脱落,荚全干,即可开始机收。最好用带有挠式收割台的康拜因收获,可减少破碎、减少浪费。

4.2.2 播期对有机大豆产量及构成因子的影响

已有研究表明在栽培条件相同的情况下，除受品种本身丰产潜力等因素影响外，播种期的早晚是影响大豆产量的主要因素。播期对脂肪、蛋脂总量、产量的影响达极显著水平，适期播种有利于提质增产。通过有机大豆播期试验，考察播种期对94-9B品种大豆的生长发育、成熟期和产量等影响。

表4.4说明百粒重以处理播4.24最大，播5.14最小；产量以播5.4最大，播5.14最小。各处理每公顷株数和百粒重差异不显著（$P>0.05$），单株荚数、荚数、产量差异显著（$P<0.05$）。播期5月4日处理比4月24日处理每公顷增产变化量16.1%，播期5月14日处理比4月24日处理每公顷减产变化量11.8%。这表明播期4月24日至5月4日比较适合示范区播种。

表4.4 有机大豆播期小区试验大豆各性状平均值

类别	单株荚数/个	变化量/%	荚数/(10^4/hm²)	变化量/%	株数/(株/hm²)	变化量/%	百粒重/g	变化量/%	产量/(kg/hm²)	变化量/%
播4.24	18.2b	—	9 418b	—	471 347a	—	22.16a	—	4 489.4b	—
播5.4	24.5a	34.6	11 800a	25.3	481 722a	2.2	21.55a	−2.8	5 214.0a	16.1
播5.14	19.0b	4.4	9 452b	0.4	496 544a	5.3	20.55a	−7.3	3 960.7c	−11.8

注：变化量=(处理X量−播4.24量)×100%÷播4.24量。

4.2.3 品种多样性对有机大豆产量及构成因子的影响

当某一品种被极大面积地推广后，会导致品种资源多样性的急剧下降，日趋单一化的生产品种无法适应多样化的复杂环境，生产品种在遗传上的均一性越强，越容易遭受突如其来的干旱、病虫害的侵袭，成为农业生产不稳定的根源。同一大豆品种在不同生态区种植，对其产量和品质有直接影响，对于高油大豆要获得高产优质还会受到土壤、气候、农艺措施等多种因素的影响。试验通过品种多样性试验，选用当地7个品种(生育期为110～130 d，A：94-9B，B：中科25号，C：新大豆8号，D：石大豆2号，E：7个品种等量混合播种，F：科索，G：中科5号，H：绥农14)，研究品种资源多样性与农业生产稳定性的关系，探讨大豆品种多样性能否提高大豆产量。

由表4.5可知，各品种大豆产量构成因子存在差异。由于品种B生育期长，未成熟，表中未列出。品种间百粒重差异显著，品种E、C之间和品种H、A之间百粒重差异极不显著；品种F、E、C百粒重较大，品种D、G百粒重较小，品种G百粒重最小。品种之间产量差异极不显著。品种C、F、E产量高于其他品种，品种G、D、H产量较小。试验的7个品种本身丰产潜力差别大，不同大豆混合播种处理E与当地推广种植品种A(94-9B)产量差异不显著，百粒重之间存在差异，且处理E百粒重和产量均大于品种A。但是混播处理E产量仍低于品种F、C。以当地推广种植品种A(94-9B)产量为对照，产量大小排序为品种C>F>E>A，且产量依次高于品种A12.4%、4.0%、3.3%，表明混播品种可使大豆产量趋于稳定。试验条件下品种F(科索)由于植株矮小不易收割，当地种植户不愿种植。品种C(新大豆8号)是当地新推广品种，对区域环境适宜性较好，试验区种植户反馈信息也表明该品种较好。因此，混合播种仍具有稳产潜力，试验区推广品种可增加品种F、C。

表4.5 品种多样性大豆各性状平均值

品种	单株荚数/(个/株)	荚数/($10^4/hm^2$)	株数/(株/hm^2)	百粒重/(g/100粒)	产量/(kg/hm^2)
A	17.1	7 867	459 489	21.43bc	3 976.6a
C	15.9	10 482	659 589	22.13abc	4 468.9a
D	14.6	9 304	637 356	21.15c	3 721.7a
E	16.7	8 911	533 600	22.53ab	4 109.2a
F	38.0	7 874	207 511	22.83a	4 134.2a
G	26.9	11 178	415 022	18.38d	3 800.2a
H	17.0	8 793	518 778	21.53bc	3 553.8a

4.2.4 施肥量对有机大豆产量及构成因子的影响

有机肥料在现代农业生产中依然发挥着重要作用，对培肥地力与改善作物品质、品味影响显著，因此，国内外机构在制定绿色和有机食品的肥料标准中规定只准施用有机肥料和微生物肥料。只有科学地确定施肥量，才能达到增产增收的目的。研究自2008—2010年，选用商用有机肥对有机大豆施用量(A：纯N 180 kg/hm^2；B：纯N 120 kg/hm^2；C：纯N 60 kg/hm^2；D：纯N 0 kg/hm^2)进行分析，确定有机肥施用量与产量之间的关系，探讨示范区大豆施用有机肥料的最佳量。

4.2.4.1 有机肥施用量对有机大豆各年间百粒重的影响

试验表明A、B、C、D 4个施肥量水平各年之间百粒重差异极显著($P<0.01$)(图4.1)。4个施肥量水平百粒重2010年>2009年>2008年。即说明随着有机肥的施用，施肥年限的增加有机大豆饱满度增加。

根据百粒重测产数据进一步分析施用有机肥大豆百粒重2009年处理A、B、C、D比2008年分别增加46.27%、39.69%、33.62%、33.12%，2010年百粒重处理A、B、C、D比2009年分别增加6.26%、12.88%、22.58%、7.9%，平均增加26.27%、26.28%、28.1%、20.51%。随着有机肥料的施用，大豆百粒重随着种植年限逐渐增加，有机肥施肥量处理C的增长速率最大，处理D增长速率最小，并且2009年比2008年的增长速率都大于2010年比2009年的增长速率。即随着种植年限的增加，百粒重的增长速率降低，试验结果表明种植区施有机肥料纯N 60 kg/hm^2 增长效果最佳。

4.2.4.2 有机肥施用量对大豆各年间产量的影响

试验表明各4个施肥量水平年际产量2009年>2010年>2008年(图4.2)，且施肥量水平年际之间产量差异极显著($P<0.01$)。图4.3表明2008年施用有机肥处理A、B、C比未施

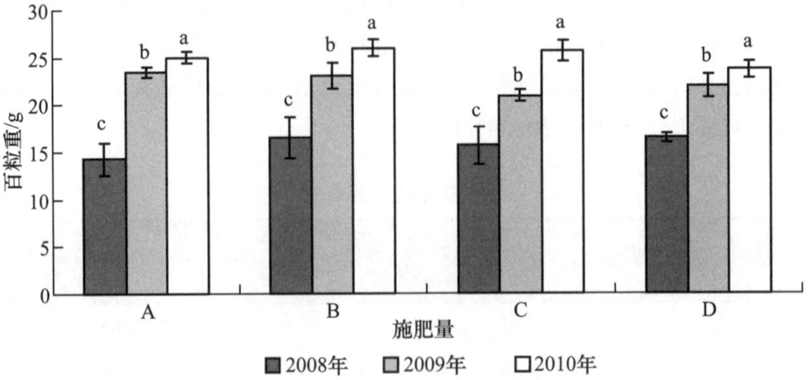

图 4.1　大豆各年间百粒重变化情况

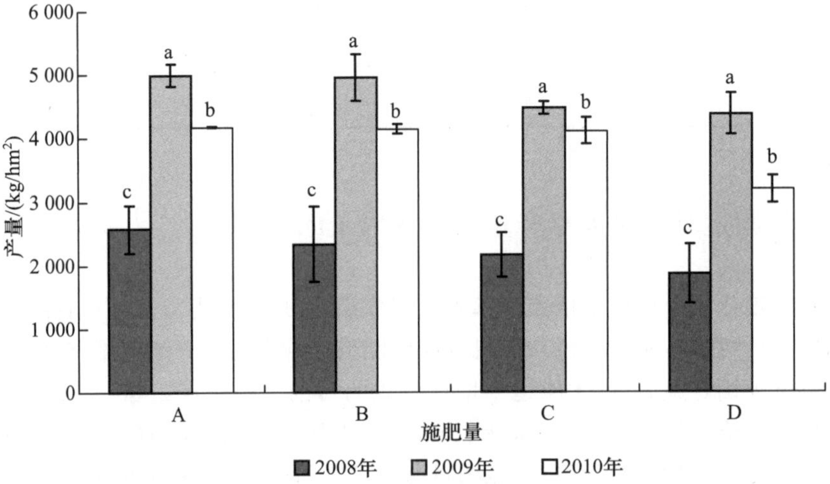

图 4.2　大豆各年间产量变化情况

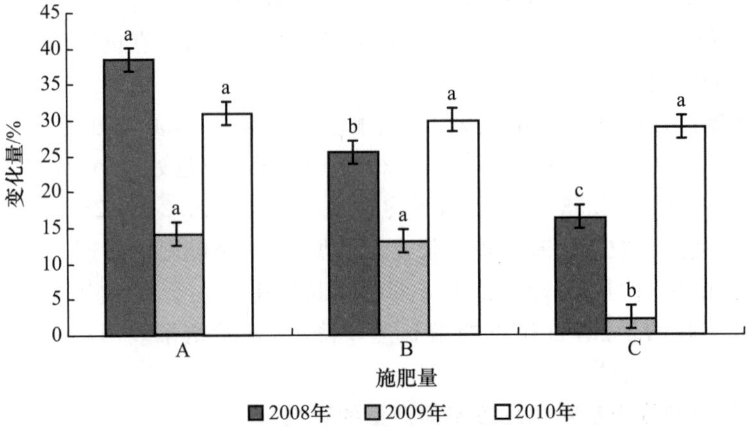

图 4.3　大豆各年间产量变化量

肥处理 D 分别增产 38.5%、25.5%、16.3%；2009 年施用有机肥处理 A、B、C 比未施肥处理 D 分别增产 14.0%、13.1%、2.1%；2010 年施用有机肥处理 A、B、C 比未施肥处理 D 分别增产 30.97%、29.84%、28.91%，施用有机肥处理 A、B、C 比未施肥处理 D 3 年平均增产 27.82%、22.81%、15.77%。3 年平均产量净变化量大小为：A>B>C，即试验结果表明种植区施有机肥料纯 N 180 kg/hm^2 增产潜力最大。

4.2.4.3 **施肥量对有机大豆品质的影响**

通过对有机肥施肥试验各施肥量大豆水分、蛋白质、油脂之间进行方差分析和多重比较，结果表明各施肥量水平大豆水分、油脂和蛋白质差异都不显著（$P>0.05$）（图 4.4），大豆籽粒中水分含量为 6.60%～6.80%，蛋白质含量为 37.70%～38.27%，油脂含量为 18.80%～19.20%，大小顺序为 C>B>A>D，分别高于处理 D（对照）2.13%、1.95%、1.77%。由蛋白质含量确定处理 B 最高，即种植区施有机肥料纯 N 120 kg/hm^2 对提高大豆蛋白质含量效果最佳。由油脂含量确定处理 C 最高，即种植区施有机肥料纯 N 60 kg/hm^2 对提高大豆油脂含量效果最佳。

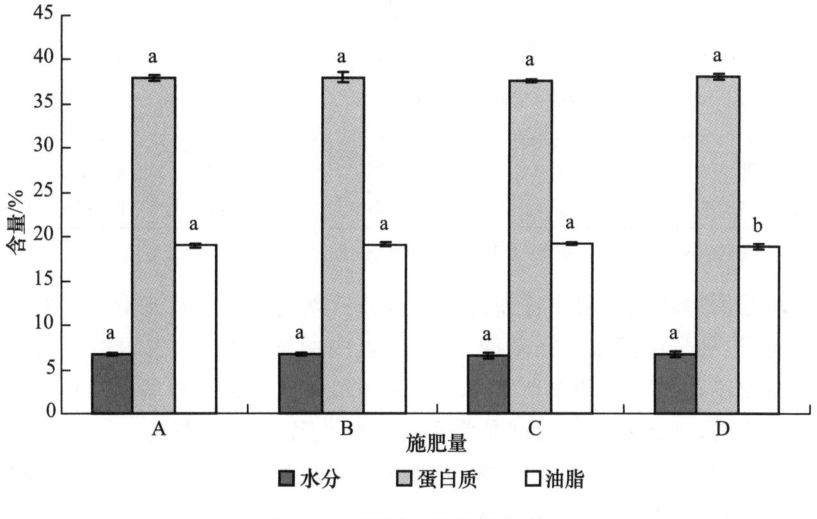

图 4.4 有机大豆品质分析

4.2.5 有机大豆农田杂草防除关键技术

有机农业以自然生态，环境友好为基本理念，在杂草控制上从生产系统角度出发分为直接和间接控制方法，直接控制主要是物理机械（包括大型机械和小型的手持机械、人工拔除）和植物化感作用进行防除。间接控制包括作物间套作、设计合理的轮作制度、选择合理的播种密度等。人工拔除在有机农业生产中是比较常用的杂草管理手段。

有机种植方式共发生杂草 12 科 17 种，在大豆苗期，有机种植方式杂草群落的优势种为稗、无芒稗、灰藜；首先为野油菜、小藜等；花期杂草群落的优势种为无芒稗、稗、灰藜，其中无芒稗的重要值显著高于其他种（$P<0.05$），其次为反枝苋、狗尾草等；成熟期杂草群落的优势种为反枝苋、灰藜、无芒稗，其次为狗尾草、龙葵等。

有机种植模式下以物理机械除草为主，绿色和常规种植模式下可采用化学药剂除草，化学除草采用50%乙草胺1 950 mL/hm^{2}在播种前进行土壤处理。表4.6说明人工除草措施在大豆田除草效果良好，可以替代化学除草方式。在总体除草效果方面，人工除草在除草20 d后株防效达到59.12%，比化学除草剂的株防效低4%左右，差异未达到显著水平；人工除草措施对禾本科杂草的防除效果低于化学防除措施，双子叶杂草的防除效果优于化学防除措施；人工除草措施对一年生杂草的控制效果比化学措施低了10%，对多年生杂草及越年生杂草的控制效果优于化学措施。结果表明，人工除草措施对杂草类型的选择性不强，对每种类型的杂草的去除效果比较相似。化学除草措施对禾本科的控制效果(79.65%)优于对双子叶杂草的控制效果(37.62%)，对一年生杂草的控制效果(69.23%)优于对多年生杂草(0.00%)和越年生杂草(44.44%)。

表4.6 除草20 d后不同除草措施防效 %

处理	除草20 d后株防效					
	禾本科杂草	双子叶杂草	一年生杂草	多年生杂草	越年生杂草	总杂草
人工除草	53.29±6.26ab	63.98±13.98a	59.09±3.57a	33.33±57.74a	69.44±39.38a	59.12±3.49a
化学除草	79.65±10.41a	37.62±25.62a	69.23±1.93a	0.00±0.00a	44.44±41.94a	63.16±1.63a
对照	20.88±20.17b	−227.31±208.42b	−75.10±75.43b	−383.33±621.15a	−41.67±137.69a	−77.85±77.30b

注：表中小写字母相同表示同列在 $P<0.05$ 水平上差异不显著；负值表示杂草发生量增加。

对实验地块的周边环境和农事操作进行调查分析得出农田杂草来源主要有5个方面。有机肥中的杂草种子、种子中混杂的杂草种子、灌溉水中的杂草种子、农田边界杂草向农田传播的杂草种子以及农田自身积累的杂草种子。绿色种植方式农田杂草的发生量和群落多样性显著高于常规种植方式，因此有机肥可能是实验区有机大豆田间杂草的一个来源。整个实验区的灌溉水为巩乃斯河水，灌溉方式为漫灌，施用商品肥与农家肥条件下的杂草发生量相近，灌溉水可能是有机大豆田间杂草的一个来源。

在春天和秋天对有机地块农田边界杂草群落进行调查，有机农田边界共发生杂草8科16种，与有机农田杂草群落的共有种为6种，分别为田旋花、苣荬菜、天蓝苜蓿、无芒雀麦、萹蓄和狗尾草。在农田边界春、秋杂草群落的发生以萹蓄为主，而萹蓄在有机大豆田间杂草群落中为偶见种；其他5种杂草在农田边界杂草中发生量比较少，同一种杂草在农田边界杂草群落与有机大豆群落中的地位不同。可见在实验区有机农田中的杂草并不受农田边界杂草的影响。主要原因是在实验区有机大豆田实行漫灌，每次灌溉后农田边界都会有比较多的积水，使农田边界在一段时间内为水淹状态，改变了农田边界的杂草群落。

4.2.6 有机大豆农田病虫害防治关键技术

有机大豆农田病虫害的控制在生产中是非常重要的一个环节。由常规种植方式转变为有机种植方式，大豆农田病虫害的防治方法将由原来的以化学药剂防治手段为主转变为以生物药剂防治为主。整个生产方式的转变,也会使大豆田间的昆虫群落发生比较大的改变。为研究在常规种植方式向有机种植方式转变后对大豆病虫害控制的有效性,研究在监测整个有机大豆农田病虫发生情况的基础上,对产生危害的大豆病、虫害进行了生物农药防治实验。

整个有机大豆生育期田间共监测到0种病害的发生,12种害虫的发生(依据《大豆病虫害诊断与防治原色图谱》和《大豆病虫害防治彩色图谱》进行鉴定),具体种类见表4.7。表中12种害虫中朱砂叶螨在成熟期产生危害,但是危害时间比较短。夜蛾类幼虫在花期、鼓粒期均有发生,但是并未造成危害。其他10种害虫均零星发生,没有造成危害。

表4.7 有机地块虫害发生情况

名称	所属目	所属科
东北大黑鳃金龟 *Holotrichia diomphalia* Bates	鞘翅目	金龟科
黄曲条跳甲 *Phyllotreta striolata* (Fabricius)	鞘翅目	叶甲科
黄地老虎 *Agrotis segetum* Schiffermuller	鳞翅目	夜蛾科
小地老虎 *Agrotis ypsilon*	鳞翅目	夜蛾科
苜蓿夜蛾 *Heliothis viriplaca* Hufnagel	鳞翅目	夜蛾科
草地螟 *Loxostege sticticalis* L.	鳞翅目	螟蛾科
大造桥虫 *Ascotis selenaria* Schiffermuller et Denis	鳞翅目	尺蛾科
三点盲蝽 *Adelphocoris fasciaticollis* Reuter	半翅目	盲蝽科
点蜂缘蝽 *Riptortus pedestris* (Fabricius)	半翅目	缘蝽科
大豆蚜 *Aplis glycines Matsumura*	同翅目	蚜科
大青叶蝉 *Tettigella viridis* (Linne)	同翅目	叶蝉科
朱砂叶螨 *Tetranychus cinnabarinus* (Boisduval)	真螨目	叶螨科

2009年有机大豆灌浆期监测到蚜虫发生危害,采用清源保(北京清源保有限公司生产0.6%氧苦·内酯水剂)和除虫菊素(北京清源保有限公司生产1.5%除虫菊素水乳剂)进行了防治效果分析。由表4.8可以看出,在施药后10 d后,蚜虫的危害结束。在施药5 d后,清源保与除虫菊素的处理小区蚜虫发生数量均显著地低于对照小区,二者之间无显著差异。在用药5 d后清源保与除虫菊素的处理虫口减退率均显著高于CK处理,而两者之间相差并不大。从防治效果来说,清源保达到了76.66%,除虫菊素达到了72.78%,两者相比较清源保的防治效果要好于除虫菊素,但是并没有达到显著差异($P>0.05$)。

表4.8 蚜虫在用药前后发生情况和防治效果

处理	每10株药前均值/头	每10株药后5 d均值/头	每10株药后10 d均值/头	每10株虫口减退率/%	防治效果/%
清源保	61.00a	5.00b	0.00a	91.80a	76.66a
除虫菊素	45.33a	4.33b	0.00a	90.44a	72.78a
CK	56.00a	19.67a	0.00a	64.88b	0b

注:表中小写字母相同代表同列 $P<0.05$ 水平的差异不显著。

4.3 有机大豆产量与效益分析

目前关于有机种植方式与常规种植方式产量对比方面的研究很多，大多数结果都表明有机种植方式的产量要低于常规种植方式(Denison 等，2004；Ragnar，2002；程慧林等，2009)。但是也有的研究表明有机种植方式在某些作物种植上可以达到增产的效果(杨合法等，2006)，Ryan 等(2009)的研究则表明有机种植作物的产量与常规没有显著区别。有机肥对作物的增产效果与很多因素有关：样地本身的环境情况，有机肥的种类，种植的作物种类，是否有轮作、间作或套作等，种植作物与轮作或间作等的作物搭配，这些都会改变有机肥对作物产量的影响。在本实验中地块进行有机种植的年限为 2 年，采用的有机肥为牛羊粪便，轮作作物为玉米。实验结果为有机大豆产量低于常规大豆 14.8%。增加有机肥的使用量能够增加大豆的产量，但是这种增产效果并不是线性的。在本实验中，施有机肥料纯 N 120 kg/hm^2 以上虽然仍然有增产效果，但是增产效果减弱。这为有机生产中合理施用有机肥，达到经济与生态的双赢提供了理论依据。

4.3.1 不同种植方式大豆产量分析

不同种植方式试验大豆各性状平均值见表 4.9。绿色和有机大豆单株荚数、每公顷荚数、产量和百粒重指标变化量均低于常规大豆。有机大豆每公顷株数高于常规大豆，绿色大豆低于常规大豆。由产量构成因子变化量比较，大豆种植密度：有机>常规>绿色，但大豆产量常规>有机>绿色，绿色和有机大豆产量分别低于常规大豆 17.9%和 14.8%。常规、有机和绿色种植大豆株数、产量处理间差异不显著($P>0.05$)，百粒重处理间差异显著($P<0.05$)，百粒重对于有机、绿色和常规大豆产量构成影响较大。

表 4.9 不同种植类型大豆各性状平均值及变化量

类别	单株荚数/个	变化量/%	荚数/(个/hm^2)	变化量/%	株数/(株/hm^2)	变化量/%	百粒重/g	变化量/%	产量/(kg/hm^2)	变化量/%
常规大豆	20.0	—	94 178 249	—	471 347a	—	22.7a	—	4 489a	—
绿色大豆	18.2	9.0	82 711 525	12.2	453 560a	3.8	20.8ab	6.2	3 684a	17.9
有机大豆	17.4	13.0	87 600 438	7.0	502 473a	−6.6	19.9b	10.4	3 825a	14.8

注：变化量=(常规−绿色或有机)÷常规×100%。

4.3.2 不同施肥量下有机大豆产量分析

不同施肥量下有机大豆各性状平均值见表 4.10。试验用有机肥为霍城县新月肥料厂生产的商用有机肥。有机大豆施肥量各处理百粒重和产量之间差异显著($P<0.05$)，每公顷株数之间差异不显著($P>0.05$)，施用有机肥对大豆产量和百粒重存在显著影响。但随着有机肥施用的增加，大豆产量无规律性变化，处理 N180、N120 和 N60 比处理 N0 产量增加量依次为 14.0%、13.1%和 1.2%。试验条件下处理 N120 肥料成本降低，增产效果较佳，因此种植区施用有机肥料纯 N 120 kg/hm^{2}较佳。

表 4.10 施肥量小区试验大豆各性状平均值

类别	单株荚数/个	变化量/%	荚数/(个/hm^2)	变化量/%	株数/(株/hm^2)	变化量/%	平均百粒重/g	变化量/%	产量/(kg/hm^2)	变化量/%
N180	19.6	16.7	100 296 798	9.0	511 367a	−6.8	23.5a	7.1	4 990a	14.0
N120	17.4	3.6	99 407 904	8.1	570 656a	4.1	23.0ab	4.9	4 954ab	13.1
N60	19.1	13.7	77 630 018	−15.6	496 544a	−18.9	20.9b	−1.6	4 469ab	1.2
N0	16.8	—	92 000 460	—	548 422a	—	21.9ab	—	4 378b	—

注：产量变化＝(处理×产量－未施肥产量)÷未施肥产量×100%。

4.3.3 有机与常规两种种植方式经济效益分析

常规大豆价格为 2009 年均价。各种农业生产投入为当年区域平均水平。有机大豆价格按常规大豆价格的 1.7 倍(按已有有机农产品最低价格倍数)，即选择 5.95 元/kg 为参考价格。有机种植方式与常规种植方式相比较，主要是在肥料与杂草管理两方面增加了投入(表 4.11)。因为有机农业本身的生产要求，不可以使用化学肥料与化学除草剂。因此在生产中主要以有机肥代替化学肥料，以生态、耕作措施、人工、机械、物理等方法来代替化学除草剂进行杂草管理。本实验中，有机种植方式在肥料方面比常规种植方式每公顷多投入 1 617.5 元，增加了 2 倍；有机种植方式在杂草管理方面比常规种植方式每公顷多投入 2 662.5 元，增加了 5.5

表 4.11 有机方式与常规方式大豆种植经济效益分析

指标	有机方式		常规方式		有机方式(不除草)	
投入量/(元/hm^2)	耙地	195	耙地	195	耙地	195
	耕地	210	耕地	210	耕地	210
	种子	1 200	种子	1 200	种子	1 200
	播种	120	播种	120	播种	120
	有机肥料	2 400	化学肥料	772.5	有机肥料	2 400
	人工除草	2 700	化学除草	37.5	人工除草	0
	机械除草	450	机械除草	450	机械除草	0
	灌溉	600	灌溉	600	灌溉	600
	收获	450	收获	450	收获	450
	土地租用	5 250	租用土地	5 250	土地租用	5 250
	总计	13 575	总计	9 285	总计	10 425
产量/(kg/hm^2)	3 825		44 89		597	
价格/(元/kg)	5.95		3.50		5.95	
产出量/(元/hm^2)	22 760		15 713		3 552	
净收入/(元/hm^2)	9 185		6 428		−6 873	
产投比	1.68		1.69		0.34	

倍。有机种植方式比常规种植方式每公顷多投入 4 290 元，增加了 46.2%。但是每公顷有机大豆的净收入比常规大豆的净收益高了 2 757.04 元，增幅达到了 42.9%。有机大豆产投比为 1.68，常规大豆产投比为 1.69，两者的产投比十分接近。主要的原因是有机大豆的市场价格比较高。在极端情况(完全不除草)下，虽然免去除草成本，但是总成本投入仍然高于常规生产方式 12.3%(主要原因为肥料种类的不同)，同时这种情况下产量很低。在这种情况下每公顷净收入为－6 873 元。可以看出，肥料的投入与杂草管理两方面成为制约有机种植方式提高产投比、增加收益的主要因素。实际生中可以通过合理改变肥料投入类型和用量来降低成本，适度进行除草增加产量来增加收入的办法来提高有机大豆种植的产投比和收益(董明，2010)。

通过经济效益分析发现，有机种植方式相对于常规种植方式来讲，投入增加了 5.5 倍。但是有机种植方式的经济收益比常规种植方式的经济收益高了 42.9%，两者的产投比也比较接近。主要原因是有机农产品的价格高于常规农产品的价格。本实验结果的得出仅仅是基于实验地块，在有机肥投入与杂草管理方面投入都比较高，没有将有机生产的认证成本与转换期成本等复杂因素考虑入内。大豆价格是预测价格，有可能会低于实际市场价格。因此实验结果不能完全符合实际有机生产中的效益情况。但是本研究可以得到两个结果：有机生产方式完全可以达到增加经济效益的目的；有机肥的投入与杂草管理为制约有机生产方式提高经济效益与产投比的主要因子，在实际生产中可以通过调节有机肥类型、用量与调整除草措施的方法来降低产投比。

参考文献

陈卫民，宋红梅，李金霞．2003. 新疆棉铃虫严重危害复播大豆[J]. 植物保护，29(4)：60-60.

程慧林，孙连飞，和文龙，等．2009. 有机、SEQ、特别与常规栽培对 8 种蔬菜产量、品质的影响[J]. 浙江农业学报，21(5)：476-480.

董明．2010. 新疆新源有机大豆农田杂草群落动态研究[D]. 中国农业大学硕士论文．

付文君，陈蓉，热依古丽．2006. 大豆细菌性疫病的发生与防治[J]. 新疆农业科技，3：31-31.

高海，庞凤仙，刘伟．2010. 有机肥不同用量对玉米生理性状和产量的影响[J]. 中国农村小康科技，(12)：33-35.

金耀青，张中原．1985. 关于农作物对土壤肥力的依存率及其应用的研究[J]. 沈阳农业学院学报，16(4)：64-68.

李春杰，刘伟，许艳丽，等．2004. 绿色菜用大豆栽培技术研究[J]. 大豆通报，(5)：4-5.

李鸣雷，谷洁，高华，等．2007. 不同有机肥对大豆植株性状、品质和产量的影响[J]. 西北农林科技大学学报(自然科学版)，(9)：67-72.

李征杰，唐永清，周莉，等．2004a. 伊犁地区大豆霜霉病的发生及防治措施[J]. 石河子大学学报(自然科学版)，22：69-70.

李征杰，周莉，方蕾，等．2004b. 伊犁大豆主要病害的发生及防治[J]. 新疆农业科技，6：16-16.

李之国，彭昭辉．2005. 有机大豆生产及栽培技术[J]. 农业与技术，25(2)：119-120.

刘海龙，刘鹏，史明．2010. 寒地绿色大豆病虫草害综合防治[J]. 现代农业，(1)：18.

唐永清．2006. 春大豆三种害虫的综合防治[J]. 农业科技与信息，3：20-20.

王华，李国英，战勇，等 .2006. 新疆大豆根腐疫病鉴定初报[J]. 新疆农业科学，43(2)：106-108.

杨合法，范聚芳，解永丽，等 .2006. 不同生产模式施肥对保护地土壤肥力及作物产量的影响[J]. 河南农业科学，12：61-65.

郁海金，黄雷 .2010. 颗粒商品有机肥施肥量对西红花产量的影响[J]. 河北农业科学，14(9)：61-62.

赵宏伟，李秋祝，魏永霞 .2006. 不同生育时期干旱对大豆主要生理参数及产量的影响[J]. 大豆科学，25(3)：329-333.

郑少文，邢国明，聂红玫，等 .2010. 有机肥施肥量及施肥方式对菜豆生长和产量的影响[J]. 河北农业科学，14(10)：59-61.

朱宝国，于忠和，王囡囡，等 .2010. 有机肥和化肥不同比例配施对大豆产量和品质的影响[J]. 大豆科学，29(1)：97-100.

Ryan M R，Smith R G，Mortensen D A，et al. 2009. Weed-crop competition relationships differ between organic and conventional cropping systems[J]. Weed Research，49：572-580.

Denison R F，Bryant D C，Kearney T E. 2004. Crop yields over the first nine years of LTRAS，a long-term comparison of field crop systems in a Mediterranean climate[J]. Field Crops Research，86：267-277.

Ragnar E，Audun K，Olav N. 2002. A comparison of environmental，soil fertility，yield and economical effects in six cropping systems based on an 8-year experiment in Norway[J]. Agriculture Ecosystems & Environment，90：155-168.

第5章

伊犁河流域绿色、有机水稻生产关键技术

根据联合国粮农组织的统计(联合国粮农组织,2010),2009 年中国水稻产量为 1.97 亿 t,占全世界 28.8%。水稻是伊犁地区主要的农作物之一,主要分布在察布查尔县、伊宁县、新源县、霍城县、巩留县等盐碱土地区,平均年播种面积在 1.5 万 hm^2。经过多年的农业开发,伊犁河谷质量较好的土地资源大部分已被辟为农田,新垦区内未开发的土地普遍具有坡度相对大、土层薄、质地偏沙、土壤肥力低等特征,开垦后易产生水土流失、土地沙化和土壤盐渍化等生态问题。在新垦区中,盐碱土面积共 1.56×10^4 hm^2,绝大部分分布在察布查尔伊犁河和跃进灌区,重度限制因素为地下水埋深、排水限制和盐碱,适合发展水稻(张红旗,2009)。20 世纪 90 年代前,伊犁水稻生产主攻单产,忽视品质的改善和提高,稻米出现结构性过剩。一方面普通米、劣质米积压;另一方面优质米、高档稻米欠缺,满足不了市场需求,严重制约水稻种植效益的提高。进入 90 代以后,高产优质水稻生产水平不断提高,水稻单产快速上升,总产在种植面积基本稳定的情况下稳步增长。

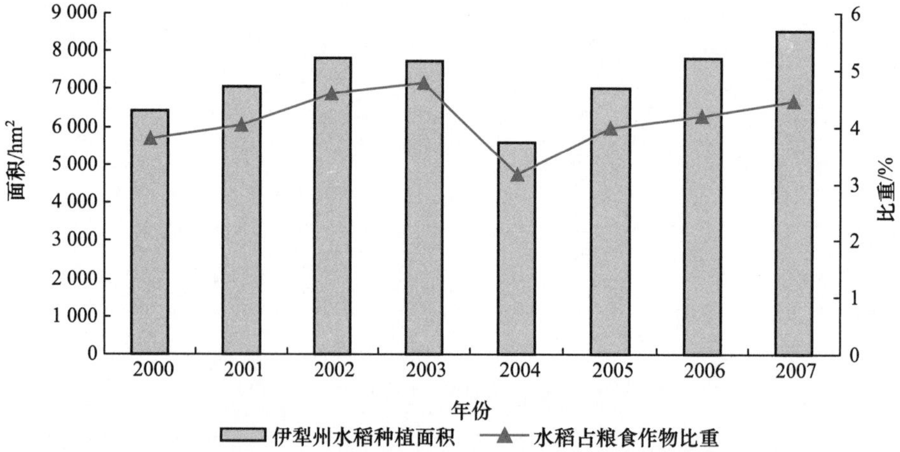

图 5.1 伊犁州水稻种植面积及占粮食作物的比重

伊犁地区 2000—2007 年水稻的种植面积及单产如图 5.1 所示，水稻播种面积从 2000 年的 6 433 hm^2 增长到 2007 年的 8 540 hm^2，增长了 30%，占全州粮食作物的比重 2000 年为 3.8%，2007 年为 4.4%；单产从 2000 年的 7 995 kg/hm^2 增长到 2007 年的 9 585 kg/hm^2，增长了进 20%，说明伊犁州水稻的种植面积在不断增加且随着常规种植水平的提高产量也在不断增加。种植区域早、中熟水稻种植区域主要集中在伊宁市及察布查尔自治县、霍城县、塔城地区的乌苏市、沙湾县。特早熟水稻的种植区域主要集中在阿勒泰市及富蕴县、福海县、州直新源县、巩留县、尼勒克县、塔城地区的塔城市、额敏县。

当地水稻的常规生产方式单产除 2003 年发生病虫害灾害导致水稻产量减少与全国水稻的单产水平相当(图 5.2)，其他年份都高于全国水稻生产的平均水平，2007 年甚至比全国平均水平高出 50%。说明当地的水稻种植水平比较高。调查发现当地水稻生产的施肥习惯一般是基肥中施用尿素、磷酸二铵、硫酸钾。一般选择追肥 3 次，主要集中在第一次追肥，肥料种类为尿素、磷酸二铵，第二、三次追肥根据水稻的生长情况增施尿素。

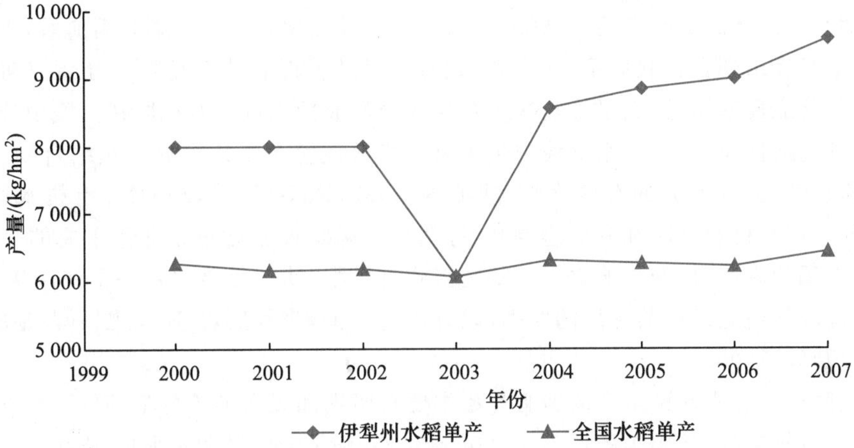

图 5.2 伊犁州水稻单产及全国水稻单产

近年来，随着农业集约化程度的加剧，农用化学品不合理使用造成环境污染和生态破坏，食品安全和稻米质量也受到影响，从 2003 年开始就有个别农户的部分大米出现黑头现象，到 2004 年，大米黑头现象已普遍发生，直接影响大米的商品性(张学超等，2009)。造成这种现象对原因主要有：①连作时间过长一般连作超过 4 年以上。土壤带菌数量过大，病菌种类过于复杂，造成感病几率较大。②施肥不合理：单一的使用化肥，偏施氮肥或磷肥，不使用复合肥，而且施肥时间不得当，使用量太大。③微量元素缺乏：水稻对锌肥比较敏感，同时具有磷锌共抑的作用，微量元素缺乏影响其他元素的吸收。④病害影响：由于播种时间过晚，或者在育秧过程当中病害发生严重，如苗期立枯病、生育中期稻瘟病、穗瘟病及轮纹枯病等都可能影响水稻黑头的发生。⑤插秧或旱直播密度过大：由于大群体的影响，造成分蘖过多，营养生长与生殖生长两个阶段不协调，加之偏施氮肥，使营养生长阶段过长，苗情抗逆性减弱。

5.1 国内外水稻生产技术研究进展

5.1.1 水稻生产中肥料使用与养分管理

水稻在生长过程中所需要的养分，一部分来自于土壤本身的肥料，土壤养分的供给量主要决定于土壤养分的贮存量和养分的有效状态，肥料种类不同，养分含量不同，肥效快慢也不同，如农家肥养分含量低，肥效较慢而持久，化肥养分含量高，肥效快。在化肥与有机肥对作物的增产效果研究方面，国内的大多数研究结果认为化肥的增产作用高于有机肥，但也有研究结果认为有机肥与化肥在作物增产效果十分接近或略为逊色。严格按照有机规程操作后，有机水稻产品品质表现出很好的稳定性，整体上受施 N 水平的影响很小，与常规水稻生产随施 N 的变化而较大程度地影响产品品质的结果不同。

单季稻对于氮素的吸收有两个高峰值，第一个高峰出现在移栽后第 3 周前后，正处于分蘖前期，第二个高峰出现在移栽后第 7～8 周，此时正是幼穗形成或孕穗期。分蘖前期干物质量积累越多，分蘖成穗率越低，大量施基孽肥会导致分蘖成穗率低。有机肥在土壤中分解产生的腐殖酸，具有的活性集团，易与水溶液中金属离子络合或螯合形成金属有机络合物，可加强金属离子的移动性，促进养分的有效化(李熙英等，1997；Rakshit 等，2008)。有机水稻生产中，科学合理的施用有机农家肥和有机速效肥，特别是正确掌握施肥量是非常重要的生产技术环节，对有机水稻的高产、稳产影响重大。基肥狠施有机肥，使用量是水稻一季使用量的 50%以上，并比常规水稻施肥期提前施用的原则，以有机肥为主，兼顾长效、速效肥，看苗施肥(张三元等，2005；周莉等，2006)。

伊犁地区目前有机水稻生产的施肥类型主要有腐熟和无污染的草肥、河泥、有机肥、菜饼、蓖麻渣、生物有机肥等，基肥施肥量为 3 000～45 000 kg/hm^2，基肥施肥时间为本田收割后上冻前或者春耕前，追肥类型为生物有机肥，追肥量为 750～2 250 kg/hm^2；追肥分两次：插秧 7～10 d 后追施生物有机肥 2 250 kg/hm^2，插后 30 d 或者分蘖盛期追生物有机肥 750～1 200 kg/hm^2。

5.1.1.1 有机肥对土壤性状的影响

连续施用有机肥料能增加土壤有机质，降低土壤有机、无机复合度，改善土壤物理性质，降低土壤容重，增加孔隙度。长期施用有机肥可减少土壤有机质消耗，不但在增加土壤有机营养改善有机质质量等方面具有极其显著的作用，而且随着年限的增长在增加土壤速效养分方面有机肥也逐渐超过化肥。施用有机肥料不仅土壤全氮含量比化学肥料要高，而且对土壤速效氮的影响也是不可忽视的，但其作用不如氮肥来得快。长期施用磷肥或有机肥均可增加土壤有机磷和无机磷含量，但磷肥主要是增加无机磷含量，而有机肥则以增加有机磷为主。无论是化肥还是有机肥对土壤全钾量的影响都不大。有机肥单施或无机肥配施均可提高土壤速效钾含量，其原因可能与土壤对钾离子的吸附特性及有机肥的供钾、改土作用等有关。

5.1.1.2 水稻生产中养分平衡及养分利用效率

研究表明，目前中等肥料稻田，每生产 100 kg 稻谷，籽粒带走氮 1.6～1.8 kg、磷 0.2～0.3 kg、钾 1.6～1.8 kg，其他微量元素带走量则要少得多，随着水稻品种和产量水平的不同，所带走的养分也不一样，一般土壤肥力较高以及高产品种水稻带走的养分要更多。

养分平衡是保证有机水稻高产、稳产的一个先决条件。全国化肥试验网的数据表明，水稻生产中氮肥的肥效在下降，每千克氮肥的增产量20世纪80年代和60年代相比，都在逐渐降低。对于磷肥来说，从全国的总体变化趋势来看，每千克磷肥的水稻增产量也在逐渐下降，从60年代每千克磷肥可增产水稻8～12 kg到80年代的4.7 kg。大量的肥效试验数据表明，我国氮肥和磷肥的水稻增产效应在逐渐下降。和氮肥、磷肥的肥效相比，由于我国长期以来一直不注重钾肥的补充，致使土壤缺钾的面积在不断扩大。从20世纪50年代到70年代，钾肥在水稻的平均肥效由4.7 kg增加到9.5 kg，湖南省农业科学院土肥所的统计结果也表明1978—1982年每千克钾肥增产稻谷从20世纪60年代的3.1 kg增加到6.8 kg。

有机肥是一种长效肥料。施入农田后，有机肥氮素要经过一系列复杂的化学和生物化学过程才能释放出矿质氮供作物吸收，所以其氮肥利用率一般比化肥要低。据估测，世界氮肥的平均利用率为40%～60%。我国氮肥利用率一般在30%～35%，主要粮食作物的氮肥利用率在28%～41%，平均为35%。对有机肥而言，不同品种以及有机肥在不同作物上的氮肥利用率差异都比较大，并且有机肥往往有多年的肥效。在大田作物上，连续4年深施牛粪及堆肥的氮素表观利用率为17%和12%，第二季后效分别为21%及17%（Rakesh等，2006）。

有机农业主要依靠豆科植物的固氮作用来供给作物生长所需要的氮。种植豆科植物的一个缺点是当季作物需要及时且足够的氮时，豆科植物不能全部满足。有机肥一般是采用自制的腐熟有机肥，养分全面，肥效持久均衡，能改善土壤结构，培肥改土，促进土壤养分的释放。但有机肥料的肥料效应慢，因此，在有机农业生产中必须提高氮利用效率以及良好的管理模式（Surekha等，2010）。

5.1.1.3　水稻田氮素的迁移转化及淋洗

氮肥在水稻生产中最容易产生变化，也是对环境影响最大的元素。由于当前我国作物氮肥的施用量一直居高不下，我国氮肥的利用率一直处于比较低的水平。氮素的移动性大，不易在土壤中驻留，未被作物吸收利用的硝态氮极易向下淋洗。由于氮素的盈余以多种形态残留在土壤中，在一般情况下残留氮的大部分以有机形态存在，但在高施氮的条件下，残留氮以硝态氮的形态残留比例提高。大量研究表明，作物对氮肥的吸收只占施氮量的30%～40%，其余大部分或是残留在土壤中或是经各种途径损失与环境中。随降雨、灌溉水淋洗至地下水，引起地下水的污染；或经反硝化作用形成各种形态的含氮气体，挥发至大气，造成气体污染。

施肥是地下水硝酸盐富集的主要贡献者，尽管到目前为止没有足够的资料能够表明施肥与硝酸盐淋洗和地下水硝酸盐含量的确切关系。一般地，施肥量超过作物最高产量施肥量时，土壤硝态氮残留量与渗透量急剧增加，对地下水污染的风险也增大，而在略小于最高产量施肥量或经济最佳施肥量时，不仅氮肥利用率高，而且土壤硝态氮残留少，向下淋洗的量也减少。有研究认为发现，每年淋入地下水的硝态氮中有15%来自施入的氮肥，淋洗总量中有68%来自非根区残留氮，20%来自根区残留氮。更有研究表明，0～210 cm土体6月份硝态氮残留量与9月份雨季地下水硝态氮含量呈显著正相关，可见无论是当季进入地下水或是残留在土体中，施肥量高最终必然导致向下淋洗量的增加。尤其是在常年连续高施氮量和地下水埋较浅的情况下这种趋势可能更为严重。在华北地区，当年氮素输入量超过500 kg/hm^2 而作物吸收量又不足氮素投入量的40%时，一般地下水硝态氮含量都超过10 mg/L。

有机生产方式与常规生产方式对氮素淋洗的影响不同。有研究表明，有机农业氮淋失的潜力低于常规农业。长期连续施肥特别是氮肥对土壤剖面硝态氮含量及积累量影响显著，与施用等量氮的化肥肥料比较，有机肥能够明显降低土壤剖面硝态氮含量和控制其积累峰值的下移，但有机肥本身也会产生硝态氮淋洗而污染环境。Kirchmann 等（2008）指出硝酸盐的平均淋洗在有机生产方式下经过一季作物轮作后比常规农业低，但如果考虑有机常规中氮投入的水平不同，则氮素的淋洗损失没有任何的不同。在有机生产方式和常规生产方式之间，无论什么样的肥料类型对硝酸盐的淋洗没有区别，在经过一个季节的试验后发现有机肥料的使用既没有提升作物的产量和质量也没有减少硝态氮的损失。

5.1.2 水稻生产中的病虫草害防治

伊犁地区水稻生产中，主要的病虫害包括恶苗病、立枯病、纹枯病、稻瘟病、负泥虫、稻摇蚊、二化螟、稻水象甲等。

5.1.2.1 水稻病虫害

1. 恶苗病

恶苗病又名徒长病，病苗淡黄色，细长，一般比健苗高出 1/3 左右，根部发育不良，分蘖少，甚至不分蘖。苗期的立枯病主要是秧苗根茎部发黑、变软腐烂，根系不发达，根褐色，无新根，秧苗一提从基部断裂。造成的原因主要包括：①种子消毒不严引起恶苗病发生；②苗床整地不精细，凹凸不平，厢面积水多，引起烂秧；③施肥不当，部分农户将未腐熟的畜禽粪施入苗床而引起烧苗；④管理不当，由于前期气温高，一些农民揭膜过早，突遇低温，造成青枯，气温返回后秧苗心叶卷筒成针状；⑤苗床选地不适宜，苗床土壤板结，秧苗长势较弱，抵抗力差；⑥土壤消毒不严，立枯病发生，秧苗根茎部变黑、变软腐烂，根系不发达，根褐色，无新根，秧苗一提从基部断裂。主要的防治措施包括：①加强管理，保持苗床湿润，同时保持苗床温度，晴天注意揭膜炼苗，风雨天注意盖膜保温；②用 25%使百克乳油 10 mL 兑水 15～20 kg 均匀喷雾防治水稻恶苗病；③每 0.1 亩苗床用移栽灵 10 mL 兑水 20～30 kg 均匀喷雾防治水稻立枯病、烂秧，增强秧苗的抗逆性等。

2. 立枯病

立枯病是病菌引起的，青枯病是生理性病害。主要是苗床地偏碱性、低温多湿、温差大、播种量过大、光照不足、营养不足、苗床管理不当等综合因素引起的。用 1.13 比重的盐水选种，提高出苗率和整齐度；施用禾苗壮、水稻旱育秧营养土母剂配制床土；及时通风管理，适当浇水；播种量一定要控制好；旱育苗每平方米播 150 g 催芽种，隔离层育苗每平方米播 200 g 催芽种；软盘育苗每盘播 60 g 催芽种；抛秧盘每盘播 2～3 粒催芽种。提高秧苗素质，提高抗病能力。选择地势平坦、通风、光照良好的地方育苗。培育壮秧，提高秧苗抗病力是防治该病的关键。控制温湿度，不徒长，一叶一心期保持温度 25～30°C，尽量少浇水，三叶一心期温度不超过 25°C，土壤水分充足，但不能过湿；施足底肥，增施磷、钾肥，提高秧苗的抗病力。化学药剂防治措施：在发病初期可用 70%敌克松 1 000 倍液喷雾或 1 500 倍液泼浇，也可用移栽灵 2～3 mL/m^2 防效达 95%以上。

3. 稻瘟病

稻瘟病有苗期叶瘟、本田叶瘟、穗茎瘟、枝梗瘟、节瘟、粒瘟，其中穗茎瘟影响产量最严重。稻瘟病常年发生，因品种和年度之间有差异，严重年份发生程度达 10%～20%。防治稻瘟病首先选种抗稻瘟病性强的水稻优良品种，其次根据气候条件、生长情况，以及施肥量，使用杀菌剂防治稻瘟病。

农业措施防治：根据当地种植水稻的气温、日照、无霜期、降水量、土壤、灌溉等条件，选择适合当地种植的抗稻瘟病性能强的优良水稻品种，结合稀播培育壮秧，合理稀植，合理施用氮肥，增施磷钾肥，间歇灌溉，提高植株本身的抗逆性。

化学药剂防治：加强田间调查，及时在发病初期进行防治。分蘖盛期至孕穗期易发生叶瘟，齐穗期至灌浆期易发生穗茎瘟和枝梗瘟。根据发病情况，分蘖盛期至孕穗期防治叶瘟 1～2 次，防治叶瘟要把药剂喷洒在稻株中下部叶片；齐穗期至灌浆期防治穗茎瘟 2～3 次，防治穗瘟，把药剂喷洒在穗部。发病初期喷洒 40％富士一号（稻瘟灵）乳油 1 000 倍液或 20％三环唑（克瘟唑）可湿性粉剂 1 000 倍液，每亩必须喷洒 3 桶，否则效果不佳。

4. 水稻纹枯病

农田水肥管理失调，氮肥施用过多，盲目增加氮肥用量，造成植株徒长、苗弱，抗逆性降低，是导致纹枯病发生重的主要因素。

5. 稻水象甲

稻水象甲适应性强，食性庞杂，取食单、双子叶植物。成虫可长时间在水中活动，幼虫期全部在水下的土壤中生活，所以天敌很少。雌性成虫具有孤雌生殖能力，可独立完成繁殖，建立种群。危害症状：成虫、幼虫分别为害稻叶、稻根，区别在于成虫主要啃食秧苗叶肉，受害叶有透明白条斑，严重时全田叶片变白；幼虫蛀食根稻基部，受害株易倒伏、漂浮。

农业措施防治：成虫越冬后，在田边、沟边、水渠边的上取食，等到插秧后，开始迁入稻田，危害稻叶，同时产卵，所以清除、焚烧杂草是最有效的防治方法之一。6 月采取浅水灌溉措施，间歇晒田，可减少落卵数量，降低虫口密度，减少危害。利用成虫具有较强的趋光性，设灯光诱杀成虫。要做好检疫工作，防止扩散。

化学药剂防治：防治成虫时期为 5 月末至 6 月初，防治幼虫时期为 6 月中、下旬。20％三唑磷乳油、50％倍硫磷乳油和 40％水胺硫磷每公顷用量均为 150 mL、5％锐劲特乳油每公顷 750 mL、25％阿克泰水分散粒剂每公顷 30～60 g，兑水 750～900 kg 喷雾。

6. 水稻二化螟

水稻二化螟危害分孽期水稻，造成枯鞘和枯心苗；危害孕穗、抽穗期水稻，造成枯孕穗和自穗；危害灌浆、乳熟期水稻，造成半枯穗和虫伤株。

农业药剂防治：水稻收割时齐泥低割，秋翻稻田，早春泡田，春季之前处理完稻草等措施可以杀死部分越冬幼虫，减少基数。

化学药剂防治：一代枯鞘率达 3％以上时应进行药剂防治，常用防治药剂有 25％阿克泰水分散颗粒剂、5％锐劲特悬浮剂、20％好年冬乳油、50％杀螟松乳油、农家乐乳剂（阿维菌素 B_1）、5％杀虫双颗粒剂、80％杀虫单可湿性粉剂、30％稻丰灵液剂、50％巴丹可湿性粉剂等。

5.1.2.2 水稻田草害

主要是发生稗草等。一般通过提前泡田，诱草萌发，再耕翻灭草。插秧后至烤田前保持水层 3～5 cm，防杂草萌动滋生。为同时防治稗草和其他杂草，结合灌深水，每亩撒施米糠 25 kg 和玉米颗粒 25 kg，也能除草。6 月份采取人工拔草 2～3 次，使用的有机肥一定要腐熟，杜绝草源。返青后至抽穗前稻田放鸭可有效控制杂草。

此外，秧苗返青后 7～10 d 进行田间化学除草，用 96％禾大壮 200～250 g/亩＋10％草克星 10～20 g/亩，浅水层毒砂或毒肥撒施，或用 50%克稗灵可湿性粉剂 50 g/亩＋10%农得时 20～30 g/亩＋96%禾大壮 100 g/亩，排干水后叶面喷雾，晒田 2 d 后灌浅水，防除稻田稗草、三棱草等恶性杂草，同时人工辅助拔大草 1～2 次。

5.2 伊犁河流域绿色水稻生产技术

5.2.1 品种选择

20 世纪 90 年代以来，伊犁州农科所按照优质、高产、多抗、广适的育种目标，积极开展科技攻关，培育和开发一系列适宜伊犁河谷生产和生态条件下种植的优质新品种，主要有伊粳 8 号、10 号和 12 号和引进推广的优质米品种农林 315。伊粳 12 号综合性状好，尤其是其株型理想，穗型较大，产量较高，适应性广，米质较优，自推广以来种植面积迅速扩大。目前已经在伊犁河谷东西两部稻区广泛种植，表现突出，深受广大稻农的喜爱，推广面积已占当地水稻种植面积的 70%以上。

5.2.2 轮作模式

轮作是保证水稻生产土壤质量、病虫害有效控制以及养分高效合理利用的重要保证。以伊犁河下游的哈萨克斯坦为例，前苏联时期，该地区 6～7 种作物进行轮作，其中水稻占 50%的种植面积。该种植模式主要是为了将旱地种植过程中，由于毛细作用引起的土表积盐洗脱出去。苜蓿除了作为饲料外，还为土壤供氮。苏联解体后，轮作模式变化为 1～2 年水稻，然后 3 年的旱作(小麦和苜蓿)。水稻产量为 3.5～4 t/hm^2，苜蓿产量为 10 t/hm^2。豆科作物以及旱田作物的引入，使得氮素供应得到提高，病虫草害得到有效控制。其他的轮作倒茬方式有水稻-冬麦或玉米或甜菜-水稻-冬麦或玉米或甜菜；水稻-水稻-冬麦或玉米或甜菜-冬麦-水稻。

5.2.3 稻田与灌溉管理

大条田排水排盐效果很差，条田中间作物生长不良，缺苗面积高达 20%～30%，将大条田改为 7～10 hm^2 的小条田，排水渠间距缩小为 100 m 则能显著增强排水排盐的效果，同时还可以减少平整土地的工程量，缩短灌水时间，提高灌水质量。既能排走地面水又能降低地下水，有利于适时耕作。如果土地平整质量差，则土地不平灌水不均匀，容易形成盐斑。研究证明平整质量较好的水稻田比平整粗放的耕地脱盐率高 80%以上，保苗率明显提高。

在插秧后 2～3 d 内宜于深水护苗和压盐(淹深水不没心叶为宜)，以后逐渐落浅，严防花达水(田面水不均匀)。苗期必须坚持勤灌勤换，每隔 1～2 d 就要换一次水。换水前排水要彻底，促生新根，从返青到分蘖灌水以浅灌为主，深浅结合，经常排换新水、深灌虽不利于壮苗，但在土壤盐分较深的情况下能防盐保苗。

5.2.4 肥料施用

根据各个时期水稻的需求，分别进行基肥、追肥以及叶面肥的施用，达到促壮苗、壮根，增加有效分蘖和提高水稻产量。磷酸二铵一般作基肥使用，磷肥在土壤中的固定性比较强，基肥施用占总量的50%左右。

1. 返青肥

插秧后3～5 d开始施用。一般每亩撒施尿素2～3 kg，加快根系创口的恢复，加速返青，此时的用肥量易少不易多，防止僵苗发生。

2. 分蘖肥

返青后5～7 d开始施用。具有降低分蘖节位、提高有效分蘖基数、延长分蘖时期、增加有效穗数的作用。一般施氮肥3～4 kg/亩，适当配合硫酸锌，依苗情叶色而定，一般1～2 kg/亩。

3. 拔节孕穗肥

分蘖末期是水稻由营养生长向生殖生长过渡阶段，生理活动比较旺盛，养分需求量大。此时期施肥可促进颖花数量增多，防止颖花退化，使水稻穗大、粒多。一般每亩施尿素5 kg，磷酸二铵5 kg。

4. 穗肥

抽穗期是水稻由营养生长转向生殖生长转化时期，也是生长旺盛时期，此期是水稻需肥敏感阶段。如田间秧苗长势过旺，叶色浓绿，可不用撒施尿素，但应适当补施磷、钾肥。磷、钾肥具有壮秆、抗倒、增强抗病性的作用，同时钾肥还可以提高水稻的千粒重和穗粒数，对水稻增产起到不可替代的作用。

5. 增施有机肥

有机肥能改善稻田理化性质，且有机肥成分较全，释放缓而稳，水稻生长发育稳健，对稻谷无污染，稻粒整齐，稻米色泽好，整米率高。大田生产一般亩使用当地厩肥4～5 t或羊粪2 t或是油渣80～100 kg，并做到秸秆全部还田，增加土壤有机质含量，在施有机肥的过程中要注意肥料深施，秸秆还田一定配合化肥深施。通过施有机肥或实施养地措施的同时，要降低化肥用量30%～50%，尤其注意氮肥用量不能过高。要适当增加磷、钾肥和微量元素肥料的用量。

6. 根外施肥

根外施肥应避免部分金属元素被土壤固定，要合理多次施用以利于作物吸收利用。水稻类作物一般用以黄腐酸等有机质肥料，营养元素丰富，见效快。一般情况下在苗期、分蘖期、抽穗期、灌浆期各喷施一遍，可以起到提高产量、增强大米品质的作用。伊犁稻区一般土壤含盐较高，磷素的固定不利于锌肥的吸收和利用，存在磷、锌共抑现象。改变水稻缺锌要通过硫酸锌作追肥和根外施肥的方法，也可以通过增加有机肥的施用面积和施用量，改善土壤结构和理化性状，以达到平衡施肥的目的。

5.2.5 病虫草害防治

稻瘟病又名稻热病，俗称火烧瘟、吊头瘟、掐颈瘟等，主要危害叶片、茎秆、穗部，是由子囊菌引起的最主要的水稻病害之一。目前只能采用传统的化学防治和种植抗性品种来控制。由于病原菌小种遗传的多样性和致病性的快速衍变,新的抗病品种常常很快丧失抗性。在适宜的环境条件下,稻瘟病便会迅速发生,造成大面积水稻减产。稻瘟病是由稻梨孢菌引起的。在自然条件下,稻瘟菌只侵染水稻,该菌可分做 7 群 128 个生理小种。水稻稻瘟病病菌以分生孢子和菌丝体在稻草和稻谷上越冬。翌年产生分生孢子,借着风雨传播到稻株上,萌发侵入寄主,并向邻近细胞扩展,形成中心病株。病菌适应于温暖、高湿,有雨、雾、露存在条件下很容易传播和发病。在植株形态方面,宽叶型稻株比窄叶型稻株感病。稻株组织柔嫩,细胞硅化程度低,抗侵入能力差。气候因素中对病害影响最大的是温度、湿度和降雨量,其次是光照和风。稻瘟病的发病最适温度为 24～28℃,相对湿度 90%以上,温度越高越有利于发病。氮肥施用过多或过迟有利于发病。长期深灌、串灌、漫灌的稻田发病重。防治措施如下:

(1) 选用抗耐病品种是防治稻瘟病、白枯叶病最经济有效的措施。稻瘟病菌生理小种繁多,水稻品种对稻瘟病的抗性易于丧失,因此引进和利用现成的抗病品种时,应通过试验确认对本地稻瘟病菌具有抗性。在水稻品种布局上,避免大面积种植单一品种。利用生物多样性,推行抗感品种混植间栽技术,实行品种搭配种植或轮换种植。

(2) 采取无病田留种,处理病稻草,消灭菌源。选用无病种子,推广种子包衣以杀死种子内外的病菌。种子处理,采用 56℃温水浸种 5 min。用抗菌剂或甲基托布津可湿性粉剂 1 000 倍液浸种 2 d,也可用 1%石灰水 10～15℃浸种 6 d。移栽时用药剂浸秧可减轻和推迟大田叶瘟的发生,即用 20%三环唑 WP 500 倍液或三环唑 1∶700 倍液浸秧根 1 min,取出堆闷 30 min 后栽插。

(3) 栽培技术:消灭虫卵和控制病害。生长中期出现早晨有雾、半阴不晴、温差小、下雨后猛然高温高湿高光照等条件时,应及时打药,预防稻瘟病的发生。可用甲壳质类诱抗剂、基因活化剂结合黄腐酸、黄腐殖酸、有机质类的多元营养叶面肥喷洒在叶面上。稻田要挑治"叶瘟"、狠治"穗颈瘟",穗颈瘟防治时期掌握在水稻孕穗末期,即破口期喷药,一旦发生稻瘟病,用克菌、三环唑、多菌灵、甲基托布津等为主,药同时混入黄腐酸、黄腐殖酸、有机质类的多元营养叶面肥喷洒,有必要再加诱抗物质,可延长药效,提高抗病性。如果打两次药以上,农药要交替应用。喷药时间应在日光和气温逐渐降低时,一般在 14～15 时后。

5.2.6 收获

适时收割,防止暴晒。水稻收割时期一般在水稻抽穗后 50 d 左右,穗轴上部 2/3 变色,下部 1/3 黄绿为最佳收获时期。收割后码在田间自然干燥,脱粒后防止在水泥地上暴晒,以免发生裂米。稻谷一般含水率 15%～17%,加工米品质好。但为了安全储藏不能高于 15%,必须用烘干机对含水量高的稻谷烘干。伊犁地区基本靠自然风干,拥有风干设备的单位不多,现有极少的风干机也多为 55℃以上高温烘干机,而高温烘干机烘干的稻谷因加工而易断裂,整米率低。建议增加烘干设备,提高加工质量和效益。

5.3 伊犁河流域不同肥料对于有机水稻和土壤的影响

5.3.1 不同施肥措施对于水稻产量构成的影响

表 5.1 是课题组在察布查尔县进行的不同肥料类型和数量的有机水稻试验。随着基肥数量增加，水稻产量呈增加趋势，但到高量有机肥 B3A1 水平时，产量增加已经不明显，B3A1 和 B2A1 之间产量没有显著差异。对构成水稻产量的因子分析表明，在施用活性蓖麻渣追肥(2 250 kg/hm^2)的条件下，增加牛羊肥基肥的数量，不会对单位面积穗数产生显著性影响，也就是说对水稻分蘖不会有明显影响，但可以增加水稻的穗粒数和千粒重量，且在高量有机肥条件 B3A1 下这种增加不显著。这就说明，在本试验条件下，施用牛羊粪对产量的增加是通过穗粒数和千粒重量引起的。化肥处理 LS 与有机模式比较，能够增加单位面积穗数(分蘖数)和穗粒数，但不会增加千粒重量。有机水稻最高产量约为常规生产的 80%。

表 5.1 不同施肥处理对水稻产量及其构成因子的影响

处理	单位面积穗数/(穗/m^2)	穗粒数	千粒重量/g	产量/(kg/hm^2)
CK	447c	37.6d	21.5ab	3 599d
B1A1	520b	53.1c	20.5b	5 644c
B2A1	573b	53.9bc	22.3a	6 906b
B3A1	566b	60.0b	22.3a	7 550b
LS	667a	69.0a	20.6b	9 404a

注：同一列不同字母表示处理间在 5%水平下差异显著，相同字母表示处理间在 5%水平下差异不显著。低量有机肥(B1A1)：15 000 kg/hm^2 牛羊粪＋2 250 kg/hm^2 活性蓖麻渣；中量有机肥(B2A1)：45 000 kg/hm^2 牛羊粪＋2 250 kg/hm^2 活性蓖麻渣；高量有机肥(B3A1)：75 000 kg/hm^2 牛羊粪＋2 250 kg/hm^2 活性蓖麻渣。牛羊粪作为基肥，在水稻插秧前半个月左右施入土壤中。活性蓖麻渣作为追肥，按照 1∶1 分两次施用，即分别在分蘖期(6 月 27 日)和抽穗开花期(7 月 24 日)施用；当地常规水稻生产处理(LS)：牛羊粪 11 250 kg/hm^2，作为基肥施用；追肥为尿素 277.5 kg/hm^2、磷酸二铵 247.5 kg/hm^2 和复合肥 75 kg/hm^2。常规处理中追肥分为 3 次施用，即 6 月 27 日(磷酸二铵 120 kg/hm^2、复合肥 75 kg/hm^2)、7 月 15 日(磷酸二铵 127.5 kg/hm^2、尿素 127.5 kg/hm^2)和 7 月 24 日(尿素 150 kg/hm^2)。下同。

N 肥对于水稻产量的增加，主要是通过单位面积穗数和穗粒数产生影响，对千粒重量的影响为抛物线方式，整体影响缓慢增加然后下降，P 和 K 肥对这三个构成因子都是呈抛物线方式增长。增加单位面积穗数和穗粒数是增产的关键措施之一。氮肥促进水稻有效穗的形成，但降低了千粒重量。张三元等的研究发现，有机水稻的单位面积穗数、穗粒数和千粒重量平均值分别为 19.62 个/穴、82.36 粒/穗和 25.26 g，而常规水稻分别为 18.07 个/穴、82.30 粒/穗以及 25.40 g，说明有机肥可以增加穴穗数，而降低千粒重量。席运官等的研究表明，常规水稻生产投入施氮水平高于有机水稻，而如果有机水稻施肥过量特别是氮肥过高，会引起贪青、徒长以及病害加剧，而本研究虽然有机水稻施肥远远超过常规绿色水稻，没有出现贪青徒长和病害加剧的现象，这与当地土壤大多为盐碱土，肥力水平较低有关。

5.3.2 不同施肥措施对于土壤性质的影响

不同施肥量处理对水稻生产前后土壤中有机质和全氮的影响如表 5.2 所示。从表中可以看出，2 年有机水稻生产后，各个有机肥处理土壤的有机质、全氮水平都比有机水稻生产前有所提高，其中有机质以高量有机肥处理 B3A1 增加最为明显，对于全氮，低量 B1A1 和高量有机肥处理 B3A1 增量一样，都为最大。对水稻收获后各个施肥处理的土壤土壤有机质和全氮进行显著性检验可以发现，有机肥只有高量水平 B3A1 条件下对土壤有机质增加显著，而不同有机肥水平和化肥处理对全氮都没有显著影响。

表 5.2 不同施肥处理水稻生产前后土壤有机质和全氮的变化

处理	播种前		收获后	
	有机质/(g/kg)	全氮/%	有机质/(g/kg)	全氮/%
CK	14.02a	0.115a	14.46b	0.123a
B1A1	14.21a	0.117a	14.89b	0.133a
B2A1	14.22a	0.117a	14.95b	0.124a
B3A1	14.10a	0.115a	16.79a	0.131a
LS	14.26a	0.118a	13.69b	0.113a

注：同一列不同字母表示水稻不同处理间土壤有机质和全氮在 5%水平下差异显著，相同字母表示在 5%水平下差异不显著。

养分供应是保证有机水稻产量的条件之一。本研究对肥料输入、稻谷和秸秆输出引起的养分平衡进行分析，没有考虑由于大气沉降和灌水输入的养分，以及由于地表径流、淋溶和气体挥发引起的养分损失。不同类型和数量有机肥对土壤养分平衡的影响见表 5.3。对于对照处理，由于没有肥料投入，只有稻谷和秸秆带走养分，因此土壤养分平衡表现为负平衡，N、P 和 K 分别为－52.9 kg/hm^2、－14.6 kg/hm^2 和－47.3 kg/hm^2。随着有机肥投入水平的增加，N、P 和 K 养分盈余量加大，当牛羊粪投入增加到 75 000 kg/hm^2、蓖麻渣肥为 2 250 kg/hm^2 时，养分盈余量分别为 678.6 kg/hm^2、166 kg/hm^2 和 360.2 kg/hm^2。对于当地常规绿色生产(LS)，由于肥料投入水平低和作物产量高，N、P、K 养分盈余量分别为 156.4 kg/hm^2、41.6 kg/hm^2 和－17.4 kg/hm^2，K 出现了亏缺。高量的氮素残留在土壤中，在水稻生产结束后当地气温降为 0℃下，土壤中微生物活性降低，土壤中有机氮矿化的速度下降，到了水稻生长旺盛期，随气温上升会释放出来供水稻利用。但在第二季水稻生产中，残留在土壤中的氮也有可能不被水稻吸收而以淋洗的方式进入地下水体，从而造成水体的面源污染，同时根组织在根际周围的改变会影响氮素的矿化、转化和转移。

Kirchmann 等(2008)对 19 个有机农场研究表明，有机农场主要依赖内部养分循环，P、K 养分平衡普遍表现为亏缺或者少量盈余，N 素可以利用豆科作物固氮输入到土壤中，但对于商品化的有机农场，则远远满足不了作物生产的需求。Oelofse 等(2010)对中国、巴西、印度和埃及的 5 个有机农场养分平衡研究表明，其中 4 个有机农场为养分正平衡，这种正平衡主要是由于大量使用外源有机肥代替化学合成肥料引起的。4 个有机农场 N、P、K 养分盈亏量分别在

76～598 kg/hm²、42～558 kg/hm² 和 71～314 kg/hm²。本研究 N、P、K 养分盈亏量分别在 106～678 kg/hm²、26～166 kg/hm² 和 79.5～627.3 kg/hm²，即 N、K 盈亏量和 Oelofse 的研究结果相当，而 P 盈亏量小于 Oelofse 的结果。如此高量的养分盈余，主要是由于外源投入肥中养分很高造成的。这就引发我们对于有机农业深层次的思考，这是否符合有机农业尽可能利用农场内部养分资源，包括轮作和绿肥的原则？进一步对发展中国家和欧盟等发达国家的研究表明，欧盟等国家对有机农业采取补贴措施，农民没有必要追求过高产量，而中国等发展中国家为了尽可能实现产量最高，过量施用外源有机肥，从而实现农场经济效益最大化，而高量有机肥投入又带来资源利用效率低下和面源污染的风险。如何协调有机农业中经济效益和环境效益，是值得深入思考的问题。

表 5.3 不同施肥处理水稻生产后土壤养分平衡 kg/hm²

处理		肥料投入	稻谷带走养分	秸秆带走养分	输出总量	平衡
N	CK	0	40	12.9	52.9	−52.9
	B1A1	193.4	59.4	27.9	87.3	106.1
	B2A1	497.5	84.5	29	113.5	384
	B3A1	801.5	87	35.8	122.8	678.6
	LS	297.4	100.2	40.7	140.9	156.4
P	CK	0	11.3	3.3	14.6	−14.6
	B1A1	51.6	18.6	6.6	25.2	26.4
	B2A1	125.4	24.9	8	32.9	92.6
	B3A1	199.3	26.1	7.3	33.3	166
	LS	82.54	30	10.9	40.9	41.6
K	CK	0	15.9	31.4	47.3	−47.3
	B1A1	163.3	55.1	28.7	83.8	79.5
	B2A1	445.7	34.6	50.9	85.5	360.2
	B3A1	728.1	35.9	64.9	100.8	627.3
	LS	116.7	48.9	85.2	134.1	−17.4

5.3.3 不同施肥措施的水稻氮素利用效率

不同施肥处理水稻的氮素利用效率见表 5.4。当地常规绿色生产(LS)氮素表观利用效率和农学利用效率都显著高于有机水稻生产，分别为 29.6% 和 19.5 kg/kg，而有机水稻生产的

表 5.4 不同施肥处理的水稻氮素利用效率

处理	施氮量/(kg/hm²)	作物产量/(kg/hm²)	作物吸氮量/(kg/hm²)	氮素表观利用率/%	氮素农学利用效率/(kg/kg)
B1A1	193.4	5 644	87.3	17.7	10.6
B2A1	497.5	6 906	113.5	12.2	6.7
B3A1	801.5	7 550	122.8	8.7	4.9
LS	297.4	9 404	140.9	29.6	19.5

表观利用效率和农学利用效率随着施肥量增加而降低，表观利用效率从低量有机肥处理B1A1的17.7%降低到高量有机肥处理B3A1的8.7%，农学利用效率从B1A1的10.6 kg/kg降低到B3A1的4.9 kg/kg。

中国氮肥当季利用率在30%～40%，太湖地区化肥氮利用率变化范围在31.6%～46.2%，平均为37.6%(赵洪涛等，2006)。欧杨虹等(2009)研究在施氮量为纯氮180 kg/hm^2条件下，有机肥处理氮素利用率为31.7%，农学利用率为1.7 kg/kg，而化肥处理氮素利用率为46.4%，农学利用率为9.2 kg/kg。吴萍萍等(2008)在湖南双季稻的长期定位实验表明，氮肥当季利用率在27%～35%，有机肥无机配施的氮素表观利用率与单施化肥持平。17年试验化肥处理的农学利用效率为16.1 kg/kg，高于有机无机配施的10.6 kg/kg。席运官等(2006，2007)在太湖地区的研究中，氮肥投入为277 kg/hm^2水平时，可以达到8 276 kg/hm^2的水稻产量水平。本研究常规化肥生产的氮素表观利用率和农学利用率与常规研究相当，而有机生产氮素利用率远低于常规生产以及席运官等的研究结果，分别在8.7%～17.7%以及4.9～10.6 kg/kg，与本试验中基肥施用的氮素过高有关。较低的氮素利用效率、较高的面源污染风险，以及为常规水稻产量80%的有机水稻生产，是否完全适合本地区的水稻生产，值得慎重和全面考虑。

5.4 有机水稻生产经济与环境效益分析

5.4.1 有机水稻生产成本与效益分析

有机水稻生产中，生产成本主要包括种子、机械、人工、肥料等，所有投入中有机肥料的投入和劳动力的投入占很大比例，有机水稻生产中不能使用化学农药和除草剂，因此采取人工拔草的方式，从而增加了有机水稻生产的投入成本。

不同生产方式水稻的投入、产出等经济效益见表5.5。绿色处理LS中肥料投入以化肥为主，成本低于有机处理B2A1。有机由于采取人工拔草的方式，所用的人工费用比较高。有机处理B2A1的利润为27 190.2元/hm^2，绿色处理LS的利润为20 188.2元/hm^2，有机处理B2A1比绿色水稻生产1 hm^2土地收入高出7 002元，有机水稻生产与绿色水稻生产相比纯收入高33%，经济产投比为3.4。在各个施肥处理中，B3A1处理即高量有机肥的利润最高，达到27 802.5元/hm^2，B0A1处理利润最低，为1 377.9元/hm^2。

表5.5 绿色和有机水稻生产经济效益分析 元/hm^2

项目		B0A1	B1A1	B2A1	B3A1	BLA1	LS
投入	种子	787.5	787.5	787.5	787.5	787.5	787.5
	机械	3 600.0	3 600.0	3 600.0	3 600.0	3 600.0	3 600.0
	人工	2 400.0	2 400.0	2 400.0	2 400.0	2 400.0	1 000.0
	肥料	270.0	1 770.0	4 770.0	7 770.0	470.0	2 620.5
	农药	0.0	0.0	0.0	0.0	0.0	300.0
	总投入	5 707.5	7 207.5	10 207.5	13 207.5	5 907.5	6 378.0

续表 5.5

项　目		B0A1	B1A1	B2A1	B3A1	BLA1	LS
产出	籽料	19 155.0	33 345.0	35 640.0	38 962.5	24 573.7	24 264.4
	秸秆	1 670.4	2 907.9	3 107.7	3 397.5	2 142.9	4 231.8
	总产出	20 825.4	36 525.9	38 747.7	42 630.0	26 726.7	28 962.2
利润		13 767.9	27 695.4	27 190.2	27 802.5	19 259.2	20 188.2
投入产出比		2.9	4.3	3.4	2.9	3.6	3.4

注：表中各项都以 2009 年当地物价为准计算，种子价格为 3.5 元/kg，有机大米价格为 5 元/kg，常规大米价格为 2.5 元/kg，秸秆价格 0.3 元/kg。

5.4.2 影响水稻生产效益的因素分析

生产资料投入：生产资料投入中主要包括肥料、种子、农药三部分。绿色水稻生产的主要投入是化肥肥料和农药，化肥价格和农药价格的波动成为影响水稻生产物质投入的主要部分。化肥价格每年波动范围在－16%～9%，农药价格波动范围在－22%～9%。有机水稻生产过程中由于只有有机肥料的投入，有机肥料在当地主要是农家肥，由于畜牧业的波动范围小，因此在伊犁有机肥料的价格一直较稳定。种子投入只占总投入的 6%～14%。

劳动力和机械投入：劳动投入占有机水稻生产的一个主要部分，主要包括整地、围耕、施基肥、追施肥料、人工除草、病虫害防治、开沟、清理、收割等。由于当地地处我国的西北部，与哈萨克斯坦接壤，基本上没有外来劳动力的输入，主要的劳动力来源是本地。可以预计，随着当地经济和社会的发展，劳动力的成本也会呈增长趋势。机械投入包括机械耕地、机械插秧、机械收割等，机械的价格波动主要根据当地的物价水平来决定，每年的变化范围不是很大。

5.4.3 水稻产出

有机水稻的初期，普遍存在着土壤培肥、病虫害防治等生产保障上的技术问题。前期有机水稻生产低于常规水稻产量是正常现象，随着生产技术逐渐完善，有机水稻产量可以接近常规水稻产量。水稻的产出除了稻米外，还包括秸秆产出。国内有机水稻稻米的价格约为常规水稻生产价格的 1.5～4 倍甚至更高，经认证机构认证的有机大米售价最低在 10 元/kg，最高可达 30 元/kg 左右。

本试验分析经济效益计算中按照有机稻米的价格是绿色稻米价格的 2 倍，则 1 hm^2 土地生产有机水稻比绿色稻米多盈利 7 000 多元，如果有机稻谷价格是 4.1 元/hm^2（绿色稻谷是 2.5 元/hm^2），则有机水稻生产与绿色水稻生产经济效益一样。

本研究中对有机稻米的定价为 5.0 元/kg，如果把有机水稻稻米的价格定价为 2.5 元/kg（与常规水稻稻米价格持平）和 10 元/kg，则有机、常规水稻生产经济效益分析计算结果见表 5.6。

表 5.6 不同价格条件下有机、绿色水稻生产经济效益分析 元/hm^2

项目			B0A1	B1A1	B2A1	B3A1	BLA1	LS
2.5 元/kg	产出	籽粒	9 577.5	16 672.5	17 820.0	19 481.3	12 286.9	24 264.4
		秸秆	1 670.4	2 907.9	3 107.7	3 397.5	2 142.9	4 231.8
	总产出		11 247.9	19 580.4	20 927.7	22 878.8	14 429.8	28 496.2
	利润		4 190.4	11 022.9	9 370.2	8 321.3	7 172.3	20 188.2
	投入与产出比		1.6	2.3	1.8	1.6	2.0	3.4
10 元/kg	产出	籽粒	38 310.0	66 690.0	71 280.0	77 925.0	49 147.5	24 264.4
		秸秆	1 670.4	2 907.9	3 107.7	3 397.5	2 142.9	4 231.8
	总产出		39 980.4	69 597.9	74 387.7	81 322.5	51 290.4	28 496.2
	利润		32 922.9	61 040.4	62 830.2	66 765.0	44 032.9	20 188.2
	投入与产出比		5.7	8.1	6.4	5.6	7.1	3.4

参考文献

李熙英，吕龙石 . 1997. 氮磷钾不同施肥量对水稻产量构成因素的影响[J]. 延边大学农学学报，19(3)：157-160.

联合国联农组织 . http://faostat. fao. org/site/339/default. aspx，2011-2-4.

欧杨虹，徐阳春，沈其荣 . 2009. 有机氮部分替代无机氮对水稻产量和氮素利用率的影响[J]. 江苏农业学报，25(1)：06-111.

吴萍萍，刘金剑，周毅，等 . 2008. 长期不同施肥制度对红壤稻田肥料利用率的影响[J]. 植物营养与肥料学报，14(2)：277-283.

席运官，钦佩，丁公辉，等 . 2007. 基于 RCSODS 的有机水稻栽培施肥管理与效果分析[J]. 上海农业学报，23(2)：8-33.

席运官，钦佩，丁公辉 . 2006. 有机与常规种植稻米品质及安全性的分析与评价[J]. 植物营养与肥料学报，12(3)：454-458.

张红旗，赵阳 . 2009. 伊犁新垦区未开发农业土地资源限制性因素评价[J]. 31(12)：2009-2015.

张三元，张俊国，金京德，等 . 2005. 有机栽培环境对水稻产量构成及稻米品质的影响[J]. 吉林农业科学，30(2)：13-16.

张学超，王彩荣 . 2009. 伊犁河谷水稻生产发展现状与对策[J]. 北方水稻，39(1)：78-80.

赵洪涛，周健民，范晓晖，等 . 2006. 太湖地区主要土壤上水稻氮素吸收利用的研究[J]. 土壤，38(2)：53-157.

周莉，张琴 . 2006. 伊犁垦区有机稻高产栽培技术措施[J]. 新疆农垦科技，(1)：8-9.

Rakshit A，Sarkar N C，Sen D. 2008. Influence of organic manures on productivity of two varieties of rice[J]. Journal of Central European Agriculture，9(4)：629-634.

Rakesh B，Bajpai R K. 2006. Influence of organic and inorganic fertilizer sources on soil fertility，yield and nutrient uptake by wheat crop in a rice wheat cropping system[J]. Journal of Soils and Crops, 16(2): 300-304.

Surekha K, Latha P C, Rao K V, et al. 2010. Grain Yield, Yield Components, Soil Fertility and Biological Activity under Organic and Conventional Rice Production Systems[J]. Communications in Soil Science and Plant Analysis, 41(19): 2279-2292.

Kirchmann H, Bergström L, Tterer T, et al. 2008. H. Kirchmann, L. Bergström, eds. , Can Organic Crop Production Feed the World? In: Nutrient supply in organic agriculture-plant availability, sources and recycling. Kirchmann H. , Bergström L. , eds,89-116.

Oelofse M, Hogh-Jensen H, Abreu L S, et al. 2010. A comparative study of farm nutrient budgets and nutrient flows of certified organic and non-organic farms in China, Brazil and Egypt[J]. Nutrient Cycling In Agroecosystems,(87): 455-470.

Kirchmann H, Bergström L, Tterer T, et al. 2008. H. Kirchmann, L. Bergström, eds. , Can Organic Crop Production Feed the World? In: Nutrient supply in organic agriculture-plant availability, sources and recycling. Kirchmann H, Bergström L, eds,39-72.

第6章

伊犁河流域绿色、有机葡萄生产关键技术

葡萄为落叶藤本植物，是世界最古老的植物之一。葡萄原产于欧洲、西亚和北非一带。中国是世界葡萄发源地之一。公元前138年汉朝张骞出使西域，将葡萄和酿酒技术传入内地。中国葡萄品种很多，全世界约有上千种，总体上可以分为酿酒葡萄和食用葡萄两大类。世界栽培品系有欧洲品系(European grape)及美洲品系(Fox grape)两大系统，根据其原产地不同，分为东方品种群及欧洲品种群(李华等，2009)。葡萄是全球第二大果品，国外的葡萄多用于酿酒，中国的葡萄主要用于鲜食。

葡萄含糖量高达10%～30%，以葡萄糖为主。葡萄中含有矿物质钙、钾、磷、铁以及多种维生素B_1、维生素B_2、维生素B_6和维生素C等，还含有多种人体所需的氨基酸，常食葡萄，能健脾和胃，并对神经衰弱、疲劳过度大有补益，葡萄中的果酸也有助于消化。葡萄干的糖和铁的含量相对更多，是妇女、儿童和体弱贫血者的滋补佳品(陈树俊，2008)。

据联合国粮农组织(FAO)的统计资料，2005年全世界葡萄栽培面积7 320 445 hm^2，总产量66 413 393 t。世界葡萄酒年产量2 946万t。世界葡萄栽培面积的80%为酿酒葡萄，11%为鲜食葡萄，其余9%为制干、制汁和制罐品种。2005年我国葡萄种植面积达到418 700 hm^2，葡萄总产量达627.1万t。我国葡萄产量和栽培面积列世界第五位，已进入世界葡萄大国行列，尤其是鲜食葡萄居世界第一位。我国2005年葡萄酒产量是43万t，只占世界产量的1.4%。世界平均年产葡萄干100万t，我国葡萄用于制干的多数在新疆，目前为10万t左右(潭向勇和辛贤，2001)。从20世纪80年代以来，世界葡萄产业发展的主要趋势是：栽培面积基本稳定，葡萄和葡萄酒产量逐年增加，贸易量不断增长(王晓梅和崔坤，2007)。

近年来，随着鲜食葡萄保健功能逐渐被人们所重视，世界鲜食葡萄的消费量和贸易量逐年增加。我国虽是鲜食葡萄的生产大国，但出口总量仍较少，2005年只有8.22万t，2006年约10万t，仅占当年世界鲜食葡萄出口量的2.6%。美国是鲜食葡萄生产和贸易大国，在葡萄育种、标准化生产、采后处理和产品营销等方面积累了丰富的经验。我国鲜食葡萄生产虽然规模较大，但市场竞争力差(晁无疾，2008)。

近年来，随着种植业结构的不断调整，葡萄生产布局逐步趋于集中，我国目前已基本形成

西北新疆、甘肃、宁夏干旱区，黄土高原干旱半干旱地区、环渤海湾地区、黄河中下游地区和以长江三角洲地区为主体的南方葡萄栽培区以及吉林长白山周围山葡萄栽培区等6个相对集中的栽培区域。目前，随着市场竞争的日益激烈，品种结构趋于优化，而且品种更新换代速度加快。鲜食葡萄中，巨峰、红地球、玫瑰香、藤稔、夏黑、无核白鸡心和无核白等优新品种栽培面积已经占到葡萄栽培总面积的70%以上，而且巨玫瑰、醉金香、火焰无核、克瑞森无核等品种也发展很快(王海波和王宝亮，2010)。

新疆位于我国西北部，地处欧亚大陆中心，是我国领土面积最大的省区。新疆太阳辐射十分丰富，总量为5 200～6 200 MJ/m^2，在全国主要农业产区名列前茅，年日照时数居全国首位。新疆远离海洋，空气中水分含量低，而且大部分是沙土和沙壤土，土壤透气性良好，氧化作用强，容易受热和散热；昼夜温差大，年平均日较差11～15℃，最大日较差20℃以上，因而新疆葡萄天然具有含糖量高、营养丰富、口感好等优点，而且葡萄颗粒大、色泽鲜美、耐贮藏。另外，新疆海拔比较高，冬季温度低，有利于病虫害的防范。再加上新疆三山夹二盆地的地貌和丰富的土地资源，形成了许多不同的生态区域，能够满足从极早熟葡萄品种到极晚熟葡萄品种生长的需要，能适应鲜食、制干、酿造等专用葡萄品种的生长发育。因此，新疆具有发展葡萄产业的巨大优势(张建伦，2006)。

新疆是我国葡萄种植业的发源地，有数千年的葡萄栽培历史，在我国葡萄生产中占有重要地位。到2000年新疆的葡萄实际栽培面积已接近46 700 hm^2。新疆葡萄产量超过全国总产量的1/6，是我国葡萄产量最大的省区，2004年新疆葡萄种植面积达93 333 hm^2，产量约100万t(潘明启和杨承时，2002)。中国加入WTO后，新疆葡萄具有参与国际商贸流通与竞争，占领高档市场的潜在能力(赵胜建等，2008)。新疆病虫害发生较少，具有生产无公害绿色葡萄产品的优越的得天独厚的自然条件，这是新疆葡萄产业的最大优势和最具潜力的方面(廖康，2002)。

伊犁州属于新疆西部边陲伊犁河上游山间河谷盆地，东、南三面环山，西面敞开，西来湿气直入区内，降水充沛，河流纵横，支流繁多，水源充沛，风景优美，气候温和，土地肥沃，使得伊犁河谷地区成为新疆乃至整个中亚地区一个独特的自然区域。伊犁河谷独特的自然环境为发展绿色农业、有机农业提供了得天独厚的优势条件(生吉萍等，2008)。伊犁州现已发展为国家及新疆重要的粮、油、糖基地，大豆、亚麻的生产大区，为全国最大的甜菜制糖区和红地球葡萄生产基地(郭岩彬等，2008)。美国红地球葡萄又名红提、大红球，具有果穗大、色泽好、含糖量高、不脱粒、耐贮运的突出特点，其平均穗重650 g，平均粒重14 g，最高可达23 g，果实呈深红或紫红色，脆肉型，味香甜，可溶性固形物16.5%～18%，刀切无汁，不易裂口，果柄粗长，着生牢固，耐拉力强。当年9月中旬成熟，结果枝率为70%左右(叶方，2000)。

伊犁河谷种植的红地球葡萄于1995年由历夫伦引入霍城县种植，在伊犁八县一市中，适宜种植葡萄的有伊宁市、伊宁县、霍城县、察布查尔县4个县市，这些区域年平均气温、积温、日照时数、降雨量等条件适宜，热量充足，日较差大，有利于葡萄生长发育，有利于有机物质积累，葡萄产量高、品质可以和原产地美国加利福尼亚相媲美(皮里东，2005)。从1998年开始，伊犁河谷红地球葡萄种植面积逐年扩大，目前已发展到近7 000 hm^2，成为我国最大的红地球葡萄种植基地(宋红梅和章建新，2007)。红地球葡萄栽培技术水平在国内处于领先地位，红地球葡萄产业已成为伊犁州直支柱性特色产业。

随着生态环境保护意识的加强，有机果品的生产在世界范围内越来越受到重视。法国

1998 年有机葡萄栽培的面积为 7 550 hm^2，比 1997 年增加 30%，还远远不能满足市场的需求；匈牙利从 1995 年开始进行葡萄的有机栽培；希腊有机葡萄的面积从 1981 年的 10.3 hm^2，发展到 1999 年的 1 750 hm^2，占总面积的 1.3%；南非（Merwer-Vander，2000）29 hm^2 获得了有机葡萄生产证书，52 hm^2 在转换期内。各个国家有机葡萄栽培的面积在不断增加。国际葡萄酒机构 Vinea Transacation 预测，未来 5 年，法国有机葡萄园需求量将增长 1 倍。该机构称，目前法国有机葡萄园的数目正在以每年 25%的增速不断上升。未来 5 年，法国有机葡萄园需求量将增长 1 倍，占到法国葡萄园总数的 1/10（王晋，2010）。

德国和瑞士是有机葡萄生产的先驱，早在 20 世纪 50 年代。就将有机农业的原理应用到葡萄栽培，但发展缓慢。随着 80 年代对有机葡萄的研究增加，发展逐步加快。1985 年第一届德国有机葡萄研讨会举行，发表了德国有机葡萄、葡萄汁、葡萄酒标准。1987—1993 年相继召开了有机葡萄研讨会。1995 年在德国召开了第一届国际有机葡萄研讨会，到 2005 年已举办 8 届，对有机葡萄生产的标准、技术、市场等进行了研讨，极大地促进了世界有机葡萄发展。有机葡萄年销售额增长 10%～20%。有机葡萄在欧洲发展较快，意大利面积最大为 31 170 hm^2，占葡萄种植面积的 3.4%，其次是法国和西班牙；中国有机葡萄面积为 2 000 hm^2。详见表 6.1（赵胜建等，2007）。

表 6.1　主要生产国有机葡萄面积

国别	年度	有机葡萄面积/hm^2	占葡萄总面积/%	国别	年度	有机葡萄面积/hm^2	占葡萄总面积/%
意大利	2004	31 170	3.4	新西兰	2004	299	2.0
法国	2004	16 428	1.9	阿根廷	2005	273	0.1
西班牙	2004	14 928	1.2	加拿大	2004	99	0.9
摩尔多瓦	2005	8 155	—	以色列	2004	80	—
希腊	2004	3 303	2.7	斯洛伐克	2005	78	0.4
美国加州	2004	3 104	1.5	塞浦路斯	2005	75	—
德国	2004	2 500	2.4	斯洛文尼亚	2004	49	0.3
中国	2004	2 000	1.0	捷克	2004	48	—
土耳其	2004	1 988	0.3	黎巴嫩	2005	40	0.1
智利	2003	1 892	1.7	克罗地亚	2005	32	—
奥地利	2004	1 657	3.4	格鲁吉亚	2005	31	—
葡萄牙	2004	912	0.4	塞黑	2004	6	—
叙利亚	2004	600	—	卢森堡	2004	6	—
匈牙利	2004	579	—	阿尔巴尼亚	2004	5	—
瑞士	2004	358	2.4	马其顿	2005	1	—
				合计		90 696	

注：据 FIBL 统计（2006）。

有机葡萄产品认证在我国刚刚起步。2002 年，华夏葡萄酒公司生产的葡萄酒被中国绿色食品发展中心认定为“AA 级绿色食品”。通化市特产葡萄酒厂生产的“法兰奴”有机山葡萄酒已上市，其 300 hm^2 有机山葡萄基地通过国家有机食品认证。2001 年。辽宁铁岭北方绿色食品股份有限公司生产的巨峰葡萄通过了欧盟有机食品（ECOCERT）国际认证，主要技术是连续5年施用酵素菌生物有机肥，不使用任何化肥，病虫害防治喷波尔多液和石硫合剂，不用任何农药和各类植物生长调节剂。有机巨峰葡萄果粒硕大，单粒重 11～12 g，可溶性固形物含量20%以上，风味纯正，极耐贮运（王文选等，2005）。2004 年，北京延庆 67 hm^2 有机葡萄基地已通过美国有机葡萄改良协会（OCIA）和中国国家环保总局（OFDC）的认证。成为北京地区第一个有机葡萄基地。新疆农五师的 200 hm^2 红地球葡萄基地也通过了中国中绿华夏有机食品认证中心的审核、认证。

随着我国现代农业的全面实施，无公害、绿色和有机农业作为现代农业发展的主导模式已被广泛认可，并已成为农业持续发展的具体体现形式。绿色-有机农业实验基地和示范区相继在全国各省、市、县诞生，为完善绿色-有机农业理论、技术、服务和标准体系研究提供了平台，为绿色-有机农业区域发展模式研发与实施提供了有利条件。绿色和有机农业的支柱是其生产技术。果蔬是直接入口食用的食品，病虫害种类多危害重，防治中易于造成污染，生产技术难度较大（秦玉川等，2008）。本章就我国新疆伊犁地区绿色-有机葡萄的生产技术问题展开讨论，旨在为绿色-有机食品生产和开发提供必要的帮助。

6.1 有机葡萄培肥和有害生物治理基础

进行葡萄有机生产应立足于改善果园生态条件、科学水肥管理、培育健树，在植保上，必须以树体抗性和农业防治为基础，针对具体病虫草害，实行科学预测预报，依据经济阈值进行以生物防治为主的综合治理。一般不施用化学农药（有机生产不允许使用化学农药），仅在必要时（A 级绿色食品）可依据绿色食品的要求，限定农药品种和限量使用化学农药。绿色有机葡萄园有害生物综合治理的常见方法有农业防治、物理及生物防治、人工生草、营养调控、药物防治等。

6.1.1 培肥和农业防治

有机葡萄栽培应以作物为核心，通过合理的耕作制度促进土壤恢复和改善，通过保护和强化葡萄园的生物多样性和利用各项栽培措施促进果园生态的良性循环，维护一个良好的果园生态系统，遏制有害生物的发生。通过施用有机肥，可提高土壤有机质含量，改良土壤结构，为葡萄的生长发育提供所需的养分，不仅可使葡萄树体生长健壮，还可增强抗病虫能力（郭金英和张艳芳，2010）。常用的有机肥包括秸秆、厩肥、沤肥、沼渣液、绿肥、饼肥、生物菌肥等。有机肥必须充分腐熟，还要考虑土壤的性质选择适宜的有机肥种类。北方进行有机种植时最好每年都要施入一定量的作物秸秆和绿肥，以激活和更新土壤库存的有机质。南方气温高，雨水多，土壤养分淋失较大，其氮、磷、钾比较缺乏，有机质含量低，进行有机耕作时要加大有机肥的投入（Tilman，1998）。

有机葡萄的植株管理同常规葡萄生产，如根据品种特性、架式特点、树龄、产量等确定结果母枝的剪留强度及更新方式，进行合理的冬季修剪；在葡萄生长季节，采用抹芽、定枝、新梢摘心、副梢处理等夏季修剪措施对树体进行整形控制，增强通风透光，以促进树体健康生长和减轻病虫害发生。采用疏花、疏果、疏穗、疏粒等常规方式对葡萄果穗进行处理，以控制产量、提高果实的品质。要禁止使用任何激素如赤霉素、CPPU 等对果穗进行拉长或膨大处理。

葡萄生长季节及时中耕松土，保持土壤疏松，松土深度 10～20 cm；每年果实采收后结合秋施基肥进行全园深翻，将栽植穴外的土壤全部深翻，深度 30～40 cm。有机葡萄园应提倡生草覆草技术，这样既有利于保墒和保持土壤肥力，减轻日灼、气灼等生理病害的发生，又体现了生物多样性，为天敌提供了良好的栖息地。有机葡萄园区进行生草时，一方面可以直接利用葡萄园区的草资源，对高秆杂草加强管理，使其不影响葡萄的生长。

生产前期可购买认证过的有机肥；持续有机葡萄生产园区应制定土壤有机培肥计划，如在自身葡萄生产园区，结合"园区生草-养殖业（养鸡、鸭、羊）"等进行绿肥或堆肥。不能使用化学肥料、不能使用含有转基因的物质如转基因豆粕或经任何化学处理过的物质作为肥料，限制使用人粪尿，必须使用时，应当按照相关要求进行充分腐熟和无害化处理。补充钾肥可用草木灰，补充磷肥可使用高细度、未经化学处理的磷矿粉。在施用磷矿粉时应与农家肥经充分混合堆制后使用。在生长季节培肥的基础上，以施基肥为主，秋季施入，每亩施入 1 000～1 500 kg 有机肥。

在萌芽到开花期，当土壤湿度低于田间持水量的 65%～75%时；新梢生长期至果实膨大期，当土壤湿度低于田间持水量的 75%时；果实迅速膨大期，以及新梢成熟期，当土壤湿度低于田间持水量的 60%时；果实发育后期傍晚或清晨，土壤湿度低于田间持水量的 70%～80%，少量补水。进入雨期，土壤湿度超过田间持水量的 85%时，通过畦沟、排水沟、出水沟进行排水，达到雨停畦沟内不积水，大暴雨不受淹。

6.1.2 物理及生物防治

果园长期、大量使用化学农药，引起农药残留、环境污染、病虫抗药性增强等一系列问题，因而在果树生产中，应大力提倡物理和生物防治。生物防治的优点是对果树和人畜安全，不污染环境，不伤害天敌和有益生物，不破坏生态平衡，具有长期控制果园病虫危害的效果，其间接的生态和社会效益更为显著。随着人们生活质量的提高和许多国家果品进口设立"绿色壁垒"，要求我们生产高品质、无公害的果品，物理和生物防治越来越受到社会各界的关注，前景十分广阔。积极推广物理、生物防治技术，既可以降低生产成本，又可控制有害生产资料造成的危害，是绿色有机生产的有效途径。

物理防治措施主要有杀虫灯、诱虫板、嗅味剂；生物防治措施主要有自然天敌保护和利用、天敌的释放、微生物农药的使用及昆虫性外激素的应用。

频振式杀虫灯是一种新式植保防治工具，对食心虫、卷叶蛾、金龟子等果园害虫有明显防治效果，年用药次数可减少 2～3 次，对果园天敌诱杀力很小。一般每 2～2.7 hm^2 果园安装一台，其下安置盛水容器，每天早晨清理一次。

购买或自制黄色板，在板上均匀涂抹机油或黄油等黏着剂，悬挂于果园中，可利用有翅蚜虫等对黄颜色的较强趋性进行诱杀。一般每亩果园挂 2～3 块，每 3～5 d 清理并移动一次。

用一定比例的糖、醋、酒和水配制成糖醋液，安放在果园中，可有效诱杀多种害虫。

在树干上束草把，利用昆虫的产卵和寻找越冬寄主的习性，诱集鳞翅目及螨类等害虫。也可以在果树主干上粘贴光滑塑料薄膜，防止尺蠖等成虫爬上树危害，并强迫其在薄膜下交尾产卵，集中消灭。

结合检查刮治腐烂病，仔细刮除每棵树主干及主枝上的老翘皮，集中烧毁，同时用石硫合剂涂抹枝干，既可铲除越冬场所，又可以有效杀除鳞翅目，红蜘蛛等越冬虫卵。一般在秋冬季进行。

另外，还可以利用剪除病虫枝，利用假死性人工捕杀，果园挂黑光灯、树干涂粘虫胶等办法进行诱杀。

积极保护利用瓢虫、草蛉等捕食性天敌和赤眼蜂，丽蚜小蜂等寄生性天敌防治害虫。瓢虫主要捕食蚜虫，也可捕食红蜘蛛、梨园蚧等害虫；草蛉主要捕食蚜虫、红蜘蛛、介壳虫及鳞翅目虫卵；赤眼蜂主要把卵产在鳞翅目害虫的卵内，幼虫以寄主的卵为食料，可防治多种鳞翅目害虫。

利用天敌生物达到以菌治虫、以菌治病的目的，白僵菌、苏云金杆菌、青虫菌、蚜虫菌等可有效防治鳞翅目等害虫；农抗120可防治炭疽病等。

昆虫成虫分泌的引诱异性交尾的化学物质叫昆虫性激素。在果园悬挂人工合成性诱剂，大量诱杀或迷向雄虫，使雌虫得不到交尾无法繁衍后代，达到控制危害的目的。此方法预报准确，可科学指导用药。

利用0.5%印楝素乳油750～1 500倍液、1%苦参碱600～1 500倍液等低毒安全易降解植物源药剂，通过破坏害虫的中肠组织，阻断中枢传导，凝固体内蛋白质，干扰代谢及发育，使其产生拒食或窒息死亡。

6.1.3 人工生草

由于多数葡萄园严重忽略自然再生产和物质循环的作用，为了获得优质、高产、可持续发展农业生态系统，应该保持、保育葡萄园的适度生物多样性，调节除草、生草之间的关系，选择有害生物的诱集伴生植物，充分利用生物之间相生相克的关系，促进越冬防治和生物防治技术措施的应用，实现生物防治和生态控制，促进可持续发展。

葡萄园生草制是指在葡萄园行间或全园长期种植多年生植物作为覆盖作物的一种土壤管理办法（惠竹梅等，2003）。其优点：改良土壤结构，提高土壤有机质含量；防止水土流失，保肥、保水、抗旱；改善葡萄园生态环境，提高果品质量；同时葡萄园生草为病虫害的生物防治和生产绿色有机果品创造了条件；减少葡萄园管理用工，便于机械化作业。种草会提高地表温度及湿度，同时会吸引一些天敌，比如说草蛉、瓢虫等。美国的康奈尔大学园艺系近年来进行了10种行间管理模式对比试验，结果表明，覆盖和人工除草都对树体生长和产量有利。在葡萄生长期，种植豆科植物和黑麦草的处理树体生长不是最大，但产量最高。灌溉用水较少，与树体竞争小。欧美和日本的果园以生草为主，实施生草的果园面积占果园总面积的55%～70%以上。杨江山(2010)研究表明生草覆盖可以显著提高红地球葡萄单果重和穗重，提高可溶性固形物含量，降低有机酸含量，改善果实品质。

如何进行有效的人工生草仍在研究中，如Sicher等(1995)经6年试验发现，人工种植的羊毛属植物与葡萄植株竞争N素，使葡萄叶片中Ca、Mg等的含量低于中耕和除草剂处理。叶片中的营养水平与叶脉中的显著相关，但与土壤中的无相关性。人工种植多年生黑麦草，使霞多丽葡萄叶片N含量下降，割草不能减轻叶片养分含量，但施氮肥可弥补因草竞争导致的叶片矿物质营养的减少(Speiser等，2000)。Maigre认为生草处理与不施氮肥的处理效果相似。

均使叶片膨胀度下降，而施氮肥处理中，叶片水势在光合活性最强时最低，表明叶片可溶性物质浓度高(Marigre,1996)。生草不当还会加重一些病害的发病率，如霜霉病和白粉病。同时种草会加大用水量，会与葡萄争水争肥，抑制葡萄的生长。

6.1.4 培肥和营养调控

李健和(1999)的研究表明配施适量的氮钾肥，葡萄枝条粗壮、根系发达。不同量氮钾配施影响叶片成分、叶片氮钾养分平衡以及糖酸组分平衡，最后导致抗病性产生变化。施氮过多利于黑痘病的侵染，增施钾肥抑制黑痘病的侵染。含钙量多的葡萄较抗病，葡萄细胞液中钙磷钾比值是决定抗病力的重要因素之一，当比值大于 1 时表现抗病，而小于 1 时则表现感病(李建和,1999)。一般老叶片的钙钾比值大于 1，故老叶抗病，而幼叶的比值小于 1，幼嫩叶片较感病。Margaryan(1981)对葡萄品种的氮代谢进行了研究，发现所有感病植株叶片内总氮和蛋白质含量下降，而非蛋白氮在抗病品种上普遍降低，感病品种则上升 16%～28%，在抗病品种上铵态氮的含量水平较高。一般果树的叶分析均采用叶片，但由于葡萄叶柄较其他果树长而粗，累积养分较多，因此葡萄植株营养分析，用叶片或叶柄，国内外均不一致。李港丽等(1987)在测葡萄 N、P、K 等元素时比较了叶片和叶柄在同一时期和不同季节的 N、P、K 含量变化，为葡萄叶分析提供了最适宜的部位和采样时期。秦煊南(1996)研究 12 个葡萄品种的叶片与叶柄在 5～8 月中的 N、P、K 含量及其变化表明，叶片中的 N 含量极显著高于叶柄，叶柄中 K 的含量极显著高于叶片，7～8 月叶柄中的 P 含量极显著高于叶片。叶片中各月的 N 含量极显著下降，P 含量 5～6 月和 7～8 月极显著上升，K 含量极显著下降，叶柄中 N 含量极显著上升，P 含量呈上升趋势，但差异不显著，K 含量呈下降趋势，差异亦不显著(秦煊南和陈兰华,1996)。

6.1.5 药物防治

目前有机生产上可以使用的药剂很少，有机葡萄园可以使用的药剂有：杀菌剂为波尔多液、水胆矾石膏可湿性粉剂、石硫合剂、硫磺水分散粒剂、悬浮剂。其他经过认证的天然物质(微生物发酵产品)比如 Bt 制剂等。杀虫剂为矿物油乳剂、其他经过认证的天然提取物(藜芦碱、苦参碱、大蒜提取物、烟草提取物、微生物发酵产品等)(王忠跃和李兴红,2010)。石硫合剂为应用最广泛的杀菌保护剂。以葡萄休眠期现用现熬制的石硫合剂效果最好，也最经济。熬制比例为石灰∶硫磺∶水＝1∶2∶8。石硫合剂使用时期及浓度：葡萄休眠期 3～5 度，生长期 0.3～0.5 度。石硫合剂防治对象：真菌类病害、叶螨及介壳虫，如白粉病、黑痘病、褐斑病、毛毡病(锈壁虱)等。波尔多液是世界上应用最为广泛的杀菌保护剂。葡萄生长期使用，在田间现配制现用效果最好。注意原料质量、配制质量和配制过程。配制比例为硫酸铜∶石灰∶水＝1∶0.5∶200。波尔多液对多种真菌病害有效(顾沛雯和李玉鼎,2003)。

植物源农药，就是直接利用或提取植物的根、茎、叶、花、果、种子等或利用其次生代谢物质制成具有杀虫或杀菌作用的活性物质(袁文金和马德英,2007)。植物源杀虫剂一般具有选择性强，对天敌及人、畜毒性低；无残留污染，在环境中易降解；作用方式独特，害虫不易产生抗药性；开发和使用成本相对较低等优点。不足之处是杀虫作用不如化学药剂强、迅速，另外是对光不稳定，持效期短。天然植物源农药如卫保、儿茶素等对葡萄霜霉病、白粉病等也有一定的防效(王小艺,2000)。陈娇等(2002)测试了50多种植物提取物的杀菌活性,通过供试提取液对葡萄霜霉病游动孢子抑制率和叶圆盘接种后对病情控制效果两项结果结合分析得出,虎耳草、马尾松、刺槐、牡丹、黄檀5种植物在两种测试方法中,效果明显,等同或优于目前常规药剂波尔多液。李永祥等(2008)试验表明植物油乳化剂对葡萄霜霉病的防治效果好于高锰酸钾、小苏打、稻醋液,并在葡萄霜霉病发病初期可以替代波尔多液,从而减少铜离子的使用量。

竹醋液是烧制竹炭的副产品,是竹材热解过程产生的一种可挥发性的、水溶性混合物,是通过对烧制竹炭时的排放气体冷却收集而成。竹醋液是一种由有机酸、酚类、酮类、醇类及酯类等多种组分组成的混合物,其组分随竹材的种类、质量、热解工艺条件、收集方法、加工处理工艺、包装、贮存和运输等不同而不断变化的一种复杂混合物(蒋新龙,2004)。500倍竹醋液对葡萄霜霉病有一定的预防作用,300倍竹醋液和500倍米醋对葡萄霜霉病有一定的治疗作用。

6.1.6 除草

有机葡萄园宜采用人工或机械方法清除杂草。

6.1.7 其他措施

保持葡萄园清洁:搞好葡萄园清洁是消灭葡萄病虫害的根本措施。要求在每年春秋季节集中进行,并将冬剪剪下的枯枝落叶,剥掉的蔓上老皮,清扫干净,集中烧毁或深埋,减轻翌年的危害。在生长季节发现病虫害时,也要及时仔细地剪除病虫枝、果穗、果粒和叶片,并立即销毁,防止再传播蔓延。

改善架面通风透光条件:阳光对葡萄的坐果、膨大、着色、成熟、糖度、香气起着很重要的影响。葡萄架面枝叶过密,果穗留量太多,通风透光较差,容易发生病害。因此,要及时绑蔓摘心和疏除副梢,创造良好的通风透光条件。接近地面的果穗,可用绳子适当高吊,以防止病害。

加强温度管理:10℃以上时开始进行生长;营养生长期:20～25℃;花期:13～15℃以上,白天气温为20～25℃为宜。

及时套袋:如在6月中、下旬套袋,7月初结束。因为7月份是红提葡萄霜霉病发生初期,如不及时套袋,可能感染到葡萄果粒上,将会造成很大的经济损失。

及时剪除有虫粪或枯萎的枝条并加以处理,以消灭刚孵化的葡萄透翅蛾幼虫和葡萄虎天牛,不宜剪除枝条可用铁丝从蛀孔刺杀幼虫。同时可捕杀葡萄天蛾成、幼虫。进入6月份,葡萄十星叶甲幼虫已具假死性,可利用其习性进行震落捕杀。

6.2 有机葡萄常见虫害及其治理

新疆地处亚欧大陆中部,属于典型的大陆性气候,冬季寒冷,夏季炎热,阳光充足,降雨少,蒸发量大。葡萄虫害相对较少、发生较轻,但由于新疆地域辽阔不同区域有自身的主要虫害,现将常见的虫害及其防治简介于下。

6.2.1 葡萄缺节瘿螨

葡萄缺节瘿螨又叫葡萄潜叶壁虱、葡萄毛毡病等。造成早期落叶，对产量品质影响很大。葡萄缺节瘿螨螨体很小，肉眼难以辨认。其为害状似病害，因此人们习惯列为病害类。该病在我国各葡萄产区均有发生。主要为害叶片，也能为害嫩梢、幼果等。甚至使枝蔓生长衰弱，影响产量(杨新辉,2009)。叶片受害初期，叶背面产生许多不规则的白色病斑，扩大后叶表面隆起呈泡状，叶背面凹陷处密生一层毛毡状灰白色绒毛，后期斑块逐渐变成褐色，严重时叶片皱缩、变硬、干枯脱落。伊犁发生在6月上、中旬，可持续危害至落叶，阴雨高湿，管理粗放，防治跟不上的葡萄园，发生比较严重(夏木西丁·库尔班等,2006)。

此螨全年均可为害，在春季及晚秋均有新被害状发生。主要为害期6～9月。以雌成螨在葡萄芽鳞下或芽茸毛间群集过冬，每芽上越冬螨数量相差很大，多者一个芽上近千头。也有的在枝条翘皮下过冬，造成下年为害螨体，大部分在芽鳞下过冬。春季萌发时开始活动，螨体在嫩叶背面为害。螨体半自由式活动，不形成虫瘿，叶背受害处由于螨体分泌物刺激下陷，并密生白色茸毛。每年5～6月为害较重，高温季节发生量减少，晚秋9月份为害秋梢较重，落叶前开始进入越冬场所准备过冬。此螨传播较慢，在一片葡萄园里往往是发生株连年发生，扩展较慢，可以在生长季节标定被害株加强防治。

防治措施：①在生长季节标记发生植株，繁育苗木的种条不能从发生株上采，以防传播。新购进的葡萄苗木或插条，必须认真检疫和消毒。在3～5波美度石硫合剂中浸2 min(苗木根部须避浸泡防苗木死亡)，有很好的防治效果。②发现被害枝，当即剪掉深埋。③早春萌芽成绒球期，细致喷洒4～5波美度石硫合剂，萌芽展叶期间喷洒0.2波美度石硫合剂。

6.2.2 葡萄二星叶蝉

葡萄二星叶蝉又叫葡萄二星浮尘子，在我国葡萄产区均有发生，主要为害葡萄叶片。成虫、若虫在叶背面为害，受害叶片正面发生灰白色斑点，虫口密度大时可使整叶叶面变灰白色。影响光合作用和枝条发育，降低果实品质。

由于气候条件不同，各地发生时期及代数也不同。华北地区2～3代，以成虫在落叶、杂草、砖、石、土缝和墙缝内过冬。葡萄芽萌发时开始活动，展叶后即在叶背取食为害。成虫、幼虫和若虫均以刺吸口器为害，成虫会飞会蹦，可以横向走动，喜在叶背面取食，而在正面出现被害状。若虫爬行敏捷，受惊则很快逃跑。幼虫和若虫多在叶背主脉两侧取食为害，经几次蜕皮后变为成虫。成虫产卵于叶脉组织内或叶背绒毛下，卵散产，卵孵化后产卵处变褐色。二代区，6月上旬出现第一代若虫，有的年份5月中旬即出现第一代若虫，6月中、下旬发生第一代成虫，7月中旬发生第二代若虫，8月出现第二代成虫。三代区，5月上中旬发生第一代若虫，6月发生第一代成虫，7～8月发生第二代成虫，9～10月发生第三代成虫。

温度高通风不良、枝叶密郁的葡萄园及庭院棚架葡萄发生严重，而大田、篱架葡萄发生较轻。

防治措施：①清除落叶和杂草以消灭越冬成虫。②加强生长期田间管理，改善通风透光条件。③葡萄园内尽量避免间作黄豆、瓜菜。④抓住第一代幼虫和若虫发生期进行喷药防治。

一般在5月中、下旬，在葡萄展叶后为宜，可喷1 000倍天然除虫菊素，或500倍的清源保等进行防治。

6.2.3 葡萄虎蛾

葡萄虎蛾属鳞翅目，虎蛾科，又名葡萄虎斑蛾、葡萄修虎蛾、老虎虫等。主要以幼虫为害葡萄叶片，将叶片吃成缺口或孔洞，严重时可将叶片吃光，仅残留叶柄及叶片基部主脉。

成虫体长18～20 mm，翅展44～47 mm，头、胸部紫褐色，足与腹部杏黄色，腹背中央有一纵列棕色毛丛组成的条纹长达第七节后缘，前翅中央有紫色肾形纹和环状纹各一个，并围有灰黑色边，后缘及外缘有紫褐色宽带，翅基部1/3处一灰黄色内缘横线，在1/3处有外缘横线两条，灰黄色，其他部分有灰黄色并带紫色的散生斑点。后翅杏黄，外缘有紫褐色宽带，臀角有一橙黄色大斑，中部有星点。幼虫：体长约40 mm，头部橘黄色，密布黑点，胴体灰白色，前端胸节较细、后部粗，前脑盾板和臀板橘黄色，胸部各节散布黑色毛瘤数十个而且大小不等，大瘤上着生白色毛，腹部每节两侧各有较大杏色圆斑一块。尾部第二节有黄色横带。蛹长18～20 mm，暗红褐色。

北方每年2代，以蛹在根部及架下土内越冬，5月羽化为成虫，傍晚和夜间交尾并产卵，卵散产于叶片及叶柄等处。6月份发生第一代幼虫，常将叶片咬成孔洞，老幼虫将叶片吃成大缺刻或将叶片吃光。7～8月发生第二代成虫，8～9月发生第二代幼虫，9～10月以老幼虫入土作茧化蛹越冬。幼虫受惊时头翘起并吐黄色液体以自卫。

防治措施：①消灭越冬蛹。②捕杀幼虫。③喷药防治。在发生量大的地区可喷Bt乳剂(100亿个活孢/g)可湿性粉剂200倍液进行防治。

6.2.4 绿盲蝽

绿盲蝽又称球病，是杂食性害虫，俗称小臭虫、粉谷虫及叶切疯。以成虫和若虫通过刺吸式口器吮吸葡萄幼嫩器官的汁液。被害幼叶最初出现细小黑褐色坏死斑点，叶长大后形成无数孔洞，叶缘开裂，严重时叶片扭曲皱缩，显得粗老或畸形；花蕾被害产生小黑斑，渗出黑褐色汁液；新梢生长点被害呈黑褐色坏死斑，但一般生长点不会脱落；幼花穗被害后便萎缩脱落。绿盲蝽成虫体长5～5.5 mm，雌虫稍大，体绿色，较扁平；头三角形，黄褐色；复眼红褐色；触角淡褐色；前胸背板多微细黑色刻点；前翅绿色。若虫黄绿色，密生黑色细毛；复眼灰色。卵长袋形，黄绿色。

以卵在桃、石榴、葡萄、棉花枯断枝茎髓内以及剪口髓部越冬。翌年4月上旬，越冬卵开始孵化，4月中、下旬为孵化盛期。若虫为5龄，开始在蚕豆、胡萝卜及杂草上为害，5月开始为害葡萄。绿盲蝽有趋嫩为害习性及喜在潮湿条件下发生。5月上旬出现成虫，开始产卵，产卵期长达19～30 d，卵孵化期6～8 d。成虫寿命最长，最长可达45 d，9月下旬开始产卵越冬。

防治措施：①清除葡萄园周围篙类杂草及杞柳等杂树。葡萄园内避免间作绿叶类、直根类等蔬菜。②多雨季节注意开沟排水、中耕除草，降低园内湿度。③搞好管理(抹芽、副梢处理、绑蔓)，改善架面通风透光条件。④对幼树及偏旺树，避免冬剪过重；多施磷钾肥料，控制用氮量，防止葡萄徒长。⑤在4月上、中旬抓住第一代低龄期若虫，适时喷洒农药，可喷1 000倍天然除虫菊素，或500倍的清源保等进行防治。

6.2.5 葡萄斑衣蜡蝉

葡萄斑衣蜡蝉，在北方葡萄产区多有发生。此虫以成虫、若虫、幼虫为害，以刺吸口器吸食汁液，一般不造成灾害，但其排泄物可造成果面污染，嫩叶受害常造成穿孔或叶片破裂。

此虫除为害葡萄外还为害梨、桃、李等果树及椿树等林木。成虫体长约20 mm，翅展约50 mm，触角红色，前翅革质灰褐色，翅基部有20多块黑斑，后翅基部1/3处为红色，中部白色，端部黑色，前翅常披有白色蜡粉。

若虫初孵化时白色，蜕皮后变黑色并有许多小白点。4龄后体背变红色并生出翅芽。

此虫在北方每年发生一代，以卵越冬，4～5月孵化为幼虫，蜕皮后变为若虫，若虫常群集在幼枝和嫩叶背面为害，若虫期约40 d，经4次蜕皮变为成虫。成虫和若虫均可跳跃，爬行较快，可迅速躲开人的捕捉。7～8月份发生较多，成虫多在夜间交尾活动，寿命可达4个月之久。成虫多将卵产在枝蔓或枝杈背阴面，卵常成排，背覆以蜡粉，每产完一个卵块约需23 d，产完卵后成虫即死亡。

防治措施：①秋季结合剪枝摘除卵块。②抓住幼虫大量发生期喷药防治，可喷的药有：1 000倍天然除虫菊素、500倍的清源保、0.65%茴蒿素300倍液等进行防治。

6.2.6 葡萄白粉虱

白粉虱是20世纪70年代传入的一种多食性刺吸性害虫，成为葡萄、花卉、蔬菜及绿化林木的重要害虫。成虫、若虫以刺吸口器为害叶片，叶被害处发生退绿斑，而且招致霉菌发生。成虫体长1～1.5 mm。翅及胸背披白色粉，停息时翅合拢成屋脊状，翅脉简单。卵长0.2 mm，长椭圆，基部有柄，初产淡绿，披有白色粉，近孵化时变褐。若虫体长0.8 mm，淡绿，体背有长短不齐的蜡丝。

在温室内一年十余代。成虫寿命较长，每雌可产卵100余粒，成虫有趋嫩性，在嫩叶上产卵。若虫在叶背面为害，3 d内可以活动，当口器刺入叶组织后开始固定为害。

防治措施：①在温室内可引入蚜小蜂。②成虫对黄色有较强的趋性，可用黄色板诱捕成虫。③1 000倍天然除虫菊素，500倍的清源保，0.65%茴蒿素300倍液等进行防治。

6.2.7 葡萄天蛾

葡萄天蛾主要为害葡萄。多零星为害，尚未见大面成灾的报道。此虫小幼虫可将叶片吃成孔洞或缺刻，大幼虫可将叶片吃光仅留主脉和叶柄。受害葡萄架下常有大粒虫粪，可依此发现幼虫，人工捕捉。

成虫为大型蛾子，体长约45 mm，翅展80～100 mm，茶褐色，体背有一条灰白色线条自胸背直通腹末，前翅有茶褐色横纹数条，幼虫体长约80 mm，体绿色。

北方每年发生1代，以蛹在土内越冬。6～7月发生成虫，成虫白天潜伏，有趋光性，夜间活动、交尾和产卵。卵散产于叶背面或新梢上，每雌可产卵400～500粒。

成虫寿命7～10 d，卵期约7 d。幼虫白天静伏，夜间取食，受触动时头扬起左右摆动口吐绿水，幼虫期40～50 d，7～8月为害较重，幼虫老熟后入土化蛹。

防治措施：①幼虫将叶吃成缺刻或孔洞，大幼虫虫粪落架下，依此特点及时检查，发现幼虫捕捉杀死或连同叶片摘下杀死幼虫。②可用黑光灯诱捕成虫。③结合防寒或解寒挖蛹，将其杀死。虫口密度大时抓幼虫发生初期喷药杀死幼虫，可喷Bt乳剂（100亿个活孢/g）可湿性粉剂200倍液进行防治。

6.2.8 葡萄透翅蛾

葡萄透翅蛾分布较广，主要为害葡萄，以幼虫蛀食枝蔓，造成枝蔓死亡。受害处从蛀孔处排出褐色粪便，幼虫多蛀食蔓的髓心部，被害处膨大肿胀似瘤，叶片变质，果实脱落，易折断或枯死。

成虫体长18～20 mm，翅展为30～36 mm，体蓝黑色，前翅脉为红褐色，翅脉间膜质透明，后翅膜质半透明，腹部4～6节中部有一明显的黄色横带，以第4节横带最宽。

此虫在北方每年1代，以老幼虫在被害的枝蔓髓心部过冬，春季蛀一圆形羽化孔并以丝封住孔口而后化蛹，6～7月羽化成虫。11月中、下旬起在蔓髓部越冬。成虫羽化前蛹蠕动并钻出羽化孔露出头，胸部、腹部末端仍留化羽孔内而不落地，成虫羽化后蛹皮仍留在羽化孔处，成虫多在夜间羽化，有趋光性。成虫羽化后不久即交尾产卵，卵散产于枝、蔓和芽腋间，每雌约产卵50粒，卵期约10 d，卵孵化后幼虫多从叶柄基部蛀入新梢内为害，蛀孔处常堆有虫粪。

防治措施：①因被害处有黄叶出现，枝蔓膨大增粗，6～7月要仔细检查，发现虫枝剪掉，秋季整枝时发现虫枝剪掉烧毁。②当发现有虫蔓又不愿剪掉时可将虫孔剥开，将粪便用铁丝勾出，塞入药物用塑料膜将虫孔扎好，可以杀死幼虫。③做好成虫羽化期的测报，及时喷洒杀虫剂。方法为：先将带有老熟幼虫的枝蔓剪成长5～6 cm，共剪10个，放在铅丝笼里，挂在葡萄园内，发现成虫飞出5 d后，及时喷药防治。

6.3 有机葡萄常见病害及其治理

葡萄主要病害有葡萄霜霉病、葡萄白粉病、葡萄白腐病、葡萄褐斑病，葡萄灰霉病等，在极端干旱的年份还会发生生理病害——葡萄水罐子病。陈卫民（2007）等通过2003—2006年的调查发现伊犁河谷红地球葡萄主产区伊宁县和霍城县的葡萄病害共有13种。霜霉病是伊犁河谷红地球葡萄栽培区内普遍且严重发生的首要病害，其他还有白腐病、褐斑病、白粉病等。葡萄病害的综合防治技术：建新园时，对所运进的苗木或插条必须严格检验，病重者应淘汰并烧毁，有病害嫌疑的要及时进行消毒处理。加强栽培管理，增强树势，多施有机肥，保持中庸健壮的树势，适当增施磷钾肥、控制氮肥，提高树体抗病能力。通过修剪，适量留枝留果，适当提高结果部位，清除近地面枝叶。经常保持通风透光，降低小气候湿度，创造不利于病害发生的环境条件。地势低洼的果园应及时排水，降低果园湿度，控制病菌侵染。果园操作过程中要小心碰伤、折裂枝蔓。及时清理果园，减少病原，葡萄落叶后彻底清扫枯枝落叶、病枝、病果等，严禁将病残体埋于土内。发病初期，及时摘除病叶、病果、病梢等发病中心，不使病残体落地，并带出园外烧毁。早春刮去老蔓上的粗翘皮，并且涂抹石硫合剂。要及时喷施保护性药物预防病害的发生。具体药物防治因病害不同而异。

6.3.1 葡萄霜霉病

葡萄霜霉病属真菌性病害，此病的大流行与葡萄品种有直接关系，美洲葡萄品种较抗病，欧洲葡萄品种易感病，圆叶葡萄、沙地葡萄、心叶葡萄较抗病，其他叶型的葡萄较感病。葡萄因地势低洼、土质黏重，栽培密度大，通风不良，偏施氮肥，病害发生重(李蓓，2010)。葡萄霜霉病主要危害叶片，也能侵染嫩梢、花序、幼果等绿色幼嫩组织。叶片受害，叶面最初产生半透明的水渍状，边缘不清晰的小斑点，逐渐扩大为蛋黄色至黄褐色多角形病斑，大小不一，常数个病斑连在一起，形成黄色干枯大斑，环境潮湿时，病斑背面产生一层白色的霉状物，即病原菌的孢囊梗及孢子囊。后期病斑干枯变褐。幼果感病，病部呈灰绿色，并生有白色霉层，果粒长大后感病，一般不形成霉状物。感病果粒后期皱缩脱落。有时感病的部分穗轴或整个果穗脱落(胡建江和李伟，2006)。北疆近几年大都种植欧亚品种鲜食葡萄，从发病程度看，北疆重于南疆，伊犁地区最重，多雨年份常造成毁灭性的损失。

防治措施：第一次用药应在平均气温达 13～15℃，同时又有雨露等高湿条件出现时进行。北方地区应在麦收前 10 d 左右喷施，以后每隔 10 d 喷一次，连喷 5～7 次。可用的药剂有石灰半量式波尔多液、0.5%卫保水剂 500 倍液、1.1%儿茶素 500 倍液、竹醋液等。

6.3.2 葡萄白粉病

葡萄白粉病是北方干旱种植区发生的一种病害，主要为害叶片、新梢及果实等幼嫩器官，老叶及着色果实较少受害。葡萄展叶期叶面或叶背产生白色或褪绿小斑，病斑逐渐扩大，表面长出粉白色霉斑，严重的遍及全叶，致叶片卷缩或干枯。嫩蔓染病，初现灰白色小斑，后随病势扩展，渐由灰白色粉斑变为不规则大褐斑，呈羽纹状，上覆灰白色粉状物。果实染病出现黑色芒状花纹，上覆一层白粉，病部表皮变为褐色或紫褐色至灰黑色。因局部发育停滞，形成畸形果，易龟裂露出种子。果实发酸，穗轴和果实容易变脆(胡建芳和廖康，2008)。

防治措施：可用药剂有石灰半量式波尔多液、0.5%卫保水剂 500 倍液、1.1%儿茶素 500 倍液、竹醋液等。

6.3.3 葡萄白腐病

葡萄白腐病是葡萄的重要病害之一。在北方葡萄产区一般年份果实损失率在 15%～20%，严重年份果实损失率可达 60%以上(孔庆山，2004)。葡萄白腐病是由半知菌亚门真菌葡萄白腐壳霉菌侵染引起的。主要为害果穗，靠近地面的果穗常常先发病，发病由果梗开始沿果蒂蔓延到果粒。发病初期果梗和穗轴出现浅褐色不规则水渍状病斑，逐渐向果粒蔓延，几天后果粒变褐腐烂，有特殊霉烂味，果梗干枯萎缩，极易脱落；有的失水成干果，干枯的僵果穗常挂在枝上经冬不落(薛德乾,2009)。

防治措施:白腐病、炭疽病,两种病发生时期基本相同,喷药时间基本一致。一般应在发病初期喷第一次药,而后 10 d 左右喷一次,连喷 4～6 次。在谢花后至浆果成熟期,每隔 10～20 d 喷一次药,通常是雨前喷保护剂,雨后喷杀菌剂。发芽前喷 5 波美度石硫合剂,重点喷地面。6 月中旬是白腐病的发病始期,应重点防治白腐病。于病害始发期即喷第一次药,以后根据病情及天气情况。每隔 7～15 d 喷一次,共需喷 3～5 次。6～7 月份要分株均匀喷药,果实成熟前期重点喷药保护果穗。药剂可参考葡萄白粉病。

6.3.4 葡萄褐斑病

葡萄褐斑病又称斑点病、叶斑病等。此病分布较广,几乎遍及全国各葡萄产区,是葡萄较严重的叶部病害之一(刘晓菊,2010)。主要为害中、下部叶片,叶片上出现褐色小斑,中部颜色稍浅,潮湿时病斑背面生灰黑色霉层,严重时一张叶片上生有数十至上百个病斑致叶片枯黄早落。侯保荣等(1998)研究发现褐斑病菌喜高温高湿,特别是高湿、风雨对孢子传播与萌发侵入十分有利,浇水太多,田间湿度大、管理粗放、施用赤霉素、枝叶旺长、密蔽潮湿或生长衰弱、结果太多、黄化病严重、氮肥太多、枝叶嫩等都促使病害加重。

防治措施:生长期定期喷药预防。在发病初期结合防治黑痘病、炭疽病等,喷施药剂防治。自发病初期起每 10 d 左右喷一次 1∶1∶200 波尔多液,第一、第二次药着重要喷施植株的下部叶片,并注意叶片的正、反面都全面喷到。此外,可参考用于葡萄白粉病的药物。

6.3.5 葡萄黑痘病

黑痘病又叫疮痂病或鸟眼病,是分布广、为害严重的病害之一。春、夏两季多雨潮湿的地区发病最重。该病主要侵染植株的幼嫩部分,幼叶感病,初呈红褐色斑点,随着叶片的长大,病斑呈多角形,叶脉感病部分停止生长,造成叶片扭曲、皱缩、畸形,并易焦枯。幼果感病,初为深褐色斑点,逐渐扩大后其中部变为灰白色、边缘紫褐色、稍凹陷的病斑,形似鸟眼状。后期病斑组织硬化、龟裂、病果停止生长(修德仁,2004)。

防治措施:一般在开花前、落花 70%～80%、果实如玉米粒大小时各喷一次药即可。药物防治可参考葡萄白粉病。

6.3.6 葡萄灰霉病

灰霉病是葡萄生产中危害最大的病害之一,发生普遍,并随着设施栽培面积的扩大而日益加重。葡萄灰霉病不仅是生产中的常见病害,更是产后储藏过程中的毁灭性病害。虽然有高效杀菌剂和先进的储藏技术,但每年因灰霉病造成的葡萄产后损失依然高达 50%,一般损失在 20%～30%。田间灰霉病菌主要危害花冠、花序和果实,也能危害幼叶。花序发病初期病部呈淡褐色,随后变暗褐色软腐并萎蔫,严重时整个花序坏死,表面密生灰色霉层,稍一触动,即可到处飞扬。葡萄灰霉病在田间通常造成落花落果和果实腐烂(陈宇飞等,2006)。

防治措施:开花前及初花期可喷洒:1∶1∶200 波尔多液,以预防或减轻花、果的发病。其他药物可参考葡萄白粉病。

6.3.7 葡萄水罐子病

葡萄水罐子病又名葡萄水红粒，是一种生理病害，由结果过多，营养不足所致。此病常在果穗尖端部发生，感病较轻时病果含糖量低，酸度高，果肉组织变软；严重时果色变淡，甜、香味全无，果肉成水状，继如皱缩。

防治措施：通过适当 留枝、疏穗或掐穗尖调节结果量；加强施肥，增加树体营养，适当施钾肥，干旱天气注意浇水，可减少本病发生。

6.4 有机葡萄生产研究新进展

在 2007—2010 年针对伊犁河流域葡萄生产的特点、有机农业发展潜力等，依托国家科技支撑计划课题：绿色-有机农产品生产与保鲜贮运关键技术开发与示范（2007BAC15B05）进行了系统的有机葡萄培肥和有害生物综合治理研究，明确了绿色有机葡萄施肥规律和病虫害综合防治措施，制定了绿色有机葡萄生产技术规程，提出了未来伊犁河流域发展绿色有机葡萄所应采取的措施。

6.4.1 有机葡萄培肥技术

培育健康植株是葡萄抵抗病虫的基础。葡萄喜欢土质疏松的沙壤土，沙壤土利于排水，通气性强，可保蓄一定的水分和养分，适宜于根系生长。因此，许多沙荒地和丘陵地可以进行葡萄生产，但为了保证葡萄的正常结果，土层深度要在 80 cm 以上。葡萄的施肥要符合绿色-有机食品的要求，既要满足生长的需要又要保健抗病虫。如施用氮肥过多，除引起土壤富营养化之外，还会引起枝叶生长过旺，甚至陡长，造成落花落果，还会降低抗病虫能力。钾能促进果实和新梢成熟，提高果实含糖量，增加葡萄抗寒、抗病、抗旱能力，是良好的保健肥料，因此进行绿色-有机食品生产时要特别注意用好钾肥。

近年来，通过有机葡萄生产养分平衡与养分利用效率分析，明确了氮素、磷素、钾素的养分平衡，重点研究了活性蓖麻渣当季利用率，建立了有机葡萄施肥量-产量、成本-产量效应函数，提出了最佳施肥量及最大经济效益，获得了有机葡萄土壤培肥技术体系。

6.4.1.1 **实验方案**

实验区域：伊犁州霍城县金山葡萄庄园。

研究目标：以牛羊粪，活性蓖麻渣，叶面肥，果园生草等多种措施研究有机葡萄土壤培肥技术。

实验设计：据国内外有机葡萄生产的肥料施用方法，结合当地生产地实际情况，确定本次试验中有机葡萄生产的肥料施用方案（表 6.2）。

表 6.2 有机葡萄肥料表 kg/hm²

肥料种类	A 数量	B 数量	C 数量	D 数量
底肥羊粪	36 000	36 000	36 000	36 000
活性蓖麻渣	0	3 000	6 000	9 000

6.4.1.2 **实验结果与分析**

1. 养分平衡

(1) 氮养分平衡。如表 6.3 所示，A、B、C、D 的盈余量皆为正值，说明它们的氮素输入都大于输出。在 A、B、C、D 4 种处理下的葡萄吸收 N 量呈递增趋势，其盈余量也随之升高，D 的葡萄吸收 N 量最高，为 79.80 kg/hm²，其氮素盈余量也为最高，为 280.20 kg/hm²。图 6.1 将氮素盈余量减去土壤氮素变化量得到了氮素平衡值，平衡值大于零说明输入的养分除被植物和土壤吸收外，还造成了一定的流失。从图 6.1 中可以清晰地看出常规葡萄的平衡值要比有机葡萄的都高，说明其养分流失量比较大。

表 6.3 氮素输入输出平衡表 kg/hm²

项 目	A	B	C	D	常规
肥料输入 N 量	108.00	192.00	276.00	360.00	163.20
葡萄吸收 N 量	39.48	61.88	65.91	79.80	59.85
盈余量	68.52	130.12	210.09	280.20	103.35

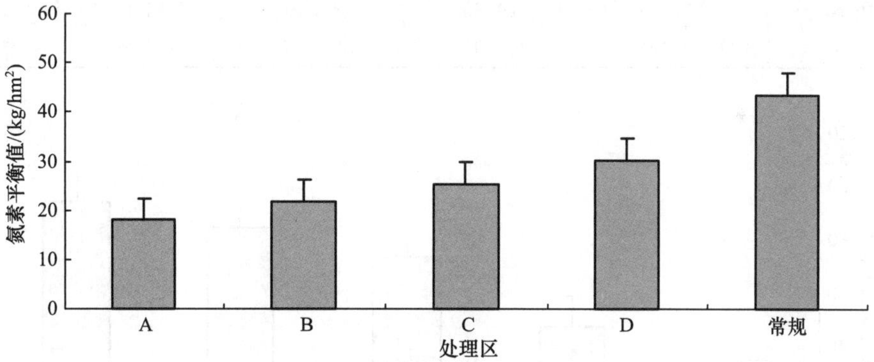

图 6.1 实验处理的氮素平衡

(2) 磷的养分平衡状况。由表 6.4 看出，A 的磷素平衡值小于零，为−1.80 kg/hm²，说明其磷素输入小于输出，葡萄吸收 P 量有一部分来自于土壤。而 B、C、D 的盈余量都大于零，分别为 78.60 kg/hm²、157.10 kg/hm²、242.10 kg/hm²。图 6.2 表示 A、B、C、D、常规葡萄的磷素平衡值都大于零，且呈递增趋势，常规葡萄的养分平衡状况较有机葡萄的差。

表 6.4 磷素输入输出平衡表 kg/hm²

项 目	A	B	C	D	常规
肥料输入 P 量	43.20	130.20	217.10	304.20	116.70
葡萄吸收 P 量	45.00	51.60	60.00	62.10	62.70
盈余量	−1.80	78.60	157.10	242.10	54.00

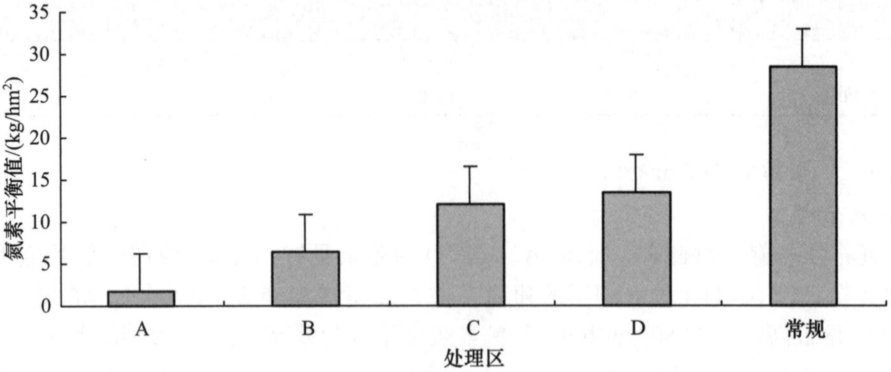

图 6.2 磷素平衡状况

(3) K 素养分平衡。由表 6.5 可以看出，4 个处理的钾素盈余量都比较高，分别为 184.83 kg/hm²、247.95 kg/hm²、328.20 kg/hm²、412.80 kg/hm²。图 6.3 表明有机葡萄和常规葡萄的钾素平衡值都大于零，且常规葡萄的最大，说明其平衡状况最差。

表 6.5 钾素输入输出平衡表 kg/hm²

项目	A	B	C	D	常规
肥料输入 K 量	237.60	327.60	417.60	507.60	473.10
葡萄吸收 K 量	52.77	79.65	89.40	94.80	94.95
盈余量	184.83	247.95	328.20	412.80	378.15

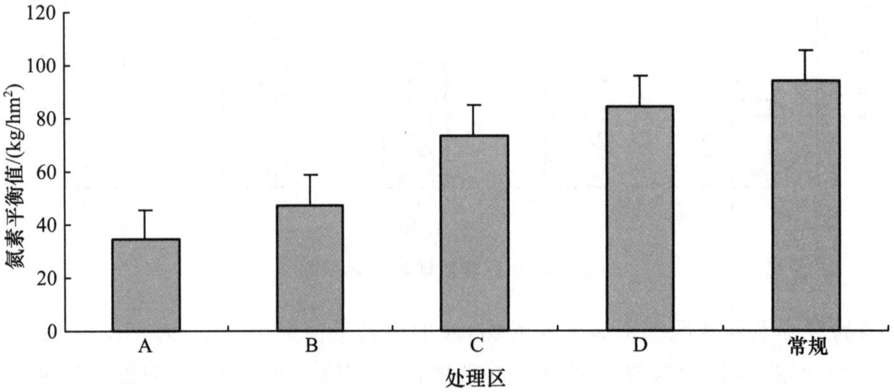

图 6.3 钾素平衡状况

2. 养分利用效率

活性蓖麻渣的当季利用率。如表 6.6 所示，A 为无肥区，B、C、D 为施肥区，养分利用率分别为 26.67%、15.73%、16.00%。B 处理的氮素利用效率最高，C 处理的氮素利用效率最低，B 处理水平更有利于氮素的利用。同理，可以算出 B、C、D 活性蓖麻渣的磷素利用效率分别为 7.59%、8.62%、6.55%，说明 C 处理水平更有利于磷素的利用；B、C、D 活性蓖麻渣的钾素利用效率分别为 29.87%、20.35%、15.57%，说明 B 处理水平更有利于钾素的利用(表 6.7、表 6.8)。

表 6.6 活性蓖麻渣的氮素利用效率

项目	A	B	C	D
施肥区葡萄从活性蓖麻渣中吸收氮素总量/(kg/hm^2)	0	22.40	26.43	40.32
活性蓖麻渣输入氮素总量/(kg/hm^2)	0	84.00	168.00	252.00
活性蓖麻渣的氮素利用效率/%	0	26.67	15.73	16.00

表 6.7 活性蓖麻渣的磷素利用效率

项目	A	B	C	D
施肥区葡萄从活性蓖麻渣中吸收磷素总量/(kg/hm^2)	0	6.60	15.00	17.10
活性蓖麻渣输入磷素总量/(kg/hm^2)	0	90.00	180.00	270.00
活性蓖麻渣的磷素利用效率/%	0	7.59	8.62	6.55

表 6.8 活性蓖麻渣的钾素利用效率

项目	A	B	C	D
施肥区葡萄从活性蓖麻渣中吸收钾素总量/(kg/hm^2)	0	26.88	36.63	42.03
活性蓖麻渣输入钾素总量/(kg/hm^2)	0	90.00	180.00	270.00
活性蓖麻渣的钾素利用效率/%	0	29.87	20.35	15.57

3. 经济效益分析

由表 6.9 可知，比较有机葡萄与常规葡萄，当有机葡萄的产量达到 B 水平 10 005 kg/hm^2 时，产量为常规葡萄 11 025 kg/hm^2 的 90.7%，而成本却比常规葡萄还少 90 元/hm^2，考虑到有机葡萄的价格要比常规葡萄高出许多倍，我们认为有机葡萄比常规葡萄更有经济效益。

分析有机葡萄 A、B、C、D 4 个处理的产量-施肥量-成本的数据，我们分别将施肥量与产量、成本与产量，按照二次函数关系进行拟合，得到了两个二次函数方程式：施肥量-产量，$y=-8E-0.5x^2+7.344x-149\ 832$；$x$ 为施肥量(kg/hm^2)；y 为产量(kg/hm^2)。

成本-产量，$y=-2E-0.5x^2+0.898\ 3x+3\ 026.5$；$x$ 为成本(元/hm^2)；y 为产量(kg/hm^2)。

根据这两个方程式，可以计算出在某个产量值下的施肥量和成本，同时也可以计算出在某个施肥量或者成本下的产量值(图 6.4)。

在肥料效应变化中，当边际产量等于零时，作物产量达到最高点，此时的施肥量为最大施肥量。

由 $dy/dx=-16E-05x+7.344=0$，得 $x=45\ 900$ kg/hm^2。将 x 值代入原方程式中，求得最高产量 $y=18\ 712.8$ kg/hm^2。

表 6.9 产量-施肥量-成本表

项目	A	B	C	D	常规
产量/(kg/hm^2)	6 495	10 005	11 445	11 955	11 025
施肥量/(kg/hm^2)	36 000	39 000	42 000	45 000	36 645
成本/(元/hm^2)	4 500	9 900	16 800	22 200	9 990

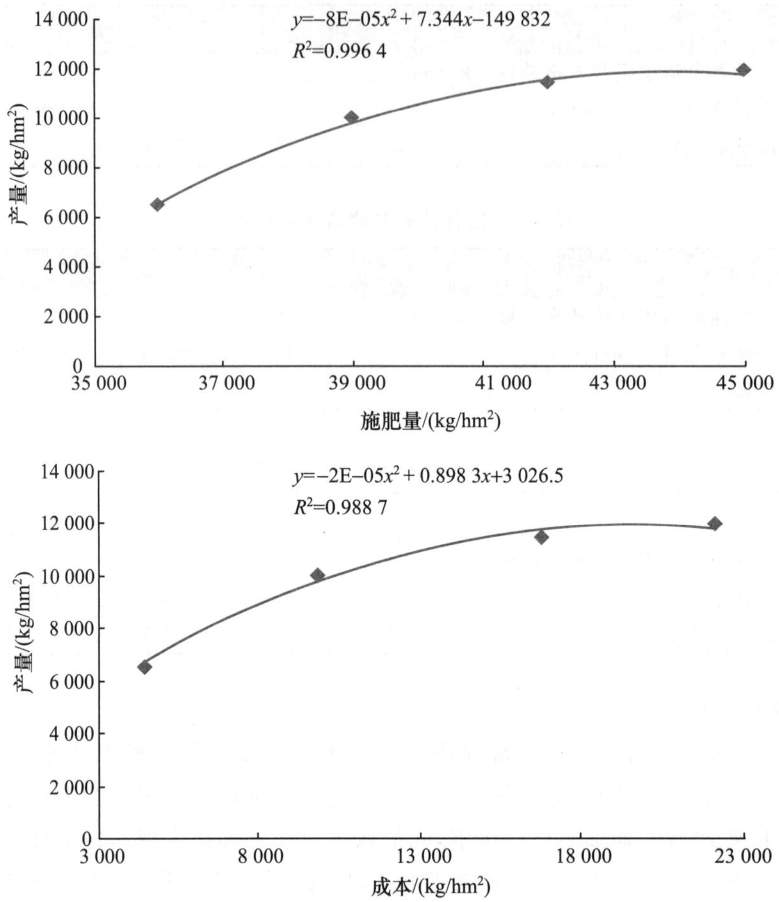

图 6.4　成本与产量关系

6.4.2　有机葡萄有害生物综合治理技术

由于伊犁地区处于天山所夹的伊犁河谷，气候独特，其特点是：温和湿润，昼夜温差大；夏热少酷暑，冬冷少严寒，春温回升迅速，秋温下降较快；降水较充沛，积雪丰厚，相比新疆其他地区是葡萄病害易发区（秦永权和张铁林，2008）。熊绵平和曹美林（2007）研究发现7～8月份是伊犁地区红地球葡萄的生长旺季，同时也是葡萄霜霉病和白粉病发生的高峰时期。姬浩等（2010，2011）综合研究了新疆伊犁地区红地球葡萄的主要病虫害及其有机植保技术，可为有机葡萄的生产提供参考。

6.4.2.1　有机红地球葡萄主要病虫害及与生草关系

伊犁地区红地球葡萄的地面管理方式以清耕为主，极少在葡萄园生草或套种绿肥。国内外大量的研究和生产实践表明，果园生草能够提高土壤有机质含量，防止水土流失，提高土壤肥力，调节果园气候，改善果实品质，同时果园生草为病虫害的综合防治和绿色果品的生产创造了条件（王忠跃和李兴红，2010）。果园行间种植三叶草、紫花苜蓿等牧草可为天敌提供良好的栖息、繁衍、越冬场所，增殖效应明显，对维持果园生态平衡、控制害虫种群具有重要作用（王小艺，2000）。生草对于有机“红地球”葡萄病虫害发生的影响研究较少，特别是新疆伊犁河谷地区葡萄园生草方面的研究更是缺乏。本试验旨在研究葡萄行间生草对有机红地球葡萄主要病虫害发生的影响。本试验于 2009 年 5 月至 2010 年 9 月在新疆伊犁河谷地区进行，试验地点位于新疆伊犁州霍城县北山坡。海拔 700～1 200 m，年降水量 235 mm，年平均温度≥10℃，有效积温 3 600～3 800℃/年，是全疆乃至全国的“红地球”葡萄最佳种植区。2001 年建园，2008 年开始有机葡萄生产，葡萄树株龄 8～9 年。

1. 试验基地气象情况

试验基地气象情况如表 6.10 所示。

表 6.10　2008—2010 年试验基地葡萄生长期的气象情况

年份	指标	4 月	5 月	6 月	7 月	8 月	9 月	平均
2008	平均气温/℃	13.9	21.7	25.2	25.1	23.9	18.3	21.35
	降水量/mm	17.1	8.1	4.1	13.2	3.1	5.0	8.43
2009	平均气温/℃	13.2	17.7	21.7	23.6	22.8	16.6	19.27
	降水量/mm	50.3	25.4	25.1	11.6	9.9	15.1	22.90
2010	平均气温/℃	14.0	17.7	22.4	23.5	22.3	17.4	19.55
	降水量/mm	14.0	22.3	62.6	33.3	11.0	8.5	25.28

2. 试验品种

试验葡萄品种是“红地球”葡萄，在葡萄行间种植的牧草是紫花苜蓿和白三叶。

3. 试验设计

本试验有 4 个处理：有机-清耕（有机管理，行间清耕）、有机-苜蓿（有机管理，间作紫花苜蓿）、有机-白三叶（有机管理，间作白三叶）、常规管理（常规管理，行间清耕）。

每种处理的面积是 500 m^2，设 3 次重复。篱架栽培，株行距为 0.5 m×5 m。有机管理采用符合有机操作规程的天然矿物和植物源农药进行防治，主要使用的药剂是等量式波尔多液 200 倍液和竹醋液 500 倍液；间作牧草的处理使用和有机管理相同的药剂进行防治。常规管理使用化学农药进行防治，主要有 80％代森锰锌可湿性粉剂 600 倍液，70％甲基托布津可湿性粉剂 800 倍液，40％乙膦铝可湿性粉剂 200 倍液，50％烯酰吗啉可湿性粉剂 800 倍液。

4. 试验方法

调查采用五点取样法，每点调查 5 株树，每株树分为上、中、下 3 个部分，每部分调查 5 片叶。每周调查 1 次。

5. 病害分级标准及计算方法

试验将病害分级标准分为两种：一种是侵染性病害的标准，另一种是非侵染性病害标准。

侵染性病害

0 级：叶片无病斑；

1 级：病斑占叶片面积的 5％以下；

2 级：病斑占叶片面积的 6％～25％；

3 级：病斑占叶片面积的 26％～50％；

4 级:病斑占叶片面积的 51%~75%;

5 级:病斑占叶片面积的 76%以上或叶片枯死。

$$病情指数=\sum\frac{各级病叶片数\times相对级数值}{调查总叶片数\times最高级数值}\times100$$

$$发病率=\frac{发病叶片数}{总调查叶片}\times100\%$$

非侵染性病害(水罐子病)

0 级:不发病;

1 级:病斑占叶片面积 1%~20%;

2 级:病斑占叶片面积 21%~40%;

3 级:病斑占叶片面积 41%~60%;

4 级:病斑占叶片面积 61%~80%;

5 级:病斑占叶片面积 81%~100%。

$$病情指数=\sum\frac{各级病穗数\times各级代表值}{调查总穗数\times最高级数值}\times100$$

$$发病率=\frac{发病穗数}{调查总穗数}\times100\%$$

6. 统计分析

试验数据在 Microsoft Excel 中进行初步整理,之后使用 SPSS17.0 统计分析软件进行方差齐性检验、单因素方差分析、用邓肯氏新复极差(DMRT)法对试验数据进行多重比较分析。

7. 实验结果与分析

(1) 4 种处理主要病虫害发生及与生草的关系:

葡萄霜霉病　从图 6.5、图 6.6 可以看出霜霉病一般在 6 月中旬开始发病,7 月中旬迅速升高,8 月上旬达到发病高峰,之后开始逐渐下降。霜霉病的发生与降雨量有直接关系,一般在 6 月初气温开始有明显回升,霜霉病开始发病,至 7 月份,降水量明显增多,霜霉病进入发病高峰期。8 月下旬气温开始降低,霜霉病发病率开始下降。通过两年的数据可以看出,由于 2010 年的降水量较多,因此该年份霜霉病的病情指数比 2009 年高,并且一直持续到 8 月底。

2009 年有机管理的 3 种处理中只有行间作白三叶的处理霜霉病发病率峰值显著高于对照。4 种处理的霜霉病病情指数峰值没有显著性差异,说明有机管理没有显著增大霜霉病的发病程度,同样,有机管理中生草没有显著增大霜霉病的发病程度(图 6.7)。

2010 年 4 种处理的霜霉病发病率峰值没有显著性差异,有机管理中行间间作紫花苜蓿的处理病情指数峰值显著高于行间清耕的处理。行间生草的两种处理的病情指数显著高于对照。试验说明有机管理中行间生草会增大霜霉病的发病程度。

从两年的数据来看在霜霉病发生较轻的年份(2009 年),有机葡萄行间种植紫花苜蓿或白三叶对霜霉病发病的影响较小,而在发病较重的年份(2010 年),有机葡萄行间种植紫花苜蓿或白三叶,则会加重病情。

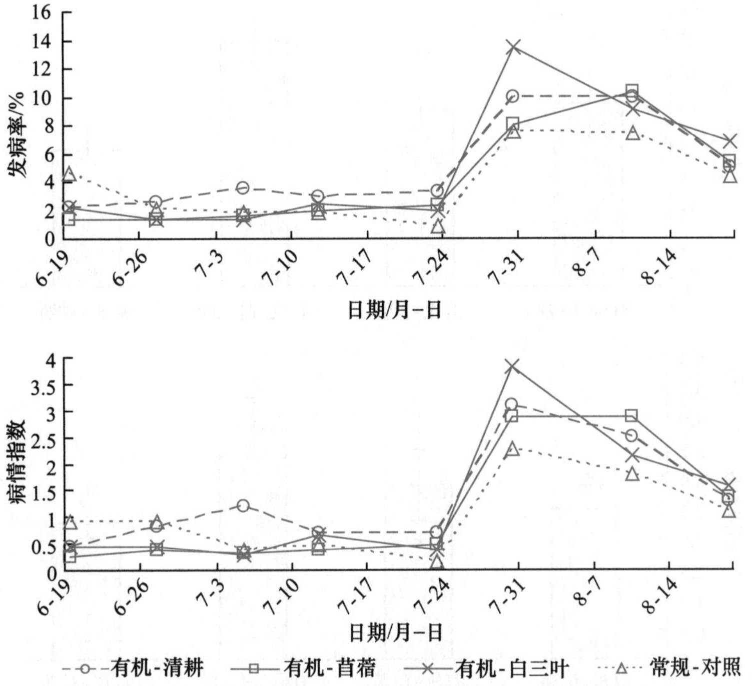

图 6.5 2009 年 4 种处理的葡萄霜霉病发病率和病情指数

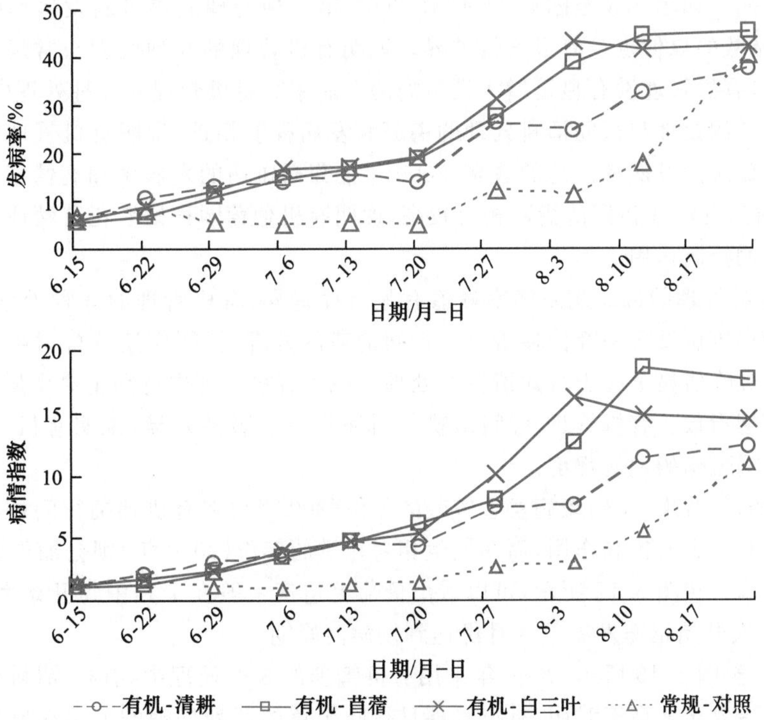

图 6.6 2010 年 4 种处理葡萄霜霉病发病率和病情指数

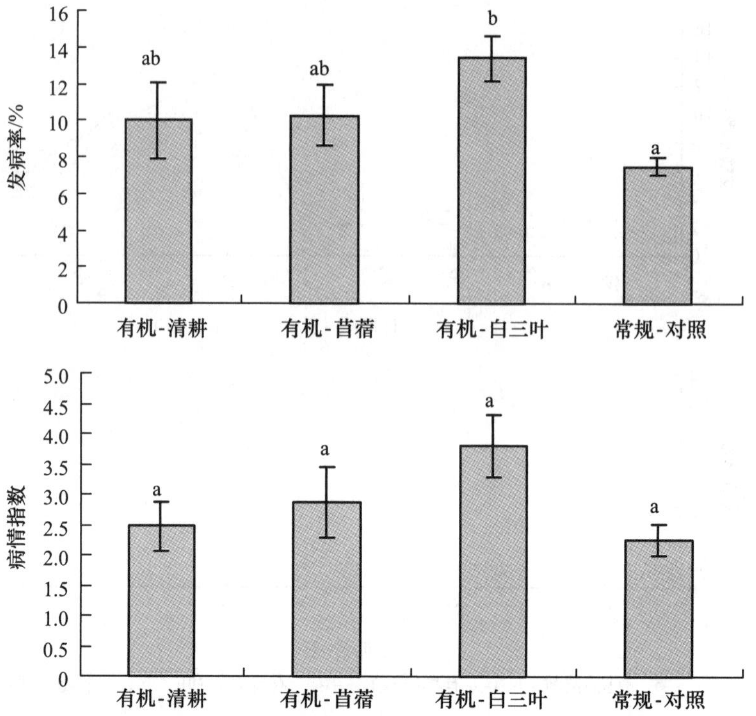

图 6.7　**2009 年 4 种处理霜霉病发病率和病情指数峰值图**

葡萄褐斑病　如图 6.8 至图 6.11 所示，2009 年 4 种处理的褐斑病发病率峰值没有显著性差异，病情指数的峰值也没有显著性差异。说明有机管理的 3 种处理与常规处理的褐斑病发病程度相近，有机管理没有显著增大褐斑病的发病率。有机管理的 3 种处理中，行间种植紫花苜蓿或白三叶的处理与行间清耕处理的褐斑病发病程度相近，说明有机管理中采用行间生草不会增大褐斑病的发病率。总的看来，2009 年葡萄褐斑病的发病率和病情指数的动态变化表明有机-清耕的发病率和病情指数相对较高，说明有机葡萄园种植紫花苜蓿或白三叶对葡萄褐斑病有一定的控制作用。

2010 年 4 种处理的褐斑病发病率峰值有显著性差异，有机管理的 3 种处理中，行间作紫花苜蓿的处理褐斑病发病率峰值显著高于行间清耕的处理，行间作紫花苜蓿和白三叶的处理褐斑病病情指数峰值显著高于行间清耕的处理。说明有机管理中行间生草会显著增大褐斑病的发病率和病情指数。有机管理-行间清耕与对照没有显著性差异，说明有机管理-行间清耕不会显著增大褐斑病的发病程度。

从两年的结果看来，在褐斑病发生较轻的年份(2009 年)在有机葡萄行间种植紫花苜蓿或白三叶对病害有一定的控制作用，而在发生相对较重的年份(2010 年)则会加重病情。

葡萄毛毡病　从图 6.12 所示，可以看出葡萄毛毡病一般在 7 月中旬开始发病，前期发展较为缓慢，7 月底开始迅速发展至 8 月份达到发病高峰期。

从图 6.13 至图 6.15 所示，2009 年采用有机管理的 3 种处理中，有机-清耕处理的毛毡病发病率和病情指数显著高于对照，有机管理且行间生草的两种处理的毛毡病发病率和病情指数与对照差异不显著。说明有机管理中，采用行间生草可以显著降低毛毡病的发病程度，采用行间清耕会增大毛毡病的发病程度。

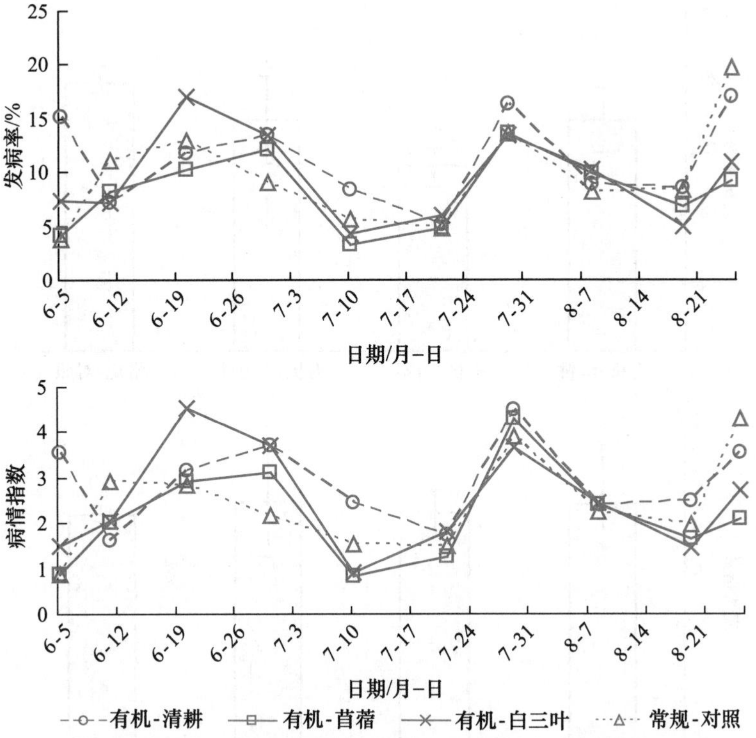

图 6.8 **2009 年 4 种处理葡萄褐斑病发病率和病情指数**

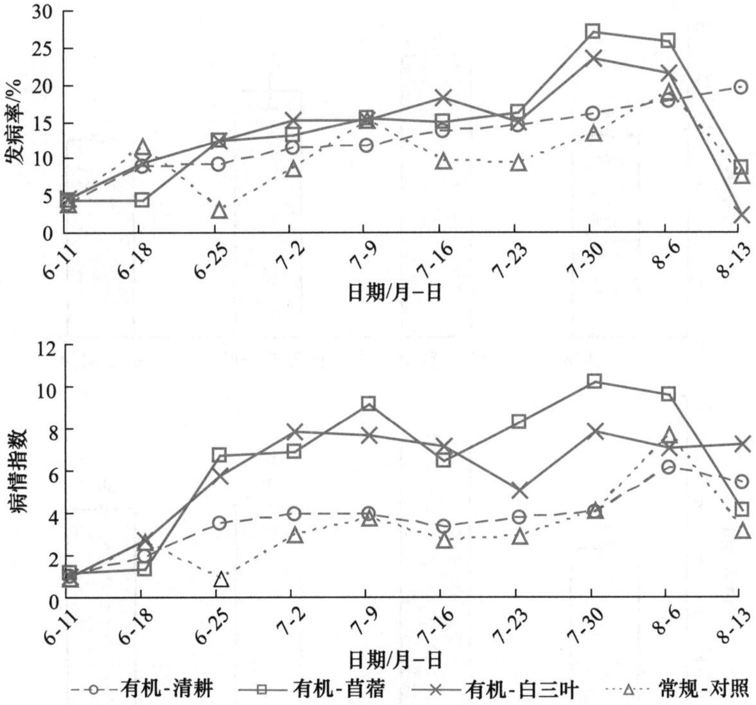

图 6.9 **2010 年 4 种处理的葡萄褐斑病发病率和病情指数**

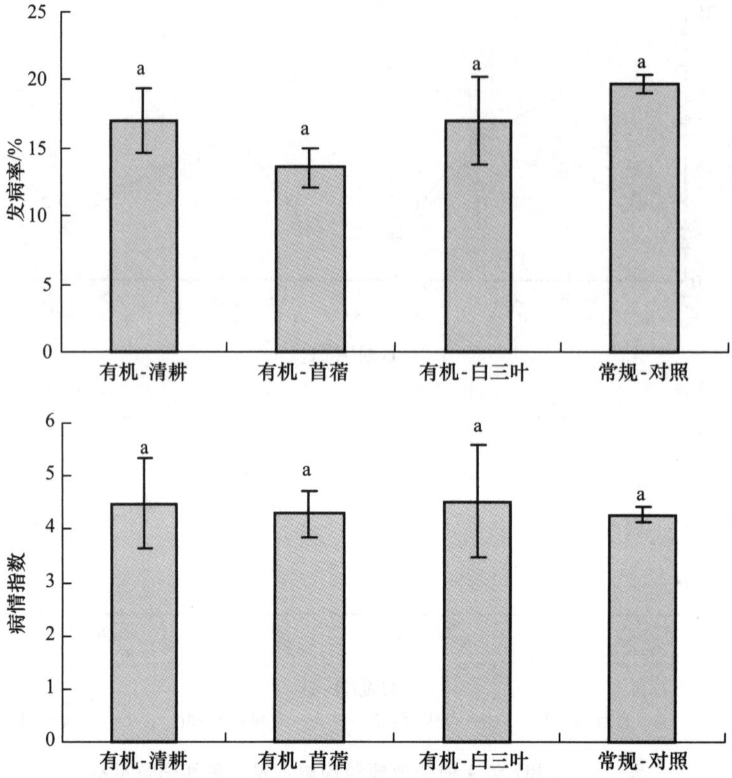

图 6.10　**2009 年 4 种处理褐斑病发病率和病情指数峰值图**

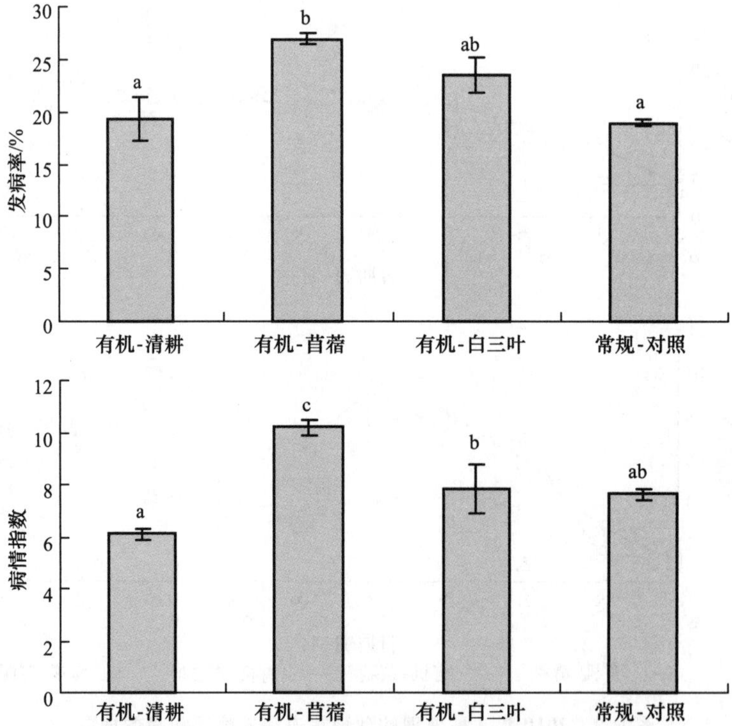

图 6.11　**2010 年 4 种处理褐斑病病情指数峰值图**

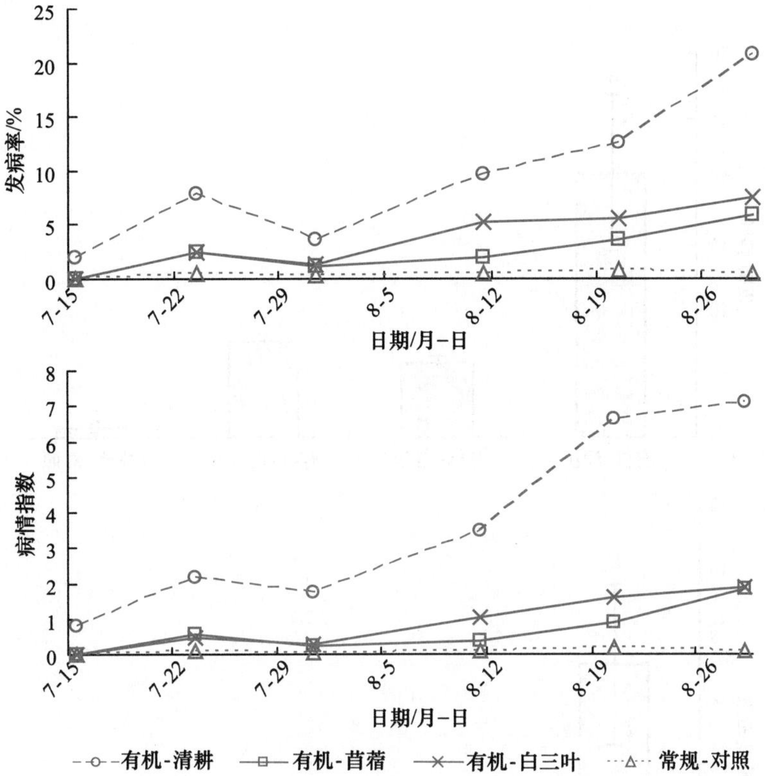

图 6.12 2009 年 4 种处理的葡萄毛毡病发病率和病情指数

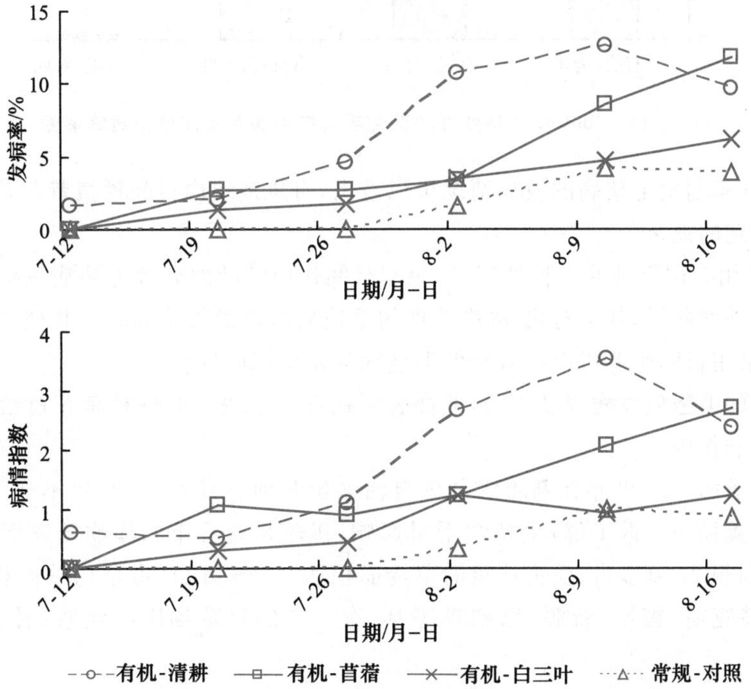

图 6.13 2010 年 4 种处理葡萄毛毡病发病率和病情指数

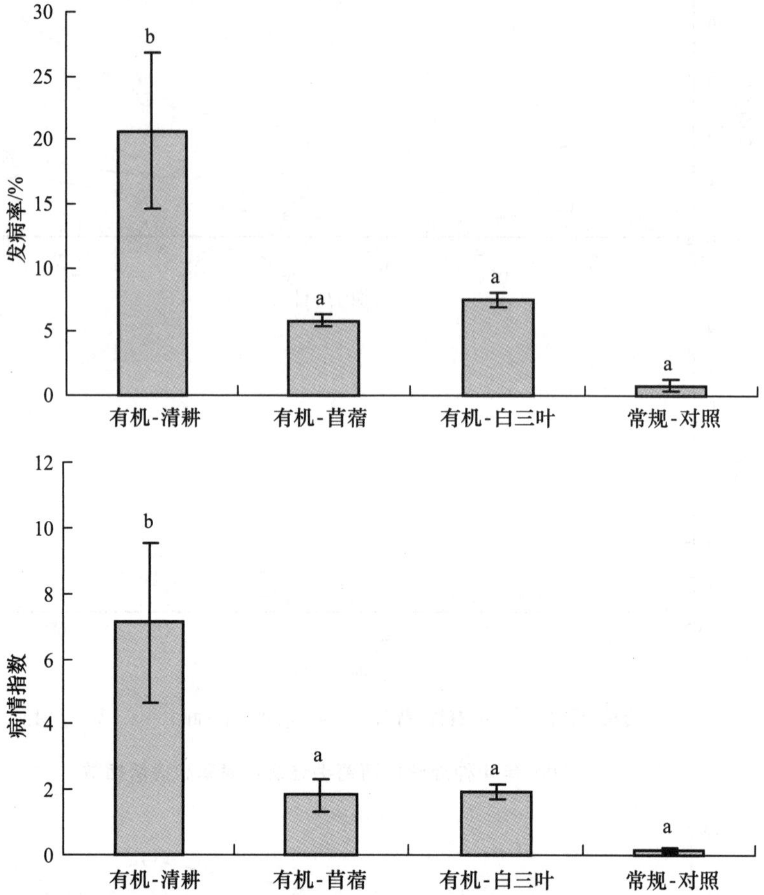

图 6.14　**2009 年 4 种处理的葡萄毛毡病发病率和病情指数峰值图**

综合 2009 年葡萄毛毡病的发病情况可以看出，有机地块内行间种植紫花苜蓿或白三叶对控制该病有一定的效果。

2010 年采用有机管理的 3 种处理中，只有行间作白三叶的处理毛毡病发病率和病情指数与对照没有显著性差异，其中有机-清耕处理的毛毡病病情指数显著高于其他 3 种处理。说明有机管理中，采用行间生草可以有效降低毛毡病的发病程度（图 6.15）。

尽管两年的毛毡病发病程度不同，但都表明在有机地块行间种植紫花苜蓿或白三叶对该病有一定的控制作用。

葡萄水罐子病　2008 年在新疆维吾尔自治区伊犁河谷发生了 50 年不遇的干旱，给农牧业生产造成严重损失。据了解，受持续干旱影响，伊犁州直县市农作物受灾面积达 180 多万亩，其中绝收面积 22 万多亩；受灾严重的草场面积达 2 783 万亩，占草场总面积的 54%，旱情严重的昭苏、特克斯、霍城、新源、尼勒克等县，有 1/3 的打草场因旱绝收；林业受灾面积 25 万亩。

在伊犁霍城金山葡萄庄园（面积 1 000 余亩），4 月中旬发生冻害，4 月下旬统计新生芽叶受害率达到 40%之多。其后由于持续干旱和人工灌水不足（全园采用滴灌，水量不足），再加

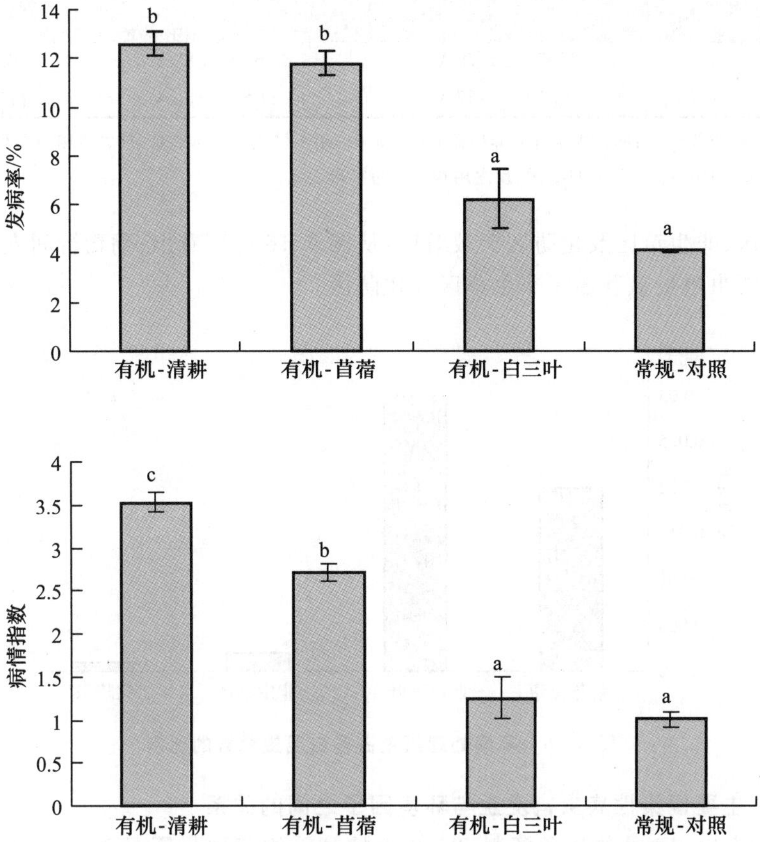

图 6.15 2010 年 4 种处理葡萄毛毡病发病率和病情指数峰值图

上土壤较为瘠薄,使红提葡萄在其转色期(7 月下旬)表现出了大面积的水罐子病,全园发病率平均 50.81%,最高达 70%以上。葡萄水罐子病,又叫做转色病,是一种生理性病害。主要症状表现在果穗上,一般在果实上浆后至成熟期表现症状,往往在果穗的尖端数粒至数十粒果实颜色表现不正常,在有色品种上,病果粒色泽暗淡;在白色品种上病果粒表现为水渍状,感病果粒糖度降低,味很酸,果肉逐渐变软,皮肉极易分离,成为一包酸水,用手轻捏,水滴成串溢出,在果梗上产生褐色圆形或椭圆形褐色病斑,果梗与果粒间产生离层。

2008 年作者研究了人工生草与不生草常规管理与葡萄水罐子病的关系:7 月 5 日分别种植白三叶和紫花苜蓿各 1 亩,对照生长自然杂草。在长期干旱的气候条件下,常规管理区内葡萄行内装有一条滴灌带,葡萄的根系得不到充足的水分和养分,在水分和营养失调条件下葡萄果实产生了较为严重的水罐子病。在生草区,葡萄行内和行间各装一条滴灌带,相比之下水分和养分供给充足,加之行间的白三叶或紫花苜蓿的覆盖减少了地面水分的蒸发,这样葡萄的生长状况就要好得多,水罐子病虽有表现,但无论是发病率还是病情指数都极显著地低于对照,发病率方差分析($F=15.08$,$df=2,28$,$P<0.01$),病情指数方差分析($F=7.20$,$df=2,28$,$P<0.01$)(表 6.11)。

表 6.11　葡萄行间种植不同覆盖作物对葡萄水罐子病的防治作用

调查指标	有机-白三叶	有机-苜蓿	有机-清耕
发病率/%	5.74±0.79A	3.63±0.88A	26.29±1.33B
病情指数	2.12±0.57A	1.02±0.50A	11.00±1.13B

注：表中数字为平均数±SE；同行内统计差异极显著（$\alpha=0.01$）用不同大写字母表示，反之用相同大写字母表示；同行内统计差异显著（$\alpha=0.05$）用不同小写字母表示，反之用相同小写字母表示。

人工生草区、非生草区及化防区天敌对比：从图 6.16 可以看出，葡萄行间人工种植紫花苜蓿和白三叶后瓢虫数量显著多于非生草区和化防区。

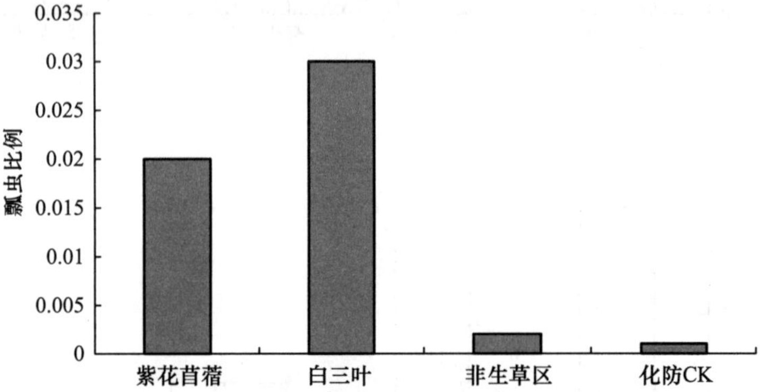

图 6.16　不同处理瓢虫占各自昆虫总数的比例

6.4.2.2　主要侵染性病虫害发生与环境因子之间的关系

根据试验地 4～10 月的气象资料，2008 年的月平均降雨量不足 10 mm，2009 年和 2010 年的月平均降雨量分别为 22.90 mm 和 25.28 mm。在高温和干旱的 2008 年，葡萄生长过程中几乎没有发生任何病害。相比之下 2009 年和 2010 年温度相对较低，降雨量增加（主要是 4～6 月间），通过 4～6 月不同时段降雨量、温度和温雨系数（降雨和温度的比值）与 6～8 月份病害发生的相关性分析表明，在 2009 年，霜霉病各处理的发病率和病情指数与降雨和温雨系数为负相关，与温度为正相关，但均未达到显著水平（$df=3$，$\alpha=0.05$）。在 2010 年，霜霉病发病率和病情指数与降雨、温度和温雨系数均为正相关，除了常规-清耕处理霜霉病发病率与温度相关性未达到显著外，其他各处理均达到显著水平（$df=3$，$\alpha=0.05$）。这说明在高温高湿的气候条件下，霜霉病会发生较重。

褐斑病的发病率和病情指数与降雨、温度和温雨系数的相关性分析结果和霜霉病的类似。在 2009 年，有机地-清耕、有机-苜蓿的处理和常规-清耕处理褐斑病的发病率和病情指数与降雨和温雨系数为负相关，而有机-白三叶处理与温度为负相关，与降雨和温雨系数为正相关。在 2010 年，所有处理褐斑病的发病率和病情指数与降雨、温度和温雨系数均为正相关。其中，有机-清耕的发病率和病情指数与降雨和温度呈显著正相关，有机-白三叶的处理褐斑病的发病率与温度呈显著正相关。由于 2009 年降水偏少，且葡萄生长后期降雨更少，所以病害发生与降雨量和温雨系数相关性不显著，表现负值。2010 年降水量相对较多，病害发生率与降雨、温度和温雨系数均为正相关。这说明降雨也会促进褐斑病的发生，但是降水对褐斑病发病程度的影响相对于霜霉病较轻（表 6.12）。

表 6.12 各处理病害发病率与温度和温雨系数相关系数显著性

病害发病率	处理	2009 年相关系数		2010 年相关系数	
		温度/℃	温雨系数	温度/℃	温雨系数
霜霉病发病率	有机-清耕	−0.715	0.867	0.970*	0.955*
	有机-苜蓿	−0.670	0.821	0.974*	0.962*
	有机-白三叶	−0.650	0.840	0.951*	0.941*
	常规-清耕	−0.530	0.569	0.970*	0.966*
褐斑病发病率	有机-清耕	−0.446	0.151	0.880*	0.852
	有机-苜蓿	−0.446	0.151	0.880*	0.852
	有机-白三叶	0.185	−0.345	0.812	0.786
	常规-清耕	−0.939*	0.589	0.707	0.690

注：* 表示两参数显著相关，$df=3$，$\alpha=0.05$。

新疆伊犁河谷地区的红地球葡萄的病虫害种类相对较少，两年的调查发现伊犁州霍城县的红地球葡萄园主要病虫害是葡萄霜霉病、葡萄褐斑病和葡萄毛毡病。其中葡萄霜霉病是红地球葡萄生产中的主要病害。综合分析 2009 年和 2010 年的数据表明，在降水较多的年份(2010)，葡萄霜霉病和葡萄褐斑病的发生与降水、温度和温雨系数呈显著的正相关，当月平均降水量低于 10 mm 的年份，这两种病害几乎不发生。在 4～6 月份降雨相对较少，葡萄霜霉病和褐斑病发生较轻的年份(2009 年)，在有机葡萄行间种植紫花苜蓿或白三叶对两种病害的发展有一定的控制作用；而在 4～6 月份降雨相对较多，这两种病害发生较重的年份(2010 年)，葡萄行间生草则会加重病情。因此在葡萄霜霉病发生较重的地区应该慎重考虑葡萄行间生草。对于葡萄毛毡病，尽管两年的发病程度有所差异，但是有机-清耕处理的病情指数显著高于其他 3 种处理。因此作者认为在有机管理中采用行间生草有助于防治葡萄毛毡病。在干旱年份生草对葡萄生理病害-水罐子病具有明显的控制作用。

6.4.2.3 生物农药对有机红地球葡萄霜霉病的防治效果

目前，有机农业生产进入大规模发展阶段，而有机农业生产技术，尤其是病虫害防治技术是制约其迅速发展的主要瓶颈之一。国内有机农业植保技术除释放天敌、使用性诱剂、黄板等手段外，主要的植保方式仍然为药剂防治：使用植物源杀虫剂代替化学合成药剂，如苦参碱制剂、除虫菊制剂、鱼藤酮制剂和楝素制剂等，并辅助以一些传统的矿物源药剂进行病虫害的防治，如石硫合剂、波尔多液等物质，此外利用天然酸(木醋液、竹醋液和稻醋液等)对病虫害进行防治也取得了一些进展。

竹醋液是烧制竹炭的副产品，是竹材热解过程产生的一种可挥发性的、水溶性混合物，是通过对烧制竹炭时的排放气体冷却收集而成(蒋新龙，2004)。竹醋液是一种由有机酸、酚类、酮类、醇类及酯类等多种组分组成的混合物，其组分随竹材的种类、质量、热解工艺条件、收集方法、加工处理工艺等不同而不断变化的一种复杂混合物。竹醋液对植物的病虫害有很好的防治效果，与农药联合使用则具有良好的增效作用，对降低农药用量减少农药残留具有良好效果(胡永煌，2002)。200～500 倍的竹醋稀释液对防治白粉病、霜霉病、灰霉病、粉虱、介壳虫等病虫害均具有良好效果，500 倍的竹醋稀释液与农药联合使用，可使多种农药的使用量减少 30%以上(马建义等，2009)。有机栽培中经常使用铜制剂和硫制剂预防霜霉病、白粉病、炭疽病、黑痘病、白腐病五大病害，使用得当，能获得很好的效果。法国有机栽培技术研究所与葡萄栽培中心从1992年开始做了大量的研究和实践，但是迄今为止，没有发现一种自然或生态的可替代品对霜霉病如铜制剂一样的防治效果(Magarey,1990)。

陈娇等(2002)测试了50多种植物提取物的杀菌活性，通过供试提取液对葡萄霜霉病游动孢子抑制率和叶圆盘接种后对病情控制效果两项结果结合分析得出，虎耳草、马尾松、刺槐、牡丹、黄檀5种植物在两种测试方法中，效果明显，等同或优于目前常规药剂波尔多液。李永祥等(2008)试验表明植物油乳化剂对葡萄霜霉病的防治效果好于高锰酸钾、小苏打、稻醋液，并在葡萄霜霉病发病初期可以替代波尔多液，从而减少铜离子的使用量。本试验尝试竹醋液对葡萄霜霉病的防治作用，旨在为有机葡萄植保提供有效药剂。

试验研究于2009年5月至2010年8月在新疆伊犁州霍城县金山葡萄园进行，试验面积为1.33 hm^2。品种是红地球，8年树龄，篱架栽培。行株距5 m×0.8 m。试验设7种处理，每处理设3次重复，每处理面积约为0.19 hm^2。

1. 调查方法

每周调查一次霜霉病发生情况，采用五点取样法，每点五株树。每株选取上、中、下3部分各5片叶。病害分级具体如下：0级，叶片无病斑；1级，病斑占叶片面积的5%以下；2级，病斑占叶片面积的6%～25%；3级，病斑占叶片面积的26%～50%；4级，病斑占叶片面积的51%～75%；5级，病斑占叶片面积的76%以上或叶片枯死。

$$\text{发病率}=\frac{\text{发病叶片数}}{\text{总调查叶片数}}\times 100\%$$

$$\text{病情指数}=\frac{\sum \text{各级病叶片数}\times\text{相对级数值}}{\text{调查总叶片数}\times\text{最高级数值}}\times 100$$

$$\text{防治效果}=\frac{\text{对照区病情指数校正值}-\text{处理区病情指数校正值}}{\text{对照区病情指数校正值}}\times 100\%$$

$$\text{病情指数校正值}=\text{处理后病情指数}-\text{处理前病情指数}$$

2. 2009年生物药剂试验

(1) 实验药剂。卫保(内蒙古清源保生物科技有限公司)、竹醋液(浙江省遂昌县文照竹炭责任有限公司生产)、氯化钙(天津市天达净化材料精细加工厂)、高锰酸钾(上海金山兴塔化工厂)和米醋(广东佛山市海天调味食品有限公司)。

(2) 药剂组合。本次试验共设7个处理，每处理3个重复。采用人工背负式喷雾器进行喷雾。药剂组合处理情况见表6.13。

表6.13 施药种类和时间

药剂处理	6月10日	7月1日	7月25日
A	卫保500倍	卫保500倍	卫保500倍
B	竹醋液300倍	竹醋液300倍	竹醋液300倍
C	氯化钙500倍+竹醋液500倍	氯化钙500倍+竹醋液300倍	氯化钙500倍+竹醋液300倍
D	竹醋液300倍	等量式波尔多液200倍	等量式波尔多液200倍
E	高锰酸钾500倍	高锰酸钾500倍	高锰酸钾500倍
F	竹醋液300倍+米醋500倍	竹醋液300倍+米醋500倍	竹醋液300倍+米醋500倍
CK	清水	清水	清水

(3) 结果与分析。

葡萄霜霉病的发病情况:2009 年葡萄霜霉病的发生始于 6 月上旬。5 月 27 日至 6 月 12 日为花期。由于从花期开始降水增多,霜霉病在花期开始侵染。

药剂处理对葡萄霜霉病的防治效果:2009 年葡萄霜霉病于 6 月 8 日即花期开始发病,发病前期 6 月 8 日至 7 月 20 日各处理的葡萄霜霉病的发病率和病情指数的变化幅度不是很大。但是在 7 月 27 日至 8 月 3 日葡萄霜霉病迅速发展并在 8 月上旬达到高峰。由于 2009 年 7 月份降水量不大,葡萄霜霉病的发病率和病情指数不是很高。7 月底至 8 月初是葡萄产量形成的关键时期,也是防治葡萄霜霉病的关键时期。

2009 年葡萄霜霉病于 6 月 8 日即花期开始发病,发病前期 6 月 8 日至 7 月 20 日各处理的葡萄霜霉病的发病率和病情指数的变化幅度不是很大。但是在 7 月 27 日至 8 月 3 日葡萄霜霉病迅速发展并在 8 月上旬达到高峰。由于 2009 年 7 月份降水量不大,葡萄霜霉病的发病率和病情指数不是很高。7 月底至 8 月初是防治葡萄霜霉病的关键时期。而此时正值葡萄产量形成的关键时期,应及时进行喷药预防霜霉病的迅速发展,防止对葡萄的产量和品质造成不良影响。

由表 6.14 可以看出在霜霉病的发病前期处理 B、C、D、F 的霜霉病发病率较低,效果较好。7 月 16 日至 7 月 24 日处理 B、D、F 的效果较好,8 月 8 日以后处理 D、E 的效果较好。

表 6.14 几种药剂防治葡萄霜霉病的发病率

处理	6 月 8 日	6 月 19 日	6 月 30 日	7 月 8 日	7 月 16 日	7 月 24 日	8 月 1 日	8 月 8 日	8 月 17 日
A	4.38	2.69	1.61	2.93abc	2.69b	3.92	7.50	10.25	8.18ab
B	4.91	4.54	4.60	1.54ab	1.64a	2.13	7.50	8.52	5.74a
C	3.83	3.36	1.91	1.67ab	3.33ab	3.77	8.40	13.89	8.40ab
D	5.68	4.35	3.86	1.88abc	1.64a	2.16	6.39	7.25	5.62a
E	5.15	1.91	1.61	3.24bc	3.12ab	3.83	5.31	4.78	6.23a
F	5.40	3.18	4.38	1.36a	1.61a	1.61	9.17	6.82	7.93ab
CK	4.29	3.21	4.85	4.54c	5.37b	4.82	9.54	9.97	12.10b

注:表中未进行标注的列或列中标注相同字母代表在 $\alpha=0.05$ 没有差异显著性。

从表 6.15 可以看出葡萄霜霉病在发病前期差异不显著,7 月 8 日处理 B、C、F 的发病率和病情指数较低。7 月 16 日处理 B、D、F 的发病率较低。7 月 24 日处理 B、D、F 的发病率和病情指数较 CK 显著低,其中处理 F 的值最低。8 月 8 日葡萄霜霉病的发生达到最高峰,处理 D、E、F 的发病率较低,处理 A、C 的发病率较高。8 月 17 日处理 B、D、E 的发病率和病情指数较低。就整体效果看,处理 B、D 的防效最好,在发病前期和中期,处理 C、F 的防效最好,在霜霉病发生的高峰期,处理 B、D、E 的防效最好。处理 A、C、F 的防效较差。因此,在葡萄霜霉病的防治中,前期使用处理 C、F,后期使用处理 B、D、E 效果较好。由于高锰酸钾具有强氧化性,在生产中使用会烧伤叶片。建议使用处理 B、D 的药剂组合,防治效果较好,但要注意控制施药倍数以免产生药害。

表 6.15　药效试验各处理病情指数及总体防效

处理	6月8日	6月19日	6月30日	7月8日	7月16日	7月24日	8月1日	8月8日	8月17日	防效
A	0.88	0.54	0.32	0.64ab	0.59ab	1.14bc	2.11	2.61ab	1.85ab	57.50ab
B	0.98	0.96	1.47	0.31a	0.38a	0.48ab	1.69	2.29ab	1.15a	92.74b
C	0.82	0.72	0.38	0.33a	1.00ab	0.80bc	2.12	3.25b	2.33ab	34.15a
D	1.19	0.93	0.77	0.48a	0.38a	0.43ab	1.56	1.89a	1.44a	88.98b
E	1.03	0.44	0.32	0.87ab	0.77ab	0.77bc	1.38	1.49a	1.40a	84.15b
F	1.14	0.64	0.88	0.27a	0.32a	0.32a	2.50	1.82a	2.53ab	39.50a
CK	0.86	0.75	1.34	1.01b	1.24b	1.23c	2.65	2.68ab	3.15b	—

*注：表中未进行标注的列或列中标注相同字母代表在 $\alpha=0.05$ 没有差异显著性。

以上结果表明，在所用的生物药剂中，在霜霉病发病的前期 B：竹醋液 300 倍，C：氯化钙 500 倍＋竹醋液 500 倍，E：高锰酸钾 500 倍，F：竹醋液 300 倍＋米醋 500 倍对其的防治效果较好，这个时期霜霉病发病较轻，因此以预防为主，在霜霉病发病的高峰期，B：竹醋液 300 倍，D：波尔多液 200 倍，E：高锰酸钾 500 倍能够有效抑制霜霉病的迅速发展。综合来看：B：竹醋液 300 倍和 D：波尔多液 200 倍对霜霉病的防治效果最好。

建议在有机葡萄的生产中，加强对葡萄霜霉病的预防，应该在花期前喷一次保护性杀菌剂如 500 倍卫保，花期后喷一次 200 倍等量式波尔多液，在防治的关键期 7 月下旬和 8 月上旬应该用 200 倍波尔多液或 300 倍竹醋液进行防治。在霜霉病的防治中应该将化学防治、人工防治和物理防治结合起来，在霜霉病发生的早期应及时清除病叶并带出田间销毁。在葡萄生长进入幼果期后，应该及时套袋，防止葡萄霜霉病侵染幼果。

由于有机生产中禁止使用化学农药，从而使病虫害的防治相对困难。生物药剂效果相对较差，因此加紧开发对病虫害防治特效的生物药剂是有机生产需要解决的关键之一。

3. 2010 年生物药剂药效试验

(1) 生物药剂种类：A，卫保 500 倍；B，米醋 200 倍；C，竹醋液 300 倍；D，波尔多液 200 倍；E，儿茶素 600 倍；F，竹醋液 500 倍＋米醋 300 倍。

(2) 施药时间和方法：施药时间是 7 月 9 日，采用机器喷药，每种处理设 3 次重复，每重复 500 m^2。

(3) 试验结果：2010 年霜霉病整体发病率较高，CK 最高时达到 50%以上，6 种药剂处理过的霜霉病发病率较 CK 低，峰值到 30%左右。7 月 8 日至 7 月 24 日霜霉病的发展较为平稳，一直维持在 10%～15%，7 月 24 日后霜霉病发展迅速，达到 30%左右。可看出 7 月下旬是防治霜霉病的关键时期。

2010 年病情指数相对较低，CK 的病情指数较大，但 6 种药剂处理霜霉病病情指数峰值只有 10 左右。7 月 24 日之前霜霉病病情指数一直维持在 5 以下，7 月 24 日后霜霉病病情指数迅速发展至 10 左右。趋势与发病率基本一致。

由表 6.16 可以看出 2010 年霜霉病发生较重，发病率峰值达到 50%以上，病情指数峰值达到了 20 以上。7 月 8～24 日发病率和病情指数发展较慢，7 月 24～29 日发病率和病情指数迅速发展，只有D处理的发展较慢。

表6.16 2010年不同处理的霜霉病发病率和病情指数

试验处理	7月8日		7月14日		7月19日		7月24日		7月29日	
	发病率	病情指数	发病率	病情指数	发病率	病情指数	发病率	病情指数	发病率	病情指数
A	9.60	2.24	8.27	2.29	10.90	2.93	12.00	2.93	31.70	9.17
B	9.87	2.35	9.87	2.61	11.20	3.20	12.30	3.20	29.60	8.96
C	12.80	3.52	12.80	3.31	15.20	3.89	17.30	4.48	33.90	10.30
D	10.10	2.56	17.60	5.65	15.50	4.21	16.50	4.05	18.40	5.12
E	9.07	2.40	8.53	2.83	11.70	2.83	15.20	3.84	29.10	8.37
F	9.60	2.24	14.70	4.48	11.50	3.20	13.30	3.63	30.40	9.12
CK	17.90	4.43	27.20	10.20	37.30	16.90	44.00	18.20	53.10	23.60

由表6.17可以看出6种生物药剂的防效相差不多，但是波尔多液的持效期较长，在7月29日D处理的霜霉病病情指数最小。因此波尔多液的防效相对较好。

表6.17 2010年不同处理的霜霉病病情指数和防治效果

试验处理	7月8日	7月14日		7月19日		7月24日		7月29日	
	病情指数	病情指数	防治效果	病情指数	防治效果	病情指数	防治效果	病情指数	防治效果
A	2.24	2.29	0.87%	2.93	5.53%	2.93	5.01%	9.17	36.15%
B	2.35	2.61	4.51%	3.20	6.82%	3.20	6.17%	8.96	34.48%
C	3.52	3.75	3.99%	3.89	2.97%	4.48	6.97%	10.30	35.37%
D	2.56	4.05	25.82%	4.21	13.23%	5.12	18.59%	5.65	16.12%
E	2.40	2.83	7.45%	2.83	3.45%	3.84	10.46%	8.37	31.14%
F	2.24	3.20	16.64%	3.63	11.15%	4.48	16.27%	9.12	35.89%
CK	4.43	10.20	—	16.90	—	18.20	—	23.60	—

有机葡萄生产中葡萄霜霉病是一种毁灭性的病害，其发生与降水量有显著相关性，在降水较多的年份，霜霉病发生较早，发生程度较重，对葡萄的产量和品质都会造成很大影响。综合两年的霜霉病发生情况来看，霜霉病一般在6月上旬的花期开始发病，前期发展较为缓慢，7月24日后霜霉病发病程度迅速发展，至8月初达到发病的最高峰。因此应做好对该病的前期预防工作，而在7月下旬应该加大霜霉病的防治力度。目前适用于有机生产的药剂很少，能够有效防治葡萄霜霉病的药剂更少。波尔多液是防治霜霉病的特效药剂，持效期较长，经过试验发现，其处理过的葡萄霜霉病发生较轻，并且持效期可以达到10 d。在降水量较少的年份，使用竹醋液或高锰酸钾可以有效减少霜霉病的发生，但其持效期较短，一般在5 d左右。综合两年的试验结果，在降水较少的年份，霜霉病的发生较轻，300倍竹醋液和200倍波尔多液对霜霉病有一定的防治效果，防效可以达到80%以上。在降水较多的年份，葡萄霜霉病发生较重，使用以预防和保护为主的竹醋液和波尔多液对霜霉病的效果都不理想，防效只有30%。因此寻找能够适用于有机生产的对葡萄霜霉病有治疗效果的天然产物和生物药剂是进一步研究的重点。

6.4.2.4 常见矿质元素与葡萄霜霉病的关系

矿质营养是植物正常生长发育所必需的，它不仅可以通过平衡的施肥措施使植物生长旺盛健壮，增强抗病力，而且多数元素直接或通过其代谢物，或作为病原物营养或毒素等作用直接影响病原物的侵染繁殖(慕康国等，2000)。大量元素的研究显示，过量施用氮肥一般会减弱植物的抗病性，增加发病率，导致病害程度加重(Robinson 和 Hodeges，1973)。同氮素不同，钾素营养的改善一般有利于提高寄主植物的抗病性以及蔬菜、果树产品的品质(王旭东等，2000)。中量元素中，钙是植物抵抗病原物侵染，减少病害发生的一个重要的营养元素。钙能够在胞间层形成多聚半乳醛酸钙，有效提高细胞壁的稳定性，通过维护细胞壁和细胞膜的功能和结构完整性，增强寄主对部分病原菌及生理病害的抗性(Yuen，1993)。葡萄叶分析的取样一般是用叶柄。但有的研究者认为取叶片或叶柄均可(张志勇和邱海龙，2006)，秦煊南和陈兰华(1996)认为不能一律采用叶片或叶柄进行分析，应以叶片测 N，叶柄测 P、K 的方法为宜。仝月澳则认为在每一取样区应采集 80～100 个叶柄进行叶分析(仝月澳，1980)。采集的叶样表面常带有泥土、尘埃以及农药等污染物，会影响分析结果的正确性，因此首先要对其进行清洗和烘干。中国农业大学果树矿质营养室李港丽等提出的清洗顺序是：自来水→含 0.1%洗涤液的自来水→自来水(2 次)→0.2HCl 溶于蒸馏水→蒸馏水→重蒸馏水(2 次)。总洗涤时间不超过 2 min，以避免一些元素(如 Na、K、Cl 等)易从坏死性组织或死组织淋洗出造成养分损失。洗净的叶样放在滤纸上吸掉多余的水分，尽快放入 105℃烘箱中杀酶 20 min，在 70～80℃条件下烘干(李港丽，1987)。试验于 2010 年 6～8 月在新疆伊犁州霍城县金山葡萄庄园进行，葡萄树株龄 8 年，2008 年开始有机葡萄生产，本试验在有机管理地块内进行。2010 年葡萄霜霉病 6 月上旬开始发病，一直持续发生到葡萄采收。

1. 试验处理

将叶片分为 3 类，包括不发病叶片、轻度发病叶片和中重度发病叶片。不发病叶片指叶片表面没有霜霉病病斑的叶片，轻度发病叶片指叶片表面霜霉病病斑占叶片面积的 35%以下，重度发病叶片指叶片表面霜霉病发病面积占叶片面积的 50%以上。每种叶片采集 60～80 片。叶片采集均是全叶，包括叶片和叶柄两部分。分 3 次采集叶片，采集日期是：7 月 5 日、7 月 21 日、8 月 3 日。

2. 试验方法

将采集的叶片先用自来水快速冲洗一遍，洗去附着在叶片上的霜霉病霉层，用 0.5%的盐酸清洗一遍，再用去离子水清洗两遍。然后将样品置于鼓风干燥箱中，先在 105℃杀酶 30 min，然后降温到 60～70℃，烘至恒重。将叶片用不锈钢粉碎机粉碎后，置于自封袋中待测。

室内测定所需的器材主要有：电感耦合等离子体发射光谱仪(ICP-AES)，美国 Perkin Elmer 公司生产，型号是 Optimer 3300DV。采用水平观测。微波消解仪：CEM 公司 MARS5，包括微波消解炉、聚四氟乙烯高压消解管及固定装。元素的标准样品：光谱纯或高纯试剂硝酸配成 1 mg/mL 的 K、Ca、Na、Mg、Al、Zn、Fe、Mn、Cu 单位标准储备液，用时稀释。

3. 样品处理分析

微波消解：样品采用微波消解的方法。微波消解的主要步骤如下：

称取样品一般为 0.2～0.3 g(精确到 0.000 1 g)放入消解管中，加入 6 mL 硝酸(优级纯)，隔夜，第二天加 2 mL 过氧化氢(优级纯)，放入微波消解程序如表 6.18 所示。微波消解结束后，将消解管中的液体转移定容至 20 mL 容量瓶，过滤至离心管中待测。

表 6.18 微波消解升温步骤

程序步骤	温度/℃	升温时间/min	保持时间/min	功率/W
1	120	6	2	1 600
2	150	4	5	1 600
3	185	4	20	1 600

注：其中“升温时间”是指从开机温度 120℃、120～150℃、150～185℃的升温过程分别需要的时间。“保持时间”是表中“温度”所保持的时间，即 120℃、150℃、185℃分别保持 2 min、5 min、20 min。

矿质元素含量测定：矿质元素均采用 Optimer 3300DV 型电感耦合等离子体发射光谱仪测定。仪器条件：冷却气流量为 15 L/min，辅助气为 0.5 L/min，雾化器压力为 50PSI，功率为 1.3 kW，样品流速为 1.0 mL/min，进样方式为蠕动泵进样，样品提升量 1.0 mL/min。

4. 试验结果

由表 6.19 可以看出有的矿质元素含量逐渐降低，有的逐渐升高，有的先升后降。Fe、Mn、Cu、Ca、Mg 的含量先升后降，K、Zn、Al 的含量一直在下降，Na 的含量一直上升。按照含量有多到少依次是：Ca、K、Mg、Fe、Na、Al、Zn、Mn、Cu。从含量较高的前 4 种元素来看，Ca、Mg、Fe 的含量基本是不发病的叶片含量最高，发病最重的叶片含量最低，K 的含量是不发病的叶片含量最低，发病最重的叶片含量最高。其余元素的含量规律不显著。在试验测定的 9 种元素含量中，Ca 元素的含量最高，最高值为 176.33 mg/L，其次是 K 元素，最高值是 126.33 mg/L，第三位是 Mg 元素，含量最高值为 45.57 mg/L。其余 6 种矿质元素含量比前面 3 种元素的含量少很多。6 种含量较少的矿质元素含量由高到低依次为 Na、Fe、Zn、Mn、Al、Cu。除 Na 以外，其他 5 种矿质元素三次测定的含量变化不大。Fe、Al、Zn 3 种元素 8 月 3 日即最后一次测定的含量较前两次低，说明葡萄生长后期对这 3 种元素的消耗较大。

表 6.19 矿质元素含量分析

矿质元素	7-5			7-21			8-3		
	零	轻	重	零	轻	重	零	轻	重
Fe	2.73	2.59	3.12	3.08	2.38	2.62	2.56	2.41	2.35
Mn	0.60	0.56a	0.60	0.63	0.71	0.70	0.67	0.49	0.69
Zn	0.99	0.69	0.51	0.72	0.93	0.60	0.54	0.60	0.56
Cu	0.26	0.33	0.29	0.55	0.54	0.33	0.44	0.26	0.62
K	127.00	125.50	126.50	94.50	101.00	108.00	78.00	88.25	103.40
Ca	179.50	155.50	158.50	176.00	173.50	179.50	161.00	135.00	144.50
Mg	49.45	43.30	43.95	46.45	50.30	45.90	40.15	38.20	37.50
Al	0.87	0.93	0.85	1.02	0.81	0.84	0.58	0.41	0.57
Na	2.17	3.10	2.94	2.97	2.23	2.67	4.55	2.85	3.90

注：表中的数值单位均是 mg/L，表中的 7-5、7-21、8-3 代表日期，零、轻、重代表不发病、轻度发病和重度发病。

Ca 元素的含量最高，并且 3 次测定的结果表明其含量是先升后降，K 元素的含量一直下降，Mg 元素的含量最后一次测定最低。说明葡萄生长后期对 3 种矿质元素均有消耗。

矿质元素含量与霜霉病发生程度、发病日期之间的方差分析如表 6.20 所示。

表 6.20 霜霉病发生程度、采样日期和矿质元素含量之间方差分析

矿质元素	差异源	*df*	*F*	*P*-value	*F* crit
Fe	发病程度	2	3.614	0.070 44	4.256
	采样日期	2	2.916	0.105 58	4.256
	交互	4	2.118	0.160 75	3.633
Mn	发病程度	2	7.998	0.010 08*	4.256
	采样日期	2	4.771	0.038 68*	4.256
	交互	4	5.834	0.013 45*	3.633
Zn	发病程度	2	0.889	0.444 20	4.256
	采样日期	2	1.054	0.387 78	4.256
	交互	4	0.735	0.590 60	3.633
Cu	发病程度	2	3.128	0.093 02	4.256
	采样日期	2	0.182	0.836 72	4.256
	交互	4	2.706	0.098 93	3.633
K	发病程度	2	85.051	1.429E-06*	4.256
	采样日期	2	10.146	0.004 9*	4.256
	交互	4	3.454	0.056 6	3.633
Ca	发病程度	2	42.354	2.637E-05*	4.256
	采样日期	2	15.141	0.001 3*	4.256
	交互	4	3.741	0.046 4*	3.633
Mg	发病程度	2	29.784	0.000 1*	4.256
	采样日期	2	2.846	0.110 2	4.256
	交互	4	2.874	0.086 8	3.633
Al	发病程度	2	5.757	0.024 5*	4.256
	采样日期	2	0.369	0.701 6	4.256
	交互	4	0.311	0.863 7	3.633
Na	发病程度	2	2.262	0.160 0	4.256
	采样日期	2	0.429	0.663 9	4.256
	交互	4	0.849	0.528 7	3.633

注：表中的数据表示在 $\alpha=0.05$ 水平的差异显著性，* 表示在 $\alpha=0.05$ 水平差异显著。

由表 6.20 可以看出不同发病程度的叶片的 Mn、K、Ca、Mg、Al 含量差异显著，不同采样日期的叶片 Mn、K、Ca 含量差异显著。发病日期和发病程度两者交互存在显著性差异的是 Mn 和 Ca 两种元素，具体分析如下：

葡萄霜霉病发病时期、发病程度和两者交互项都存在显著或极显著差异的叶片营养元素有 Mn 和 Ca。叶片营养 Mn：从发病程度看，葡萄霜霉病发病重的叶片 Mn 含量高；从发病时期看，7 月下旬叶片 Mn 含量高发病重；由两者交互作用看，在 7 月下旬葡萄叶片 Mn 含量高，葡萄霜霉病发病相对较重。叶片营养 Ca：从发病程度看，葡萄霜霉病发病重的叶片 Ca 含量低；从发病时期看，8 月上旬叶片 Ca 含量低发病重；由两者交互作用看，在 8 月上旬葡萄叶片 Ca 含量低，葡萄霜霉病发病相对较重。

葡萄霜霉病发病时期和发病程度两者存在极显著差异的叶片营养元素为K。从发病程度看，葡萄霜霉病发病重的叶片K含量高；从发病时期看，7月下旬和8月上旬叶片K含量高发病重。K含量的增高可以增加糖分的转化，可以为病害的发生提供营养，因此会加重霜霉病的发生。

仅葡萄霜霉病发病程度存在显著或极显著差异的叶片营养元素有Mg和Al。不发病的叶片Mg和Al的含量最高或者说葡萄霜霉病发病程度的提高与叶片的Mg和Al含量成反比关系。

葡萄霜霉病发病时期、发病程度和两者交互项三者都不存在显著差异的叶片营养元素是Fe、Zn、Cu和Na。这说明叶片营养元素Fe、Zn、Cu和Na与葡萄霜霉病的发生和发展关系不明显或看不出关系。

Mn、Ca、K 3种元素含量比较如图6.21所示。

表6.21 不同发病日期和发病程度的叶片Mn、Ca、K 3种元素含量比较

矿质元素	7-5			7-21			8-3		
	零	轻	重	零	轻	重	零	轻	重
Mn	0.60bcd	0.56ab	0.60bcd	0.63cde	0.71e	0.70de	0.67cde	0.49a	0.69cde
Ca	179.50e	155.50ab	158.50c	176.00e	173.50de	179.50e	161.00cd	135.00a	144.50ab
K	127.00e	125.50e	126.50e	94.50bc	101.00cd	108.00d	78.00a	88.25ab	103.40cd

从表6.21可以看出7月21日Mn的含量比7月5日的含量高，从发病程度上看，发病重的叶片Mn的含量较高。Ca的含量是先升高，后降低，不发病的叶片Ca的含量最高。K的含量一直降低，不发病的叶片K的含量最高，发病重的叶片K的含量最高。

从图6.17可以看出葡萄霜霉病发生的前期7月5日不同发病程度的叶片Mn的含量差异显著，发生的中期7月21日不同发病程度的叶片Mn的含量差异不显著。发生的高峰期8月3日不同发病程度的叶片Mn的含量差异不显著。

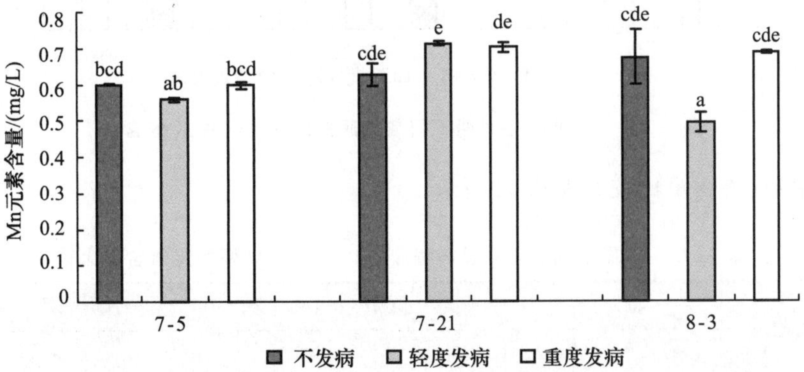

图6.17 2010年各时期不同霜霉病发病程度叶片Mn的含量

从图6.18可以看出7月5日不发病的叶片Ca的含量显著高于发病的叶片，7月21日和8月3日不同发病程度的叶片Ca的含量差异不显著。从图6.19可以看出7月5日不同发病程度的叶片K的含量差异不显著，7月21日重度发病的叶片K的含量显著高于不发病的叶

片。8月3日重度发病的叶片K的含量显著高于不发病的叶片。

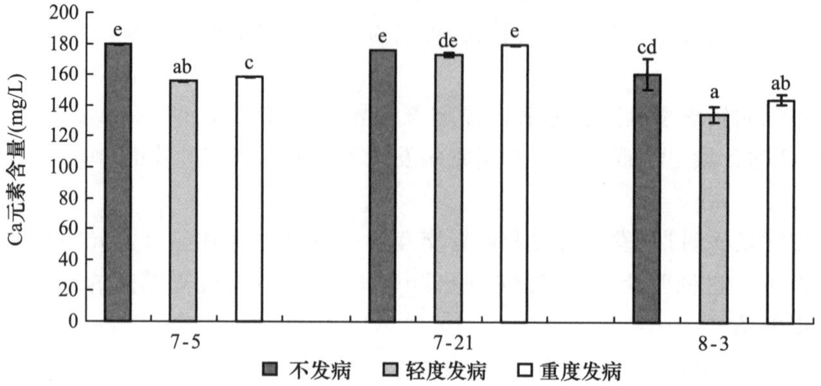

图6.18 2010年各时期不同霜霉病发病程度叶片Ca的含量

从图6.19可以看出7月5日不同发病程度的叶片K的含量差异不显著,7月21日重度发病的叶片K的含量显著高于不发病的叶片。8月3日重度发病的叶片K的含量显著高于不发病的叶片。

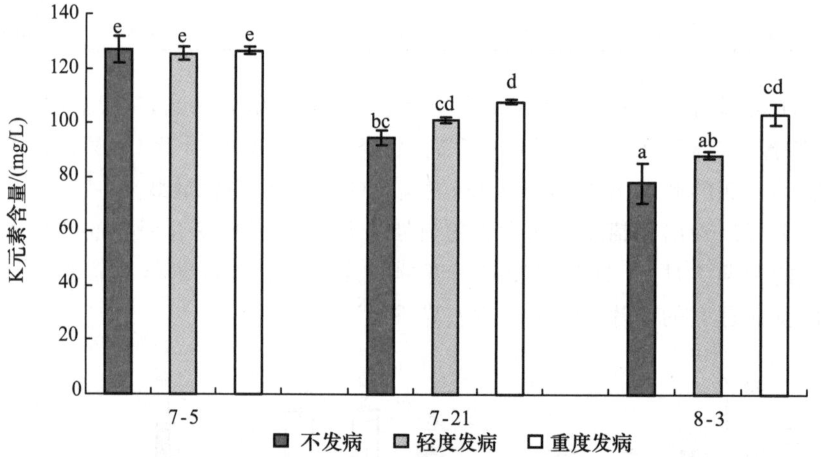

图6.19 2010年各时期不同霜霉病发病程度叶片K的含量

Mg和Al元素含量比较如表6.22所示。

表6.22 不同发病日期和发病程度的叶片Mg、Al两种元素含量比较

矿质元素	7-5			7-21			8-3		
	零	轻	重	零	轻	重	零	轻	重
Mg	49.45d	43.3bc	43.95bc	46.45cd	50.3d	45.9cd	40.15ab	38.2a	37.5a
Al	0.867 5ab	0.927ab	0.846ab	1.019 5b	0.81ab	0.841 5ab	0.577ab	0.410 5a	0.566 5ab

从表6.22可以看出不发病的叶片Mg的含量最高,并且逐渐下降。发病重的叶片Mg的含量最低,8月3日含量最低,说明葡萄的生长后期会消耗大量的Mg。不发病的叶片Al的含

量最高。

从图 6.20 可以看出 7 月 5 日不发病的叶片 Mg 的含量显著高于发病的叶片。7 月 21 日和 8 月 3 日不同发病程度的叶片 Mg 的含量差异不显著。从图 6.21 可以看出不同发病程度的叶片 Al 的含量在霜霉病发生的各时期差异均不显著。

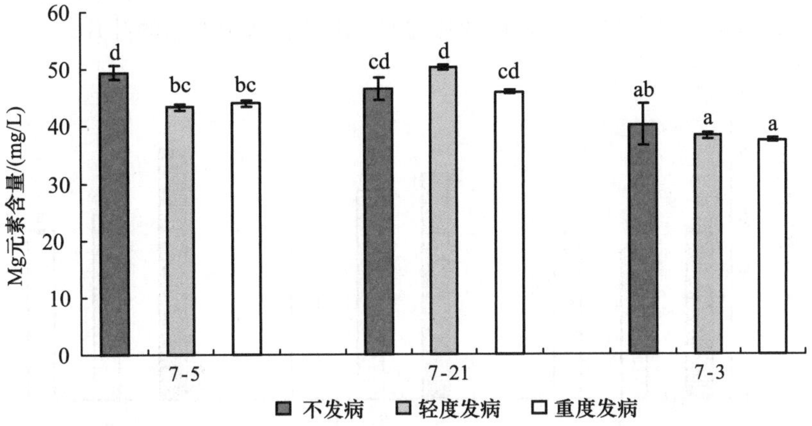

图 6.20 **2010 年各时期不同霜霉病发病程度叶片 Mg 的含量**

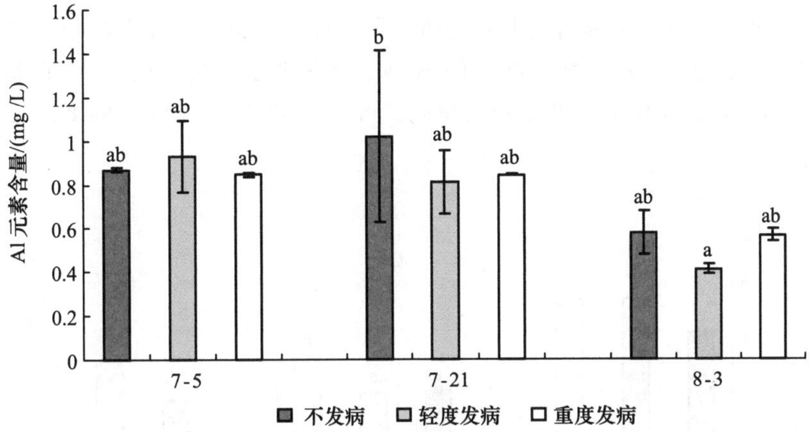

图 6.21 **2010 年各时期不同霜霉病发病程度叶片 Al 的含量**

叶片中的 Ca/K、K/Mg 与霜霉病发生程度之间的关系如表 6.23 所示。

表 6.23 **不同发病日期和发病程度的叶片 Ca/K、K/Mg 比较**

矿质元素	7-5			7-21			8-3		
	零	轻	重	零	轻	重	零	轻	重
Ca/K	1.415bc	1.24a	1.25a	1.865e	1.72d	1.66d	2.07f	1.53c	1.395b
K/Mg	2.567 3c	2.898 1e	2.878 2e	2.035 5a	2.007 9a	2.352 9b	1.942 5	2.310 1	2.756 7d

从表 6.23 可以看出不发病的叶片 Ca/K 最高，随着葡萄的生长，比值逐渐变大。7 月 5 日

和7月21日发病轻的叶片和发病重的叶片的Ca/K差异不显著。不发病的叶片K/Mg最低，随着葡萄的生长，比值逐渐降低。7月21日和8月3日发病轻的叶片的K/Mg显著低于发病重的叶片。

从图6.22可以看出在霜霉病发生的前期7月5日，不同霜霉病发病程度叶片的Ca/K差异不显著，在霜霉病发生的中期7月21日，不发病的叶片的Ca/K显著高于重度发病的叶片。在霜霉病发生的高峰期8月3日不发病叶片的Ca/K显著高于发病的叶片。

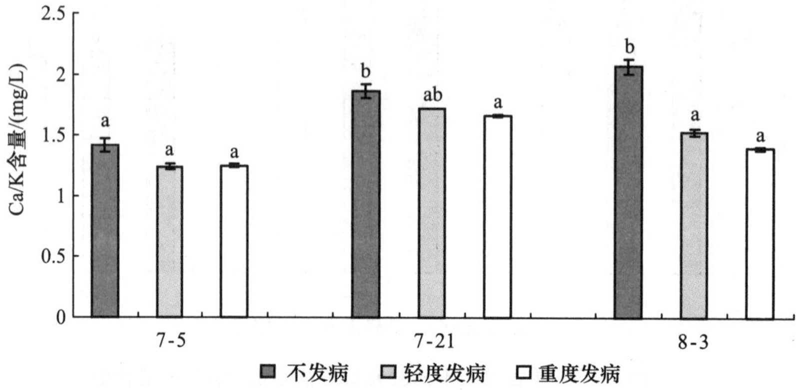

图6.22　2010年各时期不同霜霉病发病程度叶片Ca/K的含量

从图6.23可以看出在霜霉病发生的初期7月5日不发病的叶片K/Mg显著低于发病的叶片，在霜霉病发生的中期不发病的叶片的K/Mg显著低于发病重的叶片，在霜霉病发生的高峰期，不发病的叶片的K/Mg低于轻度发病的叶片，轻度发病的叶片的K/Mg低于重度发病的叶片。

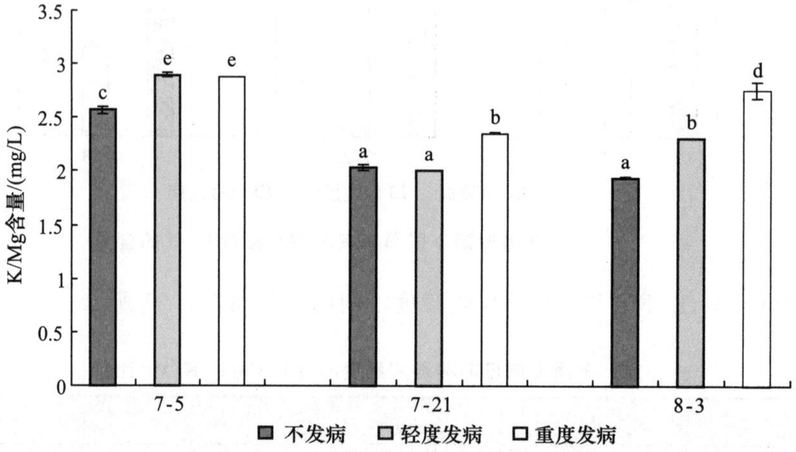

图6.23　2010年各时期不同霜霉病发病程度叶片K/Mg的含量

李健和与刘淑欣(1997)的研究结果表明秋锦苹果的苦痘病果与健果的矿质元素含量不同，苦痘病果实的Ca含量低于健果，苦痘病果N、P、K、B含量及N/Ca、K/Ca、B/Ca、P/Ca均高于健果，N/K、N/P和K/P差异不明显。刘淑欣和熊德中(1993)的研究结果表明，葡萄黑痘病的感染率和严重度与叶片全 K 量呈极显著负相关，与叶片 N、K 比值呈极显著正相关。幼果膨大期至着色期叶片中氮素含量变化不大，但采果后则明显上升，施用磷肥（过磷酸钙）可大大提高土壤的供钙能力，各处理叶片的钙含量明显增高。秦嗣军和王铭（2001）研究发现，葡萄成熟期浆果中钙离子含量减少了 50%。在采果前 10 d 喷施 Ca 减少了浆果的腐烂。他们还发现双优山葡萄叶柄内矿质元素在生长季节内呈现出规律性变化。N、K 整体呈下降趋势。N 前期下降明显，K 中后期有所回升，采果后又趋于下降。P、Mg 在生长季内变化较小。Ca 元素含量在生长期内一直呈上升趋势，具体原因有待于进一步试验研究。Fe 在生长季内交替变化，总体上处于不断积累状态，Zn 也呈交替变化。不同矿质元素都有相对稳定的时期。葡萄矿质元素的含量与营养之间关系方面的研究文献相对较多，而矿质元素含量与葡萄抗病性之间的研究较少。本次试验结果表明：葡萄霜霉病发病时期、发病程度和两者交互项都存在显著或极显著差异的叶片营养元素有 Mn 和 Ca。叶片营养 Mn：从发病程度看，葡萄霜霉病发病重的叶片 Mn 含量高；从发病时期看，7 月下旬叶片 Mn 含量高发病重；由两者交互作用看，在 7 月下旬葡萄叶片 Mn 含量高，葡萄霜霉病发病相对较重。叶片营养 Ca：从发病程度看，葡萄霜霉病发病重的叶片 Ca 含量低；从发病时期看，8 月上旬叶片 Ca 含量低，发病重；由两者交互作用看，在 8 月上旬葡萄叶片 Ca 含量低，葡萄霜霉病发病相对较重。葡萄霜霉病发病时期和发病程度两者存在极显著差异的叶片营养元素为 K。从发病程度看，葡萄霜霉病发病重的叶片 K 含量高；从发病时期看，7 月下旬和 8 月上旬叶片 K 含量高，发病重。仅葡萄霜霉病发病程度存在显著或极显著差异的叶片营养元素有 Mg 和 Al。不发病的叶片 Mg 和 Al 的含量最高或者说葡萄霜霉病发病程度的提高与叶片的 Mg 和 Al 含量成反比关系。葡萄霜霉病发病时期、发病程度和两者交互项三者都不存在显著差异的叶片营养元素是 Fe、Zn、Cu 和 Na。这说明叶片营养元素 Fe、Zn、Cu 和 Na 与葡萄霜霉病的发生和发展关系不明显或看不出关系。叶片中的 Ca/K 越大，葡萄霜霉病的发生程度越轻。并且该比值随着葡萄的生长逐渐变大。叶片中的 K/Mg 越小，葡萄霜霉病的发生程度越轻，并且该比值随着葡萄的生长逐渐变小。

6.4.2.5 结论

新疆伊犁地区红地球葡萄的主要病虫害有霜霉病、褐斑病、毛毡病等。褐斑病的发病时间最早，一般在 6 月上旬开始发病，7 月上旬至 8 月初为褐斑病的发病高峰期。霜霉病的发病随降水的多少而变化，一般在 6 月中旬即花期后开始发病，7 月中下旬至 8 月上旬是发病的高峰期，由于正处于葡萄成熟的关键时期，霜霉病的发生会严重影响葡萄的产量和品质。毛毡病是一种螨害，由绣壁虱引起，影响葡萄叶片的光合作用，一般在 7 月中旬开始发病，8 月上旬达到发病的高峰期。

生草是果园土壤管理的一项重要技术，生草能有效利用葡萄的行间空地，增加湿度，保持水土，提高果实品质。有关生草与果实品质之间的研究较多，但是与病虫害发生程度之间关系的研究较少。2009 年和 2010 年两年的霜霉病、褐斑病和毛毡病 3 种病虫害的发病程度并不相同。两年间霜霉病的发生有显著性差异。在降水较多的 2010 年，霜霉病的发生程度显著高于 2009 年。霜霉病的发生与降水成正比，因此种草会加大田间的湿度，加大霜霉病的发生。在褐斑病发生较轻的年份（2009 年）在有机葡萄行间种植紫花苜蓿或白三叶对病害有一定的控制作用，而在降雨相对较多病害发生相对较重的年份（2010 年）则会加重病情。对于葡萄毛毡病，尽管两年的发病程度不同，但都表明在有机地块行间种植紫花苜蓿或白三叶对该病有一定的控制作用。在干旱年份生草对生理病害——水罐子病有显著的控制作用。

2009 年生物药剂药效试验结果表明，在霜霉病发病的前期的预防阶段：竹醋液 300 倍、氯化钙 500 倍＋竹醋液 500 倍、高锰酸钾 500 倍、竹醋液 300 倍＋米醋 500 倍对其的防治效果较好；在霜霉病发病的高峰期：竹醋液 300 倍、波尔多液 200 倍、高锰酸钾 500 倍对霜霉病有一定控制作用。综合来看：竹醋液 300 倍和波尔多液 200 倍对霜霉病的防治效果相对较好。

2010 年试验结果表明：卫保 500 倍液、米醋 200 倍液、竹醋液 300 倍液、波尔多液 200 倍液、儿茶素 600 倍液和竹醋液 500 倍＋米醋 300 倍液 6 种药剂处理的效果相似，但是在霜霉病发生的高峰期波尔多液 200 倍液处理的防治效果相对较好。

葡萄霜霉病发病时期、发病程度和两者交互项都存在显著或极显著差异的叶片营养元素有 Mn 和 Ca。叶片营养 Mn：从发病程度看，葡萄霜霉病发病重的叶片 Mn 含量高；从发病时期看，7 月下旬叶片 Mn 含量高发病重；由两者交互作用看，在 7 月下旬葡萄叶片 Mn 含量高葡萄霜霉病发病相对较重。叶片营养 Ca：从发病程度看，葡萄霜霉病发病重的叶片 Ca 含量低；从发病时期看，8 月上旬叶片 Ca 含量低，发病重；由两者交互作用看，在 8 月上旬葡萄叶片 Ca 含量低，葡萄霜霉病发病相对较重。葡萄霜霉病发病时期和发病程度两者存在极显著差异的叶片营养元素为 K。从发病程度看，葡萄霜霉病发病重的叶片 K 含量高；从发病时期看，7 月下旬和 8 月上旬叶片 K 含量高，发病重。

仅与葡萄霜霉病发病程度存在显著或极显著差异的叶片营养元素有 Mg 和 Al。不发病的叶片 Mg 和 Al 的含量最高或者说葡萄霜霉病发病程度的提高与叶片的 Mg 和 Al 含量成反比关系。

葡萄霜霉病发病时期、发病程度和两者交互项三者都不存在显著差异的叶片营养元素是 Fe、Zn、Cu 和 Na。这说明叶片营养元素 Fe、Zn、Cu 和 Na 与葡萄霜霉病的发生和发展关系不明显或看不出关系。

叶片中的 Ca/K 越大，葡萄霜霉病的发生程度越轻。并且该比值随着葡萄的生长逐渐变大。叶片中的 K/Mg 越小，葡萄霜霉病的发生程度越轻，并且该比值随着葡萄的生长逐渐变小。

6.4.2.6 讨论

1. 生草对伊犁地区主要病虫害发生的影响

在有机生产中，由于不允许使用任何化学合成农药，这对防治葡萄病虫害带来了一个棘手的问题。改善果园环境条件，提高果树的免疫力是国内外公认的治理病虫害的根本措施。许多试验表明，在良好的生态条件下，再配合必要的农业、生防和物理防治措施，可以达到稳定持久的控害保产作用。我国目前现行的果园土壤耕作管理措施主要是清耕法，清耕的面积占果园总面积的 90%以上，果园“生草法”虽然提了好多年，但仍处于试验和小面积应用阶段，只有少量有关苹果、龙眼、柑橘等果园生草的研究报道（惠竹梅等，2004）。Monte 等（1994）研究认为生草对葡萄产量的影响不显著。在种植绿肥并适当控制的条件下，树体生长和产量会因土壤肥力的提高、结构的改善而提高。Caspari（1997）认为果园永久性生草使果实含糖量上升，总酸下降，酒石酸/苹果酸上升，总酚花色素含量增加，并使氮化物含量有所减少。本研究在新疆伊犁特定的气候和农事管理条件下，从改善葡萄架下植被覆盖和生态条件入手，探讨了生草与当地葡萄主要病虫害发生与为害的关系。本研究表明：葡萄行间生草能充分利用行间空地，起保温保湿的作用，能够提高葡萄的品质，生草还可以降低葡萄毛毡病和水罐子病的发病。其中原因是生草增加了害虫天敌的种类和数量，如草蛉、七星瓢虫及各种蜘蛛数量增加，整个果园生态环境更为健康。这与 Costello(1998)等的研究相一致，即葡萄园长期生草可增加害虫天敌和减少有害食草昆虫，增加植株和地表生物种类的多样性，也与 Mikulas(1996)报道相一致，即葡萄园生草可增加有益动物和昆虫的数量。对于霜霉病等病害，调查发现在降水较多的年份，行间生草会增大果园湿度，加重病害的流行和传播，提高发病率和发病程度。因此，研究在有机管理的条件下，尤其是在生草条件下葡萄霜霉病如何综合防治应该是未来需要研究解决的重点问题。

2. 几种生物农药防治葡萄霜霉病的效果

目前适用于有机生产的药剂很少，能够有效防治葡萄霜霉病的药剂更少。本研究表明，波尔多液是防治霜霉病的特效药剂，持效期较长，经过试验发现，其处理过的葡萄霜霉病发生较轻，并且持效期可以达到 10 d。在降水量较少的年份或在葡萄霜霉病发生较轻的情况下使用竹醋液或高锰酸钾可以有效减少霜霉病的发生，但其持效期较短，一般在 5 d 左右。故进一步研究和寻找适用于有机葡萄霜霉病防治的生物农药应是未来研究的重点。

3. 矿质元素与葡萄霜霉病发生程度之间的关系

葡萄矿质元素的含量与营养之间关系方面的研究文献相对较多，而矿质元素含量与葡萄抗病性之间的研究较少，试验结果表明，Ca 元素含量越高，葡萄霜霉病发生越轻，K 含量越高，霜霉病发生越重，葡萄霜霉病的发生程度与 Ca/K 呈正相关，与 K/Mg 呈负相关。有关的机理尚待研究。

参考文献

晁无疾. 2008. 国内外葡萄产业现状与发展趋势. 第十四届全国葡萄学术研讨会会议论文. 11-14.

陈娇，代光辉. 2002. 58 种植物提取液对葡萄霜霉病菌的抑菌活性筛选研究[J]. 天然产物研究与开发，14(5)：9-13.

陈树俊. 2008. 葡萄的营养与保健[J]. 食品开发，10，18.

陈卫民，焦子伟，宋红梅. 2007. 新疆伊犁河谷红地球葡萄病害的发生与防治[J]. 新疆农业科学，44(1)：91-95.

陈宇飞，文景芝，李立军. 2006. 葡萄灰霉病研究进展[J]. 东北农业大学学报，37(05)：693-699.

顾沛雯，李玉鼎. 2003. 葡萄无公害(绿色食品)生产中的病虫害防治[J]. 宁夏农学院学报，24(04)：38-40.

郭金英，张艳芳. 2010. 有机葡萄栽培病虫草害的防治[J]. 中外葡萄与葡萄酒，(6)：34-35.

郭岩彬，焦子伟，陈勇，等. 2008. 新疆伊犁河谷绿色有机食品生产关键技术研究思路[J]. 新疆农业科学，45(S3)：72-76.

侯保荣，张群. 1998. 新疆葡萄褐斑病的研究[J]. 新疆农业大学学报，2(1)：65-68.

胡建芳，廖康. 2008. 葡萄园艺工培训教材[M]. 北京：金盾出版社.

胡建江，李伟. 2006. 葡萄霜霉病的发生规律及防治措施[J]. 农村科技，(07)：27-28.

胡永煌. 2002. 竹炭、竹醋液生产技术及应用开发研究进展[J]. 林产化学与工业，22(3)：79-82.

惠竹梅，李华，张振文. 2004. 行间生草对葡萄园微气候和葡萄酒品质的影响[J]. 西北农林科技大学学报,(20):116-119.
惠竹梅,张振文,等.2003.葡萄园生草制的研究进展[J].陕西农业科学,(01):22-25.
姬浩,陈勇,秦玉川,等.2011.新疆伊犁河谷地区葡萄园生草对有机红地球葡萄主要病虫害的影响[J].新疆农业科学,48(6):1089-1097.
姬浩,秦玉川.2010.新疆伊犁地区鲜食有机葡萄主要病虫害及其防治[J].公共植保与绿色防控.北京:中国农业科学技术出版社.
蒋新龙.2004.竹醋液的生产和应用[J].竹子研究汇刊,23(2):35-37.
孔庆山.2004.中国葡萄志[M].北京:中国农业科学技术出版社.
李蓓.2010.新疆科研工作者联手阻击葡萄病虫害[J].新疆科技报(汉)04-02.
李港丽.1987.几种落叶果树叶内矿质元素含量标准值的研究[J].园艺学报,14(2):81-89.
李港丽,苏润宇,沈隽.1987.几种落叶果树内矿质元素含量标准值的研究[J].园艺学报,14(2):81-89.
李华,李甲贵,杨和财.2009.改革开放30年中国葡萄与葡萄酒产业发展回顾[J].现代食品科技,25(04):341-347.
李健和,刘淑欣.1997.葡萄抗病性与N、K营养的关系[J].福建农业大学学报,26(3):323-327.
李永翔,杜相革.2008.有机葡萄生产中葡萄霜霉病发生规律及药剂防治效果研究[J].中国农学通报,(06):366-369.
廖康.2002.新疆葡萄生产现状和发展方向[J].新疆农业大学学报,25(04):54-56.
刘淑欣,熊德中.1993.磷钾营养与葡萄产量、品质及抗病性的关系[J].福建农学院学报,22(2):203-207.
刘晓菊.2010.葡萄褐斑病的发生与防治方法[J].北方园艺,(1):190-191.
马建义,童森淼,王品维,等.2009.竹炭加工副产物的综合利用与产业化展望[J].竹子研究汇刊,28(1):1-5.
慕康国,赵秀琴,李建强.2000.矿质营养与植物病害关系研究进展[J].中国农业大学学报,5(1):90-94.
潘明启,杨承时.2002.新疆葡萄生产的现状、存在问题及建议[J].宁夏科技,(01):19,15.
皮里东.2005.伊犁种植鲜食、酿酒葡萄气候适宜性分析[J].新疆农业科学,42(增):60-63.
秦嗣军,王铭.2001.双优山葡萄叶柄内矿质营养动态变化的研究[J].吉林农业大学学报,23(4):47-50.
秦煊南,陈兰华.1996.葡萄叶片叶柄N、P、K含量及其季节变化的研究[J].西南农业大学学报,18(1):65-67.
秦永权,张铁林.2008.新疆伊犁地区葡萄主要病害的综合防治技术[J].中外葡萄与葡萄酒,(4):40-41.
秦玉川,吴文良,焦子伟,等.2008.绿色-有机果品类植保技术[J].新疆农业科学,45(S3):128-133.
生吉萍,申琳,吴文良,等.2008.伊犁地区绿色-有机葡萄保鲜贮运关键技术问题与对策[J].新疆农业科学,45(S3):89-92.
宋红梅,章建新.2007.新疆伊犁河谷红地球葡萄产业化现状[J].中国农业信息,(06):20.

谭向勇,辛贤.2001.中国重要农产品市场分析[M].北京:中国农业出版社.
仝月澳.1980.果树营养诊断讲座(一)[J].落叶果树,(2):50-54.
王海波,王宝亮.2010.我国葡萄产业现状与存在问题及发展对策[J].中国果树,11(06):69-71.
王晋.2010.法国有机葡萄园数目每年增长25%.华夏酒报,03-08.
王文选,徐英卓,陶丽珠.2003.有机食品巨峰葡萄栽培技术[J].中外葡萄与葡萄酒,(4):39-41.
王小艺.2000.中国植物源杀虫剂的研究与应用[J].世界农业,(12):30-32.
王晓梅,崔坤.2007.保护地有机葡萄病虫害综合防治技术[J].北方园艺,(03):99-100.
王旭东,于振文,樊广华.2000.钾素对小麦品质和产量的影响[J].山东农业科学,(5):16-18.
王忠跃,李兴红.2010.有机农业及有机葡萄病虫害防治[J].现代农业科技,(15):206-210.
夏木西丁·库尔班,肖克来提·热合买.2006.红地球毛毡病防治技术[J].新疆农业科技,(5):33.
熊绵平,曹美林.2007.伊犁垦区红提葡萄病虫害综合防治措施[J].新疆农垦科技,(1):31-32.
修德仁.2004.鲜食葡萄栽培与保鲜技术大全[M].北京:中国农业出版社.
薛德乾.2009.近年来葡萄白腐病重发原因及其防治对策[J].江西农业学报,21(8):114-115.
杨江山,常永义,王鑫.2010.葡萄园不同覆盖对红地球果实品质的影响[J].中外葡萄与葡萄酒,(3):26-28.
杨新辉.2009.葡萄毛毡病的发生与防治[J].新疆林业,(6):25.
叶方.2000.致富信息[J].陕西林业,2,38.
袁文金,马德英.2007.我国植物源农药研究进展.新疆农业科学,44(6).
张建伦.2006.新疆葡萄产业发展探析.石河子大学学报,8(04).
张志勇,邱海龙.2006.叶分析在葡萄营养诊断及施肥中的应用[J].中外葡萄和葡萄酒,3,17-21.
赵胜建,郭紫娟,马爱红.2007.有机葡萄生产现状、存在问题及发展前景.葡萄产业化与标准化生产.第十三届全国葡萄学术研讨会论文集.
赵胜建,郭紫娟,马爱红.2008.中美鲜食葡萄产业比较分析和启示.第十四届全国葡萄学术研讨会会议论文,38-41.
Carsoulle J. 1997. Permanent grassing of vineyards, influence on the wine production[J]. Progress Agricole et Viticole, 114(4):87-92.
Costello M J, Daane K M. 1998. Influence of ground cover on spider populations in a table grape vineyard[J]. Ecol. Entomol, 23(1):33-40.
Magarey P A. 1990. Phosphatic acid controls *Plasmopora viticola* the cause of downymildew of grape[J]. Australia Plant Pathol, (19):126-127.
Margaryan A A. 1981. 某些葡萄杂种和栽培品种氮素化合物代谢作用同它们的霜害和霜霉病抗性的相关性[J].国外果树科技文摘,34(10):1042-1047.
Marigre D. 1996. Viticultural and physiological behavior of grapevine under different soil mailag Emnt practices. Observations on the Chasselas variety in 1993[J]. Revue-suisse-de-viticulture horticultue(Switzertand), 28(5):303-312.

Merwer-vander. 2000. Developments in Organic Viticulture in South Africa. IFOAM 2000—the world growth organic Proceedings, 6th International Congress of Organic Viticulture Convention Center, Basel, Switzerland, 25-26.

Mikulas J. 1996. Controlled natural green cover in vineyard on sandy soil [J]. Obstbau Weinbau, (33): 7-8, 205-206.

Monte R F, Mathey C A, Quiwga M E. 1994. Comparative efficiency among cultivation system and natural vegetation in irrigated viticulture[J]. Horticultural Argentina, (13): 34-45, 97-98.

Robinson P W, Hodeges C I. 1973. Nitrogen-induced changes in the sugars and aminoacids of sequentially nesscing leaves of *Poa pratensis* and Phatogenesis by *Drechslera sorokinia*[J]. Phytopathol, 63: 1202-1203.

Tilman D. 1998. The greening of the green revolution[J]. Nature, 336(19): 211-212.

Sicher L, Dorigoni A, Stringari G. 1995. Soil management effect on nutritional status and grapevine performonce[J]. Acta Hortic, 383: 73-82.

Speiser B, Bemer A, Taltlrn L. 2000. Control of Downy Mildew of Grapevine with Potassium Phosphonate: Effectivity and Phosphonate Residues in Wine[J]. Biol. Agricul. Hort, 17: 305-312.

Yuen M C. 1993. Postharvest handling of tropical fruits[M]. Proceedings of the International Conference on Postharvest Handling of Tropical Fruit.

第7章

伊犁河流域绿色、有机葡萄保鲜关键技术

葡萄又名草龙珠、欧洲蒲桃、蒲桃、山葫芦等，属于葡萄科(Vitaceae)葡萄属(*Vitis*)的多年生、落叶、藤本果树(何映波，2008；巩洁，2010)，从生态特点和地理分布上划分，可以区分为4个种群：欧洲原生葡萄、美洲种群、圆叶葡萄和东亚葡萄种群(何映波，2008)。葡萄原产于地中海沿岸地区，在世界果树生产中占据重要位置，其栽培面积和产量曾长期位居世界水果生产首位，近年来让位于柑橘、苹果，退居第三位。与发达国家相比，在2000年以前，我国葡萄产业水平仍然较低。进入21世纪以后，随着国内葡萄需求量的不断提高，我国葡萄生产保持着持续快速增长的态势，特别是南方省份，如湖南、广西，通过采用设施栽培等手段，克服了葡萄在南方栽培的技术困难，开始在南方大面积种植。在国家的大力扶持下，一批现代化的酿酒、鲜食和干制葡萄生产基地相继建立，葡萄生产遍及全国。据统计，新疆、河北、山东、辽宁、河南5个产区的葡萄栽培面积占全国的60%，产量可占到66.2%。2001年的统计数据显示，我国葡萄栽培面积为25.29万hm^2，居世界第七位。2007年，我国葡萄栽培面积已跃居世界第五位，年产量位列第三位。到2008年底，葡萄种植面积达到45.13万hm^2，产量也增至715.1万t。

新中国成立之初，我国葡萄品种较为单一，优良葡萄品种屈指可数。新中国成立之后，我国科研人员在新品种的引进和育种方面做了大量工作。20世纪50年代末，原北京农业大学从日本引进了“巨峰”及巨峰系日本大果粒葡萄品种，20世纪80年代末，沈阳农业大学和中国农业科学院郑州果树所等单位有相继从美国引进红地球等一批优良葡萄新品种，从此以后，我国的葡萄品种也日趋丰富起来，现在市场上红、黑、绿等多姿多彩的鲜食葡萄品种和赤霞珠等一批世界著名的酿酒葡萄优良品种，有力地推进了我国葡萄消费的多元化。

世界范围内葡萄鲜食所占的比重约为葡萄总量的20%，其余则用于葡萄的加工。与之相反，我国生产的葡萄70%用于鲜食，鲜食葡萄生产是我国葡萄产业的主体。虽然我国是鲜食葡萄的生产大国，但出口总量仍然较少，2006年出口约10万t，仅占当年世界鲜食葡萄出口总量的2.6%(罗国光，2010)。由于葡萄属于多汁的浆果，在采收、运输、贮藏和销售过程中极易受到机械伤害，并引发微生物病害，因此，鲜食葡萄的采后损耗极其严重。据统计，2002年，我国鲜食葡萄腐烂损耗高达400多万t，占销售总量的37%左右，浪费巨大。

葡萄作为一种浆果，含水量很高，采收后果实生命活动还比较活跃，这为葡萄采后贮藏保鲜造成了一定的困难。我国葡萄贮藏历史悠久，早在南北朝北魏贾思勰所著《齐民要术》一书中就有葡萄贮藏的记载："藏葡萄法：极熟时，全房摘取。于屋下作阴坑，坑内近地，凿壁为孔，插枝于孔中，还筑孔使坚。屋中置土覆之，经冬不易也。"这便是在我国民间普遍使用的阴房挂藏法。除用传统方法贮藏葡萄外，近年我国在微型冷库、保鲜剂、气调保鲜膜等现代贮藏技术也正在迅猛发展：从传统古老的、以自然经济为特征的小规模贮藏方式向传统与现代相结合、以市场经济为特征的大规模贮藏方式转化；从大中城市的销地商业大中型冷库贮藏向产地中小型节能冷库贮藏转化；从传统的控温、控湿保鲜技术向控温控湿、气调加防腐保鲜剂转化；从中粒耐贮品种如龙眼、玫瑰香向大粒耐贮型转化如巨峰、腾稔、黑奥林及欧洲大粒品种意大利、红地球、秋黑等转化；在包装方面柳条筐已被纸箱取代，大纸箱正在被小纸箱取代，高档葡萄箱已经出现。

有机农业是遵照一定的有机农业生产标准，在生产中不采用基因工程获得的生物及其产物，不使用化学合成的农药、化肥、生长调节剂、饲料添加剂等物质，遵循自然规律和生态学原理，协调种植业和养殖业的平衡，采用一系列可持续发展的农业技术以维持持续稳定的农业生产体系的一种农业生产方式。有机食品是有机农业的产物。在有机葡萄贮运保鲜过程中，要求贮藏的葡萄符合有机食品，使用的处理方法和材料符合有机食品的要求。有机葡萄保鲜贮藏与普通葡萄相比最大的差别就是保鲜剂的使用。在化学保鲜剂普通鲜食葡萄保鲜过程中具有不可替代的作用，这对有机葡萄的贮藏提出了挑战，各种绿色保鲜方法的研发将成为今后该领域所重点关注的内容。另外，基于有机葡萄的特殊性和消费群体，目前在我国较少采用的气调冷藏库也可以在有机鲜食葡萄的保鲜贮藏中发挥重要的作用。

无论是运输保鲜还是贮藏保鲜，都是为了延缓采后的呼吸作用，延缓衰老变质。要贮藏好葡萄，首先要解决如何生产好葡萄和选到好葡萄，然后依据葡萄采收生理活动的规律创造最佳的贮藏环境，其中包括温度、湿度、气体、微生物等，通过合理调控葡萄采后的生命活动，达到延缓衰老、延长贮藏和销售期的目的。同时葡萄采后的贮运保鲜也存在二次污染问题，因此也要解决好包装等保鲜材料的无公害化、绿色化问题。

新疆是我国最早种植葡萄的地区，早在两三千年前便已经开始，由于地理环境和气候条件非常适于葡萄栽培的原因，新疆地区拥有我国最为丰富的葡萄种植资源，600 多个品种，无核白、马奶子、百家干、木纳格、黑葡萄、和田红、喀什哈尔、粉红太妃等均为新疆葡萄的著名品种。新疆作为我国葡萄的重要产区 2011 年葡萄产量达 50 万 t，其中伊犁州地处新疆西部，幅员辽阔，水土光热资源丰富，全州地表水年径流量占全疆的 41%，水能蕴藏量占全疆的 37%，具备良好的葡萄栽培条件，为全疆葡萄重要产区。伊犁州鲜食葡萄代表品种为红地球葡萄，该品种原产美国加利福尼亚州，属晚熟耐贮品种，适宜在干旱、半干旱，有灌溉条件、土壤 pH 值 5.5～7.5 的地区栽培，20 世纪 80 年代引入我国以来已发展成为我国鲜食葡萄第二大主栽品种。伊犁河谷最早于 1995 年开始引种，经中国科学院专家论证该品种在伊犁河谷的品质表现与原产地几乎相同，具有较强的市场竞争力，从 1998 年该品种开始在伊犁河谷西四县（市）大面积种植，目前伊犁河谷红地球葡萄种植面积已发展到近 10 万亩，成为我国最大的红地球葡萄种植基地。该区自然资源优越，生产的红地球葡萄品质好，具有较强的市场竞争力，红地球葡萄栽培技术水平在国内处于领先地位，红地球葡萄产业已成为伊犁州直支柱性特色产业（生吉萍等，2008）。

伊犁河谷独特的自然环境为发展绿色农业、有机农业提供了得天独厚的优势条件。新疆地区还是我国葡萄种质资源最丰富的地区，十分适合大力发展鲜食有机葡萄的栽培。葡萄果实属难于贮藏的浆果，采后损失是制约产品推广和销售的主要因素。因此，有机葡萄的保鲜贮藏必须与栽培同步进行方能稳固这一产业在该地区的发展。有机食品因其特有的性质其产品要求又与普通的鲜藏食品有所不同，使得有机鲜食葡萄的保鲜贮藏技术于普通鲜食葡萄既有渊源又有差异。为了维持并提升葡萄作为农产品商品的固有价值，现代化的贮藏手段和现代保鲜技术的运用将是未来有机葡萄保鲜贮藏发展的主要趋势。

7.1 影响有机红地球葡萄保鲜贮藏的因素

影响葡萄浆果贮藏性能和贮藏效果的因素有很多，这些因素可以分为两类：一类是葡萄本身在贮藏方面所具有的特点，如品种、果树生长情况、果实健康情况等，即内因；另一类是贮藏者为贮藏葡萄而选择的贮藏环境和条件，即外因。葡萄本身所具有的贮藏品质从根本上决定了果实的贮藏效果，也决定了贮藏所要选择的环境条件，必须予以高度的重视。

7.1.1 红地球葡萄品种的耐贮性能分析

不同种和品种群的葡萄由于起源地和成熟期不同导致在生长和生理性状以及果实品质特点各方面都具有很大的差异，这些差异也使得其在耐贮性方面有很大不同。耐贮品种和不耐贮品种的贮藏时间、贮藏效果和贮藏条件控制上有很大差别。广泛栽培的鲜食品种大体归属两个种，即欧洲种和美洲种。红地球葡萄属于欧洲种脆肉类中晚熟品种。这类品种的葡萄起源于西亚和地中海沿岸，那里的生长期气候干燥少雨，抗寒、抗病力较差，耐干燥，不耐潮湿，要求贮藏环境相对比较干燥，湿度比较低，果皮较厚、韧性强，不易碰伤、压伤，果实贮藏期间呼吸强度较低，采摘较晚使得物质积累较多，总体来说适于进行长期贮藏。但贮藏期间应考虑防止冻害、病害和失水的问题。

7.1.2 果树生长情况与红地球葡萄贮藏性能的关系

果实的健康与果树的生长状况密切相关，同一品种不同长势，或同一颗果树不同部位的果实之间的贮藏性能是有差别的(修德仁，2007)。

1. 树龄和树势

树龄影响浆果的品质和耐藏能力。一般来说，幼树、生长过旺的徒长树和衰老树的果实品质均较差，可溶性固形物含量低，浆果的耐贮力也较弱。据调查，3～5 年生红地球葡萄含糖量为 9%～11%，且上色差，味酸；6 年以上含糖量为 13%～15%，且上色程度较好，味甜。所以幼树结的果实一般品质差，耐住性能差。

进入盛果期的树，生长势的强弱也影响着果实的品质及耐贮能力。树体生长势弱，肥水管理跟不上，势必影响浆果色泽、风味，耐贮能力也降低；树势过强、营养生长过旺，枝条生长与浆果竞争养分，也会造成浆果缺乏营养，使浆果色泽和风味变劣，贮藏力下降。只有生长势中庸的树体，果实生长平稳，果肉组织致密，果粉及果皮致密且厚，有机物质积累多，可溶性固形物含量高，因而浆果的品质和贮藏能力强。

2. 结果部位

同一株树上不同部位的浆果，其颜色、化学成分、含糖量和贮藏能力均不同。着生在架基部斜面上的浆果，其颜色差，果粉及果皮薄，果皮结构松散，浆果糖度低。而在水平面上的果穗，颜色好，果粉果皮较厚，而且有韧性，浆果含糖量也高。对5年生大棚架栽植的龙眼葡萄和4年生大棚架栽植的巨峰调查表明，在距地面越近的斜面上，光照越差，上色越慢，浆果含糖量越低；而在水平面上，越靠近稍端的葡萄穗，光照条件越好，上色越好，糖度越高。红地球葡萄也呈相同的趋势。

7.1.3 采前技术因素与红地球葡萄贮藏性能的关系

优质葡萄才能获得良好的贮藏效果，而优质的栽培技术则是生产优质葡萄的先决条件，因此对葡萄贮运保鲜具有至关重要的影响。生产实践证明，不良的栽培条件是导致贮藏失败的重要原因，贮藏期间出现裂果、干梗，果梗及果粒药剂伤害、腐烂、脱粒等往往与不当栽培措施有关。

7.1.3.1 土壤与水肥管理

1. 土壤

土壤性质直接影响着果实的产量和质量。葡萄对土壤的要求并不严格，可以在酸性、碱性和中性的土壤中生长，但以中性土壤中生长的葡萄品质最为良好，而在偏酸性或偏碱性的土壤中易造成植株生长衰弱，品质降低，病害严重。因为土壤酸碱性会影响果树对土壤中营养物质的吸收和利用。土壤呈酸性，会引发缺硼，易患小粒病、水痘病等；土壤呈碱性，易引发叶片缺铁，使叶片变黄减少。葡萄最适宜的pH值为6.8～7.3。

土层深厚、土质肥沃有利于根系生长，也有利于果实的发育。但并非土质越肥沃，果实越硕壮贮藏效果就越好。在瘠薄干旱的土壤上，葡萄果粒虽小，但颜色好，糖度高，果皮厚，耐贮藏。而在土层深厚的土壤上，果粒虽大，却颜色差，糖度低且不耐贮藏。一般情况下，沙质土壤上的葡萄糖度高，颜色好，耐贮藏；而黏土上的葡萄糖度低，颜色差，耐贮性差。

因此为了获得优质果实，除选择适宜的土壤建园之外还需经常进行深翻扩穴、调节土壤酸碱度等工作，以维持果树的良好生长环境。

2. 肥料

科学施肥是保证葡萄树体和果实健康的关键，同时也对采后贮藏具有重要的作用。在葡萄生长过程中应注意增施有机肥和合理使用化肥。只有在适宜营养条件下生长的葡萄，才有优良的品质，耐贮藏和运输，否则果实易出现采后生理失调。氮肥是保证葡萄产量的重要元素，但过量施用氮肥会造成葡萄颜色差，使采后的葡萄呼吸强度大，代谢旺盛，在贮藏过程中糖酸含量及硬度下降，加快了果实的衰老。葡萄是“嗜钾素植物”，浆果上色始期追加硫酸钾、草木灰或根外追施磷酸二氢钾(0.1%～0.3%)，可使果粒饱满风味好，果梗鲜绿，有利于果实增糖、增色和提高果实品质，果实贮藏效果好。在此期间如追施尿素，果实在贮藏中果粒约50%以上失水变软，果梗大部分褐变，且腐烂率高。磷、钾充足能促进果实成熟度一致、着色早，果粉能充分形成，果实含糖量高。据大量试验结果表明，上色始期追施钾肥，可提高果实含糖量

0.5%～1.5%。

3. 水分

土壤的水分状况是影响果实生长、果实大小、果实品质及贮藏能力的重要因素。旱地果园增加浇水可以提高产量，促进果粒增大，提高坐果率，果实含水量增大，果实颜色鲜艳。山地葡萄一般产量较低，但果实风味浓厚，糖分高，耐贮性强。水地葡萄产量高，但风味差，糖度低，果皮薄，耐贮性差，尤其是采前大量浇水，葡萄品质明显降低。适宜水分管理措施是：前期浇足水，中期浇小水，后期要控水。

在葡萄建园时，还要考虑地下水位情况。在地下水位过高的地块，果粒大，产量高，淡味着色差，不耐贮藏。同时，由于地下水位过高，土壤水分过多，易形成根系缺氧，致使根系生长发育不良，严重的地块还会造成根系腐烂。

7.1.3.2 **树体管理**

树体管理的各项措施均在不同程度上影响着果实产量、品质及贮藏能力。

1. 修剪

剪枝：合理修剪枝条和叶片能调节树体生长与结果的关系，通过加强树体通风透光加强叶片的光合作用，从而促进果实物质积累，使果实着色好，糖分高，品质好，耐贮藏。葡萄过分强调极短梢修剪，大量的减少枝叶量，光合作用会相对减少，有机物质积累少，单位面积光合产量低，不能充分利用光能。同时，果实着色能力下降，上色虽好，但品质差，并且糖度低，酸度大，不耐贮藏。但如果修剪时，单位面积上枝叶量过大，就会不利于通风透光，致使果粒小，果穗上色差，糖度低，也不利于贮藏。所以，葡萄的修剪要因树势和栽培密度进行，采取中短梢和极短稍结合使用，使叶片以地面产生晃动的光斑为准。

疏花、疏果和摘心：修剪花穗和果穗可以调节果实各部分的生长平衡，使果实获得足够的营养，因此疏花疏果和摘心也会间接影响果实的贮藏性能。花前摘心不及时会导致果皮细胞分裂与果肉细胞分离速度的不均衡而引起采后的严重裂果。疏花、疏果则可以保证叶、果的适当比例，调整好生长与结果的关系，以保证果粒的增大和品质优良。一般来说，每个果实分配到的叶片数越多，含糖量就会越高，耐贮性增强。同时一穗葡萄上恰当的果实密度可以保证每颗果实都有充足的生长空间和良好的通风环境，降低因果实密度过大果实相互接触造成的破粒、畸形粒的比例，并减少果实病害的发生。

2. 树体负载量

树体的产量直接影响浆果的品质。从产量过高的葡萄园采收的葡萄用于贮藏，贮藏效果往往不佳，甚至导致失败。结果量过大，不仅引起大、小年，还会降低品质，如颜色差，糖度低，果粒小，耐贮性差。即使在推迟采收期的情况下，也不能达到理想的色泽和糖度。高产园常出现“赤熟”现象。表现是：上色差、含糖量低，采收时果粒皱缩，软化无弹性，甚至落粒，或者果穗下部果粒变软，糖低酸高，出现“软尖”。适当降低亩产量，保证果实质量，是搞好葡萄贮藏的重要保证条件。用优质果贮藏不仅好果率高，而且贮期也可明显延长。当然结果量过低而果实含水量、含氮量均高，糖度低且不耐贮藏。果实含糖量低于13%的高产葡萄几乎失去贮藏的商品价值。因此，树体的适宜结果量不仅能维持适宜的高产，还能保证优质、增强耐贮性。

3. 果实管理

在维持树体适宜负载量的前提下，加强果穗及果粒的管理能力极大程度的提高果实质量。如果实膨大期剪除小粒、青粒和没有授粉的果粒，及时剪除病粒及各种伤粒，防止病菌在贮藏期内传染及其他病菌侵染。

果穗在幼果做果后进行套袋能阻止炭疽病、黑痘病、白腐病的侵染，提高果实质量。具体套袋方法是：生理落花后给果穗套密封的纸袋，防治病虫害的效果很好。在果实上色期，即8月上、中旬，解除纸袋，增加光照，可促进果粉形成、果实着色和糖度升高，使质量得以提高。

果穗套袋对减少农药污染、改善果实的外观品质已众所公认。套袋能提高和延长贮藏期的主要原因：

一是阻隔了田间各种病菌对果实的污染，使入贮后果实所携带的田间病菌量明显下降。很多田间病害也是低温贮藏期间的病害，如灰霉病、炭疽病等。有些病菌在田间危害时通常不危害果实，如霜霉病多以危害叶片为主。但在贮藏条件下，后期叶片霜霉病较重的葡萄园，其入贮后果实上常常潜伏大量的病菌，导致入贮后果梗的干枯。套袋果穗不仅能减轻霜霉病等田间病害的危害，同时对根霉、青霉等贮藏病菌也起到了相当程度的阻隔作用。

二是有助于改善果实风味。过去认为套袋将影响果实的增糖，但实践证明由于葡萄袋透光较多，对于葡萄增糖影响不大。在气候冷凉的地区，套袋的果穗处于温度相对较高的微气候环境状况下，对降低果实内的酸度有显著效果。

三是有助于果实上色。套袋能明显提高果皮对光的反应敏感度，因此，揭袋后果实花青苷合成特别迅速。通常葡萄在揭袋后10～15 d果实着色即超过不套袋果穗，而且上色均匀，色泽鲜亮。

此外，套袋还有防止或减轻田间和采后贮藏期间裂果的作用。

因此，果实套袋可以防病，减少田间带菌量，提高贮藏效果，属无公害贮运保鲜在采前不可缺少的技术环节。由于套袋果实果面光洁鲜亮，明显提高了采收期及贮藏后的销售价格，在日本的葡萄产业几乎所有的鲜食葡萄都进行坐果后的套袋作业。

7.1.3.3 环境因素与贮藏保鲜的关系

1. 温度

葡萄生长季节中温度的高低，特别是6～9月份的温度对浆果的品质及贮藏力影响极大，主要是由于生长期间的温度因素影响到浆果内的物质积累。昼夜温差越大的地区果实的糖分积累越高，这是由于：较高但不超过25℃时的日温，有利于光合作用的进行；而较低的夜温则令果实的呼吸强度降低，从而减少了白天所产生的光合产物的消耗；如此循环有利于光合产物的积累(楚燕木和张国宝，1994)。因此在这种情况下，浆果上色好，糖分高，果粉厚，所得果实有利于贮藏。

2. 光照

葡萄浆果的生长发育过程中需要充足的光照，光照与花青素的形成有密切关系，葡萄有色品种在良好的光照条件下浆果上色早而均匀，且颜色浓、果粉厚，因此果实品质好，耐贮藏。反之在架上枝条过密、叶片过厚的栽培条件下，葡萄上色不好。一般情况下，在晴天多而干旱的年份，果实品质与色泽均好，果实耐贮性也较强。

3. 降水量

葡萄果实生长发育期间，特别是在浆果上色期的降水量多少及降水时间的长短会直接影响果实品质及耐贮能力。长时间降雨还会减少叶片的光合作用时间，浆果中有机物质积累少，一般在多雨年份，尤其是秋季阴雨多的年份，浆果的含糖量会明显降低，味酸而平淡，颜色和香味差，成熟延迟，不耐贮藏。生长期间降雨量过大易产生裂果而导致腐烂。

过多的降雨还会使土壤湿度过大，土壤中空气含量相对减少，根系呼吸作用缓慢，根系吸收能力减弱，从而影响浆果质量。同时，由于土壤湿度过大，土壤中可溶性营养的含量减少，也影响着浆果的质量及贮藏性。此外，降雨量大会增大田间空气的相对湿度，过高的空气相对湿度不仅会使葡萄浆果糖酸含量降低，还对真菌等生长有利，是引起果实腐烂的原因。

7.1.3.4 **病虫害防治与贮藏保鲜的关系**

防治葡萄病虫害是保证葡萄优质高产的重要措施。病虫害严重，直接影响果实品质，如霜霉病危害葡萄叶片，会使浆果成熟期晚，上色延迟，糖度降低。受白腐病、黑痘病危害的果穗，在贮藏前的预冷阶段就可以导致浆果腐烂(巩洁，2010)。

很多葡萄田间病害也同属采后贮运期间的病害，也是贮运保鲜过程中引起腐烂的最主要致病微生物。灰霉病于葡萄开花前开始危害花序，其侵染期在萌芽后 2～3 叶期和开花前的花序分离期。北方地区春季和夏初通常雨水偏少，这两个时期如灰霉感染不仅会导致烂花序的灰霉病的发生，而且灰霉病还会借助花的柱头侵入果内，引起葡萄果实成熟期灰霉病发生，即便成熟期不表现症状，入贮后也会在高温低湿条件下发病(陈星玲等，2003)。霜霉病和炭疽病也会分别在贮藏中引起果实干梗和果粒上出现炭疽病缓慢扩延的情况，前者在入贮后的巨峰上发病在入贮后 2 个月左右；后者在贮后 4 个月左右，如果贮藏温度偏高，则会提前发病(王英姿等，2007)。两种病害大发生期主要在果实成熟期，但也不可忽视花前侵染潜伏的问题。霜霉病大发生引起早期落叶，果实含糖量下降，入贮后 2 个月左右出现裂果；白粉病及采前肥水管理不当引起裂果导致酸腐病等弱寄生菌——醋酸菌、酵母菌的侵染，也会加剧贮藏果的裂果、褐变，为贮藏期间灰霉病大发生和保鲜药剂引起的保鲜剂和气体伤害创造条件(杜兴兰，2008)。因此，采前病虫害防治也是贮藏保鲜的关键技术之一。另一方面，从葡萄无公害贮运保鲜角度，采前病虫害防治好坏、用药是否得当也是最主要的问题。

7.1.4 有机红地球葡萄采后生理与贮藏性能的关系

葡萄果实属浆果，水分含量非常高，采收后果实的生命活动比较活跃，对周围环境因素(温度、湿度、气体、光照、微生物等)亦很敏感。因此，了解葡萄采后生理活动的规律及与环境因素的相互关系，对调控葡萄采后生理活动，延缓果实衰老十分重要。

7.1.4.1 **呼吸作用与贮藏性能的关系**

葡萄采收后，果实仍是活体，其首要生理特征是进行着新陈代谢和呼吸作用。呼吸作用为葡萄果实的正常生活提供能量，但也消耗大量果实中的营养物质并产生大量呼吸热。因此，葡萄保鲜贮藏的核心问题是调控果实的呼吸，减少果实营养损耗，保持果实的品质。

果实的呼吸作用分两类，即有氧呼吸和无氧呼吸。有氧呼吸是果实在有氧气存在的条件下，经过一系列复杂的化学过程，把有机物氧化分解为二氧化碳和水并释放能量的过程，也是果实的主要呼吸类型。无氧呼吸则是在没有氧气存在的条件下进行的生物氧化过程，该过程不能将有机物进行彻底的氧化，因此产物不是二氧化碳而是乙醇、乙醛等有机物，同时释放出的热量比有氧呼吸少得多。由于无氧呼吸的产物不利于果实的贮藏，故而在葡萄贮藏过程中应尽可能地避免或减少果实的无氧呼吸。而有氧呼吸则在贮藏过程中扮演着双重角色(赵丽芹，2006)：

(1) 有氧呼吸是葡萄果实采后具有可贮性的生理基础。水果的耐贮性具体来说指的是果实采后作为一个仍然具有生命活性的个体本身在贮藏环境中的生存能力，其中主要包括保持固有品质的能力和抵抗环境中不良影响因素的自我保卫能力；而呼吸作用则为这些生命现象以及新陈代谢活动的发生和进行提供最基本的能量。因而可以说，没有呼吸作用，就没有葡萄果实采后的可贮性。果实是因为具有呼吸作用方能保持细胞形态的完整和细胞的活力，从而具有了鲜食果品特有的鲜活性，同时也借助于呼吸作用所提供的能量增强对各类伤害的抵抗能力的，如愈伤、抗逆、抑菌等。

（2）有氧呼吸是葡萄果实采后物质消耗和呼吸热的主要来源。呼吸本质都是生命的化学反应，其反应底物是果实中的糖类和有机酸，而这些成分同时也是构成果实营养和风味的最主要的成分。因此，呼吸作用的发生势必导致果实内营养物质的分解，进而使葡萄甜度和酸度下降，降低果实品质。同时有氧呼吸还会释放出大量呼吸热，不利于保鲜贮藏。

（3）葡萄果实的呼吸类型。整穗葡萄果实属于非呼吸跃变型，但就单个果实的不同部位而言葡萄浆果还具有一定的特殊性，有研究表明葡萄浆果的果梗和穗轴中含有大量淀粉和蛋白质颗粒，因而在葡萄成熟过程中果梗和穗轴有明显的呼吸跃变现象，其乙烯释放量为果粒的30～60倍，葡萄果梗的呼吸强度也比果粒的高，有与呼吸跃变型果实相似的呼吸作用高峰，所以果梗是葡萄果穗采后物质消耗的主要部位。在贮藏过程中，穗梗、果梗是否变黄、干缩是检查保鲜效果的重要标志，也是消费者衡量葡萄新鲜程度的重要标志。葡萄果梗和穗轴的这种生理特性，是葡萄保鲜贮藏中果梗“保绿、保脆”难点所在，是葡萄贮藏成功与否的焦点，是葡萄贮藏者要特别关注的问题。

不同的植物的果实生长发育和成熟衰老期间呼吸强度是不同的，葡萄属于呼吸强度较弱的水果，这也是葡萄通过适宜的贮藏手段可以贮存较长时间的生理基础，红地球葡萄属于欧洲种中晚熟品种，其生理耐贮性也正是基于以上原因而优于其他品种的葡萄。

出于呼吸作用在葡萄采后贮藏中的重要性，葡萄采后贮藏的核心问题就是对呼吸作用进行适当调控。不可无呼吸，也不可呼吸过于旺盛是调控呼吸作用的主要原则，因此葡萄采后贮藏期间应当尽力避免无氧呼吸，同时在保持果实生命活性的前提下将有氧呼吸降到最低。要达到这一目的，就必须了解影响葡萄呼吸作用的因素。影响果实采后呼吸作用的因素除了果实本身的特点之外主要是贮藏的环境。

果实本身的特点在前面已经进行了介绍，下面着重介绍贮藏环境对呼吸作用的影响。

1. 温度

降低采后葡萄存放温度，可使其吸收强度会成倍下降。温度从20℃降至10℃，呼吸强度下降1倍以上；而温度从10℃降至0℃，呼吸强度下降2倍以上，可见温度对葡萄的呼吸强度、新陈代谢和贮藏期长短的影响是明显的。如果将采收后葡萄贮放在良好低温环境条件下，葡萄的呼吸作用将处在极微弱状态，果实内的各种营养成分：如果糖、葡萄糖、酒石酸、苹果酸及各种维生素处于缓慢减少状态，则贮藏后的果实基本上保持采收时的色、香、味。因此，在贮藏过程中，特别是贮藏前期，要尽量保持低温，但是并非温度越低越好，应在葡萄不发生冻害的前提下越低越好。

此外，低温贮藏葡萄要特别予以注意的问题是温度波动。低温贮藏过程中温度的波动会引起果实呼吸强度的剧烈变化。当环境温度升高10℃时，果实提高呼吸强度的倍数叫呼吸温度系数（Q_{10}）。由呼吸温度系数的定义方式可以看出，即便是同一个果实这个数值也不是恒定的，而是随着比较温度的变化而变化，一般来说呼吸温度系数是低温下的比值大于高温下的值。这就意味着，在低温贮藏条件下的温度波动对呼吸强度的影响比在高温时要大，也就是说葡萄在低温贮藏条件下，每升高或降低1℃，都会引起呼吸强度剧烈的变化。因此，在低温贮藏过程中要保持低而稳定的温度，这对葡萄保鲜贮藏尤显重要。对保持低而稳定的温度重视不够，会导致葡萄贮藏效果不佳，甚至失败。葡萄保鲜贮藏中一定要关注葡萄呼吸温度系数在低温区与其他果品差异很大的特点。

2. 气体成分

有氧呼吸发生的重要条件是氧气的存在，因此在贮藏过程中补充二氧化碳和降低氧，可抑制葡萄呼吸强度，这是葡萄气调保鲜贮藏的理论基础。空气中的氧气占21%，二氧化碳占0.3%，该气体环境下贮藏的葡萄保鲜期非常短，很快发生果梗变黄、变褐。但若适当降低氧气浓度、提高二氧化碳浓度可以抑制葡萄呼吸作用，并不干扰正常代谢(吴远彬，2006)。

但这不代表贮藏过程中可以无限降低氧气浓度和提高二氧化碳浓度，因为氧气浓度过低会引发无氧呼吸，从而积累乙醇、乙醛等对果实细胞具有毒害作用的物质，称为低氧伤害；而二氧化碳浓度过高则会引发高二氧化碳伤害。并且低氧伤害和高二氧化碳伤害在同时发生的时候具有叠加效应。因此，贮藏环境气体成分的选择对保证良好的贮藏效果是十分关键的。

3. 湿度

湿度并不像温度那样对呼吸有直接的影响，一般来说干燥的环境会抑制呼吸作用，湿润的环境会使呼吸作用加强，其原因在于湿度不同直接影响气孔的开闭。同时湿度过高会引发结露、生霉等一系列其他问题，但湿度过低会加速果实脱水。

4. 逆境伤害

机械伤害、微生物侵染等逆境环境也会加速果实的呼吸作用。因为抵御逆境需要提供额外的能量作为支持。如葡萄出现开放性伤口后氧气消耗增加近1倍，十分不利于保鲜贮藏，同时果实表皮的伤口还给微生物侵染提供了通道，微生物在果实上生长发育，也会促进呼吸作用。因此，在采收、分级、包装、运输、贮藏各个环节，应尽量避免葡萄受机械损伤、微生物污染等各种逆境伤害。

7.1.4.2 水分蒸发作用与贮藏性能的关系

葡萄含水量一般在80%以上，是果实呈现新鲜饱满和脆嫩状态的重要原因，葡萄果实表面的光泽、果实的弹性和硬度均由充沛的水分维系。葡萄采前因蒸发而损失的水分可通过根系从土壤中得到补偿；采收后则难以得到补偿。适度的水分蒸发可使组织的冰点降低，产品对外界机械伤的敏感程度下降，但是果粉失水对葡萄的贮藏是不利的，造成失重并降低葡萄品质。过多的水分蒸发会使正常的呼吸作用受到干扰，破坏能量的正常代谢，还会使叶绿素酶、果胶酶等水解酶的活性增强，造成葡萄穗轴、穗梗和果柄干黄，果粒变软，还会刺激葡萄果中乙烯，造成葡萄抗病性降低，使葡萄穗轴、穗梗、果柄失水，造成干梗和脱粒。

葡萄浆果表面没有气孔，但是果梗上分布着许多皮孔，因此，葡萄体内的水分主要通过穗轴、穗梗以及表皮机械伤口蒸发。一般较耐贮藏的欧洲种葡萄有较厚的角质层，果粉也较厚，果肉致密，通过果皮失水较少。而占葡萄穗重量2%～6%的穗轴、果梗对葡萄失水及耐贮藏性起到重要作用。据测定，经由穗轴及果梗损失的水分占整个果穗蒸发水分的49%～66.5%(高海生和柴菊华，2010)。为减少水分的损失，传统的贮藏方法是“带拐贮藏”，将果穗插入湿墙中，插入萝卜、马铃薯种或蜂蜡覆盖，以此堵塞失水主要渠道或补充穗轴水分。如前所述，红地球品种的果梗上皮孔少、皮孔小，因而贮藏期间相对失水较少。

葡萄果皮组织结构与水分蒸发速度有关，成熟度低的葡萄果表保护组织尚未形成，水分蒸发快，在贮藏中易失水。充分成熟的果实，果皮保护组织完整，水分蒸发也少。果皮薄的品种因环境因素条件、栽培条件不良、果皮组织薄、果梗角质层薄、蜡质层薄、木质化程度低，水分可直接通过果皮、穗梗的失水量将增加。

贮藏过程中的气体伤害会使葡萄失重率大大增加，这是由逆境伤害导致呼吸速率上升从而大量消耗水分引起的。

葡萄从采收到入贮过程中极易受机械损伤，特别是果蒂与果粒交界处的细微伤痕，几乎是不可避免的。这些伤口不仅是新的失水渠道，也极易引起霉菌侵入，导致果实腐烂。

葡萄采后水分蒸发还受贮藏环境中湿度与温度的影响。预冷至0℃的葡萄，贮于0℃饱和湿度的冷库中，此时葡萄内部与外界环境水蒸气压相等，葡萄几乎不失水。如果未经预冷、果品温度是20℃的葡萄，贮于0℃的冷库中，此时葡萄内部的水蒸气压比外界环境的要高，水分会由葡萄内部蒸发到环境中。如果预冷至0℃葡萄贮藏在相对湿度为70%的冷库之中，由于葡萄的水蒸气压大于外界，水分也会从葡萄果实中蒸发到环境中。由此可见，未经预冷的果品贮藏在冷库中其水分蒸发量明显大于经过预冷的果品(楚燕杰和张国宝，1994)。所以，要缩小葡萄与环境之间的水蒸气压差，就应从降低品温和增加环境中的水汽含量着手。此外，贮藏环境的气流速度也是影响葡萄失水的因素。气流可带走果实表面的水分，气流速度也越大，水分蒸发就越强烈。

7.2 有机红地球葡萄的采后损失、贮藏病害及防治方法

葡萄果实的采后损失的主要途径可分为两类：在贮藏过程中用以维持正常生命活动而自然发生的物质消耗和在不良外界条件影响下发生的病害损耗。自然消耗主是葡萄贮藏中不可避免的，应对的方式便是采用低温贮藏、气调贮藏等减慢葡萄新陈代谢速率的方法，尽可能的延缓该进程的发生，从而延长贮藏时间提升贮藏效果；病害是引发葡萄采后贮藏损失的一大主要原因，应努力采取各种方式加以避免。

7.2.1 采后贮藏中的自然消耗

呼吸作用引发的营养物质消耗和蒸腾作用导致的采后失水葡萄乃至所有水果采后自然消耗两大最主要的途径。这两种途径的消耗在采后生理部分已有详细的阐述，此处不再赘述，需要特别指出的是，呼吸损耗和蒸腾作用虽然不会引发贮藏安全和食用安全方面的问题，但如不予以足够重视同样会造成巨大的采后损失。

7.2.2 采后贮藏中的病害

葡萄贮藏病害可分为侵染性病害和非侵染性病害。侵染性病害是由于浆果在采后受到微生物的侵染，破坏果实的组织结构及其化学成分，从而引起腐烂和损失，又称病理性病害。侵染浆果的病菌一般从伤口侵入，并借助机械损伤和生理病变的影响，加剧浆果的腐烂，此种病

害不但会由微生物侵染引发，同时也会经由发病果实传染给健康果实，造成大面积感染，故称为侵染性病害。与此相对，非侵染性病害是不借助病菌侵染而造成的病害，又称生理性病害，主要包括因果实自身营养缺乏或代谢失调导致生理病变和由不良的贮藏环境引发的逆境伤害。

7.2.2.1 生理病害

1. 裂果

裂果是葡萄贮藏过程中最易发生的一种生理病害，多发生在果顶或梗附近。裂果主要是果实内水分太多，膨压太大导致的。采前灌水或成熟期多雨，即使果皮较厚的红地球葡萄在贮藏期间也会发生裂果，随着贮藏期的延长而加重(田勇，2001)。此病应通过栽培措施加以克服。防止贮藏期裂果的主要办法是：花期到果实采收期保持土壤水分均衡，防止忽干忽湿；合理修剪，防止过量结果；实施果实套袋；降雨量大的年份或者生长前期、干旱后期降雨量大的葡萄，应延迟采收与延长预冷时间；搞好田间病害防治，防止霜霉病引起的早期落叶及白粉病等引起裂果的发生，严禁裂果的葡萄入库贮藏；降低贮藏过程中保鲜袋内的湿度；采收及贮藏过程中轻拿轻放，防止挤压、颠簸，包装容量不宜过大，应以不超过 5 kg 一箱为宜。

2. 日烧

日烧是高温强光造成的直接伤害，主要发生在果穗上，是由于果穗缺少荫蔽，在烈日暴晒下，果粒表面灼伤、失水，形成褐色斑块。日烧引起原生质变性，脂类物质溶化，起催化作用的酸失去活性，叶绿素在结构上遭到破坏，从而导致了强光、高温对果实的伤害。发生日烧后，果粒向阳面最初形成淡褐色圆斑，只伤及果皮，果肉只轻微变褐，但不深入。如果病斑逐渐失水，即形成干斑，若遇雨水，即可腐烂。果实在短时间内暴露在高温强光下会很快出现日烧症状，该病主要发生在浆果生长期和临时贮放场所。

日烧病的发病规律是：篱架比棚架发病重；幼果膨大至上浆前天气干旱时发病重；摘心重，副梢叶面积小时发病重；叶片小，副梢少的品种发病重；施氮肥过多的植株，叶面积大，蒸发量也大，则果实日烧病也重；天气从凉爽突然变为炎热时，果面组织不能适应突变的高温环境，也易发生日烧。

对易发生日烧病的品种，夏季修剪时，在果穗附近多留些叶片或副梢，使果穗荫蔽，同时要注意合理施肥，控制氮肥施用过量，避免植株徒长加重日烧，另外雨后注意排水，及时松土，保持土壤的通透性，有利树体对水分的吸收也对避免日烧病有一定作用。

3. 低温伤害

葡萄贮藏期间主要发生的低温伤害是冻害。冻害导致糖度降低，风味变淡，酸度增加，果实也变软，易腐烂，不耐久贮。冻害还导致霉菌的侵染，引起霉变腐烂。冻害及可能发生在田间，也可能因冷库温度低于葡萄冰点温度而引起冻害。在长城以北，极晚熟品种采收期极易遇早霜、轻霜，若持续时间不长，对果穗影响不大；经受重霜或霜冻危害的葡萄不能用于贮藏。冻害的发生主要是低温贮藏的温度控制不好导致的。

4. 褐变

红地球褐变表现为果实色泽发暗，褐变一般是从维管束开始褐变向果肉扩展，与果实中的多酚氧化酶有关。贮藏期应随时注意观察褐变的初始迹象，并及时出库销售。葡萄的褐变有多种因素引起，衰老也是褐变的一种表现，冻害或损伤也能引起果肉的褐变。此外，灰霉病等病菌的侵染，果实贮藏过程中气体不适也会引起果肉褐变。

7.2.2.2 病理病害

果蔬侵染性病害的病原微生物包括细菌、真菌和病毒，但是引发葡萄采后病害的主要病原微生物是霉菌。葡萄采后通常见到的病害有：灰霉引起的灰霉软腐病；根霉引起的黑霉病；黑曲霉引起的黑粉病；交链孢和葡柄霉引起的黑斑病；多主枝孢引起的腐烂；以及青霉引起的青霉病等。芽枝霉、交链孢、葡柄霉、根霉、黑曲霉易在果柄基部发病，葡萄球座菌尽在果皮发病。在18℃以上的温度条件下，根霉发病严重，次之为黑曲霉；10～18℃下黑曲霉发病程度高于根霉和青霉。低温下灰霉和交链孢霉为致病优势病菌，青霉次之（陈星玲等，2003）。

由于气候条件、栽培措施、空气污染以及病原种群生态等诸多因素的影响，每年各地的病害发生与流行是不相同的。另外，不同地区不同栽培品种也存在着差异。因此，葡萄贮藏保鲜时应根据具体情况做出相应的防腐保鲜措施。下面介绍几种主要的贮藏病害。

1. 葡萄灰霉病

由于灰霉菌在－0.5℃条件下仍可生长，因此，它是葡萄低温贮藏中的主要病害，也是鲜食葡萄贮藏中最具毁灭性的病害。葡萄对此病抵抗能力弱，各种葡萄皆易感染。灰霉病在葡萄园的危害近年有加重的趋势，易在被侵染植物的侵染部位先形成青色的菌核，这些菌核能在干燥或不利的条件下存活。菌核在潮湿的条件下萌发产生大量的灰色孢子，这些孢子能侵染幼芽、花和浆果（陈星玲等，2003）。我国设施大棚、日光温室葡萄栽培发展迅速，而灰霉病又是主要病害，被称为“温室病”。寒冷地区以设施栽培极晚熟葡萄品种，实现延迟采收，当这些葡萄用于贮藏时，需特别关注灰霉病的可能大发生。

症状：灰霉病侵染果皮会有明显裂纹，腐烂仅限于表皮和亚表皮细胞层，用很小一点点压力果皮即脱离染病部位，这是早期侵染灰霉病的特征。随后真菌通过开裂处形成灰色分生孢子梗和孢子，但在冷藏条件下菌丝体成白色，而不像田间那样呈灰色。果实腐烂表现为明显的水浸状，以后变褐色。在潮湿的条件下腐烂表面产生淡色、浅灰色或褐色肉绒状的霉层。如果冷藏期间未用防腐保鲜剂，此病会蔓延扩散，直至包装箱内葡萄全染病为止。

传播途径及发病条件：灰霉菌常潜伏侵染，有几种形式，一种是花前和花期侵染葡萄开花的柱头，潜伏在坏死的柱头和花柱组织中，直到果实成熟和贮藏过程中病菌才发展。另一种是在接近成熟时被侵染。在葡萄表面角质层内形成附着孢，形成潜伏侵染，直到浆果完全成熟才萌发致病。灰霉孢子还可以通过机械伤等形成的伤口侵入伤口的角质层和表皮层。灰霉病菌主要以菌核和分生孢子在病果、病株等病组织残体中越冬；分生孢子借气流传播。若多年用于贮藏葡萄的冷库在葡萄入贮前不进行消毒，以及在敞口预冷期间，散落在冷库内的病、残果，均会成为侵染源和造成再次侵染。巨峰等品种花期侵染则表现为“烂花序”，但多数品种此期间仅侵染而不表现症状，直至果实成熟期才表现症状，有“三次侵染，两次表现”的情况。

灰霉病属田间及贮藏中易发生的葡萄病害，所以此病的防治必须从田间做起。对于有机鲜食葡萄来说，由于不能够使用农药，主要的防治措施是：葡萄采收后，结合秋季修剪，将葡萄架下的病组织残体（包括病果、病枝、病叶等）清扫干净，集中烧毁或深埋；加强栽培管理，多施有机肥，曾施磷、钾肥，控制速效氮肥使用量，防止枝条徒长，合理修剪，保持园内通风透光。搞好贮藏场所和用具的消毒。消毒方法参见机械冷藏库库房消毒部分。

采前因素对贮藏期间葡萄灰霉病的发生率影响很大，采前降雨特别是采前1个月降雨量大成为灰霉病发生的重要因素。贮藏期间使用防腐保鲜剂，目前在国内外主体防腐保鲜药剂还是亚硫酸盐型保鲜剂，尚无更有效的防腐保鲜剂能代替它，但有机葡萄的保藏不允许使用亚硫酸盐型保鲜剂,这为葡萄生物保鲜剂的研制提供了发展机遇。

2. 葡萄青腐病

病原菌为青霉菌(*Penicillium* sp.),为贮藏和贮运中的一种病害,初期病原菌在葡萄上形成2～8 mm水浸状圆形凹斑,果面皱缩,果实软化,腐烂组织有一种发霉的味道。初期霉菌菌丝为白色霜状物,而后形成子实体或孢子而呈青色霉状物。

葡萄青霉菌为典型的腐生菌,寄生于死亡的植株、病残果实或库房内果实残体上,以分生孢子进行传播和侵染。孢子通过风、雨、水、昆虫等传播,通过采收或采后过程中果实表面形成的伤口或从果梗侵入,并有青色霉状物,深入果实中引起腐烂。在10～18℃条件下的运输过程中和0～10℃贮藏的葡萄上发生较多。青霉菌在0℃以下低温发展缓慢。低温贮运、防腐保鲜剂应用及精细采收与贮运是防治青霉菌危害不可忽视的措施。

3. 黑根霉

病原菌为黑根霉。病原菌不能在−0.5～0℃条件下生长。它是高温运输与存放或土窖贮藏时常出现的病害,为高温高湿贮运中的第一大病害,常见于常温运输中。

发病初期菌丝侵入果实,先出现褐色水浸状斑,后果实流汁、软烂,果皮易脱落,病组织可迅速感染健康组织。发病果实上长出绒毛状灰黑色黑头菌层,故称黑霉。病菌子实体出现之前,症状类似青霉菌引起的青腐。

病菌生活在土壤或植物残体中,其孢子借空气传播。初侵染多通过伤口进入,可迅速传播侵染临近的健康果实。

降低贮藏温度,防止果实碰伤和添加保鲜剂对黑根霉侵染均有明显的防治效果。采后葡萄迅速预冷可大大降低因黑根霉所引起的腐烂。

4. 黑粉病

由真菌黑曲霉引起,是高温高湿贮运的第二大病害。虽然其致腐速度不如黑根霉,但它耐保鲜剂的能力要比黑根霉强。因此,黑根霉被抑制的情况下易发生黑粉病。冷藏条件下一般不会发病。黑粉病能引起葡萄组织非水浸状的腐烂,组织褐变,病斑先滋生白色菌块,后长出明显的淡黑色分生孢子,多发生在葡萄果柄基部或果粒伤口处。保持低温环境和应用保鲜剂均有一定防治效果。

5. 黑斑病

黑斑病是由真菌引起的病害,主要有多枝孢霉、交链孢霉和葡柄霉,是葡萄贮藏后期的重要病害。各品种葡萄都易发生此病,其中以欧洲种葡萄发病重。病菌主要由采前经田间侵入,在1～2℃的冷库中仍然能发病。初期发病果实上有不规则近圆形浅褐色斑,表面光滑干燥,后形成黑色或浅绿色霉层;多发生在穗梗、果柄基部以及果粒侧面,并使果柄迅速失水、干缩、失绿,易侵入果刷而导致果实落粒。枯死的花易侵染并成为传播源,孢子借空气传播。即使在无雨的条件下,病菌也能直接侵入健康的成熟果实组织,潮湿条件下会大量发病。

综上所述,减少葡萄的采后损失和病害的发生方能有效保证葡萄保鲜贮藏时间和品质。在实际生产中,防止自然损失和各种生理病理性病害的技术往往是相互结合使用的,因此生产实践中葡萄的贮藏技术是一项复杂的综合体系,需要将贮藏的环境与贮藏的手段有机的结合起来,方能取得良好的效果。

7.3 有机红地球葡萄保鲜贮藏方法

葡萄作为一种商品，其贮藏保鲜措施是保证果实采后商品价值的重要手段。现代化的葡萄保鲜贮藏是一项集物理、化学、生物、土建工程、交通运输等多领域技术于一体的综合技术体系，包括采后的商品化处理、贮藏技术以及采后病害的综合防治等多项内容。同时有机食品对于贮藏环境和贮藏技术又有着自身独特的要求。

葡萄采后处理流程：

采收—修剪、清洁—清洁、包装—运输—预冷—加保鲜剂封装—入库冷藏—销售

在发达国家，这一过程已经成为一个非常喜欢和完备的食品冷链流通过程，我国与国际上相比，由于果蔬采后贮藏运输事业发展普遍滞后，因此还需要进一步完善各种工艺技术和制定更为详细的标准。现将葡萄采后贮藏运输流程中的关键步骤做一简要介绍。

7.3.1 果园的选择

选择果园是为了在较大范围选好葡萄入贮。一般来说，贮藏户要尽量就近采摘入贮葡萄，尤其提倡“自重自贮”，以确保葡萄的质量。但现代化交通为较远距离选购鲜贮葡萄创造了条件，也丰富了果蔬采后流通的形式，当从其他果园采摘葡萄或稍远距离购葡萄时应事先调查果园的情况，这对贮藏葡萄是至关重要的(修德仁，2007)。

7.3.1.1 果园的区域位置

新疆北疆伊犁地区年均温在8℃左右，≥10℃活动积温在3 200～3 600℃，果实成熟期少雨，属大陆性气候，日较差较大，对于晚熟品种有些地区的积温稍显不足，但仍可充分成熟。且在早霜来临前果实达到充分成熟，在树上的呼吸强度已经很弱，这对延长贮藏无疑十分有利。适于晚熟、极晚熟品种的贮藏。

7.3.1.2 果园地块的选择

同一地区不同果园所采葡萄的耐贮性也有很大差异。一般来说，选择排水良好、向阳坡地果园的果实和土壤透气性好的沙性土壤或含有较多砾石土壤上的果实，有利于延长贮藏期。在气候比较冷凉的地区贮藏晚熟、极晚熟种要选择充分成熟的葡萄，因为充分成熟的葡萄糖度高，不宜发生田间冷害和冻害。有些晚熟和极晚熟品种在早霜来临时尚未完成采收，遇到这种情况可选在被风向阳坡地果园的葡萄，因为风光良好地块葡萄不易遭到霜冻或冻害较轻。

遭遇前期连续干旱、中后期多雨的年份，应选择灌水条件好或灌水虽不充分但平地保水较好的土壤、黏性土果园采摘入贮葡萄。对于某些易裂的品种，通常选择土壤保水较好的黏土或壤土葡萄园的葡萄用于贮藏，比沙地的葡萄更有利于防止贮藏期间的裂果。

7.3.1.3 选择高质量的葡萄入贮

前面已经叙述了葡萄质量标准和应采摘什么样的葡萄用于贮藏。但是真正到果园采摘入贮葡萄时，还需掌握多方面的技术和知识，才能使葡萄贮藏获得较好的效果。

1. 对高产园的判别方法

贮藏不宜选择高产园的葡萄，因为这些果园的葡萄或者过度浇灌，易在贮藏期间出现裂

果，或者长势太快营养积累较低不能长期贮藏。生产实际中对超过产量标准的葡萄园的判别不能仅靠挂穗数量，应从枝条状态、果穗形态、果色等多方面去判断。

枝条成熟度和成熟枝条所占的比重可以反应该果园产量的高低。产量适中，葡萄质量较好的葡萄园基本没有不成熟的枝条，枝条成熟节数一般都超过 7 节以上，而高产葡萄枝条成熟不好。当果园有 20%以上的枝条基本没有成熟，即这些枝条除基部 2～3 节已变成黄褐色，而中上部枝条仍未青绿时，表明该果园葡萄产量过高。

高产园的果穗表现有以下部分特征：果穗底部的果粒变软，吃起来有寡淡的酸味，果肉组织松软，颜色浅或果穗下部果粒易皱缩，果粒硬度较低，风味较差。或采用直接品尝果实的质量的方法，可用测糖仪检测果实含糖量是否符合标准。

高产园的果色普遍较优质园上色晚、上色浅、上色不整齐。巨峰品种在北方表现为“赤熟”。栽培者为保持高产，则普遍采取喷施乙烯利催熟，使不上色或上色差的葡萄上色均匀，但这种葡萄贮藏期短，易落粒。挂果很多而果穗色泽普遍鲜红、上色均匀，巨峰的果穗不是正常的蓝黑色、黑色时，说明果园使用了乙烯利。乙烯利是催熟剂、上色剂，促使葡萄成熟和衰老，但是会使葡萄形成离层，易落粒。

2. 葡萄园产量质量的调查

从贮藏角度讲，可溶性固形物低于 16 度的葡萄在贮藏中容易出现裂果，已不具备长期贮藏的基础。另外，果园产量高低是反映质量的重要标志之一。未采收之前，选择果园架面挂果量中等部位，看每平方米留果量，就北方地区而言，一般巨峰果穗重平均为 400 g，如果 9 穗以上则表明产量过高，以 5～7 穗最好。

凡进行疏花、疏果的果园，梢果比通常比较适宜。巨峰葡萄每 2 条新梢留 1 穗果较理想，或每 3 条新梢留 2 穗果；红地球等大穗型品种，应做到每 2～3 条新梢留 1 穗果。

品尝是最直观的方法，应从结果相对较多的树上和果穗的下端采摘果粒，因为这些果粒通常是品质较差的部分。如果口味尚可则说明这个果园的葡萄可用于贮藏。贮户要注意的是，通过延迟采收和分批采收，可以适当改善葡萄的风味品质，但过迟采收的葡萄，其贮藏期及贮藏效果将受到影响。

7.3.1.4 不良气候因素及不良栽培因素的判别

1. 早霜冻

在北方较冷凉的地区，选择果园时要注意是否有过霜冻。早霜冻危害主要表现是叶片全部干枯。仅是棚架上层嫩叶受冻而老叶未受冻的果树，如为极晚熟耐贮品种(如龙眼)则可以入贮；如为果梗较脆嫩的品种(如牛奶)则不宜入贮。受轻微冻害的果穗主要表现在穗轴和果梗上：木质化较差，色泽翠绿的穗轴、果梗，变成深绿色或暗绿色，这种果穗只能做 1～2 个月的短期贮藏；如果穗轴已经出现水渍状，则表明冻害较重，不能用于贮藏。

2. 雹灾及冷雨

在果实发育的任何时期遇到雹灾，无论轻重，果实均不宜贮藏，因为这种果在贮藏中易裂果和感染霉菌而腐烂。冷雨是指北方秋季高空气温已降至 0℃以下，在云层中易形成雹与雨滴的混合物，下落中虽有融化，但重力较大，常使葡萄果面产生肉眼看不很清楚的暗伤，在未成熟或成熟不好的淡绿色的果面上有不同程度变暗绿色的斑痕。通常着生在果穗最上部歧肩上的果粒受害重。

3. 涝害、采前大雨和灌水

涝害是指果实成熟期间发生连续降雨、果园排水不良而发生涝害。这种果园通常表现为枝条成熟普遍较差，副梢枝萌发量较大，葡萄穗轴、果梗青绿脆嫩，果色灰暗，缺乏光泽，果实风味淡，肉质变软，果实不能用于贮藏。采前大雨或灌水的果园，表现为果粒饱满，在较高负载量的情况下，也无皱缩果发生。从灌水畦面上可以发现近期灌水的痕迹。土壤表层湿度较大是涝害、采前大雨与灌水的共同特征。从这类果园采摘葡萄，无法用于长期贮藏，只能允许 2 个月以内的短期贮藏。

4. 霜霉病

霜霉病主要发生在果实成熟期。此病主要危害叶片，在果实上一般无症状，易被贮户忽视。果园在成熟期若只是幼叶上有轻微霜霉病发生，通常对入贮葡萄影响不大，如果大量老叶片上都发生霜霉病，这类葡萄入贮后，在 2 个月时间里潜伏于葡萄果梗上的霜霉病菌会慢慢滋生直到果梗干枯。因此，选择果园时必须观察叶片霜霉病的发生情况。

5. 灰霉病

灰霉病既是葡萄园田间病害，又是贮藏中第一病害。在果实成熟期，果实上、穗梗上会出现灰色霉状物，极似“鼠毛”。贮户在选择果园时要细致观察，表现有灰霉病症状的葡萄园要慎重。一些葡萄园选用低劣不卫生的果袋，或摘袋过早，都会造成灰霉病大发生。贮户应注意果袋种类和摘袋时间。此外，炭疽病、酸腐病等田间果穗病害，会在果实入冷库后继续蔓延。因此，加强田间病虫害防治是贮好葡萄不可忽视的环节。

7.3.2 采后商品化处理

采后商品化处理是葡萄保鲜贮藏的第一步，好的商品化处理有助于提高被贮葡萄的品质，为后续的贮藏工作打下良好的基础。

7.3.2.1 采收

采收是葡萄生产的最后一个环节，同时也是运输贮藏保鲜的第一个环节。葡萄成熟度涉及产量、品质及贮藏性。采收过早不仅影响果粒的大小，也影响风味、品质和色泽，使贮运性下降；采收过晚则葡萄后熟和衰老，贮藏中易脱粒，风味易变淡，贮运期缩短。

葡萄采收成熟度要依据浆果可溶性固形物含量及糖酸比作为成熟度指标。有色品种的着色程度也作为判断成熟度的指标之一。不同栽培地区、不同葡萄品种成熟度指标有差异。

果实成熟过程中的变化有：果实体积重量停止增长，果色达到品种特有的颜色，果皮角质层及果粉增厚，果实含糖量增加。其中，糖酸含量是生产长判断果实成熟度的主要参考依据。达到成熟标准的葡萄不仅品质好，而且也耐贮运。除糖酸含量以外，对于红地球这类有色品种而言，色泽也是判断的重要标准。

果重也可以作为采收的标准。但前提是花穗修剪整齐使果粒大小均衡。花穗整形是实现果穗、果粒大小标准化不可缺少的环节。这个问题已越来越引起运销果商和栽培者的广泛关注。

果梗和穗轴形态也有助于判断是否接近采收期。从穗梗、穗轴的特征上看，过时进入成熟期以后，穗梗、穗轴逐渐半木质化至木质化，色泽由绿变褐，蜡质层增厚。成熟期若穗梗色泽仍青绿色，则表明成熟不良，或是采收期未到，或是产量过高，此类果实均不耐贮运。

葡萄果实鲜嫩多汁，采收过程中易碰、压、破、擦皮及落粒等，促使葡萄在贮运过程中腐烂，因此采收操作应仔细认真进行。

采收方法(楚燕杰和张国宝，1994；修德仁，2004)：葡萄采收的方法有手工采收和机械采收。无论是国内还是国外，机械采收都不适合于鲜食葡萄，仅用于酿酒葡萄的采收。手工采收葡萄的具体做法是：在采收时用一只手托住葡萄，另一只手用剪刀将葡萄从藤上剪下，同时用左手托起葡萄穗，轻轻转动，剪掉腐烂、有病、不成熟、畸形及鸟啄的果粒，装入内衬葡萄专用保鲜袋的保险箱中。修整时要注意剪刀不伤及其他葡萄粒；不提倡右手去摘病果、生果、不成熟的果粒的方法，因为此法虽然简单却残留下果液及果刷，在运贮过程中易发霉病增加其他果实的腐烂率和伤及周围的果粒。或者是采后集中修整装箱，剪下的葡萄先放入篮子或筐里，篮子或筐中要放布、纸或其他柔软物，防治葡萄受到摩擦或划伤，并在葡萄园中选择遮阴通风处的地面，铺干净的薄膜作为葡萄集中修整场地。

通常采用第一种采收并直接装箱的方法称为“一次装箱法”；而将采收后临时装箱、然后细致整理再装入运输、贮藏包装箱的方法称之为“二次装箱法”。二次装箱法只适于中短途运输或整个低温物流时间不超过1周左右的长途运输。原因是该法易造成果粒与果蒂间出现不易看见的伤痕，导致在较长时间的长途运输或贮藏时，引起霉变腐烂或因保鲜剂快速释放而引起伤害。

采收时应尽量避免机械伤口，减少病原微生物入侵的途径。伤口是导致葡萄腐烂的最主要原因。自然环境中有许多致病的微生物，绝大多数是通过伤口侵入。此处伤口不同程度的刺激葡萄呼吸作用增强，称之为“伤呼吸”，这一方面会使葡萄袋中湿度更高，一方面也促使保鲜剂的释放速度加快，不利于贮运。

采收要选择适宜的采收天气。阴雨天气或清晨露水未干或浓雾时采收，容易造成机械损伤，加上果实表面潮湿，有利于微生物侵染。在高温天气的中午和午后采收，因果实体温高，其呼吸、蒸腾作用旺盛，也不利于贮运。所以，应选择晴朗的天气，在露水干后的上午及下午3时以后采收最好。遇降雨时应延迟采收，至少推迟1周左右。

采收还应选择松紧度适宜的紧凑果穗。过紧的果穗在贮运中会因果穗中心部位湿度大、温度高，易出现霉菌侵染所致烂心现象；过松的果穗易出现失水干梗现象，对贮运不利。因此要采收果穗大小均匀、上色均匀、成熟度充分的果穗；凡穗形不整齐、果粒大小不均匀的果穗决不能作优质果贮运。

7.3.2.2 **分级**

红地球葡萄分级标准的主要项目有：果粒大小、果穗整齐度、果穗形状、果形、色泽、可溶性固形物含量、总酸含量、机械伤、药害、病害、裂果等。目前由农业部制定、中国农业科学园郑州果树研究所起草的《鲜食葡萄行业标准》，对果穗的基本要求是：无公害，果穗完整，洁净，无病虫害，无异味，不带有不正常的外来水分，细心采收，果穗充分发育，果梗发育良好并健壮，果梗不干燥、不变脆、不发霉、不腐烂。对果粒的基本要求是：果形好，充分发育，适合市场要求的成熟度，果粒不散落，果蒂部不皱皮。

世界各地红地球葡萄生产国都制定有相应的红地球葡萄分级标准。目前我国各产区红地球葡萄分级标准有所不一，根据近年来国际贸易中有关标准和我国实际情况，在普通红地球葡萄分级标准拟定出有机红地球葡萄果实质量分级标准如表7.1(田勇，2001)所示。

表 7.1 红地球葡萄果实质量标准 建议稿

级别	果穗				果粒							
	重量/g	整齐度	松散度	穗梗	形状	粒重/g	横径/mm	果粉	果皮色泽	果肉色泽	含糖量/%	含酸量/%
一级	650～800	成熟一致 无大小粒 无青粒	略松散	新鲜翠绿 无干梗	圆球形	≥13	>27	完整	鲜红	乳白色	≥18	≤0.6
二级	500～650	成熟一致 无大小粒 无青粒	松散 或紧密	新鲜翠绿 无干梗	圆或 椭圆形	≥12	>26	完整	红或 紫红	乳白色 或淡 黄绿色	≥17	≤0.7

安全标准：一级、二级均达到无腐烂、无霉变、无伤害。农药及重金属残留指标达到国家无公害绿色食品的要求。

7.3.2.3 保鲜包装

葡萄果实含水量高，果皮薄，果粒与果蒂拉力小，易脱粒，容易受到机械损伤和微生物侵染。因此，葡萄采后容易失水腐烂，降低商品价值和食用品质。包装具有保护果穗完整性、保护果实不受外界伤害的作用，同时良好的包装可以在单个果穗附近形成稳定的微环境，有利于葡萄的长期贮藏。在现代化的园艺产品贮运保鲜流程中，包装是必不可少的程序。

葡萄包装无论是用于运输、贮藏，还是用于货架存放，都应有保鲜功能，如防止或减少失水，调温，调气等。良好的包装可以保证产品安全运输和贮藏，减少货品之间的摩擦、碰撞和挤压，避免造成机械伤，防止产品受到尘土和微生物等不利因素的污染，减少病虫害的蔓延和水分蒸发，减缓因外界温度剧烈变化引起的货品损失。包装可以使葡萄在流通中保持良好的稳定性，提高商品率和卫生质量。合理的包装有利于葡萄货品标准化，有利于运输工具及仓储工作机械化操作和减轻劳动强度，有利于充分利用运输工具及仓储工作空间和合理堆码。今后，包装与多种保鲜功能结合，单层包装和单果穗包装是鲜食葡萄包装的发展方向。

包装容器应该具有保护性，在装卸、运输和堆码过程中有足够的机械强度；有一定的通透性以利于产品散热及气体交换；具有一定的防潮性，防止吸水变形，从而避免包装的机械强度降低引起的产品腐烂；包装容器还应该清洁，无污染，无异味。在长途运输和贮藏中，包装还应具有一定的气调功能；无有害的化学物质，符合无公害包装标准；内壁要光滑、卫生、美观；重量轻，成本低，便于取材，易于回收及处理，对环境不造成污染；包装容器外面应标明商标、品名、等级、重量、产地、特定标志及包装日期。

目前葡萄包装种类很多，市场上常见种类如表 7.2(田勇，2001)所示。

表 7.2 市场上葡萄包装箱种类及性能

种类	性 能	单个箱成本价/元
泡沫箱	保温性能好，缓冲性好	2.5～3
纸箱	易折叠、好保管、重量轻、可印刷	2.5～3
塑料箱	透气好、耐压强	2.1
木条箱	透气好、耐压强	2.1

泡沫箱是我国刚刚兴起的葡萄包装方式，具有保温性能好、缓冲性能好的特点，比较适合运输保鲜用。这种包装箱用于贮运保鲜时，在其箱上应打孔，以利于葡萄生产的呼吸热迅速散出。但泡沫箱不易回收，易造成环境的白色污染，在欧洲一些国家已经禁止使用或征收污染环境费，从总的趋势看，泡沫箱属于对环境不友好的包装类型，应逐步淘汰。另外，泡沫箱和木条箱以及塑料箱普遍存在不能折叠、仓储麻烦的问题。纸箱有其他包装容器所不具备的优点——可以折叠，便于管理，便于回收，对环境不造成污染。纸箱还具有一定的缓冲性，有抵抗外来撞击、保护葡萄的作用，并可印刷标志，表示商品内含物，可起到广告的作用。木条箱和塑料箱耐压力强，透气也好，但缓冲性稍差，箱中的葡萄在运输或搬运过程中易发生机械伤，需与内衬材料配合使用。木板箱材消耗森林资源，箱体上易携带危险虫害与病原菌，不易用于水果出口包装。包装规格到了 20 世纪 90 年代以开始向单层包装发展。一般不超过 5 kg。

有机红地球葡萄属于高档果品，必须注意果穗的包装，一般采用小型木条箱、瓦楞纸箱或塑料箱进行包装，包装箱不宜过深或过大，以单层摆放最为适宜，无论采用哪种包装，箱内和筐内都要有清洁柔软的垫纸(表 7.3)。对于超级市场销售的可采用单穗包装。

表 7.3 常见红地球葡萄大包装盒规格 mm

型号	长	宽	深	备注
1	380	260	90～110	尺寸为内径， 可有 10 mm 的伸缩， 容量 4～5 kg
2	420	270	90～110	
3	455	265	110～130	
4	460	280	90～110	

无论采用哪一种包装箱，都应注意包装箱的设计要大方朴实，便于提携，不要过大或过小，在包装外面要有美观醒目的葡萄标志、品种名称、商品名称、无公害绿色食品标志、重量、产地、生产单位等，对于供外贸旅游的还应根据要求印刷标明简练的外语名称和说明。特别要注意的是包装上所有文字都应规范正确，不得有错字、别字和不正确的表达。同时包装箱的制作材料、内衬纸等必须采用符合国家无公害绿色食品生产的各种标准和要求。

采后的葡萄应立即装箱，集中装箱时应在冷凉的环境下进行，避免风吹、日晒和雨淋。装箱后葡萄在箱内应呈一定的排列形式，防止其在容器内滑动和相互碰撞，并使产品能通风透气，充分利用容器空间。

目前葡萄装箱有三种方法：一是穗梗朝上，每穗葡萄按顺序轻轻的摆放在箱内。这种方式操作方便，日本、美国的单穗包装葡萄多属于这种方式。二是整穗平放在箱内。三是穗梗朝下。目前我国多采取后两种方式。因为在不进行整穗的情况下，葡萄穗形多以圆锥形为主，整齐度不好，只能采取后两种方式，并采用双层或一层半的包装箱。目前国内高质量葡萄已开始采用单果穗包装和单层包装箱，即“两单”包装，并作为标准化生产与标准化包装的一种标志。

商业采收和包装的葡萄要避免装箱量过满或过少造成伤害。装量过大时，葡萄相互挤压；过少时葡萄在运输过程中相互碰撞，因此要装量适度。葡萄属于不耐压水果，包装容器内应加支撑物或衬垫物，以减少货品的震动和碰撞。箱内衬物有无对防止果穗在搬运过程中的伤害十分重要。目前日本和美国均很重视此项工作，我国还不够重视，有待于进一步改进。包装物(含外包装、内包装、衬垫)的重量，应根据货品种类、搬运和操作方式而定，一般不超过总重的

20%±5%。

葡萄对机械伤较敏感，因此不宜多次翻倒，否则会引起较严重的损伤和贮运过程中的腐烂。做到一次装箱入贮，不再翻倒。另外，葡萄果品包装和装卸时应轻拿轻放，尽量避免机械伤。

为了适应旅游需求，各地可根据当地具体情况，用纸板、塑料、竹皮等制成各种具有地方特色的实用美观的小包装。葡萄销售小包装可在批发或零售环节中进行，包装时剔除腐烂及受伤的果品。小包装销售应根据当地的消费需要选择透明薄膜袋、带孔塑料袋，也可放在塑料托盘或纸托盘上，外用透明薄膜包裹。销售包装袋上应标明重量、品名、价格和日期。销售小包装应具备美观、吸引顾客、便于携带并起到延长货架保鲜期的作用。

7.3.2.4　**预冷**

葡萄采收之后、贮运之前，应采用一系列措施降低果品温度。采收后尽快将葡萄品温降低到接近贮藏温度的过程叫预冷。预冷的主要目的是降低果品的呼吸强度，散发果品在田间因阳光辐射而产生的田间热，降低果温并散失果穗表面从田间带来的水分，以利于运输和贮藏。预冷对葡萄运输和贮藏的好处在于：

(1) 经过预冷后的葡萄呼吸强度、酶的活性被迅速降低，由此降低了因物质消耗引发的果肉质地由脆变软的转化速度，也降低了葡萄的脱粒率。

(2) 叶绿素在高温、光和有氧存在的条件下极易分解，降低温度可减缓其分解的速率，由此保持了果梗的新鲜翠绿状态。

(3) 采后迅速预冷能够迅速抑制病原微生物所引起的腐烂。采收时穗梗上和部分果粒难免产生机械伤害，加之采收期的高温环境，使微生物的生长繁殖十分迅速。采后迅速预冷散去果实的田间热和果实由于呼吸而产生的呼吸热以及水分可有效抑制微生物的活动。在生产中经常可以看到，采收后的巨峰葡萄如果 24 h 不预冷，果面上便可看到灰霉菌落。

(4) 预冷能够减少葡萄与冷藏车、贮藏库之间的温差，防止果实表面或保鲜袋上结露。结露主要是由于果实周围的环境温度与冷库温差所造成的。温差越大，果实表面及果实袋或箱的结露越重。结露对葡萄运输与贮藏是非常不利的，因为结露增加了葡萄周围的湿度为病原微生物的生长繁殖提供了有利条件，并会导致化学保鲜剂的加速释放，使之在整个贮藏期间的作用失衡，前期浓度过高漂白果粒，后期浓度不足不能维持应有的效果。尽管有机葡萄贮藏尽量避免使用化学保鲜剂，但控制结露仍是葡萄贮运是否成功的关键。因此，在贮运过程中应尽量避免结露。预冷是降低葡萄与冷藏运输车之间温差的一种有效措施，预冷是否彻底是关系到葡萄长途运输或贮藏是否成功的第一步。如果保鲜袋上有细小的雾珠，则表明预冷不彻底。

预冷虽然是采后葡萄保鲜贮藏非常重要的步骤，但是过度预冷对葡萄贮藏也不利，会造成葡萄穗轴、穗梗以及果柄失水变黄，增加葡萄的重量损失。

葡萄采后预冷必须迅速，葡萄预冷的速度由几方面决定：

(1) 葡萄本身的初温。初温越高，则预冷速度越慢，所以，葡萄采收应选择一天中最凉爽时，采后的葡萄严禁在太阳光下暴晒，应放在阴凉通风处，最好采收后马上入库预冷。

(2) 包装方式。包装方式对葡萄预冷时间影响很大。目前葡萄贮运一般采用木箱、纸箱、塑料箱、聚苯板泡沫箱等。其中木箱和塑料箱的预冷速度最快，次之为纸箱，聚苯板泡沫箱的预冷速度最慢。

(3) 预冷时的码垛方式。堆码方式影响着预冷环境中空气的流通速度，正确码垛使通风状况良好，预冷速度快；反之则预冷速度减慢。

(4) 一次的入库量。入库量越少则产品遇冷速度越快，因此，每次的入库量不宜太大。目前葡萄预冷大部分采用微型冷库或其他中小型冷库预冷，预冷时每次入库量不能大于库容的10%。由于我国目前的预冷和贮藏库多数采用同一库房，随着入库量的增加，每次入库预冷量应逐渐减少。第一次入库预冷时，由于是空库，可适当多放些需预冷货品，以冷库地面上摆两层葡萄箱为宜。当葡萄箱中温度降到0℃左右时，即可放入保鲜剂，封袋，装车，运往市场或码垛贮藏。然后进行第二批、第三批的预冷。

(5) 预冷时冷库的温度。这也是影响预冷速度的主要因素，冷库温度越低，遇冷速度越快，但是冷库温度也不能过低，要避免葡萄发生冻害。

(6) 预冷时空气的流速。采用风冷法预冷时空气流速越大预冷越快，因此预冷时应将风机打开或者在库房中加风扇以加速库房空气的流动。但要注意防止果穗出现严重干梗，以果穗小果梗刚刚变软为度。

葡萄预冷主要采用的方式有强制冷风预冷、冷库预冷以及自然预冷。

强制冷风预冷又称压差预冷。在预冷库内设冷墙，冷墙上开风孔，将装果实的容器堆码于冷风孔两侧或面对风孔，堵塞除容器气眼以外的一切气路，用鼓风机推动冷墙内的冷空气，在容器两侧造成压力差异，强制冷空气经容器气眼通过果实，迅速带走果实携带的热量。此法较普通冷库预冷的效果和所需制冷量高4～6倍。用于强迫冷风预冷的包装箱必须有大于边板4%的通风气眼，并不设内包装，不加衬垫。设计强制冷风预冷系统，应在冷风进口端的果实中安置温度测定仪表。当果实温度达到冷却要求时，立即停止或降低气流。为减少果实失水和果梗干缩，必要时应进行喷雾加湿，调节预冷库气流湿度。此法适用于个中果蔬，是灵活方便、冷却效率较高的预冷方法。此法虽适用于葡萄预冷，但是由于投资费用高，在我国尚未得到广泛应用(赵丽琴，2006)。

冷库预冷是红地球葡萄预冷较好的一种方式，在我国被普遍采用。在0℃冷库内堆码葡萄，冷却时间10～72 h。预冷库空气流量须每分钟达60～120 m^3。注意堆码方式，应全库均匀通风。包装箱的通气眼面积应大于边板的2%。国家农产品保鲜工程技术研究中心结合我国国情，设计了一种简易葡萄预冷库，即在冷库库容基础上，增加1倍左右的制冷机设备和一个伴侣风机，库门增加一个冷风帘，其预冷效果较普通冷库有显著提高，已在葡萄运输与贮藏保鲜上得到广泛的应用(罗云波和蔡同一，2007)。

自然冷源预冷是利用夜间低温来降低果蔬品温的一种方法。这种方法在葡萄简易贮藏中普遍采用，但由于预冷速度较慢，在有条件的地方正在被冷库预冷逐渐取代。

快速预冷对任何葡萄品种都是必须的，这样可以迅速降低入贮葡萄的呼吸强度和穗梗穗轴部位的乙烯释放。美国的研究认为，采后经过6～12 h预冷，温度可从27℃降至0.5℃的效果最好。为实现快速预冷，应在葡萄入贮前1周开机，使冷库库体温度下降至－1℃。停机一段时间后，库内气温回升缓慢，此为入贮前的必备条件。

红地球属于欧洲种中晚熟品种，在常温下呼吸虽不如巨峰等美洲种或欧美杂种那么旺盛，但仍要求采后应于当日将果运到冷库预冷。预冷时间过长易失水干梗，故限定预冷时间以12 h左右为宜。实践证明，红地球葡萄入库遇冷超过24 h贮运期间容易出现干梗脱粒，超过48 h更严重。因此采后快速入库、快速预冷和减少预冷时间，是防止红地球贮运中出现干梗脱粒的关键措施。但同时也要注意预冷的彻底性，即不能使果穗中心温度降到理想的范围则预冷不够彻底，这会导致包装后贮藏的果实袋底积水。

7.3.3 采后主要贮藏方式

尽管鲜食水果的现代保鲜技术发展迅速，但目前公认最有效果也是最适宜普及推广的就是气调贮藏与冷藏相结合的低温气调贮藏技术。二者都是从降低果实采后呼吸速率和病原微生物的生长繁殖能力入手，解决果实采后消耗和病原微生物侵染的问题。低温和低氧高二氧化碳的环境可以降低各种生物细胞内酶的活性，从而将不论是果实还是病原微生物的生物活性降到最低，达到延缓果实采后衰老进程并抑制各种采后病害发生的效果。

低温贮藏保鲜技术历史悠久，传统的冰藏、窖藏、土窑洞等简易贮藏方式，成本低，管理简单方便，至今依然是农家小规模贮藏葡萄的重要手段；现代化的机械冷库贮藏效果好，但投资大，管理成本高，并对管理人员本身有一定的要求，更适用于大规模的贮藏和远距离的贸易流通。近年来集冷库与简易贮藏优势于一身的微型节能冷库逐渐在水果产区普及，山东、辽宁等地采用微型冷库贮藏葡萄日益为广大果农所接受，该设置可以在传统简易贮藏设施或普通住房的基础上进行简单改造而成，投资与大型冷库相比非常低廉，便于管理，又同时具有机械制冷库制冷效果好，冷量充足，温度恒定的优点，十分适合我国国情，有被广泛采用的趋势。

气调贮藏技术是通过调整贮藏环境中的气体成分（主要提高二氧化碳浓度和降低氧气浓度）降低果实呼吸强度并抑制微生物繁殖的一种保鲜技术。是 20 世纪在果蔬保鲜贮藏实践中最重要的发现，被用于生产后极大地提升了水果保鲜贮藏的效果。气调贮藏的效果在低温环境下比高温环境下更为明显，因此低温气调贮藏成为目前世界上水果贮藏保鲜技术的主流，在葡萄保鲜贮藏过程中亦得到了广泛的应用，并在实际生产中针对各个品种积累了很多经验。

近年来，研究者开始探索从植物中提取天然食品防腐剂。例如有人用百部、虎仗、良姜、黄连素等中草药进行超临界提取，提取物再配以淀粉、魔芋、卵磷脂等就可制成中草药复合制剂，对果蔬具有防腐保鲜的作用。茶多酚是一种从茶叶中提取的天然水溶液浸出物，许多生理功能和药理作用试验研究均表明它对人体无毒、无副作用，具有安全性。因此，它是一种理想的新型果蔬保鲜剂，用茶多酚喷洒葡萄，可以显著增强葡萄的保鲜效果。表现在两个方面：其一，无霉腐期时间增长；其二，葡萄霉腐率低，经茶多酚喷洒处理的葡萄果实的果皮状态较正常，光泽基本不退，果实硬度绝大多数为正常和略有变软。一般情况下，茶多酚的浓度为 0.08％效果最为显著。茶多酚对自由基有很强的清除作用，在葡萄贮藏中对维生素 C 氧化有非常明显的抑制作用，在一定贮藏期内，维生素 C 含量变化很小，而且是十分缓慢的减少，对其有机酸及可溶性糖含量无显著影响。

许文涛（2007）等采用 0.01％和 0.1％（*V*/*V*）两种浓度葡萄柚提取物（GSE）对红地球葡萄进行处理，低温贮藏 60 d，对其保鲜效果进行了试验研究。结果表明，红地球葡萄经 GSE 处理可延缓相关微生物病害的发生，抑制霉菌在果实表面蔓延，同时减少水分蒸发，与对照相比明显地延长了贮藏期，其中 0.1％（*V*/*V*）GSE 保鲜效果最为显著。GSE 表现出良好的抑菌效果，其抑菌机制是在果蔬表面形成一层半透膜，使孢子同果实表面分离，阻止真菌侵染，GSE 含有的抗菌物质也能阻止果实表面孢子和真菌的生长。Reagor 等（2002）发现，这层膜还可以减弱呼吸，减轻水分散失，从而在一定程度上可调节采后生理状况。

涂膜保鲜是在果蔬表面涂上一层很薄的无味、无毒和无臭的膜。葡萄经涂膜处理后，可以阻止空气中的氧气和微生物进入，有效地控制果蔬的呼吸强度，减少水分的蒸腾损失，防止果实失水干皱，增加果实光泽，延缓成熟过程，减慢葡萄的腐败及氧化变质。在涂膜中加入适当的防腐保鲜剂，可以保持葡萄新鲜状态，降低腐烂损耗。改性魔芋葡甘聚糖、壳聚糖对葡萄等贮藏保鲜效果明显，研制成功的涂膜保鲜剂还有虫胶、淀粉膜、蔗糖酯、复方卵磷脂、水果保鲜脂以及可食保鲜剂等。利用成膜的大分子化合物作为保鲜剂组成，是近年来发展起来的较先进的保鲜方法之一。

留树保鲜和延迟采收是日本在巨峰葡萄上应用较广的一种保鲜方式，王山虎和高俊平(2011)在新疆昌吉地区对红地球葡萄的留树保鲜结果表明，该法也适用于新疆地区的红地球葡萄。其主要方法是：在盛果期葡萄园直接进行建棚、覆盖双膜和加热等技术，人为调节棚室内温度、湿度和光照条件，使葡萄树继续进行有效的光合作用，果实继续保持生长发育，直至充分成熟，11 月中旬左右，随棚外平均温度降低 10℃左右时，葡萄叶片基本变黄，失去光合作用，但葡萄仍然留在树上，维持棚内温度 5℃左右，使葡萄不至于受冻，呈新鲜状态直至采收。该法有效地延迟了红地球葡萄采收期和贮藏期。

除了以上所述的保鲜方法外，还有冰温贮藏法、超声波加速器保鲜法、电子技术保鲜法等。随着保鲜技术的不断提高，相信会有更多的先进贮藏保鲜方法应用到生产中。

葡萄果实为高水分含量、高糖分含量的果品，这一特点使得贮藏期间极易发生微生物侵染而暴发病害，目前在生产上抑制葡萄病害最有效的方式是含硫保鲜剂，其有效成分大多为二氧化硫。但二氧化硫在有机食品生产加工过程中仅允许被用于果酒的生产，在其他类型食品中使用尚存在争议。这使得有机葡萄保鲜贮藏中新型保鲜剂或抑菌方法的开发迫在眉睫，生物保鲜剂的研究与生物防腐技术的应用将成为未来葡萄保鲜贮藏领域的热点问题。

7.4 伊犁地区有机红地球葡萄采后贮藏生物拮抗保鲜新技术研究进展

7.4.1 生物拮抗保鲜技术概述

有机食品对于保鲜贮藏的条件要求具有一定的特殊要求，化学保鲜法在此过程中的使用受到很大限制，而葡萄贮藏病害的抑制目前又主要依赖于化学保鲜剂的作用，因此必须积极开拓物理、生物等防腐杀菌技术在有机葡萄保鲜中的应用空间。随着现代科技的发展，新的贮藏技术可能将在该领域得到越来越广泛的使用。

果实采后的生物保鲜技术，是近年发展起来的“绿色保鲜”技术，其形式主要有微生物拮抗保鲜菌保鲜、利用天然提取物质及仿生保鲜剂保鲜、利用基因工程技术保鲜。其中利用利用微生物之间的拮抗作用保鲜是通过改变果实表面微生态环境，抑制病原微生物生长，防止果实腐败。该技术安全性高、环保，非常适应有机葡萄保鲜贮藏的需求。

生防菌株对病原菌的拮抗主要通过以下几种方式进行：

(1) 产生抗生素。该种类型的抑菌是最主要的抑菌类型，也是大多数细菌的主要作用方式。

(2) 营养与空间竞争。此类拮抗菌需要有非常快的繁殖速率，抢占有限的营养物质，并大量繁殖占据有限空间，从而抑制病原菌的生长繁殖。此类拮抗菌主要是酵母菌。

(3) 重寄生作用。许多拮抗菌可以分泌胞外酶，分解病源菌的细胞壁或菌丝体，获得生长所需的营养。

(4) 对寄主抗病性的诱导。某些拮抗菌在果实表面大量生长，诱导果实抗病系统相关水解酶活性的增加，促使果实本身抗病性的提高，从而抑制病原菌的生长。

用于果树病害的生防菌株必须是对人体无害的微生物。植物内生菌是目前公认的一种安全性较高的微生物，筛选植物病害以及食源性微生物的生防菌株已成为生防领域的研究热点。

7.4.2 有机红地球葡萄植物内生菌研究

一直以来，对于“内生菌”的理解没有一个统一的概念。目前，对于内生菌的定义，普遍认可的观点是由 Stone 等在 2000 年描述的。植物内生菌(endophyte)是指在其生活史的一部分或其整个生活史，生活于健康植物组织内部、不引发植物产生明显病症的微生物，包括内生真菌、内生细菌和内生放线菌等(Zhao 等，2010)。生存于植物组织内部的微生物不仅包括可以和宿主植物互惠共生的(mutualistic)微生物，也包括中性的(neutral)内共生微生物，以及潜伏在宿主体内的病原微生物。通常说的内生菌，指的是前两种微生物。目前已从很多陆生、水生植物的器官(根、茎、叶、花、果实、种子)中分离到大量的内生菌，它们在植物体内的普遍性、生物多样性以及功能多样性已有很多报道。葡萄生长的环境微生物资源丰富，这为从葡萄中分离内生菌用于有机葡萄的生物防腐提供了很好的前提。

7.4.2.1 红地球葡萄内生细菌多样性的聚合酶链式反应-变性梯度凝胶电泳(PCR-DGGE)分析

1. 实验方案

通过提取种植于同一地点的常规红地球葡萄和有机红地球葡萄不同器官(图 7.1)的基因组 DNA，并对细菌的 16S rDNA 基因进行特异性的巢式 PCR 扩增，然后通过 DGGE 指纹图谱分析，探寻常规和有机红提葡萄不同器官之间内生细菌的微生物多样性，揭示不同栽培模式对红地球葡萄内生菌群的影响。

图 7.1 有机和常规红提葡萄根、茎、叶和果实部分样品

2. 实验结果

从DGGE的电泳图7.2和表7.4的结果可以看出，常规和有机红提葡萄各器官之间DGGE检测的主条带分属于α-变形菌(*Alpha proteobacteria*)、拟杆菌(*Bacteroidetes*)、β-变形菌(*Beta proteobacteria*)、厚壁菌(*Firmicutes*)和γ-变形菌(*Gamma proteobacteria*)5个不同门类。其中，检测到的58.3%的内生细菌和不可培养的细菌相似度最高。在测序的条带中，芽孢杆菌属的内生细菌占的比重最大，达25%，其次为假单孢菌目(*Pseudomonadales*)、单孢菌属(*Sphingomonas* sp.)、草螺菌属(*Herbaspirillum* sp.)、沙雷氏菌属(*Serratia* sp.)和不动杆菌属(*Acinetobacter* sp.)，各占8.3%的比例。无论常规葡萄还是有机葡萄，各器官间最主要的内生细菌电泳条带均为h、i、j、k。从系统发育树图7.3分析，h与*Pseudomonas savastanoi*菌株的进化地位相同，可以初步判断，h条带代表的内生细菌属于假单胞菌属。同样，i与*Bacillus atrophaeus* strain KNA-7、j与*Bacillus vallismortis* strain JS-7、k与*Bacillus amyloliquefaciens* strain MB101相近，可以初步判断i、j、k 3个条带代表芽孢杆菌属的内生细菌。

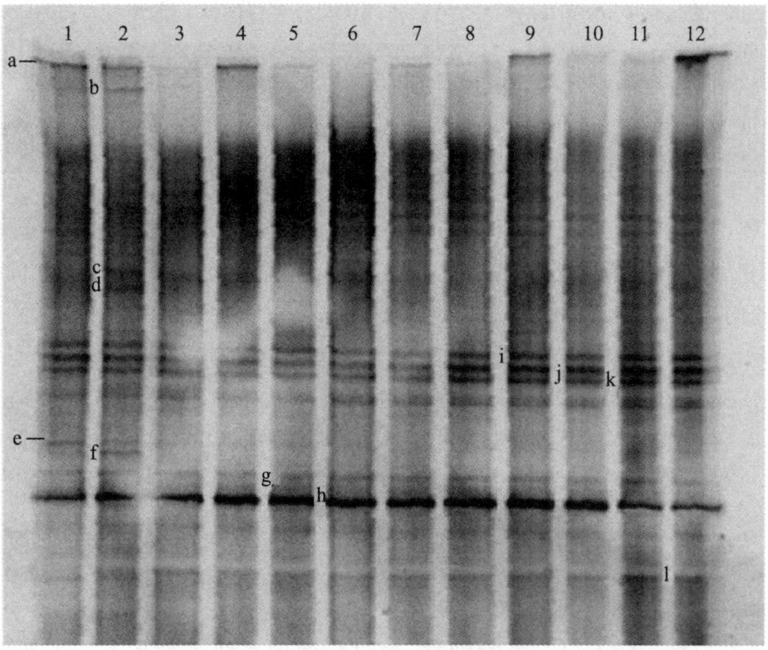

图7.2 常规和有机红提葡萄不同器官内生细菌DGGE电泳图

注：图中1～12分别代表常规葡萄根、常规葡萄一年生茎、常规葡萄两年生茎、常规葡萄叶、常规葡萄果实、常规葡萄籽、有机葡萄根、有机葡萄一年生茎、有机葡萄两年生茎、有机葡萄叶、有机葡萄果实和有机葡萄籽内生菌DNA的PCR产物；a～l代表切胶测序所选取的特征条带。

目前对于草螺菌研究较少，很多都是研究草螺菌的固氮功能。目前，已从野生水稻(Koomnok等，2007；Elbeltagy等，2001；Zakria等，2008)、菜豆(Valverde等，2003)、甘蔗(Boddey等，2003；Oliveira等，2002；Zakria等，2008)、草(Steenhoudt和Vanderleyden，2000)等植物中分离得到内生固氮草螺菌。草螺菌主要分离自植物的根，在部分作物的茎中也能定殖(Njoloma等，2006)。另外，草螺菌的定殖不具有宿主的种属专一性。之前没有从葡萄的组

表 7.4 部分葡萄内生细菌 DGGE 条带测序结果

Band NO.	Closest relative	Percentage similarity/%	Accession NO. in Genbank	Phylogenetic affiliation
c	Uncultured bacterium clone BICH786	100	HM556964.1	*Alphaproteobacteria*
l	Uncultured *Sphingomonas* sp. clone EfT304_C03	98	GU201573.1	*Alphaproteobacteria*
a	Uncultured bacterium clone RG-151	100	FN821829.1	*Bacteroidetes*
b	Uncultured *Herbaspirillum* sp. clone AV_8R-S-G10	100	EU341291.1	*Betaproteobacteria*
i	*Bacillus atrophaeus* strain KNA-7	100	HM854253.1	*Firmicutes*
j	*Bacillus vallismortis* strain JS-7	100	GQ280077.1	*Firmicutes*
k	*Bacillus amyloliquefaciens* strain MB101	100	HM597236.1	*Firmicutes*
d	*Serratia* sp. BS18	98	EU031768.1	*Gammaproteobacteria*
e	*Acinetobacter* sp. KSL5401-042	98	GQ497289.1	*Gammaproteobacteria*
g	Uncultured *Pseudomonadales* bacterium clone VA04_59	100	HM075721.1	*Gammaproteobacteria*
h	Uncultured bacterium clone 1414-M13F-2	100	GQ476450.1	*Gammaproteobacteria*
f	Uncultured bacterium clone TIBW440	100	HM556268.1	Uncertain

织中发现有草螺菌属内生菌的研究报道。测序结果显示，条带 b 属于草螺菌属，并且只在有机葡萄根内检测到。草螺菌属于固氮菌的一种，仅在根里检测到其存在，这和固氮菌本身的作用相符，可培养的内生固氮菌株的筛选也主要是从植物的根内分离得到。另外，由于固氮菌对氮肥敏感，在施有大量氮素化肥的农田里固氮菌自身受到抑制，这也初步解释了为什么只是从有机的葡萄根内发现了草螺菌。该现象也从侧面反映了本试验所用的有机葡萄材料的真实性。在研究草甘膦除草剂对大豆作物内生菌群的影响时发现，在没有喷洒草甘膦的大豆作物里，采用 DGGE 方法检测到草螺菌，而在喷洒草甘膦的大豆作物里并没有检测到草螺菌的存在(Kuklinsky-Sobral 等，2005)。草螺菌对农药的敏感性这一事实，也从侧面验证了只从有机葡萄根中检测到草螺菌的存在的现象。

e 最相似的序列为不动杆菌属，主要存在于常规葡萄根内。

f 最相似的序列是一株不可培养的细菌，通过构建的系统发育树可以发现，f 与 i 在同一个分枝上，两者进化距离非常相近。推测有可能属于厚壁菌门细菌。

i、j、k 3 个序列的最相似序列均为芽孢杆菌属，并且这三条序列在常规葡萄和有机葡萄的各个器官都存在，说明芽孢杆菌普遍存在于葡萄的各个部位。葡萄可培养内生细菌的筛选结果也表明，芽孢杆菌在葡萄不同组织内分布较为广泛，几乎在葡萄的每种组织中都可以存在，这和 DGGE 的结果是相同的。

h 级最相似的序列为假单胞菌属，其条带在整个电泳图中最亮，应属于葡萄内生细菌中的最主要的种属。假单胞菌广泛分布于常规葡萄和有机葡萄的各个器官，在葡萄器官内普遍存在。l 最相似的序列为单孢菌属，在有机葡萄籽和常规葡萄籽的电泳条带中较亮，其他电泳条带较暗。说明 l 主要分布于葡萄籽中，在其他器官中也少量存在。

条带 c 属于 α-变性菌，最大相似序列来自不可培养细菌；条带 d 最大相似序列为沙雷氏菌。从图 7.3 看出，沙雷氏菌只存在于有机葡萄的根部。究其原因，可能与草螺菌相似，化肥和农药影响了常规葡萄内生菌群的结构与分布。

沙雷氏菌分布较为广泛。从小麦（Liu 等，2010）、土豆（Barretti 等，2009）、黑胡椒（Aravind 等，2009）、水稻（Sandhiya 等，2005）等作物的组织内部，根围土壤（Kavroulakis 等，2010）、重金属污染区的植物根表面等地，均成功分离到沙雷氏菌，在发酵的酒里面也检测到了沙雷氏菌的存在。之前的研究表明，植物内生沙雷氏菌的生物学作用主要集中在植物病原菌的生物防治和植物体的促生作用上（Erdogan 和 Benlioglu，2010）。

此外，从葡萄顶枯病发病部位筛选到了沙雷氏菌，并且发现，沙雷氏菌对葡萄顶枯病有抑制作用（Schmidt，2001）。沙雷氏菌还可以应用于果汁的发酵，增加酚类物质的含量，提高饮料的抗氧化性（Vuong 等，2006）。

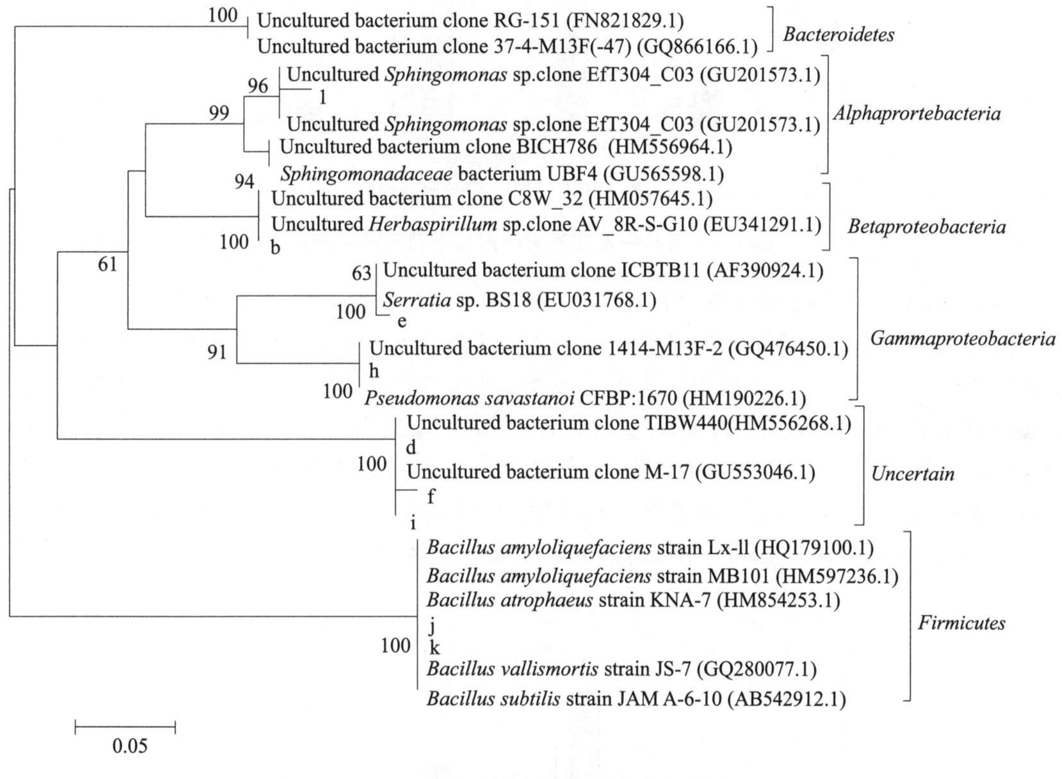

图 7.3 DGGE 电泳特征细菌的系统发育树分析

字母代表在 DGGE 电泳图中对应的特征序列

7.4.2.2 葡萄附生菌及内生细菌的筛选比较

1. 实验方案

不同区系的微生物群落结构是丰富多样的，不同栽培模式下的葡萄附生菌和葡萄内生菌的微生物群落结构也应该存在差异。本实验对不同栽培模式下红提葡萄的附生菌和内生菌进行了比较分析。

2. 实验结果

(1) 在不同培养基上有机和常规葡萄叶附生菌菌落总数比较。

由图 7.4 可知,P 培养基培养时,有机葡萄叶的菌落总数为 120 CFU/mm^2,有机葡萄叶附生真菌菌落总数是常规葡萄叶的 1.89 倍,差异显著($P<0.05$)。N 培养基培养时,有机葡萄叶的菌落总数为 947 CFU/mm^2,是常规葡萄叶的 1.25 倍,差异显著($P<0.05$)。在 Y 和 F 培养基上培养时,常规葡萄叶和有机葡萄叶附生菌的菌落总数差异不显著($P>0.05$)。

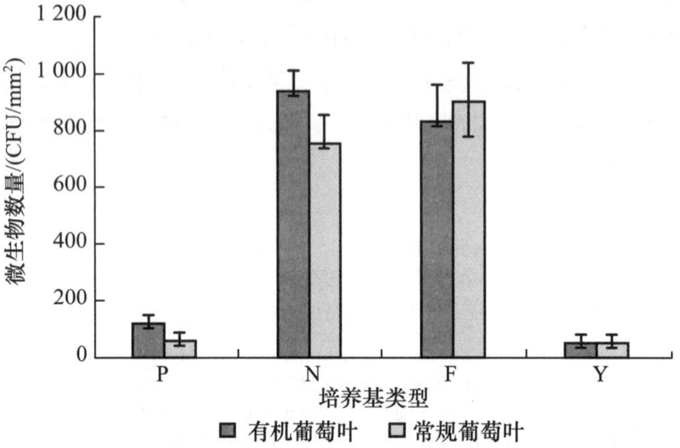

图 7.4 有机和常规葡萄叶附生菌菌落总数比较

(2) 在不同培养基上有机和常规葡萄果实附生菌菌落总数比较。

由图 7.5 可以看出,在不同培养基上培养,有机葡萄果实附生菌菌落总数和常规葡萄果实附生菌差异显著($P<0.05$)。P 培养基培养时,有机葡萄果实附生菌的菌落总数为 34 CFU/mm^2,是常规葡萄果实的 1.97 倍。N 培养基培养时,有机葡萄果实的菌落总数为 532 CFU/mm^2,是常规葡萄的 1.60 倍。F 培养基培养时,有机葡萄果实的菌落总数为 351 CFU/mm^2,是常规葡萄果实的 2.60 倍。在 Y 培养基上培养时,有机葡萄果实为 54 CFU/mm^2,是常规葡萄的 2.87 倍。有机葡萄果实附生菌菌落总数显著大于常规葡萄。

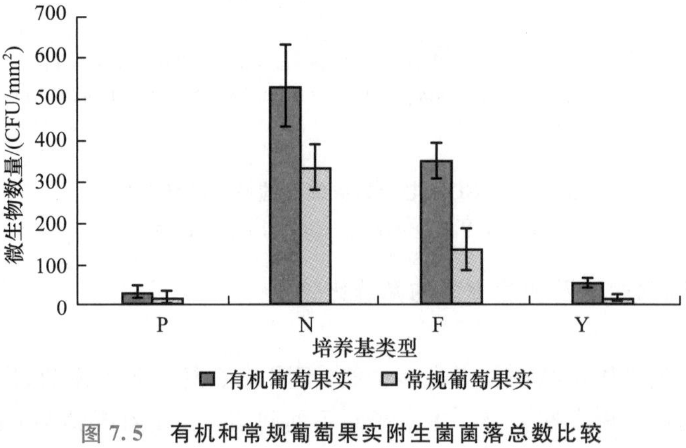

图 7.5 有机和常规葡萄果实附生菌菌落总数比较

(3) 不同葡萄器官的附生菌比较。

统计分析表明，有机和常规葡萄相比，除葡萄叶外，葡萄根、茎、果实的附生菌菌落总数差异显著($P<0.05$)，有机葡萄的根、茎、果实附生菌菌落总数均大于常规葡萄，其中根部差异最大，有机葡萄根部附生菌为常规葡萄的 6.73 倍。由此可以看出，葡萄果实和葡萄叶附生菌菌落总数较少，推测附生菌的菌落总数可能与器官表面的粗糙程度有关。器官越粗糙，比表面积越大，微生物越容易黏附和滋生。而葡萄根附生菌菌落总数是其他器官的数十倍，分析可能是根围微生物大量黏附在根表面的原因。喷洒农药和施用化肥，会影响微生物的正常生命活动(Andrews 和 Harris，2000)，这也是造成有机葡萄器官附生菌数量大于常规葡萄的重要原因。

由表 7.5、图 7.6、图 7.7 看出，葡萄根附生菌种类与附生菌菌落总数无相关关系，有机葡

表 7.5 不同器官附生菌菌落总数比较

葡萄类型	葡萄根 10^5 CFU/mm^2	葡萄茎 CFU/mm^2	葡萄叶 CFU/mm^2	葡萄果实 CFU/mm^2
有机葡萄	7.20 ± 0.83^a	$1\,151\pm109^a$	559 ± 46^a	462 ± 98^2
常规葡萄	1.07 ± 0.34^b	764 ± 69^b	464 ± 89^a	277 ± 47^b

注：同列数据后的不同小写字母表示在 $P<0.05$ 水平上的差异显著性。

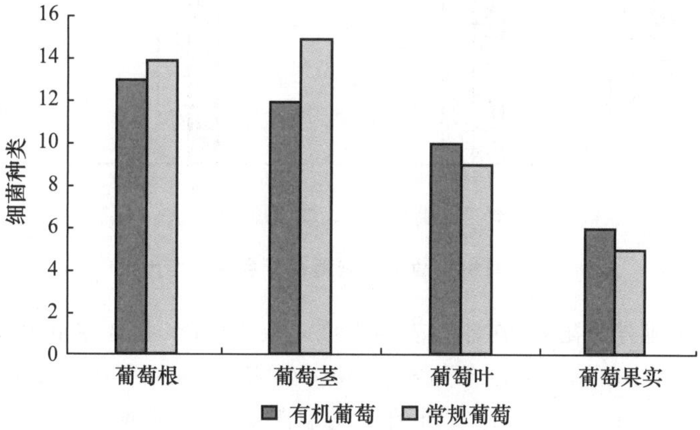

图 7.6 不同葡萄器官附生细菌种类比较

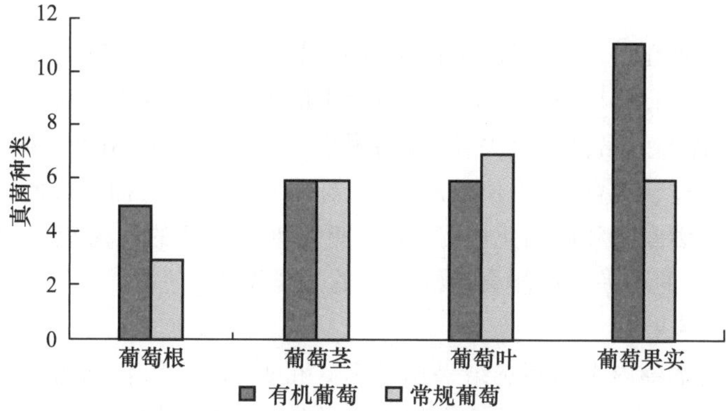

图 7.7 葡萄器官附生真菌种类

萄果实附生真菌的种类大于常规葡萄(Granado 等,2008)。植物根、茎、叶、果实等表面,黏附着大量的细菌(Yrjälä 等,2010)、真菌(Zhang 等,2009)、古菌等附生菌,这些附生菌可以通过水平基因转移(Kroer 等,1998)和植物互惠共生(Preston 等,1998)、转变成内生菌或者成为植物腐生菌等方式与植物相互作用。

葡萄样品采自于伊犁霍城县金山葡萄庄园,由于处于同一环境,排除了气候等天然因素的干扰。由图 7.8 可以看出,有机葡萄器官附生菌菌落总数大于常规葡萄,附生真菌种类较多,细菌种类略少于常规葡萄,微生物种类与微生物菌落总数之间无相关关系。José Granado 等研究金冠苹果在有机农业体系(organic farming system)和复合农业体系(integrated farming system)下附生菌之间的关系时发现,有机苹果附生真菌包括 22 个类群,高于非有机模式下的真菌类群数(Granado 和 Thürig,2008)。此外,葡萄的栽培模式可能影响器官附生菌群的变化,施肥和喷洒农药对微生物种群结构及数量影响较大(Andrews 和 Harris,2000)。

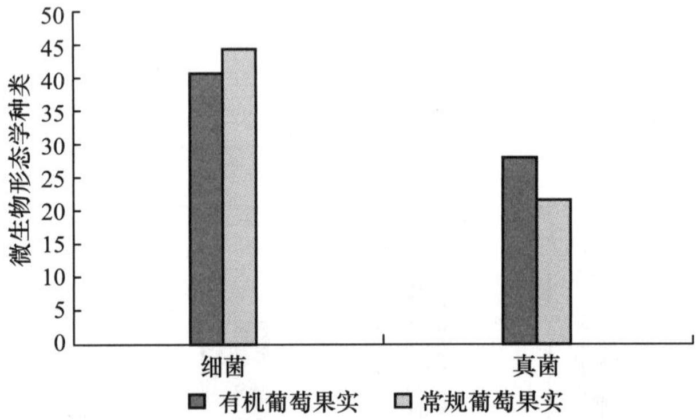

图 7.8 有机葡萄和常规葡萄附生菌种类比较

附生菌通过产生胞外分泌物,在器官表面形成一层生物膜,黏合在植物表面。附生菌的这种生存方式,既可以防止菌体水分过多蒸发(Andrews 和 Harris,2000),又增强了其对农药的抵抗能力(Costerton 等,1998)。无论有机葡萄还是常规葡萄,葡萄果实附生菌的菌落总数都最小,葡萄根表面的微生物菌落总数最多,根部的附生菌远远大于其他器官。附生细菌种类最少的葡萄果实,真菌种类却最多,说明微生物种类可能与器官表面的微环境和器官的外渗物质类型有关。

张学君(1995)等研究发现,苹果附生菌中存在着多种对苹果常见病症——轮纹病和炭疽病起拮抗作用的微生物。有机栽培的苹果表面附生的丝状真菌的类群和数量均比非有机栽培的苹果丰富,推测可能与栽培模式有关,丰富的附生真菌可能会抑制苹果病原菌,利于病害的防治。附生菌可以通过营养竞争、占位效应、产生抑菌物质等方式抑制表面病原菌的繁殖。而常规栽培模式中的喷洒农药和施用化肥等,会改变附生菌原始的群落组成,打破其菌群平衡,在采摘之后,这种群落的不平衡可能会导致果实的过早腐烂。

(4) 内生菌筛选结果。

常规和有机红提葡萄内生菌筛选结果见表 7.6 和表 7.7。从有机葡萄叶中没有筛选到内生菌株,原因是在多次筛选时,引起了微生物的交叉污染,筛选结果不可靠,没有计算在内。从筛选结果看出,不管是常规葡萄还是有机葡萄,筛选到的内生细菌的形态学种类的总数均大于真菌。从有机葡萄中筛选到的内生真菌仅为 8 种,常规葡萄内生真菌仅 4 种。

表 7.6 从有机和常规红提葡萄各器官筛选到的内生菌菌株的形态学种类

葡萄类型	组织	细菌种类	真菌种类
有机葡萄	根	16	4
	一年生茎	13	2
	二年生茎	16	0
	叶	0	0
	芽	0	1
	果实	3	1
	籽	1	0
常规葡萄	根	18	2
	一年生茎	2	0
	二年生茎	7	0
	叶	6	0
	芽	1	0
	果实	1	0
	籽	1	2

表 7.7 从有机和常规红提葡萄中筛选到的内生细菌和内生真菌菌株总数

葡萄类型	真菌种类总数	细菌种类总数
有机葡萄	8	49
常规葡萄	4	36

有机葡萄果实、有机葡萄一年生茎、二年生茎的内生细菌和内生真菌种类大于常规葡萄。从整体上来看,从有机葡萄里筛选到的内生真菌和内生细菌的形态学种类总数均大于常规葡萄。

常规葡萄管理过程需要不断喷洒化学农药,以防治病虫害。由于农药可以渗透进入葡萄皮层以内,喷洒农药后,短时间内葡萄内部药剂量骤然增加。这种微生境的突变,会影响到部分葡萄内生菌群的结构和数量。一些不耐药的内生菌群,会在短期内迅速减少,甚至消失;此外,葡萄是多年生的木本植物,金山葡萄庄园的葡萄树已有十余年的栽培历史。随着栽培时间的不断增长,农药喷洒量不断累积,农药残留也会一直存在。这样经过长期的农药胁迫,常规葡萄内生菌菌群结构逐渐达到一种新的动态平衡。由于占位效应等原因,一些耐药性的内生菌群逐渐增多,甚至可能成为葡萄的优势菌群。

而有机葡萄栽培过程禁止喷洒化学农药,菌群结构中既有耐药性的内生菌,也有不耐药的内生菌。菌群结构更加丰富,所以筛选到的内生菌形态学种比常规葡萄多。

7.4.2.3 内生拮抗细菌的筛选与鉴定

1. 实验方案

内生细菌可以通过分泌脂肽、藤黄绿脓菌素、吡咯菌素等抑菌素,或者通过营养和空间竞争效应等机制抑制病原菌的生长和繁殖。本实验初步研究了葡萄内生细菌对大肠杆菌和金黄色葡萄球菌的抑菌效果,筛选到了一株对大肠杆菌和金黄色葡萄球菌有较好拮抗作用的内生细菌 PT-6,并进行了形态学、生化鉴定和分子生物学鉴定。

2. 实验结果

(1) 内生细菌 PT-6 发酵液对病原细菌的抑菌效果。

用管碟法研究了内生细菌 PT-6 发酵液对人体致病菌——大肠杆菌和金黄色葡萄球菌的抑制效果。

内生细菌 PT-6 发酵液的抑菌作用:结果显示,PT-6 对金黄色葡萄球菌的抑菌效果较好,抑菌圈直径高达 25 mm(图 7.9),对大肠杆菌的抑菌圈直径为 12 mm。金黄色葡萄球菌为革兰氏阳性细菌,而大肠杆菌则为革兰氏阴性细菌。以上结果显示,发酵液中的活性物质对革兰氏阳性细菌的抑菌作用明显,对革兰氏阴性细菌的抑菌作用较弱。

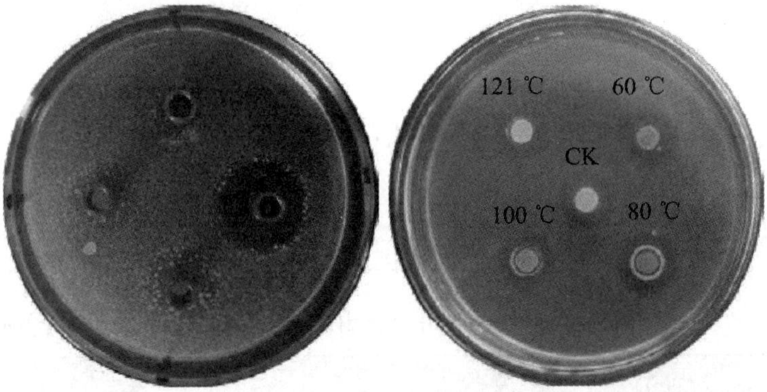

不同温度处理的发酵液的拮抗效果

图 7.9　内生细菌 PT-6 发酵液对金黄色葡萄球菌的抑制效果

细菌 PT-6 发酵液抑菌活性物质的热敏性:分别将 PT-6 发酵液进行 60℃加热 30 min、80℃加热 30 min、100℃加热 30 min 和 121℃加热 30 min 处理,并以未处理发酵液作对照,以金黄色葡萄球菌和大肠杆菌作为指示菌。结果如表 7.8 所示。

表 7.8　不同温度处理对 PT-6 发酵液抑菌活性的影响

类　型	原发酵液	60℃,30 min	80℃,30 min	100℃,30 min	121℃,30 min
金黄色葡萄球菌	16.5±2.1a	17.0±1.4a	16.0±1.4a	14.0±1.4a	15.0±0.7a
大肠杆菌	11.5±0.7a	12.0±1.4a	11.0±1.4a	10.0±1.4a	11.0±1.4a

注:同列数据后的不同小写字母表示在 $P<0.05$ 水平上的差异显著性。

统计结果表明,不同热处理发酵液,对金黄色葡萄球菌和大肠杆菌的抑制效果差异不显著。说明抑菌活性物质的热敏性差,在 121℃处理 30 min 后仍不失活。

(2) 菌株 PT-6 的形态学观察。

PT-6 菌株的菌落形态、革兰氏染色和芽孢染色结果如图 7.10 所示。菌株 PT-6 在牛肉膏蛋白胨平板上生长,培养初期菌落光滑、不透明;28℃培养 2 d 后,菌落直径在 1.0～2.0 mm;随着培养时间的延长,菌落逐渐变白、变厚变干,边缘不整齐,菌落上有褶皱凸起,颜色变为乳脂色;2～6 d 后会产生棕褐色色素。

镜检结果显示，革兰氏染色均匀，颜色为紫色；芽孢颜色为红色，形状为椭圆形；营养细胞为杆状，大小为(0.5～1.0)μm×(2.0～4.0)μm，菌体单生或呈短链状分布。

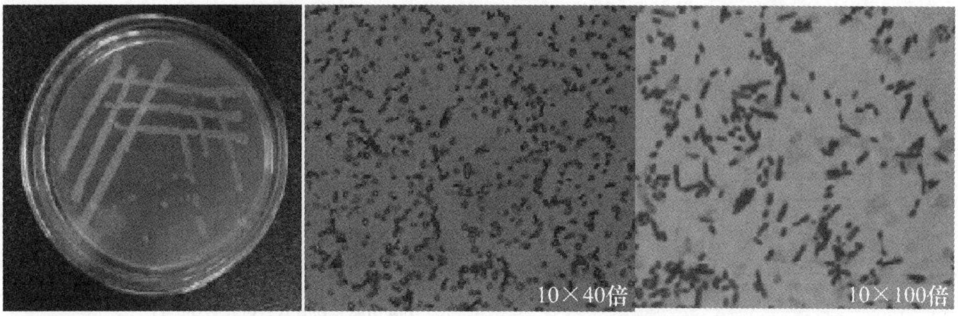

图 7.10 PT-6 菌落形态、革兰氏染色及芽孢染色结果

(3) 菌株 PT-6 的生化鉴定。

如表 7.9、图 7.11 所示，生化鉴定结果送交生物梅里埃比对、鉴定。初步将菌株 PT-6 鉴定为萎缩芽孢杆菌(*Bacillus atrophaeus*)。

表 7.9 菌株 PT-6 的生化鉴定结果

甘露醇	+	*D*-侧金盏花醇Ⅰ	−	*L*-鼠李糖	+	*N*-乙酰葡萄糖胺	+
赤藻糖醇	−	甲基-*β*-*D*-吡喃木糖苷	−	卫茅醇	−	苦杏仁苷	+
D-阿拉伯糖	−	*D*-半乳糖	+	肌醇	+	ARBULIN	+
L-阿拉伯糖	+	*D*-葡萄糖	+	甘露醇	+	七叶灵柠檬酸铁	+
D-核糖	+	*D*-果糖	+	山梨醇	+	水杨苷	+
D-木糖	+	*D*-甘露糖	+	甲基-*α*-*D*-吡喃甘露糖苷	−	*D*-纤维二糖	+
L-木糖	−	*L*-山梨糖	−	甲基-*α*-*D*-吡喃葡萄糖苷	+	*D*-麦芽糖	+
D-乳糖	−	*D*-棉籽糖	+	*D*-来苏糖	+	葡萄糖酸钾	+
D-密二糖	−	淀粉	+	*D*-塔格糖	+	2-酮基葡萄糖酸钾	+
D-蔗糖	+	糖原	+	*D*-岩藻糖	+	5-酮基葡萄糖酸钾	+
D-海藻糖	+	木糖醇	+	*L*-岩藻糖	+		
菊粉	+	*D*-龙胆二糖	−	*D*-阿拉伯醇	+		
D-松三糖	+	*D*-土伦糖	+	*L*-阿拉伯醇	+		

7.4.2.4 伊犁地区有机红地球葡萄采后贮藏生物拮抗保鲜新技术研究成果总结

我实验室 2010—2012 年从新疆金山葡萄庄园采集了常规和有机红提葡萄的各个器官的试验材料，通过对其内生菌的筛选、内生细菌 DGGE 多样性分析以及内生细菌拮抗菌株的筛选，得到如下结果：

葡萄内生细菌分属于 *α*-变形菌、拟杆菌、*β*-变形菌、厚壁菌、*γ*-变形菌五大门类，不同器官之间存在着差异。在葡萄各个器官中，只在有机葡萄根里检测到草螺菌和沙雷氏菌，推断这种现象可能与葡萄的栽培管理模式有关。此外，草螺菌是一种固氮细菌，这也是第一次发现葡萄根中可能存在内生固氮细菌。

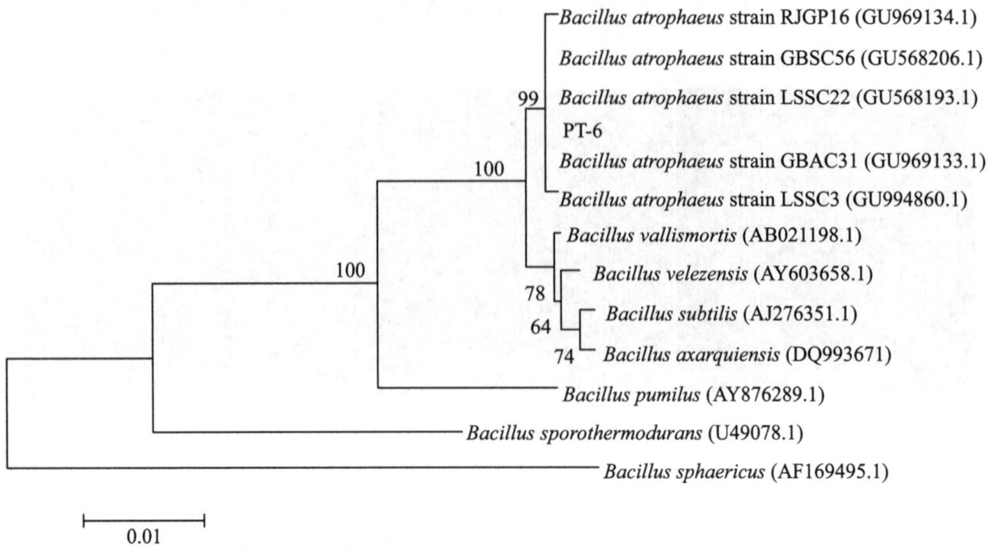

图 7.11　**菌株 PT-6 的系统发育树**

根据 PT-6 的 16S rDNA 序列在 Mega 4.1 软件上分析获得。

葡萄根部附生菌的菌落总数最大，达 10^5 CFU/mm^2，茎次之，果实附生菌菌落总数最小，约为 10^2 CFU/mm^2。除葡萄叶没有显著差异外，有机葡萄各器官（根、茎、果实）附生菌菌落总数均大于常规葡萄。本研究初步表明，有机栽培可以更好地保持生态环境中微生物群落的生物多样性。

有机葡萄内生真菌和内生细菌的种属多样性大于常规葡萄，说明有机葡萄的生物防腐具有很好的前景。实验室筛选到的内生细菌的形态学种达 85 种，内生真菌为 12 种。通过抑菌试验，筛选到了一株对金黄色葡萄球菌和大肠杆菌抑菌效果较好的内生细菌 PT-6，发酵液加液量为 200 μL 时，对金黄色葡萄球菌的抑菌圈直径达 25 mm，对大肠杆菌的抑菌圈直径为 12 mm。121℃加热 30 min 处理 PT-6 的发酵液，对金黄色葡萄球菌和大肠杆菌的抑菌效果没有显著差异。最后对 PT-6 进行了形态学、生化鉴定和分子生物鉴定，初步鉴定其为萎缩芽孢杆菌（刘万振，2012）。

研究其对金黄色葡萄球菌和大肠杆菌的抑菌机理，以期能够将其应用于鲜食葡萄的保鲜，提高鲜食葡萄的安全性。霜霉病、白粉病等为葡萄采前常见病害，灰霉病是葡萄贮藏期间的主要病害，从葡萄的内生细菌库里筛选对灰霉病、白粉病、霜霉病等葡萄常见病害有抑制效果的内生细菌，并研究其抑菌机理、内生细菌的定殖以及葡萄植株抑菌试验，对于葡萄采前病害的生物防治以及采后的贮藏保鲜意义重大。

参考文献

陈星玲，母勇，杨小乐. 2003. 红提葡萄主要病害及防治[J]. 农村经济与科技，14(7)：24-25.

楚燕杰，张国宝. 1994. 葡萄贮藏保鲜实用技术[M]. 北京：中国农业出版社.

杜兴兰. 2008. 葡萄霜霉病和白粉病生物防治的研究[D]. 河北农业大学学位论文，3-6.

高海生，柴菊华. 2010. 葡萄贮藏保鲜与加工技术[M]. 北京：金盾出版社.

巩洁. 2010. 红提葡萄白腐病拮抗微生物的选育及生物防治的应用[D]. 西北大学学位论文，1-2.

何映波. 2008. 水分胁迫对鲜食葡萄生理影响的研究[D]. 西南大学学位论文，1-2.

刘万振，武婷婷，生吉萍，等. 2011. 有机和常规红堤葡萄附生菌比较分析[J]. 食品科学，32(3)：126-129.

罗国光. 2010. 中国葡萄产业面临的历史任务：加快由数量型向质量型转变[J]. 果树学报，27(03)：431-435.

罗云波，蔡同一. 2007. 园艺产品贮藏加工学(贮藏篇)[M]. 北京：中国农业大学出版社.

生吉萍，申琳，吴文良. 2008. 伊犁河流域绿色-有机葡萄保鲜贮运关键技术问题与对策[J]. 新疆农业科学，45(S3)：89-92.

田勇. 2001. 红地球葡萄优质栽培与贮运保鲜[M]. 郑州：中原农民出版社.

王如平，吴婷，张卫明，等. 2008. 丹皮酚及其白芨多糖包合物对葡萄保鲜作用的比较研究[J]. 食品科学，29(011)：645-648.

王山虎，高俊萍. 2011. 新疆北疆地区红地球葡萄留树保鲜技术[J]. 北方园艺，(11)：58-60.

王英姿，任强，栾炳辉，等. 2007. 葡萄霜霉病菌田间消长动态及药剂防治试验[J]. 中国果树，(6)：34-36.

吴远彬. 2006. 葡萄贮运保鲜[M]. 北京：中国农业科学技术出版社.

修德仁. 2004. 鲜食葡萄栽培与保鲜技术大全[M]. 北京：中国农业出版社.

修德仁，杨卫东. 2007. 葡萄无公害贮运保鲜与加工[M]. 北京：中国农业出版社.

许文涛，田慧琴，罗云波，等. 2007. 葡萄柚提取物对红地球葡萄保鲜效果的影响[J]. 保鲜与加工，(2)：14-16.

张学君，徐盈，王建营. 1995. 苹果表面微生物数量及其与两种主要病菌的关系[J]. 果树科学，(04)：232-236.

赵丽芹. 2006. 园艺产品贮藏加工学[M]. 北京：中国轻工业出版社.

赵胜建. 1998. 红地球葡萄国内外栽培现状及特点[J]. 北方园艺，(5)：30-31.

Zhao Z, Wang Q, Wang K, *et al*. 2010. Study of the antifungal activity of *Bacillus vallismortis* ZZ185 in vitro and identification of its antifungal components[J]. Bioresource Technology, 101(1)：292-297.

Koomnok C, Teaumroong N, Rerkasem B, *et al*. 2007. Diazotroph endophytic bacteria in cultivated and wild rice in Thailand[J]. ScienceAsia, 33(4)：429-435.

Elbeltagy A, Nishioka K, Sato T, *et al*. 2001. Endophytic Colonization and in Planta Nitrogen

Fixation by a *Herbaspirillum* sp. Isolated from Wild Rice Species[J]. Applied and Environmental Microbiology, 67(3-12):5285-5293.

Zakria M, Ohsako A, Saeki Y, *et al*. 2008. Colonization and growth promotion characteristics of *Enterobacter* sp. And *Herbaspirillum* sp. on Brassica oleracea[J]. Soil Science and Plant Nutrition, 54(4):507-516.

Valverde A, Velázquez E, Gutiérrez C, *et al*. 2003. *Herbaspirillium lusitanum* sp. nov., a novel nitrogen-fixing bacterium associated with root nodules of Phaseolus vulgaris[J]. International Journal of Systematic and Evolutionary Microbiology, 53(6):1979-1983.

Boddey R M, Urquiaga S, Alves B J R, *et al*. 2003. Endophytic nitrogen fixation in sugarcane: Present knowledge and future applications[J]. Plant and Soil, 252(1):139-149.

Oliveira A L M, Urquiaga S, Döbereiner J, *et al*. 2002. The effect of inoculating endophytic N_2-fixing bacteria on micropropagated sugarcane plants[J]. Plant and Soil, 242(2):205-215.

Zakria M, Udonishi K, Saeki Y, *et al*. 2008. Infection, multiplication and evaluation of the nitrogen-fixing ability of *herbaspirillum* sp. strain b501gfp1 in sugarcane stems inoculated by the vacuum infiltration method[J]. Microbes and Environments, 23(2):128-133.

Steenhoudt O, Vanderleyden J. 2000. *Azospirillum*, a free-living nitrogen-fixing bacterium closely associated with grasses: Genetic, biochemical and ecological aspects[J]. FEMS Microbiology Reviews, 24(4):478-506.

Njoloma J, Tanaka K, Shimizu T, *et al*. 2006. Infection and colonization of aseptically micropropagated sugarcane seedlings by nitrogen-fixing endophytic bacterium, *Herbaspirillum* sp. B501gfp1[J]. Biology and Fertility of Soils, 43(2):137-143.

Kuklinsky-Sobral J, Araújo W L, Mendes R, *et al*. 2005. Isolation and characterization of endophytic bacteria from soybean (Glycine max) grown in soil treated with glyphosate herbicide[J]. Plant and Soil, 273(1-2):91-99.

Liu X, Jia J, Atkinson S, *et al*. 2010. Biocontrol potential of an endophytic *Serratia* sp. G3 and its mode of action[J]. World Journal of Microbiology and Biotechnology, 26(8):1465-1471.

Barretti P B, Romeiro R S, Mizubuti E S G, *et al*. 2009. Screening of endophytic bacteria isolated from tomato plants as potencial biocontrol agents and growth promotion [J]. Ciencia e Agrotecnologia, 33(SUPPL.):2038-2044.

Aravind R, Kumar A, Eapen S J, *et al*. 2009. Endophytic bacterial flora in root and stem tissues of black pepper (*Piper nigrum* L.) genotype: isolation, identification and evaluation against *Phytophthora capsici* [J]. Letters in Applied Microbiology, 48(1):58-64.

Sandhiya G S, Sugitha T C K, Balachandar D, *et al*. 2005. Endophytic colonization and in planta nitrogen fixation by a diazotrophic *Serratia* sp. in rice[J]. Indian Journal of Experimental Biology, 43(9):802-807.

Kavroulakis N, Ntougias S, Besi M I, *et al*. 2010. Antagonistic bacteria of composted agro-industrial residues exhibit antibiosis against soil-borne fungal plant pathogens and protection of tomato plants from *Fusarium oxysporum f*. sp. radicis-lycopersici[J]. Plant and Soil,333(1):233-247.

Erdogan O,Benlioglu K. 2010. Biological control of Verticillium wilt on cotton by the use of *fluorescent Pseudomonas* spp. under field conditions[J]. Biological Control,53(1):39-45.

Schmidt C S,Lorenz D,Wolf G A. 2001. Biological control of the grapevine dieback fungus Eutypa lata I: Screening of bacterial antagonists[J]. Journal of Phytopathology,149(7-8):427-435.

Vuong T,Martin L,Matar C. 2006. Antioxidant activity of fermented berry juices and their effects on nitric oxide and tumor necrosis factor-alpha production in macrophages 264. 7 gamma NO(-) cell line[J]. Journal of Food Biochemistry,30(3):249-268.

Andrews J H,Harris R F. 2000. The ecology and biogeography of microorganisms on plant surfaces[J]. Annual Review of Phytopathology,38:145-180.

Granado J,Thürig B,Kieffer E,*et al*. 2008. Culturable fungi of stored 'golden delicious' apple fruits: A one-season comparison study of organic and integrated production systems in Switzerland[J]. Microbial Ecology,56(4):720-732.

YrjäläK,Mancano G,Fortelius C,*et al*. 2010. The incidence of Burkholderia in epiphytic and endophytic bacterial cenoses in hybrid aspen grown on sandy peat[J]. Boreal Environment Research,15(1):81-96.

Zhang Y,Mu J,Feng Y,*et al*. 2009. Broad-spectrum antimicrobial epiphytic and endophytic fungi from marine organisms: Isolation,bioassay and taxonomy[J]. Marine Drugs,7(2):97-112.

Kroer N,Barkay T,Sørensen S,*et al*. 1998. Effect of root exudates and bacterial metabolic activity on conjugal gene transfer in the rhizosphere of a marsh plant [J]. FEMS Microbiology Ecology,25(4):375-384.

Preston G M, Haubold B, Rainey P B. 1998. Bacterial genomics and adaptation to life on plants: Implications for the evolution of pathogenicity and symbiosis[J]. Current Opinion in Microbiology,1(5):589-597.

Costerton J W,Stewart P S,Greenberg E P. 1999. Bacterial biofilms: A common cause of persistent infections[J]. Science,284(5418):1318-1322.

Reagor L J, Gusman L, McCoy E, *et al*. 2002. The effectiveness of treated grapefruit-seed extract as an antibacterial agent:I. An in vitro agar assagy[J]. J. Altern. Complement. Med,8:325-332.

第8章

伊犁河流域有机薰衣草生产与加工技术

8.1 薰衣草概述

8.1.1 薰衣草

8.1.1.1 薰衣草的植物学特征

薰衣草(*Lavandula angustifolia* Mill.)是唇形科多年生草本植物,植物根系发达,主根为圆锥形,木质,须根茂密,可长达2 m。茎直立,基部分枝多,株高40～80 cm,全株被星状绒毛,灰绿色,老枝木质化,光秃无毛,呈灰褐色或暗褐色,皮层作条状剥落,具有长的花枝及短的更新枝。叶线形或线状披针形,对生,在花枝上的叶较大、疏离,密被灰色绒毛,在更新枝上的叶子较小,簇生,密被灰白色绒毛,基部渐狭成极短柄,全缘,边缘外卷,中脉在下面隆起,侧脉及网脉不明显。穗状花序密生于顶端,轮状排列,由5～10轮组成,花淡紫色或紫色。花形呈萼筒状,花瓣有13条脉。苞片呈菱状卵圆形,先端渐尖,见5～7条脉纹,密被白色绒毛。花萼呈卵状管形,长4～5 mm,13脉,内面近无毛,二唇形,上唇一齿较宽而长,下唇具四齿,齿相等而明显。花冠呈紫色或淡紫色,13条脉纹,外被与花萼相同的毛,但基部近无毛,内面在喉部及冠檐部分被线绒毛,中部见毛环子,冠檐2唇形,上唇直伸,2裂,裂片较大,圆形,且彼此稍重叠,下唇开展,3裂,裂片较小。雄蕊4,着生在毛环上方,不外伸,前对较长,长丝扁平,无毛,花药被毛。花柱被毛,在先端压扁,卵圆形。花盘4浅裂,裂片与子房裂片对生,子房4室。腺毛分布在花、叶、梗等各器官上,在开花期前后,萼片上最多,花瓣上次之,苞上也很多,叶、梗等则分布较少。腺毛的分布与精油含量有着密切的关系。种子具有深褐色光泽,光滑而坚强,呈椭圆形,微扁,长约1.5 mm,千粒重0.8～0.9 g(张卫明和肖正春,2007)。

8.1.1.2 薰衣草在中国

薰衣草是世界上十大天然香料作物之一,原产阿尔卑斯山南麓和地中海北岸。这里的气候冬季温暖湿润，夏季凉爽干燥，阳光充足，是薰衣草最适宜生长的气候条件，不管在野地里或花园、花盆里，薰衣草都长得欣欣向荣，艳丽可爱。

薰衣草自1930年开始人工栽培，目前栽培最多的国家有法国、保加利亚、意大利、苏联和日本。1950年薰衣草被引入我国，曾在一些地方试种，因生态环境不适宜，多数不成功。1964年在新疆试种，取得了良好的效果。这是因为伊犁河谷三面环山，春季多雨湿润，夏季高温干燥，秋季晴朗少雨，冬季比较温暖，而且土壤肥沃，很适宜薰衣草生长发育。

8.1.2 薰衣草油

8.1.2.1 薰衣草油的化学组成

近年来，随着分析技术和分析手段的不断更新，对薰衣草精油化学成分的研究有了很大的进展。

20世纪70年代上海香料工业研究所对其所试种的C-197薰衣草油的组分做了定性定量测定，确认其化学组成31种，其中乙酸芳樟酯38.04%，芳樟醇29.91%，乙酸薰衣草酯6.56%，薰衣草醇0.3%。通过对不同质量薰衣草油的色谱分析，认为乙酸芳樟酯的含量高于芳樟醇，乙酸薰衣草酯与薰衣草醇的含量高，桉叶油素、龙脑和樟脑含量低的薰衣草油的质量较好。1990年有关部门(沈瑞娟等，1990)起草了中国薰衣草油的国家标准(GB 12653—90)，本标准参照了国际标准ISO 3515—1987《法国薰衣草油》标准，样品使用的是新疆伊犁薰衣草用水蒸气蒸馏法从正在开放的花中所提取的精油。标准绘制了中国薰衣草油的气相色谱图像，确认了13个组分的重要特征，13种成分为宁烯、1,8-桉叶素、反式-罗勒烯、顺式-罗勒烯、辛酮-3、樟脑、芳樟醇、乙酸芳樟酯、对蓝烯-1-醇-4、乙酸薰衣草酯、薰衣草醇、松节油、龙脑。技术要求酯值>108(相当于含乙酸芳樟酯量为38%)，樟脑含量0.5%。陈行烈等(1991)运用气相色谱2质谱联用的方法，鉴定了新疆伊犁薰衣草精油的27种化合物，并和印度进口薰衣草精油的36种化合物进行了对比，结果表明，由于产地的不同，精油的化学成分有较大的差异，其中只有1,8-桉叶素、芳樟醇等13种化合物相同。Rist orcelli(1998)通过C-NMR研究了商品薰衣草精油中的萜类化合物，鉴定出精油的主要成分乙酸芳樟酯、芳樟醇、反式-罗勒烯、顺式-罗勒烯、桉树脑、萜-4-醇和樟脑，它们在精油中的含量因所用的薰衣草种类不同而有显著差异。Hohman等(1999)从狭叶薰衣草花的水-甲醇提取物中分离到迷迭香酸、咖啡酸、木犀草素和木犀草苷，通过TLC测定出它们的含量分别为1.16%、0.111%、0.011%和0.140%。张春玲等(1999)报道了云南薰衣草挥发油36种化学成分；解成喜等(2002)采用毛细管气质联用法对新疆伊犁产地薰衣草挥发油化学成分进行了研究，确认了化学成分为35个，主要化学成分为芳樟醇(37.60%)、乙酸芳樟酯(35.79%)、42松油醇(4.51%)、乙酸薰衣草酯(4.11%)等，化合物类型以乙酸酯、醇、烯烃化合物为主。

总而言之，薰衣草精油是多种芳香族化合物组成的复杂混合物，其成分组成与含量可能会受多方面因素的影响，因品种和产地不同而异，因提取的部位不同相差也很大，也会因提取的工艺及检验方法不同而异。

8.1.2.2 薰衣草油的理化性质

中国薰衣草油是一种微黄色澄清油状液体，香气纯正，具有薰衣草花朵的特征花香。相对密度(20/20℃)0.876～0.895,折光指数(20℃) 1.157 0～1.464 0,旋光度(20℃)－11°～－7.5°,溶解度(20℃)为1体积试样在不超过3体积70%的乙醇中呈澄清溶液,酸值<1.0,酯值>108(以乙酸芳樟酯计算>38%),樟脑含量<0.5%。具有浓郁的薰衣草花香,香气清香肃爽,呼吸醒脑是衡量薰衣草油质量的重要指标。薰衣草的各项理化指标一般以比重较低、溶解度好、左旋光度大、酸值小、酯值高的薰衣草油质好。近年的研究焦点从传统上主要对薰衣草头状花序部分的精油分析转移到分析花的"香味"上,即只分析易挥发的成分而不是全部精油。通过对不同种薰衣草香味分析结果证实,香味的微小差别是由于所含精油成分的差异,特别是乙酸芳樟酯、芳樟醇和各种倍半萜的组成和含量不同,这种差异也会直接影响其药理作用(王玉芹等,2004)。

8.1.2.3 薰衣草精油在薰衣草开花过程中的变化规律

薰衣草的油腺分布于其叶、花梗、萼片、苞片、花冠及雄蕊上,油腺集中的地方是在萼片外侧的脉肋间。薰衣草植株不同部位的含油率及精油质量如表8.1所示。

表8.1 薰衣草植株不同部位的含油率及精油质量

植株部位	含油率	精油颜色	精油香气
梗	0.03	黄绿	香气低劣
叶	0.08	黄绿	香气低劣
花穗	1.46	淡黄	香气纯正

薰衣草精油主要存在于花朵中,所以薰衣草的开花习性与薰衣草精油的产量和质量有密切的关系。

薰衣草定植后2年开始采花提油,第3～6年为产油盛期,平均亩产精油1.5～2.5 kg。盛花期含油量最高,一般在0.8%～1.2%。在同一天的不同时间采收,其出油率也不相同,以9～15时采收的花穗出油率最高。阴天或早晚采收的出油率降低。采收时剪下整个花穗,及时蒸馏。精油中乙酸芳樟酯含量越高,品质越好。精油在花穗中的含量,随着花朵的开放而逐渐增加,盛花期含油量最高,花蕾期最低。而精油的含酯量则以花蕾期最高,凋萎花最低,但是,花蕾期精油的酸值最大。

薰衣草最适宜的采收期是盛花期至末花期。初花期和种子成熟期得油率和含酯量都低,香气也不好。采花部位以花穗下面第一对叶腋处为标准(开花顺序由下而上)。采收后随即加工,或置阴凉处,经常翻动,如堆放不当或在阳光下直晒,则会严重影响得油率和香气。采用水上蒸馏或直接水蒸。

8.1.2.4 薰衣草油的应用

1. 香料

薰衣草油是一种重要的名贵香料,经济价值较高。它有一种芬芳持久的清香,令人心旷神怡。目前,它已被广泛地作为赋香的主要成分,应用于香水、香皂、香脂、冷霜、发蜡、爽身粉、花露水、清凉油、空气清洁剂等原料之中,例如我国著名的"双妹牌"花露水中,主要成分之一就是薰衣草油。

2. 药理作用

薰衣草用于治疗疾病可以追溯到古罗马和古希腊时代。薰衣草的药用功效主要有镇静、止痛、消炎、抗菌、抗痉挛、抗病毒、祛肠胃胀气、增进细胞活动等，从而被广泛应用于医药、化妆品、食品等行业，很受人们的青睐（张群等，2008）。

3. 其他应用

薰衣草油还在陶瓷、化工等工业中也有少量应用。

8.2 有机薰衣草生产与加工

8.2.1 薰衣草的种植

薰衣草的繁殖方法有播种、扦插、压条、分根等。目前生产上主要应用的是种子繁殖和扦插繁殖两种方法。

种子繁殖，伊犁河流域大都在10月下旬到11月上旬播种，也有在春季播的，但因春季风大、土壤水分蒸发快，所以出苗率低。插条繁殖，插条从一年生的已木质化的枝上部剪下，长10～12 cm，下端呈斜面，上端留下叶片，以利于保持内部养分和加快生根。在这两种方法中，插条繁殖较好一点，因为薰衣草是异花授粉，用种子繁殖会将其某些不良的变异性状遗传下来，而使后代失去亲本的某些优良性状。

薰衣草喜温暖、光照、干燥，宜在通风良好、排水性能较好、土层深的微沙性土壤中生长；适于微碱性或中性的土壤。怕高温酷暑，怕涝，长期受涝根烂即死。最佳的生长及开花温度为15～30℃，在5～35℃均可生长，长期高于38～40℃，顶部茎叶会枯黄。北方冬季长期在0℃以下即开始休眠，休眠时成苗可耐－25～－20℃的低温。因此，人工栽培土壤不宜过湿，炎热高温季节需适当遮荫。

8.2.2 薰衣草精油的提取

植物精油的提取技术由来已久，大约从8世纪开始，人们就已经用蒸馏法分离天然香料，直到目前，水蒸气蒸馏法仍然是工业上应用最广泛的植物精油提取方法。随着现代香料提取技术不断发展，涌现出更多提取更充分、分离产品纯度更高的方法。如溶剂浸提法、超临界二氧化碳流体萃取法、超声波辅助提取法、冷压榨法、微波辐射诱导萃取法等。

1. 水蒸气蒸馏法

水蒸气蒸馏是使水蒸气连续地流过容器中样品混合物来进行蒸馏的方法。水蒸气蒸馏法提取精油的主要原理是道尔顿分压定律，提取过程简要示意如下：

原料表面润湿→水分子向细胞组织中渗透→水置换精油或微量溶解→精油向水中扩散→形成精油与水的共沸物→精油与水蒸气同时蒸出→冷凝→油水分离→精油

目前国内外的绝大多数芳香植物，如国内的玫瑰和薰衣草等均利用水蒸气蒸馏方法生产精油。该法所需设备简单，操作简便，产量较大，成本低，并且能避免精油长时间在高温下发生破坏分解、水解或聚合，使精油的质量和提取率都得到一定程度的保证，但采用此法处理得到的香精只含有挥发成分，而味觉成分未被提取出，因此在植物类香精油的提取中使用较多（凌育赵,2005)。因此,对薰衣草精油的提取,国内外的研究者都用到了这一方法,通常可从薰衣草的花序含带少许叶片来提取。

水蒸气蒸馏法生产精油主要有水上蒸馏、水中蒸馏和直接蒸汽蒸馏(水汽蒸馏)3种方式。工业生产中水上蒸馏或水汽蒸馏这两种水蒸气蒸馏方式使用较为普遍。此法也存在一些缺点,如需要消耗大量的热以使水和高沸点组分汽化,操作温度较高、时间较长、低沸点和水溶性组分缺失较大;香型普通,精油提取率较低等(张颖等,2004)。

2. 溶剂浸提法

溶剂浸提又称溶剂萃取,是用水、酒精、石油醚以及其他有机溶剂对芳香原料(包括含精油的植物各部分、树脂树胶以及动物的泌香物质等)作选择性的萃取,排除那些不重要的成分,有选择地提取香味物质的方法。从香料植物中提取香料成分一般是液—固接触过程,溶剂与固体原料接触后,经过渗透、溶解、扩散等一系列过程以达到物质传递的目的。芳香植物的精油存在于细胞的原生质中。溶剂浸提过程首先是溶剂由表面向内部组织渗透,同时对细胞内原生质中的精油进行选择性溶解。溶入溶剂中的精油连同溶剂再扩散到细胞外。

与水蒸气蒸馏法比较,溶剂浸提法最大的特点是操作简单、加工过程中的受热温度较低,香料受热而分解的情况较轻;原料中的高沸点香料成分也极易被浸提出来,因而产品能在较大程度上保留香花原料的头香和底香,使得产品的香气成分完整,质量较高。但从萃取液中有效地除去溶剂且尽量降低致香成分的损失是溶剂萃取法面临的重要问题。蒸馏-萃取装置(SDE法)使萃取溶剂的用量大幅度减少,较好地解决了在去除溶剂的过程中失去致香成分的问题。与其他提取方法相比,浸提法不仅生产周期长,而且溶剂用量大,设备较复杂,密封程度要求较高,溶剂损耗也增加了产品的成本,因此浸提生产多用于较贵的品种(如茉莉、藏红花等)。此外一些精油含量极低的香原料,如橡苔等,也宜用浸提法加工。香料中如果含有某些不挥发性香气成分,也只有采用浸提法才能提取出来。但是,有机溶剂萃取存在着溶剂残留、萃取时间长、效率低,不能自动操作等问题。

赵志峰和雷鸣(2004)采用不同溶剂提取花椒精油的试验研究表明,用有机溶剂提取的花椒精油,主要化学成分基本相同,且包含了用水作溶剂提取的花椒精油中的主要化学成分。几种有机溶剂中,又以乙醚的提取性能最好。赵明锁和闫开明(2003)采用新溶剂萃取天然香料精油,介绍了四号溶剂萃取天然香料精油新技术。该技术较好地实现了天然香料精油的保质萃取,为精油的提取开辟了新的途径。

3. 超临界 CO_2 流体萃取

超临界 CO_2 流体萃取是一种新的提取技术,它是利用超临界流体(溶剂)与待分离混合物中的溶质具有异常相平衡行为和传递性能,且对溶质的溶解能力随着压力和温度改变而在相当宽的范围内变动这一特性而达到溶质分离的一项技术。

超临界 CO_2 萃取技术与一般传统分离方法相比较,具有其独特的优点。具有流程简单、步骤少、节能、萃取时间短、渗透性强、无毒、无残留、较低的工作温度、良好的产物感官评价、提取效率高、无溶剂残留、天然植物中活性成分和热不稳定成分不易被分解破坏等优点。采用超临界二氧化碳萃取法生产精油,由于生产过程在常温下进行,生产过程相对封闭,头香损失很小,产品中杂质也少,没有溶剂残留,产品质量远高于传统工艺的产品,市场售价高,竞争力强,这种环保性绿色分离技术现已成为获得高品质精油的有效手段之一。正因为如此,自20世纪80年代以来,超临界流体萃取技术在食品工业中的应用发展得十分迅速,其应用领域包括:香辛物提取；植物油的制取；炸油的再生；油脂脱臭、脱色，食品及原料的脱脂；油脂混合物的分离、精制；功能性物质的萃取及中药有效成分的分离等。

李昶红等(2005)采用超临界二氧化碳萃取鸢尾油的工艺条件研究。结果表明各影响因子的影响顺序为：压力＞时间＞温度：当压力 26.0 MPa，萃取温度 55.0℃，取完成时间为 2.5 h，此条件下鸢尾香根中鸢尾油的萃取率高达 12.71%，得到的精油中鸢尾酮的含量 39.95%，与索氏法和微波提取法相比，超临界萃取具有提取率高和产品质量好的优点。车国勇等(2005)采用超临界 CO_2 萃取薰衣草的挥发性组分。倪元颖等(2005)采用超临界流体萃取姜精油主要工艺条件的研究。实验发现，姜粉粒径为 0.3 mm 时萃取率最高，达到 1.94%；压力(25 MPa)时，萃取率与压力呈正相关；升高温度能够显著提高萃取率，萃取温度在 30℃时萃取率达到最高(1.704%)；萃取率随萃取时间的延长而显著增加。

4. 超声波辅助提取法

超声波辅助提取法的机制机理包括机械机制、热学机制及空化机制。超声波辅助提取的空化作用是：存在于萃取液中的微气泡(空化核)在声场作用下振动，其频率一般高于 20 kHz。当声压达到一定值时，气泡迅速增长，然后突然闭合，在气泡闭合时产生激波，在波面处造成很大压强梯度，因而产生局部高温高压，温度可达 5 000 K 以上，压力可达上千个大气压，将植物细胞壁打破，有利于将香精油浸出，从而达到提高萃取率的目的。

超声波辅助提取法具有操作简单，提取时间短，速度快，效率高的特点，但缺点是需耗用大量溶剂。选择合理的声学参数，使萃取液达到最大空化状态，才能获得良好的萃取效果。杨海燕等在自制的超声波辅助提取试验装置上进行了超声萃取宽叶缬草中香料的试验研究，正交试验的结果分析表明，影响萃取率的主次因素为：萃取温度、萃取浓度和萃取时间。

5. 微波辐射诱导萃取

微波是频率介于 300～300 GHz 的高频电磁波，波长 0.001～1 m，微波能的加热原理是极性分子处在交变电磁场中可以被激励起来。极性分子的一端带正电荷，另一端带负电荷，电磁场的交替变化(2 450 MHz，4.9×10^9 次/s)，使物质分子之间发生激烈的“摩擦”产生能量，就以热的形式被释放出来。

微波辐照诱导萃取技术是近年来在传统有机溶剂萃取技术的基础上发展起来的一种新型萃取技术。它促使香料植物组织的维管束和腺胞系统的细胞破裂，活性物质沿破裂的细胞自由流出，被萃取溶剂捕获并溶解其中的一个过程。微波辐射诱导萃取技术的特征表现在于：直接作用于物质的内部的分子或离子产生热量，加热速度快，控制方便，有利于萃取热不稳定的物质；可以避免长时间的高温引起样品分解；不需传热介质直接加热物料，能量利用率高；具有选择性萃取，萃取时间短，并可以提高挥发性成分的萃取得率，不需要特殊的萃取分离操作步骤；萃取前预处理过程简单或不需要，特别适合于处理大量样品。但该法仍需使用有机溶剂，相应地增加了大量的操作和设备，增加了操作费用，增加了溶剂的消耗。微波提取要求样品有一定的含水量。含水量在 20%以下，提取效果随含水量增加而提高。提取介质的极性对提取效果影响很大，由于吸收等原因，在同样表观微波强度下，相对微波透明的弱极性的提取剂，效果可能好于强极性提取剂。微波对某些化合物有一定降解作用，但也有学者认为，由于微波提取时间很短，其破坏作用甚至可能比一般方法小。

6. 冷压榨法

冷压榨法是将植物含精油较多的部分，如鲜橘、柑、柠檬、红柑等的果皮，经冷磨或机械冷榨的方法得到精油。一般材料经撕裂、粉碎、压榨(在冷却条件下)，将精油从植物组织中挤压出来，然后静置分层或用离心机分出油，即得粗品。此法所得的产品不纯，可能含有水分、叶绿素、黏液质及细胞组织等杂质而呈浑浊状态，同时也很难将精油全部压榨出来，故可再将压榨后的残渣进行水蒸气蒸馏，使精油提取完全。

工业上通常采用滚筒压榨的滚筒法，可使果实的洗净、油细胞的分离、压榨等生产过程全部实现机械化。压榨法生产过程在常温下进行，确保了精油中萜烯类化合物不发生化学反应，因而所得的精油可保持原有的新鲜香味。但冷压榨法存在操作复杂、得油率低、生产效率低等问题。压榨法萃取的精油含有蜡等非挥发性物质，使得压榨精油的保存期限较短，压榨的精油在 6～9 个月就会发生变质，而多数蒸馏精油都可保存两年以上。

8.2.3 薰衣草精油的纯化

薰衣草精油的纯化方法主要是分子蒸馏法和冷冻结晶法。

1. 分子蒸馏技术

分子蒸馏技术指在高真空(0.133～1 Pa)条件下，蒸发面和冷凝面的间距小于或等于被分离物料蒸汽分子的平均自由程，由蒸发面逸出的分子，既不与残余空气的分子碰撞，自身也不相互碰撞，而是毫无阻碍地到达并凝集在冷凝面上，从而实现液—液分离的技术。

与常规蒸馏不同，分子蒸馏是没有达到气—液相平衡的蒸馏，分离操作在低于物料沸点下进行，是建立在不同物质挥发度不同的基础上。分子蒸馏的技术特点：①操作温度低，无需沸腾，所以分子蒸馏是在远低于沸点的温度下进行操作的。②蒸馏压强低，可以获得很高的真空度，一般为 0.133 Pa 数量级。③受热时间短。④分离程度更高。特别适用于高沸点、热敏性及易氧化物系的分离，能降低高沸点物料的分离成本，极好地保护热敏性物料的特点和品质。

目前，该技术已广泛应用于石油化工领域，在食品香料领域应用较少，尤其是在薰衣草精油粗产品的分离纯化应用方面更为少见。但是它有着良好的发展前景，经过全面综合的研究后在精油纯化领域会有广泛的应用。

2. 冷冻结晶法

冷冻结晶法的原理是利用低温冷冻的方法使精油中某些化合物呈固体状结晶析出，然后将固体物与其他液体成分分离，从而得到较纯的产品。

8.2.4 薰衣草精油成分分析

芳香成分分析与检测的方法有顶空分析法、固相微萃取法(SPM) 气相色谱法高效液相色谱法(HPLC)近红外光谱薄层色谱。

1. 顶空气相色谱法

顶空气相色谱是对液体或固体中的挥发性成分进行气相色谱分析的一种间接测定法，它是在热力学平衡的蒸气相与被分析样品同时存在于一个密闭系统中进行的。它采用气体进样，可专一性收集样品中的易挥发性成分，与液-液萃取和固相萃取相比既可避免在除去溶剂时引起挥发物的损失，又可降低共提物引起的噪声，具更高灵敏度和分析速度，对分析人员和环境危害小，操作简便，是一种符合“绿色分析化学”要求的分析手段。

顶空分析方法随气相色谱分析方法的发展在不断更新和发展，现代顶空分析法已形成一个相对较为完善的分析体系。主要分为静态顶空分析、动态顶空分析、顶空-固相微萃取3类。

2. 固相微萃取

固相微萃取技术是20世纪90年代初提出并发展起来的用于吸附并浓缩样品中目标物质的预处理方法，是一种新型的、环境友好的样品前处理技术。SPME方法包括吸附和解吸两步。吸附过程中待测物在样品及石英纤维萃取头外涂渍的固定相液膜中平衡分配，遵循相似相溶原理。这一步主要是物理吸附过程，可快速达到平衡。如果使用液态聚合物涂层，当单组分单相体系达到平衡时，涂层上吸附的待测物的量与样品中待测物浓度线性相关。解吸过程随SPME后续分离手段的不同而不同。对于气相色谱(GC)，萃取纤维插入进样口后进行热解吸，而对于液相色谱(LC)，则是通过溶剂进行洗脱。

该技术采用涂(或键合)有固定相的熔融石英纤维来吸附、富集样品中的目标组分。均匀涂渍在硅纤维上的圆柱状吸附剂涂层在萃取时既继承了SPE的优点，又有效克服了在采用固相萃取的操作繁琐、空白值高、易堵塞吸附柱等缺陷。这种方法无需有机溶剂、简单方便、测试快、费用低，集采样、萃取、浓缩、进样于一体，并且能与气相色谱、液相色谱联用，实现自动化。

3. 气相色谱法

气相色谱法是利用挥发性物质在高分子液体和载气之间的分配进行分离，用检测器得到色谱的方法。因为香料是由挥发性强的化合物组成的，所以采用气相色谱法作为分析手段是非常合适的。气相色谱法适合与挥发性成分或通过衍生后能够气化的物质的定性、定量分析，具有灵敏度高，分析效率好、选择性好、分析速度快等优点，特别是气相色谱-质谱-计算机联用技术的发展，对于富含挥发油的香料的鉴别，气相色谱已成为一种首选的方法。对于不挥发的成分，也可制备成挥发性衍生物或采用裂解气相色谱或闪蒸气相色谱来进行鉴定。

GC/MS被广泛应用于复杂组分的分离与鉴定，其具有GC的高分辨率和质谱的高灵敏度，是生物样品中药物与代谢物定性定量的有效工具。气相色谱一质谱联用仪是由质谱仪和气相色谱仪连接而成。质谱仪的测出界限可与气相色谱仪的氢火焰电离检测器匹配。气相色谱上出现的峰都可以从质谱得到，所以只要把认为是香料化合物的标准质量数据准备好，就可以对已知化合物进行测定。质谱仪对每个组分进行检测和结构分析，得到每个组分的质谱，通过计算机与数据库的标准谱对照，根据质谱碎片规律进行解析，并参与有关文献数据加以确认。

金建忠和哈成勇(2005)采用GC-MS法测定薰衣草精油的化学成分取得进展：利用超临界CO_2萃取技术和水蒸气蒸馏法提取薰衣草精油，用GC/MS技术对其进行化学成分分析，分别鉴定出34种和29种化合物，占出峰物质总数的95.51%和98.39%。两种精油成分主要区别在于乙酸薰衣草酯和乙酸芳樟酯的质量分数相差较大，且第五个主成分不同，分别为异丁酸叶醇酯和Q-松油醇。胡喜兰等(2005)采用GC/MS方法分析薰衣草的化学成分，也得到很好的结果：利用GC/MS技术分析用水中蒸馏和水上蒸馏提取的薰衣草挥发油的化学成分，共鉴定出20种化合物，其中主要的相同的化合物有6种，分别占相对百分含量的63.03%和75.57%，这可能是导致不同方法提取的薰衣草挥发油抗氧化能力不同的主要原因。张春玲等(1999)用GC/MS分析云南薰衣草(*Lavender*)挥发油的化学成分。结果鉴定出30多种化合物，其中氧化芳樟醇的出峰面积百分比占6.83%，这是云南(2002)薰衣草挥发油与其他薰衣草——穗薰衣草、杂薰衣草及薰衣草挥发油的主要区别。解成喜等用GC/MS分析薰衣草挥发油化学成分。结果确认了其中21种成分，占精油总含量的96.55%。其主要化学成分为芳樟醇、乙酸芳樟酯、4-甲基-1-(1)-异丙基-3-环己烯-1-醇、乙酸薰衣草酯等。

由此可见，气相色谱技术在薰衣草芳香成分分析和检测中起到了很大的作用。

4. 高效液相色谱法

高效液相色谱法又称为高压液相色谱法，是采用高压输液泵将规定的流动相泵入装有填充剂的色谱柱进行分离测定的色谱方法。注入的供试品由流动相带入柱内，各成分在柱内被分离，并依次进入检测器，由记录仪、积分仪或数据处理系统记录色谱信号。HPLC法是由经典液相色谱法发展而来的一种新型的液相柱色谱。HPLC与后者不同之处在于流动相由原来的常压输送改为高压输送，采用小颗粒或特殊表面设计的柱填料代替原来的大颗粒、不规则多孔填充物，从而使流动相流速加快，分离效果大大提高。

具有分离效率高、适用范围广，分离、分析速度快，检测灵敏度高、特异度高，高度自动化等特点；并且适应于高沸点、大分子、强极性和热稳定性差的化合物的分离分析。液相色谱特别适应于分析极性差、热稳定性差、难挥发的有机化合物。并且可根据特征色谱峰和指纹图谱进行定性分析。

5. 近红外光谱法

近红外光谱是研究物质结构时应用较为频繁的技术之一。近红外属非可见光区域，据美国国际实验和材料协会(ASTM)规定，其波长范围为780～2 526 nm。近红外光谱使分子非谐振动从基态向高级能级的跃迁，在近红外光谱范围内，测量的主要是含氢基团(C、H、N、H、O. H)振动的倍频及合频吸收。近红外光谱法不仅用于测定精油混合物的光谱，还可以测定已经单离、精制的香气成分的官能团。

近红外光谱的分析测定技术大体与紫外-可见光谱类似，可以分为两大类：透射光谱技术和反射光谱技术。

近红外光谱技术由于具备分析速度快、分析效率高、分析成本低、测试重现性好、测量方便、可实现在线分析和无损分析、较高的应用时效性等优点，广泛应用于农副业、生物、高分子、制药、石油化工等学科领域(梅德强和王建华，2003)。

6. 薄层色谱法

薄层色谱法是在纸色谱法的基础上发展起来的。薄层色谱法的原理是利用不相溶的两个相中分布的不同达到分离目的的。这两个相一个是涂布在薄层板上的吸附剂叫固定相；另一个是在展开过程中流过固定相的展开剂(有机溶剂)叫流动相。将待分离的样品溶液点在薄层板的一端，在密闭的容器中用适宜的溶剂(展开剂)展开，由于固定相相对不同的物质的吸附能力不同，组分在吸附剂与展开剂之间不断地进行吸附与解吸过程。易被吸附的组分迁移速度较慢，难被吸附的组分迁移速度较快，一段时间后，形成相互分开的斑点，从而使不同组分相互分开(傅若农，2005)。

薄层色谱法具有很多优点：如设备简单、操作方便、分离速度快，固定相一次性使用，样品的预处理比较简单，对分离物质的性质无特别限制，应用广泛；可同时平行分离多个样品，测试速度快，一次操作所需溶剂量少，选择范围宽，并有不同展开方式，有利于不同性质的物质分离；在同一色谱板上可根据组分性质选择不同显色剂或检测方法进行定性或定量；可提供原始彩色图像，不仅便于保存原始图像，而且薄层技术可以提供较多信息，直观性可比性均较好（苏立强，2009）。但是它自动化程度较差，分离是在开放式的固定相上进行，影响分离的因素较多。因此，在分辨率及重现性等方面不如高效液相色谱法和气相色谱法，在较长时间内被作为定性和半定量的手段。20 世纪 80 年代，出现了仪器化薄层色谱，即在高效薄层板上进行组分分离，并且薄层色谱法的每一步骤中都有一套仪器来代替手工操作可得到高质量的色谱图，再配以高质量的薄层扫描仪，大大提高了定量结果的重现性和准确度。

8.2.5 国内外薰衣草生产与加工现状

8.2.5.1 国外薰衣草生产加工现状

国外薰衣草的种植和薰衣草精油的生产的代表性地区是法国，所以这里以法国薰衣草精油的生产加工状况作为国外薰衣草生产加工的一个大致反映。

位于法国的西南沿海及阿尔卑斯山区的普罗旺斯-阿尔卑斯地区和罗纳河-阿尔卑斯地区是法国薰衣草和杂薰衣草的主要产区。普罗旺斯种植区 90%种植的是杂薰衣草和薰衣草。薰衣草和杂薰衣草精油的产量贡献了法国精油产值的 76%。种植的薰衣草和杂薰衣草中，用于提炼精油的占 62%，用于制作干花的占 31%，以鲜花形式利用的仅占 8%。由此可见，提取薰衣草精油是法国薰衣草加工的主要途径。

另外，近年来，以有机方式获得的精油、精油提纯物及香气产品发展迅猛，引起了法国有机薰衣草种植面积的扩大。

有机种植是一种经质量标准认证，并由质量标准定义的种植方式。这种方式禁止使用任何化学药剂和合成物。有机种植是一种以作物轮作为基础，循环利用有机物质的种植方法。

法国的香料植物种植体系中，近 15%的香料植物是以有机种植的方式进行的。法国有机种植面积发展最快的地区是罗纳河-阿尔卑斯地区、卢瓦河流域地区（Pays de la Loire）和奥卫涅地区。这 3 个地区都是传统的香料植物规模化种植区。407 hm^2 真薰衣草、248 hm^2 杂薰衣草是以有机方式种植。市场对于以有机方式种植的这两种植物的精油有很大的需求。

越来越多的化妆品或药品实验室、中间商以及产品生产与加工者都开始生产和销售以有机方式种植的香料植物所生产的产品，有机精油在芳香疗法业越来越受欢迎。

8.2.5.2 国内薰衣草生产加工现状

国内薰衣草的主要产区是新疆，自 1964 年引种以来，由于其优越的气候条件和优良的土壤品质，栽培面积迅速扩大，截至 2010 年，伊犁河谷地区栽培薰衣草面积达 5 400 hm^2，占全国薰衣草种植面积的 90%左右，是全国最大的薰衣草种植基地，与法国的普罗旺斯、日本北海道的富良野一起被称为世界上三大熏衣草基地。

伊犁熏衣草作为名贵天然香料作物成为世界八大顶级品种之一。目前，伊犁地区各类薰衣草加工企业有 30 多家，生产加工各类精油产品超 500 t，其中，“伊帕尔汗”、“解忧公主”等产品远销海内外，已在国内取得了一定的知名度。精油产量大，品质优良，其主要指标均达到国际纯正薰衣草的标准。

然而，目前我国薰衣草精油主要以原料出口为主，附加值很低，在薰衣草的加工和生产方面仍存在很多问题（王自健，2011），主要包括以下几个方面：

1. 品种混杂

1964 年至今，伊犁地区不断引进国外薰衣草品种，这些品种在伊犁地区陆续推广栽培，2002 年，法国薰衣草又在天山脚下顺利扎根。由于薰衣草种植技术不讲究，导致某些地区同一块田种植的品种混杂，整个种植区域杂乱无序，严重影响了薰衣草的工业化生产。另外，由于薰衣草为多年生无性繁殖作物，引进 40 年间已严重退化，退化的品种品质下降，使产品远远落后于生产需求，从而使原料生产直接受影响，进而影响了薰衣草精油的质量，导致精油品质下降 缺乏国际竞争力。

2. 加工粗浅

目前，世界薰衣草粗油的提炼普遍采用蒸气蒸馏技术，伊犁地区有蒸馏车间 20 余栋，中型设备 400 余套，基本能满足薰衣草粗油加工的需要。但由于缺乏粗油精馏和整理调配技术、设备，蒸馏过程中油水分离工序是人工操作处理的，存在油水分离不净的现象以及批次混合后出现的成分指标差异性很大，很难使产品规格化，很多产品达不到国标要求和接近国际标准中法国薰衣草油的标准，难以提升伊犁薰衣草油的国际竞争力和附加值。

另外，薰衣草的开发利用范围狭窄，目前已有出售的薰衣草干花制品如香包、香枕等，但规模较小，没有形成大规模商品化生产。

3. 缺乏科技支撑

目前，新疆地区薰衣草育种单位仅有 1 家，还有一些个人凭借个人爱好育种，由于精油市场的国际化和利益关系，薰衣草的种质资源的研究和技术都被一些发达国家所保密，国内一些研究机构科研重心一般都放在后期的精油分析和应用上，对前期的基础研究很少投入，当地缺少权威性的精油加工研究机构，导致整个薰衣草研究不能适应现在伊犁地区香料产业的发展。

国内极度缺乏薰衣草精油的应用研究，薰衣草精油的应用尚处于起步阶段，在国内食品、化妆品开发中应用极少，其药理作用方面的研究也几乎是空白。

4. 缺乏政策扶持

香料产业特征是前期高投入、后期受益的产业，产业前期就是重点培养市场和文化，做一些基础建设的时期，需要大量的资金来建设，比如，精油加工设备成本很高，让单个种植户来承担，既没能力，也没技术，也不符合科学发展，这时候就需要政府大力投入和扶持。

5. 恶性竞争普遍

当前随着薰衣草作为旅游工艺品、保健品、香料香水的市场需求量不断增大，整个伊犁地区从兵团到地方都在种植薰衣草，而且出于利益的驱动，很多地方都在建立初级加工企业并打出品牌，有的企业简单到只需要向农民购买几十千克油，就能自己调配几百千克香水的地步，没有统一的标准，产品质量混乱不堪，降低了作为薰衣草产地的信誉度，严重地影响了伊犁薰衣草产业健康发展。

8.3 有机薰衣草精油提取关键技术与质量控制

基于伊犁河流域有机薰衣草的生产与加工面临的技术落后的问题，编者带领团队就薰衣草精油提取的关键技术进行了研究，并取得成效。分析确定了水蒸气蒸馏法、溶剂浸提法、超临界 CO_2 流体萃取法和超声波辅助提取法 4 种较为可行的提取方法，分别确定了几种关键的技术制备薰衣草精油的工艺条件，并采用气质联机（GC-MS）分析，人工解析质谱图与计算机谱库检索相结合的方法对每种方法制的薰衣草精油的性状和成分进行了研究，为薰衣草精油的工业化生产提供了可靠的数据。

8.3.1 技术路线

以薰衣草干花为研究对象，在单因素试验的基础上通过三因素和三水平的正交试验，确定了水蒸气蒸馏法、溶剂浸提法、超临界 CO_2 流体萃取法和超声波辅助提取法提取薰衣草油的适宜工艺条件；应用 GC-MS 的方法，系统分析不同方法提取的薰衣草油的主要成分，得出结果，进行反馈以控制提取得到的薰衣草油的质量。

薰衣草精油提取关键技术与质量控制技术路线简如图 8.1 所示。

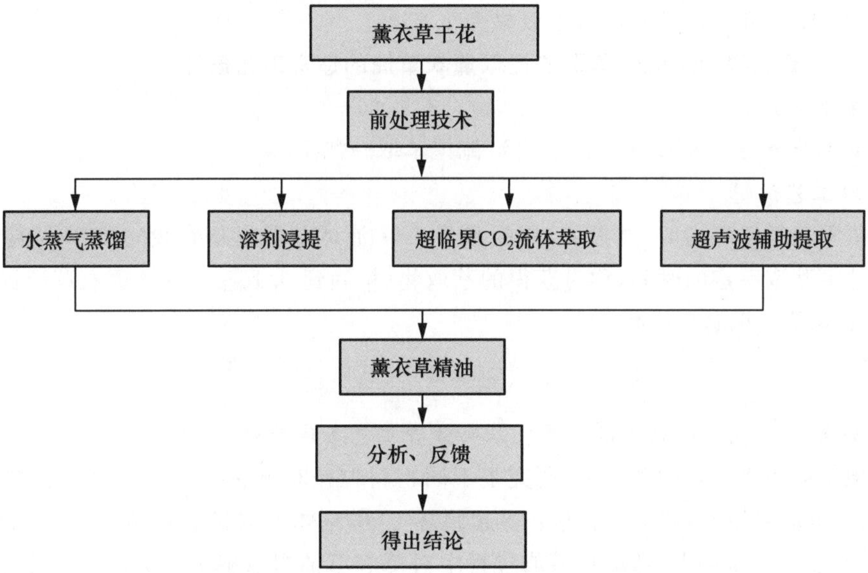

图 8.1 薰衣草精油提取关键技术与质量控制技术路线示意图

8.3.2 薰衣草精油提取适宜工艺条件的确定

8.3.2.1 水蒸气蒸馏法提取薰衣草油的适宜工艺条件

1. 主要工艺流程

薰衣草干花→粉碎过筛→水蒸气蒸馏→馏出液静置→分滤→测定

2. 提取工艺说明

原料粉碎过筛：准确称取约 10 g 薰衣草干花原料，粉碎均匀，过一定目数筛，备用。

水蒸气蒸馏：按比例加入蒸馏水后，将粉碎好的薰衣草干花与蒸馏水一并转移至水蒸气蒸馏装置中，蒸馏一定的时间。

馏出液静置：将收集瓶中的溜出液静置约 3 h，使其自然分层。

分滤：滤除下层蒸馏水，收集上层精油。

测定：准确测量收集的薰衣草精油的体积，计算薰衣草油提取率。

3. 薰衣草精油提取率的测定

$$提取率=[精油体积(mL)/干花重量(g)]\times100\%$$

4. 水蒸气蒸馏法提取薰衣草油的适宜工艺条件

由于薰衣草精油的密度小于水，水蒸气蒸馏法提取薰衣草精油的基本方法，是依据中华人民共和国药典(2000年版一部)附录XD中挥发油测定法(甲法)进行。实验设计时，以精油的提取率为目标，选取影响精油提取率的因素做单因素实验，再根据单因素试验的结果，采用抽签方式随机进行三因素和三水平的正交实验，结合验证试验，以此确定水蒸气蒸馏法提取薰衣草油的适宜工艺条件。

研究结果表明，水蒸气蒸馏法提取薰衣草精油的适宜工艺条件是：物料粒径 0.20 mm，液料比 4∶1(V/W)，蒸馏时间 3.0 h，提取率为 1.25%。

8.3.2.2 超临界 CO_2 流体萃取法提取薰衣草油的适宜工艺条件

1. 主要工艺流程

薰衣草干花→粉碎过筛→超临界 CO_2 流体萃取→测定

2. 提取工艺说明

薰衣草干花经粉碎均匀、过筛后，用超临界 CO_2 流体萃取设备在设定的萃取温度和萃取压力等条件下萃取一定的时间，称量获得的萃取物(精确到 0.10 g)，计算薰衣草油提取率。

3. 薰衣草精油提取率的测定

$$提取率=(萃取物质量/样品质量)\times100\%$$

4. 超临界 CO_2 流体萃取法提取薰衣草油适宜工艺条件的确定

在其他萃取条件一定的条件下，研究了不同物料粒径对薰衣草油提取率的影响。在此基础上选择最佳物料粒径条件，并作为下述超临界 CO_2 流体萃取试验用薰衣草原料的粒径依据；在单因素试验的基础上，选取在萃取过程中对薰衣草油提取率影响大的3个主要因素，即萃取压力、萃取温度和萃取时间作为试验因子，设计三因素和三水平的正交试验，结合验证试验，以此确定超临界 CO_2 流体萃取法提取薰衣草油的适宜工艺条件。

正交试验的结果表明，在其他条件一定的情况下，当物料粒径为 0.30 mm(60目)时，薰衣草油提取率达到最大值。超临界 CO_2 流体萃取薰衣草油实验中，萃取压力、萃取温度和萃取时间这三个因素中，萃取压力对油提取率的影响最显著，其次是萃取温度，萃取时间对提取率的影响最小。

超临界 CO_2 流体萃取薰衣草油的适宜工艺条件是：萃取压力 20.0 MPa，萃取温度 45.0℃，萃取时间 3.5 h，提取率为 4.12%，回收率达到 91%。

8.3.2.3 溶剂浸提法提取薰衣草油的适宜工艺条件

1. 主要工艺流程

薰衣草干花→粉碎过筛→浸提→过滤→减压蒸发→测定

2. 浸提工艺说明

原料粉碎过筛：准确称取约 10 g 薰衣草干花花瓣，粉碎均匀，过一定目数的筛，备用。

浸提：按比例加入有机溶剂后，按照事先设定的浸提温度等条件，浸提一定的时间，浸提的过程中注意充分搅拌。

过滤：在分液漏斗中，将浸提液过滤，收集得到的滤液；

减压蒸发：将收集得到的滤液在45℃下进行真空旋转蒸发以除去有机溶剂，得到薰衣草油。

测定：准确测量收集的薰衣草精油的体积，计算薰衣草油提取率。

3. 薰衣草精油提取率的测定

提取率=［精油体积(mL)/干花质量(g)］×100%

4. 溶剂浸提法提取薰衣草油的适宜工艺条件

在其他条件一定的情况下，采用无水乙醚、正己烷和丙酮3种不同的有机溶剂，以液料比(*V*/*W*)、提取温度(℃)和提取时间(h)为试验因子，设计三因素和三水平的正交试验，并结合验证试验，以此确定溶剂浸提法提取薰衣草油的适宜工艺条件。

试验结果表明，当物料粒径为0.30 mm(60目)时：

(1)当采用无水乙醚为有机溶剂浸提时的适宜工艺条件是：液料比(*V*/*W*)为15∶1，浸提时间为30 h，提取温度为50℃，提取率为2.85%。

(2)当采用正己烷为有机溶剂浸提时的适宜工艺条件是：液料比(*V*/*W*)为20∶1，浸提时间为30 h，提取温度为55℃，提取率为2.71%。

(3)当采用丙酮为有机溶剂浸提时的适宜工艺条件是：液料比(*V*/*W*)为20∶1，浸提时间为24 h，提取温度为55℃，提取率为2.54%。

8.3.2.4 超声波辅助提取法提取薰衣草油的适宜工艺条件

超声波辅助提取法提取薰衣草油的工艺流程：

薰衣草干叶→粉碎→过筛→称量，装料→添加溶剂→超声波设备中提取→抽滤→真空浓缩滤液→测量→保存

项目中，在有机溶剂浸提试验的基础上，添加溶剂时选用了溶剂浸提法浸提提取率最高的溶剂——无水乙醚。

研究结果表明，以无水乙醚为溶剂，采用超声波辅助提取法提取薰衣草油的适宜工艺条件是：超声波频率为25 kHz，提取温度为40℃，提取时间1 h，提取率为3.28%。

8.3.3 薰衣草精油性状与成分分析

8.3.3.1 4种方法提取的薰衣草油性状分析

4种方法对薰衣草油出油率和性状的影响见表8.2。由表8.2可知，UAE法所需的时间最少，SCFE法提取薰衣草油的时间和SD法提取所需的时间相差不大，而SE法所需的时间明显长；在提取率方面，SCFE法在适宜工艺条件下的提取率达到4.12%，SD法最大提取率只有1.25%，不到SCFE法最大提取率的1/3，SE法在适宜工艺条件下提取率约为2.7%，而UAE法最大提取率为3.28%。此外，在性状方面，SD法提取的为淡黄色液体，半透明，流动性好；SE法提取的薰衣草油是深绿色油状物，SCFE法提取的薰衣草油为棕红色浸膏，流动性差；UAE法提取的薰衣草油是深绿色油状物，具体结果如表8.2所示。

表 8.2　4 种方法对薰衣草油的影响

提取方法	提取时间/h	最大提取率/%	性　状
SD	3.0	1.25	淡黄色油状物
SE	～24	～2.7	深绿色油状物
SCFE	3.5	4.12	棕红色浸膏
UAE	1.0	3.28	黄绿色油状物

8.3.3.2　**4 种方法提取的薰衣草油成分分析**

采用气质联机(GC-MS)分析,人工解析质谱图与计算机谱库检索相结合的方法对 4 种方法提取的薰衣草油进行化学成分分析,采用色谱峰面积归一化法计算各组分的相对含量。

气质联用仪(GC 6890/MS 5973 型,美国 Agelient 公司)的一般操作条件如下:

程序升温:60℃保持 0.5 min,以 8.0℃/min 的速度升至 180.0℃,保持 2 min;然后以 1.50℃/min 的速度升至 250.0℃,保持 10 min。

进样口温度:220℃。

进样量:0.5 μL。

进样方式:手动进样,分流比 20∶1。

载气:He,流速 1 mL/min。

燃气:H_2,50 mL/min。

助燃气:空气,500 mL/min。

质谱接口温度:250℃。

EI 离子源。

电子能量:70 eV。

离子源温度:250℃。

扫描质量范围:30～500 amu。

在上述操作条件下,这 4 种提取方法得到的薰衣草油成分能较好地分离,经过对质谱图的人工解析,得出 4 种方法提取的薰衣草油的主要化学成分及其相对百分含量的结果如下:

(1) SD 法提取的薰衣草精油主要成分分析结果。

由表 8.3 可以看出,SD 法提取的薰衣草精油的主要化学成分(以相对百分含量大于 5.0% 计,下同),是顺-氧化芳樟醇、芳樟醇和氧化石竹烯,其中芳樟醇和乙酸芳樟酯含量之和为 22.03%。

表 8.3　**SD 法提取的薰衣草精油成分分析结果**

编号	保留时间/min	相对含量/%	化合物	分子式
1	9.13	5.89	顺-氧化芳樟醇	$C_{10}H_{18}O_2$
2	9.53	3.51	反-氧化芳樟酯	$C_{10}H_{18}O_2$
3	9.88	18.23	芳樟醇	$C_{10}H_{18}O$
4	11.11	1.74	丙位癸内酯	$C_{10}H_{18}O_2$
5	11.42	2.69	薰衣草醇	$C_{10}H_{18}O$
6	11.66	3.95	龙脑	$C_{10}H_{18}O$

续表 8.3

编号	保留时间/min	相对含量/%	化合物	分子式
7	12.19	2.31	α-松油醇	$C_{10}H_{18}O$
8	13.41	3.80	乙酸芳樟酯	$C_{12}H_{20}O_2$
9	14.19	4.36	乙酸橙花酯	$C_{12}H_{20}O_2$
10	17.20	1.40	石竹烯	$C_{15}H_{24}$
11	19.25	1.22	对-檀香醇	$C_{10}H_{16}O$
12	20.54	9.20	氧化石竹烯	$C_{15}H_{24}O$
13	21.66	1.69	杜松醇	$C_{15}H_{26}O$
14	25.15	1.42	六氢金合欢丙酮	$C_{18}H_{36}O$
15	27.21	2.48	棕榈酸	$C_{16}H_{32}O$

(2) 正己烷浸提法提取的薰衣草油主要成分分析结果。

由表 8.4 可以看出,采用正己烷浸提法提取的薰衣草油主要成分是 3,7-二甲基-1,5-辛二烯-3,7-二醇、乙酸芳樟酯和乙酸薰衣草酯,其中芳樟醇和乙酸芳樟酯含量之和为 23.80%。

表 8.4 正己烷浸提法提取的薰衣草油主要成分分析结果

编号	保留时间/min	相对含量/%	化合物	分子式
1	9.40	3.80	顺-氧化芳樟醇	$C_{10}H_{18}O_2$
2	9.80	1.90	反-氧化芳樟醇	$C_{10}H_{18}O_2$
3	11.89	1.44	环氧芳樟醇	$C_{10}H_{18}O_2$
4	12.34	27.76	3,7-二甲基-1,5-辛二烯-3,7-二醇	$C_{10}H_{18}O_2$
5	14.40	10.24	2,6-二甲基-2,7-辛二烯-1,6-二醇	$C_{10}H_{18}O_2$
6	15.60	23.80	乙酸芳樟酯	$C_{12}H_{20}O_2$
7	16.44	2.10	樟脑	$C_{10}H_{16}O$
8	19.31	12.60	乙酸薰衣草酯	$C_{12}H_{20}O_2$
9	20.12	2.13	环辛酮	$C_8H_{14}O$
10	20.46	3.14	石竹烯	$C_{15}H_{24}$
11	21.07	1.04	2,5,9-三甲基癸烷	$C_{13}H_{28}$
12	22.95	1.00	2-甲基-6 乙基-癸烷	$C_{13}H_{28}$

(3) 丙酮浸提法提取的薰衣草油成分分析结果。

由表 8.5 可以看出,采用丙酮浸提法提取的薰衣草油主要成分,是芳樟醇、乙酸芳樟酯和乙酸薰衣草酯,其中芳樟醇和乙酸芳樟酯含量之和为 33.95%。

表 8.5 丙酮浸提法提取的薰衣草油成分分析结果

编号	保留时间/min	相对含量/%	化合物	分子式
1	4.14	3.20	乙酸异丁酯	$C_6H_{12}O_2$
2	4.98	1.36	环己酮	$C_6H_{10}O$

续表 8.5

编号	保留时间/min	相对含量/%	化合物	分子式
3	8.32	1.04	1-甲基-2,3-环己二酮	$C_7H_{10}O_2$
4	9.08	2.00	顺-氧化芳樟醇	$C_{10}H_{18}O_2$
5	9.48	1.63	环氧芳樟醇	$C_{10}H_{18}O_2$
6	9.80	2.31	反-氧化芳樟醇	$C_{10}H_{18}O_2$
7	12.09	10.15	芳樟醇	$C_{10}H_{18}O$
8	14.02	3.10	2,6-二甲基-1,7-辛二烯-3,6-二醇	$C_{10}H_{18}O_2$
9	15.32	23.80	乙酸芳樟酯	$C_{12}H_{20}O_2$
10	16.10	4.27	2,6-二甲基-3,5,7-辛三烯-2-醇	$C_{10}H_{16}O$
11	16.81	3.68	2,6-二甲基-2,7-辛二烯-1,6-二醇	$C_{10}H_{18}O_2$
12	17.62	2.41	香豆素	$C_9H_6O_2$
13	19.15	12.50	乙酸薰衣草酯	$C_{12}H_{20}O_2$
14	19.80	3.00	乙酸橙花酯	$C_{12}H_{20}O_2$
15	20.14	2.24	石竹烯	$C_{15}H_{24}$

(4) 无水乙醚浸提法提取的薰衣草油成分分析结果。

由表 8.6 可以看出,采用无水乙醚浸提法提取的薰衣草油主要成分,是芳樟醇、乙酸芳樟酯和乙酸薰衣草酯,其中芳樟醇和乙酸芳樟酯含量之和为 25.67%。

表 8.6 无水乙醚浸提法提取的薰衣草油成分分析结果

编号	保留时间/min	相对含量/%	化合物	分子式
1	5.23	4.40	羟基丁酸	$C_4H_8O_3$
2	8.15	2.38	1-甲基-2,3-环己二酮	$C_7H_{10}O_2$
3	8.90	3.61	顺-氧化芳樟醇	$C_{10}H_{18}O_2$
4	9.30	2.61	反-氧化芳樟醇	$C_{10}H_{18}O_2$
5	11.48	1.37	环氧芳樟醇	$C_{10}H_{18}O_2$
6	11.91	13.88	芳樟醇	$C_{10}H_{18}O$
7	12.80	2.53	龙脑	$C_{10}H_{18}O$
8	13.82	4.20	2,6-二甲基-1,7 辛二醇-3,6 二醇	$C_{10}H_{18}O_2$
9	15.10	11.79	乙酸芳樟酯	$C_{12}H_{20}O_2$
10	15.90	2.52	1,2,5,6-四氢枯茗酸	$C_{10}H_{16}O_2$
11	16.45	12.92	丙位癸内酯	$C_{10}H_{18}O_2$
12	18.12	4.91	丁位癸内酯	$C_{10}H_{18}O_2$
13	18.82	12.90	乙酸薰衣草酯	$C_{12}H_{20}O_2$
14	19.41	1.24	乙酸橙花酯	$C_{12}H_{20}O_2$
15	19.59	3.34	石竹烯	$C_{15}H_{24}$
16	19.94	2.25	氧化石竹烯	$C_{15}H_{24}O$
17	21.75	1.79	二十碳二烯酸甲酯	$C_{21}H_{38}O_2$

(5) SCFE 法提取的薰衣草精油成分分析结果。

由表 8.7 可以看出,SCFE 法提取的薰衣草精油的主要化学成分,是邻苯二甲酸二丁酯、二十七碳烷、三十四烷、二十九碳烷、11,15-二甲基-三十七烷和二十碳烷，其中芳樟醇和乙酸芳樟酯含量之和为8.19%。

表8.7 SCFE法提取的薰衣草精油成分分析结果

编号	保留时间/min	相对含量/%	化合物	分子式
1	9.733	2.09	顺-氧化芳樟醇	$C_{10}H_{18}O_2$
2	10.871	3.23	芳樟醇	$C_{10}H_{18}O$
3	14.598	4.96	乙酸芳樟酯	$C_{12}H_{20}O_2$
4	15.514	1.35	月桂烯	$C_{10}H_{16}$
5	20.017	1.02	香豆素	$C_9H_6O_2$
6	23.155	4.37	氧化石竹烯	$C_{15}H_{24}O$
7	31.216	6.20	邻苯二甲酸二丁酯	$C_{16}H_{22}O_4$
8	39.954	4.20	二十二烷	$C_{22}H_{46}$
9	40.514	2.94	二十六烷	$C_{23}H_{48}$
10	40.537	1.62	二十一烷	$C_{21}H_{44}$
11	41.628	1.32	三十六烷	$C_{36}H_{74}$
12	42.648	2.02	丙酸橙花酯	$C_{13}H_{22}O_2$
13	42.992	1.26	二十四碳烷	$C_{24}H_{50}$
14	43.622	5.81	二十七碳烷	$C_{27}H_{56}$
15	44.661	5.92	三十四烷	$C_{34}H_{70}$
16	45.005	1.94	二十八烷	$C_{28}H_{58}$
17	46.481	15.01	二十九碳烷	$C_{29}H_{60}$
18	47.484	16.30	11,15-二甲基-三十七烷	$C_{39}H_{80}$
19	49.210	36.63	二十碳烷	$C_{20}H_{42}$
20	50.190	8.48	三十五烷	$C_{35}H_{72}$
21	51.036	1.05	十三烷	$C_{13}H_{28}$
22	52.296	17.33	三十三碳烷	$C_{33}H_{68}$

(6) 以无水乙醚为溶剂采用超声波辅助提取得到的薰衣草油成分分析结果。

由表8.8可以看出，以无水乙醚为溶剂采用超声波辅助提取得到的薰衣草油主要成分是芳樟醇、乙酸芳樟酯和乙酸薰衣草酯，其中芳樟醇和乙酸芳樟酯含量之和为28.84%。

表8.8 以无水乙醚为溶剂采用超声波辅助提取得到的薰衣草油成分分析结果

编号	保留时间/min	相对含量/%	化合物	分子式
1	8.40	1.84	1-甲基-2,3-环己二酮	$C_7H_{10}O_2$
2	9.14	3.51	顺-氧化芳樟醇	$C_{10}H_{18}O_2$
3	9.54	2.45	反-氧化芳樟醇	$C_{10}H_{18}O_2$
4	11.72	1.26	环氧芳樟醇	$C_{10}H_{18}O_2$
5	12.12	12.64	芳樟醇	$C_{10}H_{18}O$
6	13.04	1.29	2,6二甲基-7-辛烯-2,6-二醇	$C_{10}H_{20}O_2$

续表 8.8

编号	保留时间/min	相对含量/%	化合物	分子式
7	14.04	3.60	龙脑	$C_{10}H_{18}O$
8	15.33	16.20	乙酸芳樟酯	$C_{12}H_{20}O_2$
9	16.14	2.74	2,6-二甲基-3,6,7-辛三烯-2-醇	$C_{10}H_{16}O$
10	16.64	5.76	丙位癸内酯	$C_{10}H_{18}O_2$
11	18.34	3.48	丁位癸内酯	$C_{10}H_{18}O_2$
12	19.04	17.60	乙酸薰衣草酯	$C_{12}H_{20}O_2$
13	19.81	3.34	石竹烯	$C_{15}H_{24}$
14	20.46	1.40	1-羟基芳樟醇	$C_{10}H_{18}O_2$

通过对 4 种方法提取的薰衣草精油成分分析，我们发现不同方法提取的薰衣草油的主要化学成分有明显差异：SD 法提取的薰衣草精油的主要化学成分是顺-氧化芳樟醇、芳樟醇和氧化石竹烯；采用正己烷浸提法提取的薰衣草油主要成分是 3,7-二甲基-1,5-辛二烯-3,7-二醇、乙酸芳樟酯和乙酸薰衣草酯；采用丙酮浸提法提取的薰衣草油主要成分是芳樟醇、乙酸芳樟酯和乙酸薰衣草酯；采用正己烷浸提法提取的薰衣草油主要成分是芳樟醇、乙酸芳樟酯和乙酸薰衣草酯；SCFE 法提取的薰衣草精油的主要化学成分是邻苯二甲酸二丁酯、二十七碳烷、三十四烷、二十九碳烷、11,15-二甲基-三十七烷和二十碳烷；以无水乙醚为溶剂采用超声波辅助提取得到的薰衣草油主要成分是芳樟醇、乙酸芳樟酯和乙酸薰衣草酯。

根据国际标准 ISO 3515—1987《法国薰衣草油》和 GB/T 12653—2008《中国薰衣草(精)油标准》，芳樟醇和乙酸芳樟酯是两种含量最大的特征组分；张健等(2007)也认为，这两种物质是该种进口薰衣草精油不同于其他品种的主要标志，高尚士(1997)、陈创成(1980)、舒达银(1982)等也提出了与此一致的看法。那么由此可以看出，若以芳樟醇和乙酸芳樟酯这两种特征成分的相对含量为标准，则在这四种方法中以丙酮浸提法提取的薰衣草油中两种主要组分芳樟醇和乙酸芳樟酯含量含量之和最高，为 33.95%，且不含龙脑和樟脑等影响薰衣草精油品质的萜类物质，因而质量最好。

8.3.4 提高薰衣草精油提取效率和质量的几点讨论

1. 采用超临界 CO_2 流体萃取技术提取薰衣草油时不建议使用夹带剂

由于纯 CO_2 本身的非极性特点，限制了超临界 CO_2 流体萃取技术的应用范围。为了更有效地提取各种精油成分，在超临界 CO_2 流体萃取过程中，有时需要使用夹带剂。夹带剂是在超临界流体中加入的一种少量的、可以与之混溶的、挥发性介于被分离物质与超临界组分之间的物质，它可以是某一种纯物质，比如无水甲醇等，也可以是两种或多种物质的混合物，比如 1∶1(*V*/*V*)的甲醇和乙醇。

本项目中，我们采用了不同的夹带剂，比如不同浓度的乙醇、甲醇和乙酸乙酯等，结果发现 75% 甲醇作为夹带剂时提取率增加最多，但增加效果不大理想，仅仅在原有基础上增加 5%。由于超临界 CO_2 流体萃取技术中夹带剂的使用，目前还很缺乏理论方面的支持，且夹带剂的使用不仅会对超临界设备的防爆要求等大为增加，以致设备成本显著增加，而且夹带剂的引入会造成在产品中的残留，并且很难得以完全去除，从而会显著影响产品质量，因此在采用超临界CO_2流体萃取技术提取薰衣草油时不建议使用夹带剂。

2. 降低萜类物质含量是的提高薰衣草精油品质的关键

各种天然精油均不同程度地含有一些烃类化合物，烃类成分的存在，使精油在稀乙醇中的溶解度明显降低。如果精油中的烃类化合物是一些不饱和的萜烯类物质，则情况就更为复杂，有可能会因为精油中所形成的萜烯氧化物将与其共存的醇类物质氧化成乙醛，或是先分解，然后再形成香芹酮。上述两种过程都会使精油的特征香气完全改变，从而使精油质量显著下降。

如果使用未经除萜的精油配制成香精，然后加香于含有油脂的护肤霜中，则其中的过氧化物就会促使油脂变质，由此会使护肤霜也变质。同样的，如果用来配制皂用香精，用于肥皂加香，也会因过氧化物的作用使皂基变质。因此，多年来调香师们都视精油中的烃类化合物，尤其是其中的萜类及倍半萜类物质为"眼中钉"。多年来研究人员一直在研究这个问题，力图通过采用一定的途径和手段，尽可能将这些萜烯类物质从天然精油中除去。

真空分馏法和稀乙醇浸提法是精油除萜的两个常用方法，但是经过对薰衣草精油进行成分分析等研究之后，我们发现，前者会使薰衣草精油中存在的对香气起至关重要作用的醇类等物质在分馏过程中也一并被除去，后者同样也会导致有效成分的大量损失。在对国内外文献资料的全面检索和一定试验的基础上，项目筛选到了一种具有一定极性大小的有机溶剂，在此基础上，找到了一条可以控制得到的薰衣草油质量的技术路线，最终得到了低萜含量、高品质的薰衣草精油，很大程度上扩展了精油的应用档次和领域。

参考文献

车国勇，庞浩，廖兵，等. 2005. 超临界 CO_2 萃取薰衣草的挥发性组分[J]. 色谱，23(3)：322.

陈行烈，翟建军，赵凡智. 1991. 新疆薰衣草油化学分析的研究[J]. 新疆大学学报，8(4)：81.

陈创成，杨国华，万馥磐 . 1980. 薰衣草油成分分析[J]. 分析化学，6：499－501.

傅若农. 2005. 色谱分析概论[M]. 北京：化学工业出版社.

高尚士 . 1997. 名贵香料植物薰衣草[J]. 内蒙古农业，2：28.

胡喜兰，赵宏，刘玉芬，等. 2005. 用 GC-MS 方法分析薰衣草的化学成分[J]. 食品科学，26(9)：432-433.

解成喜，王强，崔晓明. 2002. 薰衣草挥发油化学成分的 GC-MS 分析[J]. 新疆大学学报，19(3)：295-296.

金建忠，哈成勇. 2005. GC-MS 法测定熏衣草精油的化学成分[J]. 食品与生物技术学报，24(5)：68-71.

李昶红，李薇，李旭红，等. 2005. 超临界二氧化碳萃取鸢尾油的工艺条件研究[J]. 天然产物研究与开发，17(6)：773-776.

凌育赵. 2005. 水蒸气蒸馏法提取橘柑皮中的香精油[J]. 广东化工，(24)：55-57.

刘勇民. 1992. 维吾尔药志[M]. 乌鲁木齐：新疆科技卫生出版社.

梅德强，王建华. 2003. 红外光谱法研究中药进展[J]. 重庆大学学报，26(11)：55-57.

倪元颖，李景明，孙亚青，等. 2005. 超临界流体萃取姜精油主要工艺条件的研究[J]. 食品工业科技,6(12):121-122.

陕西省轻工业科学研究所日化研究室. 1979. 薰衣草的栽培与加工[M]. 北京:中国轻工业出版社.

沈瑞娟,张新君,徐春棠. 1990. 中国薰衣草油. 中华人民共和国国家标准.

舒达银 . 1982. 薰衣草[J]. 中国农垦,1:24-25.

苏立强. 2009. 色谱分析法[M]. 北京:清华大学出版社.

王玉芹,孙亚军,施献儿. 2004. 薰衣草精油的化学成分与药理活性[J]. 国外医药(植物药分册),19(1):5-6.

王自健. 2011. 新疆精油薰衣草的产业发展现状及对策[J]. 北方园艺,(13):186-187.

徐洁华,孔辉,文首文,等. 2010. 常温条件下薰衣草精气成分研究[J]. 林产化学与工业,30(1):81-32

张春玲,赵继飚,张朝英. 1999. 用 GC/MS 分析云南薰衣草挥发油化学成分[J]. 河南医学,17(4):388-391.

张健,蔡宝国 . 章苏宁,等 . 2007. 薰衣草精油化学成分的 GC-MS 分析比较[J]. 食品工业,5:52-53.

张群,扎灵丽. 2008. 薰衣草的研究和应用[J]. 时珍国医国药,19(6):1312-1313.

张卫明,肖正春. 2007. 中国辛香料植物资源开发与利用[M]. 南京:东南大学出版社 .

张颖,岳红,赵晓丽. 2004. 水蒸气蒸馏法提取柿叶精油的工艺研究[J]. 林产化工通讯,38(6):26-29.

赵明锁,闰开明. 2003. 萃取天然香料精油用新溶剂[J]. 香料香精化妆品,4:22.

赵志峰,雷鸣. 2004. 采用不同溶剂提取花椒精油的试验研究[J]. 中国食品添加剂,4:18-23.

Hohmann J, Zupkó I, Rédei D, *et al*. 1999. Protective effects of the aerial parts of Salvia officinalis, Melissa officinalis and Lavandula angustifolia and their constituents against enzyme-dependent and enzyme-independent lipid peroxidation [J]. Planta Medica, 65(6):156.

Ristorcelli D, Tomi F, Casanova J. 1998. 13C-NMR as a tool for identification and enantilmeric differentiation of major terpenes exemplified by the essential oil of Lavandula stoechas L. ssp. Stoechas[J]. Flavour Frage J,13:154-156.

第9章 伊犁河流域绿色食品和有机产品安全追溯体系

9.1 国内外农产品安全追溯体系研究进展

9.1.1 建立有机产品可追溯性体系的意义

近年来,我国陆续出现一些食品安全事件,食品安全质量直接关系到全国13亿人民的安全和健康,关系到每年数百亿美元的进出口贸易。然而,目前我国食品安全状况并不令人乐观:剧毒农药、兽药的大量使用;添加剂的误用、滥用、各种工业、环境污染物的存在;有害元素、微生物和各种病原体的污染等。出口的养殖水产品在国际市场不断被检出孔雀石绿及各种抗生素药残,2006年8月至今连续发生的多宝鱼事件、绿色食品造假事件均表明,我国食品生产全链的生产管理安全机制存在严重漏洞,不论是科学层面还是管理层面都缺乏一个可追溯性系统管理平台。

另一方面,食品的全链可追溯性体系目前已经在全球范围内迅速开展,这些有来自各类国际法规和标准的压力,例如欧盟法规178/2002/EC率先要求食品的全链可追溯性,新近出台的国际标准ISO 22000也涉及可追溯性体系要求;也有来自国际市场的各种权威认证的压力,这些认证实际上也构成了农产品的技术性贸易壁垒,例如BRC认证(英国零售商协会)以及有机产品认证,国内很多农业出口企业已明显感受到了这些压力,上述认证都对可追溯性体系提出明确要求,可追溯性是这些认证能够实施的前提条件或操作平台。总之,各类国际标准、法规以及认证越来越多地呈现出对可追溯性体系的先决要求。

在我国2005年4月1号发布的GB 19630—2005《中国有机产品标准》中的第四部分"管理体系"中规定企业为保证有机生产完整性,有机产品生产、加工者应建立完善的追踪系统,保存能追溯实际生产全过程的详细记录(如地块图、农事活动记录、加工记录、仓储记录、出入库记录、销售记录等)以及可跟踪的生产批号系统。有机产品的可追溯体系首先要从整个流通链的角度出发,对从原料生产直至餐桌的整个链中的相关参与者提出信息规范要求、建立标准信息范畴,建立标准的信息记录及信息传递的方法。通过这些方式可以保证安全食品的可追踪性，提高广大消费者对绿色-有机产品的信任度。

绿色和有机农产品质量安全问题已经成为食品供应链中一个关键的因素。尽管各国政府和相关的管理部门以及农产品供应链的参与方尽了最大的努力，食品安全的问题可能永远也不会完全消除。有效的追溯系统能够准确地缩小食品安全问题的范围。采用 EAN·UCC 系统（在我国统称为 ANCC 系统）对农产品的种植、加工、包装及零售等供应链各环节的管理对象进行标识，并相互连接，然后将这些标识用条码与人工可识读方式表示出来。一旦农产品出现卫生安全问题，可以通过这些标识进行追溯，准确地缩小安全问题的范围。例如，如果蔬菜出现了问题，可以追溯到问题蔬菜的包装环节、种植蔬菜的农场或某一个体种植者，直至种植蔬菜的农田。这样就可以阻断这些地方的货源流入市场，然后进行有效的治理。

9.1.2 农产品安全追溯体系的概念

究竟什么是农产品安全追溯体系呢？这个概念最初由法国等部分欧盟国家在国际食品法典委员会（CAC）生物技术食品政府间特别工作组会议上提出，是一种旨在加强食品安全信息传递、控制食源性疾病危害、保障消费者利益的食品安全信息管理体系。欧盟委员会（EC 178/2002）对食品可追溯性定义为：在生产加工及销售的各个环节中，对食品、饲料、禽畜及有可能成为食品或饲料组成成分的所有物质的溯源和跟踪能力。

企业是追溯系统中的重要参与者，对于产品链中任何一个参与企业的基本信息要求应该包括：企业注册号与地址、原料信息、原料供货商的信息、生产信息、产品信息、产品接收者的信息、产品发货信息等。企业内部的可追溯性信息管理系统是连接原料与产品的纽带，对可追溯性至关重要。一个编码包括了某个农产品生产过程的所有信息，比如种子处理、土壤消毒、栽培方式、灌溉、施肥、农药使用、收获采摘等所有情况，一旦市场上的某个农产品出现了安全问题，就可以通过这个编码了解到它的产地，并能很快知道是哪个生产环节出了问题。这就是农产品安全可追溯体系。

食品生产的可追溯系统是将生产单位与消费者联系起来的纽带，通过它消费者可以加强对所购产品的知情权，生产者可以完成对产品质量的监测和提升。食品可追溯体系可以为终端消费者提供产地、生长方式、生产者名称、电话地址等信息，还包括产品从产到销的全部过程、记录农业投入品使用和病虫害防治等信息，建立有效的市场调查与反馈体系，对不合格的产品建立产地追溯档案制，直接在产地整改，从而全程确保产品的质量。这为建立食品可追溯体系提供了理论支持。目前我国的食品追溯系统的发展还落后于发达国家，在法律法规上还缺乏健全的可供追溯系统参考的统一条文，在应用上还不够广泛和成熟。

建立农产品安全可追溯体系，是进行农产品质量安全监管的一项重要工作，只有建立了追溯系统，才能真正实现对农产品"从农田到餐桌"的全程质量控制，才有可能快速召回缺陷食品，降低监管成本，提高质量安全监管的效率。建立农产品安全可追溯体系，也是发达国家监管农产品质量安全的成功经验，我们要增强食品的国际竞争力，要使监管和国际接轨，建立农产品安全可追溯体系势在必行。

9.1.3 发达国家农产品安全追溯系统

欧盟从1997年始建立了农产品信息可追踪系统。该系统能够从生产到销售的各个环节追踪检查产品,具有溯源功能。英国从2000年开始,英国农业联合会和全英4 000多家超级市场密切合作,建立了严密的食品安全"一条龙监控机制"。英国公民在市场上购买的任何食品,如蔬菜、水果、肉类、奶制品等,如发现有问题进行投诉后,监督人员可以很快通过电脑记录找到这些食品的来源。在可溯追踪信息系统建设时,许多国家充分发挥行业协会和农民组织的作用。英国农业联合会和全英4 000多家超级市场联合,建立可追踪信息系统,强化农产品质量安全管理,不加入协会的生产商其产品不准进入这4 000多家超市。丹麦成立猪和屠宰联合会,从生猪养殖、屠宰和加工都实行了安全标准,95%以上的畜禽养殖和屠宰加工以合作社方式完成(王波等,2007;齐广海,2008)。

法国对动物生产立法形成于20世纪60年代,90年代后相继出台的系列法律结合了欧盟一些指令性文件。家畜从一家农场转移到另一家农场,或是从农场到屠宰加工厂的过程中,都需经过系统标识。农场(养殖场)饲养日志保留动物转移的时间、目的地等情况。家畜进入屠宰车间之前,必须具备饲养地农场的编码以及计算机内相关信息,尤其是病史记录,要求家畜的个体标识码、屠宰编码与产品(分割肉)编码一一对应。

丹麦为肉类加工食品建立了完整可靠的可追溯链条系统,即某种肉类生产而言,要求企业生产所用的原料都有原始来源记录、使用记录和流向记录,其制成品的运输、销售等环节也要有连续记录。丹麦生猪和猪肉产品的标识是在养殖场和屠宰厂两个不同的地点,两者签订契约,组合在同一个追溯系统中。丹麦的家畜饲养,要求动物标识记录的数据库中必须含有的信息为:CHR编码(官方制定编码),畜主的姓名、住址和电话,所辖地区管理者的姓名、住址和电话,畜群的地理位置,生产目的(如肉用),动物的数量以及责任兽医的姓名、住址和电话,畜群的地理位置,生产目的(如肉用),动物的数量以及责任兽医的姓名、住址和电话。耳标必须经由丹麦兽医与食品检查部门批准,并包含CHR编码。家畜的买卖交易过程,必须进行记录存档(Barcosl O,2001;Schwagele F,2005)。

美国农业部(USDA)动植物卫生检验局(APHIS)早在20世纪20年代就开始允许使用耳标、在皮肤或面部纹刻等方法标识动物,随后被联邦法律所强制要求。这些方法可以实现在动物疫病发病时,追溯到病源动物的来源与转移情况的信息。

美国农业部"全国动物监测系统"(National Animal Identification System,NAIS),用于追踪与外来动物疾病或恶性疾病有接触史的所有牲畜和饲养场地。主要是监测动物,包括家禽、家畜和其他饲养类动物,以预防死亡性疾病的传播。美国食品与药品管理局(FDA)要求在美国国内和外国从事生产、加工、包装或掌握人群或动物消费的食品部门,于2003年12月12日前必须向FDA登记,以便进行食品安全跟踪与追溯。2004年5月又公布了《食品安全跟踪条例》,要求所有涉及食品运输、配送和进口的企业要建立并保全相关食品流通的全过程记录。该规定不仅适用于美国食品外贸企业,而且适用于美国国内从事食品生产、包装、运输及进口的企业。

作为对疯牛病的反应,日本政府已经通过新立法,要求肉品加工者在屠宰时采集并保存每头家畜的DNA样品。2001年,日本政府就在牛肉生产供应体制中全面导入信息可追溯系统,并在商品的流通器上安装IC芯片卡，将生产流通各个阶段的相关信息读入，并存入服务器，消费者可以在店铺的终端上通过互联网输入包装盒上的牛身份证号码，获取所购商品的原始生产信息。著名的万古公司已经为国产的松板牛肉开发了最综合的质量保证系统。在这样的系统下，消费者可以在肉类销售的现场将10位数字长度的代码输入计算机后，获得他们购买的牛肉的相关信息。消费者可以获得追踪肉品到它屠宰和出生的生产记录的证明。2002年6月28日，日本农林水产部正式决定，将食品信息可追溯系统推广到全国肉食品行业，使消费者在食品购买时通过商品包装就可以获得品种、产地以及生产加工流通过程等的相关信息，并于2003年6月通过了《牛只个体识别情报管理特别措施法》，于同年12月1日开始实施。2004年12月开始立法实施牛肉以外食品的追溯制度。

总的来说，目前国际上普遍采用全球统一标识系统(EAN・UCC系统)对食品进行食品安全可追溯性的工作。采用EAN・UCC系统对食品进行跟踪与追溯的优点在于它利用了现有的全球统一标识系统，这套系统目前已经广泛应用于全球供应链中的零售业和物流业，避免了众多互不兼容的系统所带来的时间和资源的浪费，降低系统的运行成本，避免造成供应链的迟缓和不确定性，实现信息流和实物流快速、准确地无缝链接。

9.1.4 我国农产品质量安全及产品追溯体系现状

我国关于食品溯源体系的研究始于2002年，2002年农业部第13号令发布《动物免疫标识管理办法》，其规定对猪、牛、羊必须佩戴免疫耳标并建立免疫档案管理制度；国家科技部重要技术标准研究专项设立“肉用猪工厂化生产全程质量管理与畜产品可追溯计算机软件研究”子课题。2003年，国家“863”项目设立“饲料和畜禽产品数字化安全监控体系研究”专题，进行畜产品可追溯性研究，探索适合中国国情的可追溯技术和架构方法。同年，农业部农垦局组织开发设计了“农垦无公害农产品质量追溯系统”，并在北京一些农场完成了系统的测试和完善工作(刘俊荣等，2007；王立方等，2006)。

在研究和实施过程中，逐步制定了一些相关的标准和指南。如为了应对欧盟在2005年开始实施水产品贸易可追溯制度，国家质检总局出台了《出境水产品溯源规程(试行)》，中国物品编码中心会同有关专家在借鉴了欧盟国家经验的基础上编制了《牛肉制品溯源指南》。陕西标准化研究院编制了《牛肉质量跟踪与溯源系统实用方案》。国家食品药品监督管理局等八部门2004年4月起确定肉类行业为食品安全信用体系的试点行业，开始启动肉类食品追溯制度和系统建设项目。试点工作的相关任务包括：制定适合我国国情的技术标准和管理规范，制定《肉类制品跟踪与追溯应用指南》和《生鲜产品跟踪与追溯应用指南》，建立我国肉类制品和生鲜产品可追溯系统，制定肉类食品追溯应用解决方案。肉类行业食品安全信息平台已经开通，试点企业的有关数据开始录入(杨洁等，2007；孙斌，2006)。

2007年3月15日，我国首个采用全球通用标识系统的可追溯体系在北京市家乐福双井店开始试点。据介绍，实施食品安全可追溯性工作，消费者可以仅通过扫描食品包装上的条形码和批号，就快速查出该食品的供应商、生产地、生产日期、原材料等相关信息，如果发生食品安全问题，就可以快速得知其来源，减少损失。

2007年8月8日举行的“好运北京”第一次测试赛中，首都奥运食品安全追溯系统首次投入使用，该系统建成后将对首都奥运食品从生产到消费整个食品链实现全程跟踪(从运动员的菜单、食品原料一直追溯到物流配送中心、生产加工企业乃至农业的种植养殖源头），实行食品全程精细化管理，确保奥运食品生产、加工、流通和消费各环节的万无一失（赵明和刘秀萍，2007）。

2008年7月11日，农业部在京举行“农垦农产品质量追溯系统建设项目”签约仪式，农业部农垦局与15个省级主管部门及23家企业签订了“农垦农产品质量追溯系统建设项目”合同。按照合同要求，农垦各项目承担企业将在今年年底前按照“生产可记录、信息可查询、流向可跟踪、责任可追究”的总体要求实现申报产品可追溯。各类产品追溯规模分别为：北京鸭400万只、肉猪33万头、肉牛2万头、大米19.2万亩、茶叶2.77万亩、水果5.86万亩。

近年来，随着人民群众生活不断改善，有机产品认证越来越受到社会关注，其中标志使用不规范、有机产品不能追溯等是人民群众反映比较强烈的问题。为进一步规范有机产品标志使用，确保有机认证产品符合法律法规和认证依据标准要求，便于社会公众和监管部门辨识有机产品及其标志，中国国家认监委2011年10月发出《关于进一步加强国家有机产品认证标志管理的通知》（国认注〔2011〕68号），将进一步加强国家有机产品认证标志管理。

通知要求，各认证机构应当充分利用现代成熟的防伪、追溯和信息化技术，结合国家认监委统一的编码规则要求，认证标志编码前应当注明“有机码”字样，赋予每枚认证标志唯一编码，同时鼓励认证机构在此基础上进一步采取更为严格防伪、追溯技术手段，确保本机构发放的每枚认证标志能够从市场溯源到每张对应的认证证书、产品和生产企业，做到信息可追溯、标识可防伪、数量可控制。对于自动化流水线大批量生产的获证产品，获证组织可以在产品标签或零售包装上印制认证标志，但应当采用技术手段，在零售包装或产品上标注认证标志编码。获证组织在产品标志印制之前，应将该标志式样、印制数量、认证标志编码报认证机构审核和备案，确保认证标志的使用符合《有机产品认证管理办法》和《有机产品》国家标准的要求。

为便于消费者和监管部门辨识，国家认监委将建立认证标志备案信息数据库，各认证机构应当将所发放的每枚认证标志编码和认证标志使用等信息及时传输至该数据库。国家认监委将提供该数据库统一的查询方式，为社会公众和监管部门服务。

通知要求，地方质检机构将加强对认证标志的监管，对伪造、冒用、超期、超范围使用认证标志的，按照《认证认可条例》、《有机产品认证管理办法》和《认证证书和认证标志管理办法》等法规、规章规定处理；对未按规定使用或者不规范使用认证标志的零售有机产品，责令颁证机构及时暂停、撤销该组织认证证书，认证机构拒不暂停或者撤销认证证书的，将按《认证认可条例》规定依法处理。

9.1.5 我国构建农产品可追溯体系面临的困难及改进措施

如何构建我国农产品安全可追溯体系，实现对农产品安全的全程控制呢？从目前的发展来看，我国农产品安全追溯体系目前在畜产品方面得到了较好的发展，但对于蔬菜、水果和大宗农产品，因为存在一些经营方面的问题亟待提高和改进：

一是生产规模小，信息化程度低。我国农产品生产最显著的特点是千家万户分散生产、独立经营，无论是购进生产资料还是销售农产品，都是一家一户单独面向市场。分散的生产和经营不利于控制农业投入品的质量，也不容易统一产品质量，使得初级农产品信息难以采集和标识。针对这种情况，需要从经营制度上进行改进。提高农产品生产经营组织化制度，积极扶植和发展专业技术协会、流通协会等农村专业合作组织，通过公司加农户、协会加农户等多种产业化经营方式，促进农业产业化龙头企业，带动分散的农产品生产者按照市场要求调整农产品品质结构和布局，统一品种，统一标准，统一产品安全信息标识，努力实现规模化生产。

二是尚未形成有效的农产品跟踪链。目前农产品质量安全管理权限分属农业、经贸、供销、外贸、工商、质监、卫生、环保等不同部门，各部门各自为政，没有形成“从农田到餐桌”全程的、系统化的监控格局，农产品供应链在监管环节间联系比较脆弱，如果其中的一个环节断了，整个链条就脱节了。这是实施跟踪与追溯的最大难题。即便建立了可追溯体系，可追溯编码不规范、不统一。目前我国多个行业和部门以及一些地区都在编制各自的食品安全代码，食品安全可追溯性编码出现了不规范、不统一、不兼容的现象和趋势。如果对这种现象不加以规范，任其发展下去，将给我国食品安全的跟踪与追溯造成严重阻碍。

针对上述情况，政府应尽快出台相应的法律法规，以统一和规范我国食品安全追溯的编码工作，避免重复建设所带来的资源浪费。还应推进我国食品安全可追溯性编码与国际接轨，以避免国际贸易中的技术壁垒。目前，我国的农产品质量安全认证体系逐步趋于成熟，应坚持与国际接轨的原则，以无公害农产品、绿色食品和有机产品生产基地认定和标识认证为基础，明确要求农产品生产者应具备食品的可追溯性和对产品的跟踪能力，逐步形成“从农田到餐桌”全程监控的格局，不断提高我国农产品质量，提高农产品出口竞争能力。

选择品牌优势明显规模较大的龙头企业进行试点，这些企业组织化程度高，迫切需要建立农产品质量安全追踪系统，以提高其产品的质量安全和竞争力；农产品出口基地更迫切需要建立农产品质量安全追踪系统，以提高农产品的国际竞争力。因此，我们可以选择品牌（譬如绿色食品）优势明显的龙头企业和农产品出口基地进行示范，认真总结示范经验，然后逐步推广。

9.2 我国台湾地区有机产品产销履历制度的建立与启示

在全球贸易自由化的趋势下，中国台湾地区农业也正面临全球化的竞争；随之而来的各种形式的技术壁垒、绿色壁垒，以及消费者逐渐对食品质量与安全趋势的重视，严重限制了台湾农产品贸易的发展。因此，必须建立台湾农产品安全管理制度，保障消费者食品安全并拓展农产品国际贸易。为解决这一问题，台湾地区农业委员会提出了发展“优质、安全、休闲、生态”的优质与安全农业的思路，为降低成本提高竞争力而建立和完善了农业生产制度和追踪体系——台湾农产品产销履历制度，此制度已被纳入农委会“新农业运动”的重点政策。

9.2.1 台湾地区产销履历记录制度的推行

农产品产销履历制度是一种从“农场”到“餐桌”所有产销信息公开、透明(transparent)及可追溯(traceability)的一贯化安心保证制度。即通过原材料的生产地或食品的制造厂及销售场所作的账目及保管记录，对农产品及其相关信息可以追根溯源。其重点是农产品生产过程档案化、信息化以及产品追踪追溯的可行性。

“台湾(地区)行政院农业委员会”自2003年起,开始搜集日本、欧盟等先进国家实施生产履历制度的相关资料;通过分析发现建立一套产销相关业者乐意主动记录消费者所想要了解的产销信息,并通过可追溯系统,将产销履历记录及经第三者认证的信息公开,以利消费者及相关业者查询的产销履历制度可以增加生产过程的透明度,提高消费者信心。台湾地区农委会于2004年开始推动农产品生产履历管理信息系统,利用计算机或手机等网络手段来追踪农产品生产过程,作为生产者、流通者、消费者之间相互联系的媒介,同时协助农民在网络上建农产品田间生产履历,以及方便消费者利用产品上的产销履历号码进行查询(王缨,2005)。

台湾地区农委会在规划建立农产品产销履历制度架构方面,主要是建立了六大基础工作:①选择农产品项目,构建以消费者为导向的高质量、安全农产品供应链管理系统;②通过相关农业改良场所专家,建立包括生产者及其所属农民团体、流通业者、末端零售业者等业者的产销作业标准化与规范化模式;③进行产销过程透明化;④产销过程全面质量管理;⑤并构建产销过程信息的传送及查询、追溯平台;⑥设计独立公正的第三者认证制度。

在选择推动项目方面,首先从出口产品和有机食品开始试行,由于在产品出口要求和有机农业生产中都要求进行操作记录,比较配合进行生产履历记录工作。2004年农产品产销履历记录制度示范项目首先以稻米等8个品种及具有认证制度的有机农产品高丽菜等8个品种,这些示范项目的推动为建立产销履历记录制度模式打下了良好基础。2005年再扩大推动农产品产销履历示范项目,选定米、蝴蝶兰、优质茶、东方美人茶、19项水果、14项蔬菜、14项有机农产品、7项畜禽产品、6项渔产品等共计64项农渔畜产品。各农产品实施产销履历制度的过程所需要提供的资料包括:①合同书;②作业流程图;③风险管理表;④检查表;⑤栽培标准;⑥病虫害防治标准;⑦施肥标准;⑧生产履历作业记录簿等。

为加强推动产销履历制度,促使台湾农业建立优质、安全、稳定的全程供应链,提出了推动产销履历制度三大策略:建立良好农业规范(Taiwan good agricultural practice,TGAP)、构建独立公正的第三者认证制度、规划建立信息管理与追溯平台。

9.2.2 台湾地区良好农业规范的实施及认证

台湾地区农委会为生产安全农产品,让消费者买得安心、吃得放心,近几年来一直积极推行农产品产销履历制度。为与欧盟及日本等重视消费安全的发达国家同步,参照联合国食品标准委员会于2003年7月所认可的《欧盟零售商良好农业操作规范》(EurepGAP),及日本的《适正农业规范》(JGAP),制定了与世界先进国家标准同步的《台湾良好农业规范》(TGAP),依据《产销履历农产品认证管理办法》第2条第1款的定义,TGAP是指农产品的生产过程,依照中央主管机关订定的标准化作业流程及模式进行生产作业,有效排除风险因素,降低环境负荷,以确保农产品安全与质量的作业规范,强调通过风险的评估,针对重要风险发生的原因采取相应对策,提早在生产过程预防风险的发生。

为了降低农产品的风险并兼顾对风险的控制,要将良好农业规范和产品追溯结合使用,这样,购买使用产销履历农产品标志的产销履历农产品,不仅可以从台湾地区农产品安全追溯信息网(http://taft.coa.gov.tw)上查询到农民的生产记录,也代表认证机构已经为您亲赴农民的生产现场,去确认农民所记是否符合所做、所做是否符合规范,并针对产品进行抽样化验,而每一批产品的相关记录也在认证机构的监控下，严格审查，一旦发现问题就会马上处置，因此可以有效降低履历数据造假的风险，并且有效管理和控制生产过程。

农产品产销履历第三者认认证制度是由符合 ISO/IEC GUIDE 65(产品认证机构认证规范)的认证机构，针对农民在生产农产品的过程及产品本身进行认证，经认证机构检查产销履历数据记载正确，且产品药物残留量符合标准者，才能通过认证。台湾地区农委会强调，为与国际认证标准接轨，让认证机关所认证合格的农产品能与国际市场获得相互承认，该会已经委托获国际认证组织认可的财团法人全国认证基金会办理认证机构的认证业务，通过国际认证体系来为食品安全严格把关。认证的程序包含生产记录及质量管理系统的文件审查、现场操作检查与人员能力确认、产品的抽样检验等，等检查所查出的全部偏离均经农民矫正完成后，才能将认证报告提送审议决定；认证通过后需每年至少 1 次定期或不定期对农民进行追踪查验，并对认证通过的市售产品进行检查及检验。

台湾地区农委会还特别制订了农产品产销履历认证识别标志(图 9.1)，只有通过认证者才允许张贴核发的农产品产销履历认证标志，标志以旋绕回转的双向流程箭头，转化成一个 G 字形的绿叶图案代表农产品，表现出农产品能更安心消费的视觉形象。G 字形(good product)代表绿叶(农产品)、双向流程箭头(追踪、追溯)、心型(安心、信心、放心)、竖起的大拇指(口碑形象)。

9.2.3 台湾地区有机农产品发展及产销履历认证

有机农业的概念是在 20 世纪 20 年代由德国和瑞士首先提出，中国台湾有机农业始于 20 世纪 80 年代末。1988 年台湾组织了有机农业可行性观察试验计划，开始进行有机栽培试验，1990 年起尝试推动有机农业先驱计划，并于 1995 年起由各地区农业改良场开展推广工作。中国台湾有机农业近年发展迅速，已具有一定规模，2006 年的种植面积为 1 708 hm^2，2008 年的目标为 3 000 hm^2，但有机畜牧生产虽自 2003 年订有相关生产规范，迄今尚无正式生产(闫湘和任天志，2007；翁伯琦等，2006)。

2007 年 1 月 29 日我国台湾公布了《农产品生产及验证管理法》，农产品及其加工品的质量及安全均列入规范，相当于日本 JAS 法的重要性，是台湾地区有关农产品质量及安全的基本大法。依据《农产品生产及验证管理法》第五、六条规定，本地和进口农产品、农产加工品符合主管机关订定的有机规范，并经认证者，才能以有机名义销售。并授权农委会订定有机农产品、农产加工品的申请条件与程序、认证基准(含生产、加工、分装及流通等过程)、标示方法、有效期间及相关管理的办法，以实施国产有机农产品、农产加工品的认证管理。同时还出台了《农产品验证机构管理办法》、《农产品标志管理办法》、《有机农产品及有机农产加工品验证管理办法》、《进口有机农产品及有机农产加工品管理办法》、《有机农产品及有机农产加工品检查及抽样检验结果处置作业要点》等相关规定。台湾地区有机农产品标志自 2006 年 1 月 1 日起使用了有机农产品标志(图 9.2)，方便消费者辨识。

在台湾地区推动农业产销履历制度的新农业运动的重点政策中规定 2015 年台湾地区农产品全面实施产销履历制度，2008 年外销欧盟农产品，全面实施产销履历制度，2010 年外销日本农产品，全面实施产销履历制度，对于内销产品 3 年内量贩店及超市全面销售当地生产的销履历农产品；因此“台湾地区农委会”下属的“台湾地区农粮署”也着手整合现行有机认证机构的纸本记录格式与内容，并选定有机米产销班及有机蔬果农户作示范，面积计 378 hm^2，建立产销履历信息化追溯系统。同时辅导一些有机的认证机构如台湾省有机农业生产协会、国际美育自然生态基金会、慈心有机农业发展基金会、台湾宝岛有机农业发展协会取得产销履历认证机构资格，以利于有机农产品产销履历认证。获得产销履历认证的台湾地区有机农产品预计到 2009 年可以使用有机农产品全面转换为有机农产品认证标志(OTAP)(图 9.3)。

图 9.1 农产品产销履历认证识别标志

图 9.2 台湾有机农产品标志

图 9.3 有机农产品认证标志

9.2.4 台湾地区农产品产销履历制度对完善我国食品安全体系的启示

随着生活水平的不断提高，我国的消费者的食品安全意识逐渐提高，对食品的安全问题十分关注。但我国的食品安全教育与国外相比仍然落后，尚未形成一套适合我国国情，符合消费者习惯的食品安全体系。当前我国食品安全问题很多，政府和企业都在致力于加强食品生产环节的卫生安全控制和质量检验工作，农产品出口企业已经认识到实行国际质量标准认证的重要性，积极采取措施应对国际贸易中的技术壁垒，因此建立可追溯体系和生产履历制度是我国食品加工和出口企业的一个必然选择，我们应该积极开展对该体系的理论研究和应用探讨，通过可追溯体系和生产履历制度的建立解决食品安全问题和提高我国农产品在国际市场上的竞争力和食品安全水平(王波等，2007；方炎等，2005)。

农产品生产履历制度和可追溯体系是让消费者安心的有效方法，任何产品的可追溯性都是一个客观存在，在非强制要求下，产品可追溯性的好坏常常作为产品的附加标签，可追溯性做得好，其产品的市场附加值就高。目前我国在农产品安全体系中已经形成了无公害食品、绿色食品和有机食品的金字塔的格局，都已经建立了比较完善的认证和监管体系，在有机产品生产过程中对产品追溯性做出了明确要求。而在无公害和绿色食品在过程控制和产品的可追溯性方面仍需要进一步加强。目前在国内外推行的良好农业操作规范制度恰巧弥补了这方面的不足，对农产品生产过程的控制、记录以及其追溯性都做出了明确规定。随着系列实施食品全链可追溯性体系的法规/标准及认证等要求的纷纷出台，加强对食品农产品可追溯性的要求，对提高消费者对农产品和食品的信心将起到非常重要的作用。

9.3 新疆伊犁地区绿色食品有机产品可追溯性系统信息平台建设

9.3.1 新疆伊犁地区农产品安全生产现状

新疆地处欧亚大陆腹地，是我国面积最大的省区，新疆工业不发达，工业污染相对较少，环境特征基本属自然状态，具有发展有机农业得天独厚的地域环境优势。新疆发展有机食品是解决农村农业污染、推进绿洲环境可持续发展的有效途径。因此，国家环保总局把新疆确立为全国首个有机食品生产试点区。自治区党委和政府高度重视有机食品试点工作，成立了自治区有机食品发展领导小组，由自治区环保局组织开展有机食品试点工作。自治区人民政府于2007年10月29日发布实施《新疆维吾尔自治区有机食品发展规划》。

位于新疆西部边陲的伊犁河地区，伊犁河谷有着发展农牧业得天独厚的优越条件，经过漫长的发展，伊犁河谷仰仗得天独厚的光、热、水、土资源，成为重要的粮、油、糖、麻、优质果品生产基地，广阔茂密的野生肥源草场，昌盛兴旺的农区畜牧业和郁郁葱葱的灌溉绿洲，构成了天人合一、和谐稳定的农、林、牧相结合，相互协调、相互促进的天然绿洲农业生态系统。伊犁河谷独特的自然环境为发展绿色农业、有机农业提供了得天独厚的优势条件。

伊犁河地区的有机农业处于起步阶段，伊犁哈萨克自治州人民政府2006年制定了《新疆伊犁河谷绿色农业示范区建设规划》，规划期间，将建成5万亩亚麻、5万亩油料、1万亩绿色蔬菜生产基地、3万亩优质果品基地、3万亩牧草种子基地和6万亩生态工程。并且加大绿色农产品认证步伐，根据区域资源优势，选择出具有一定规模、市场前景好的农产品进行绿色食品认证，积极创建全国绿色食品原料基地。2007年完成绿色食品原料基地认证面积20万亩，完成小麦、油葵、番茄、草莓、黄瓜、芹菜、西葫芦、苹果、甘草、贝母等农产品绿色食品认证。

“绿色-有机农产品生产与保鲜贮运关键技术开发与示范课题”是国家“十一五”科技支撑计划项目“伊犁河流域水土资源可持续开发利用研究与示范”的课题之一，通过课题组的先期调查选定的主要农产品为葡萄、大豆、苹果、水稻、薰衣草、桃、玫瑰，建立有机农产品追溯系统。

9.3.2 绿色食品有机产品追溯体系建立的原则

有机产品流通链的概念是从原料生产到餐桌。例如，对于以有机农产品为原料的有机加工产品，其可追溯性是通过记录并传递发生在有机产品的生产流通链中各个环节的信息而实现的。链中的每一个参与者都应该建立与产品有关的相关信息，同时保持并传递这些信息，以便能够沿流通链进行物理追溯。也就是说，当产品到达消费者时，如果发生纠纷，那么从链的末端(产品)一直到链的起始点(生产基地及生产者)，一切必须的相关信息都应该可以被获得。

明确构成有机产品的完整流通链是建立可追溯体系的先决条件。从实际情况来看不同种类的有机产品链的运作情况是各不相同的，但是这些链都是由具有共性的环节构成的。例如，产品链中具有共性的基本环节应该包括有机产品生产环节、运输环节、加工环节、贮运环节、贸易批发环节和零售环节等。产品流通链的具体操作是由来自各个方面的参与者(企业)构成的。例如农场(农户组织)、运输商、加工企业、贮运商、海内外客户、批发商、零售商以及餐饮业等。这里需要指明的是，企业链与操作环节并非总是一一对应，在实际操作中，有些企业可能是一个以上环节的执行者或责任者。为各个环节制定标准信息细则要求，使得不论是哪一个环节的参与者明确自身在整个可追溯链中的职责任务，是全链可追溯性的基本原则。

9.3.3 有机产品全链可追溯信息系统的建设

在明确了构成有机产品流通链的操作环节以及各个环节的责任者（企业）的基础上，对每一个环节所应该建立的信息进行标准化规范、同时明确参与者（企业）在与其相关的操作环节中应该承担的职责。即建立企业良好的质量管理体系，包括质量手册、程序及规程文件及相关记录。

可追溯体系实际上是一个良好的全链信息管理平台。很多与食品质量、食品卫生及安全、环境生态等相关的法规、标准和认证的实施都强调要有一个有效的可追溯性系统为基础。可追溯性信息系统的建设包括信息建立、信息记录、信息保存、信息传递等。可追溯链中信息系统的交互既有企业之间的一责任者与其上家和下家之间的信息传递，也有企业内部的信息交互，所谓内部可追溯系统就是企业责任范围内的各个环节间的信息建立和传递。

9.3.3.1 可追溯性体系中信息的建立与管理

在流通链中各个环节所产生的信息一般可以分为三大类：一是按照物流追溯产品所需要的基本信息；二是与食品质量及安全，食品标签等法规要求相关的信息；三是一些与贸易相关的商业信息等。信息的可追溯性有三个主要元素：环节、贸易单元（物流单元）、贸易单元标识ID。建立可追溯性体系的关键是在流通链上的每一个环节所产生的货物贸易单元用独特的标识符（ID）进行标识，相关信息则由标识符携带并传递下去。具体由各个环节上的参与者进行操作，链传递过程中的大多数环节都发生货物贸易单元的改变，例如有机原料经过加工环节变成了相应的有机产品，再如贮运公司、批发商、零售商等对货物所进行的改换包装等均将创建新的贸易单元，及时对新创建的货物贸易单元进行 ID 标识，方可避免因物理传递链信息中断而致使可追溯性系统失去连续性。此外，如果某个环节发生问题需要质疑时，各个参与者应该保证能够及时提供出其职责范围的相关信息。

对于链中任何一个参与企业的基本信息要求应该包括：企业注册号与地址、原料信息、原料供货商的信息、生产信息、产品信息、产品接收者的信息、产品发货信息等。企业内部的可追溯性信息管理系统是连接原料与产品的纽带，对可追溯性至关重要。

9.3.3.2 可追溯体系中的信息交换

可追溯性体系中的信息交互包括相邻参与者之间的信息接受和信息传递。需要说明的是，可追溯性体系关注的是产品可被追溯的能力，也就是在必要的时候，相应的信息可以获得。这并非意味着全部信息必须以标签的形式跟随流通链传递，可以借助信息技术，构建一个可追溯系统的信息数据库，通过授予访问权限，使得有关信息因需要而被相关方面所访问。可追溯体系的信息管理技术应该加以标准化，这是出于两个方面的考虑，一方面当任一环节出现产品问题时，链上各个参与者（企业或公司）之间能够有效进行信息交流，以便查找造成问题的原因及环节；另一方面又可以避免信息访问权限被滥用而给企业造成不必要的麻烦或发生商业泄密乃至经济损失。

9.3.3.3 有机产品可追溯体系涉及的主要操作环节

由于原料与贸易的多样性与多变性，有机食品可追溯体系的建立是一项复杂的系统工程，将涉及到原料生产(农场等)、产品加工(食品加工企业)、仓贮运输、流通分配等广泛领域。全链的可追溯性因各个环节的操作特性不同而比较复杂，每一中间环节均对全链可追溯性体系起着承上启下的作用。下面仅以有机农作物的生产和加工为例进行解释说明。

1. 有机生产环节

根据有机农业的定义:“遵照一定的有机农业生产标准，在生产中不采用基因工程获得的生物及其产物，不使用化学合成的农药、化肥、生长调节剂、饲料添加剂等物质，遵循自然规律和生态学原理，协调种植业和养殖业的平衡，采用一系列可持续发展的农业技术以维持持续稳定的农业生产体系的一种农业生产方式。”有机生产者应该建立的信息记录包括:企业注册号、相关认证信息、有机农事记录(地块号、种植者、种子、土壤培肥、病虫草害防治、灌溉、收获等)、下一家(运输者、加工厂)名称地址注册号、货物贸易单元、发货时间等。

2. 有机加工环节

从上一生产环节(农场)所接受的原料，经过加工环节而成为有机加工产品。原料接受记录应该包括:生产者名称地址、有机认证信息、原料批号以及入库批号等，入库后的这个原料批号可以是原料本身的批号，也可以是加工厂给予的新的批号，但给的新的批号的编码是应该可以追溯到原料详细信息的纽带;在加工过程中的每个环节应该保留加工记录:包括各个工艺运行参数、投入的原料、加工添加剂和加工助剂、加工比率和成品数量、加工后的成品批号等。

3. 有机贮运环节

加工后的有机产品多数要先入库贮存后再进行销售，入库与入库时间、数量、批号等，在货物进行销售时，发货记录一般应该包括:出货数量、批号、运输企业名称车号、货物接受企业的名称、地址等。在运输环节，有机生产企业一般会自己运输或租用运输公司的车辆，此环节也是承上启下的重要环节，对于运输产品的追溯极为重要，因此应进行严格记录。

9.3.4 新疆伊犁地区有机产品可追溯体系建设

9.3.4.1 伊犁地区农业信息平台现状

为了与当地农业信息化管理平台接轨，并可以在课题结束后对我们所建设的系统能够有所实施，对伊犁的农业信息化状态进行了初步调查:

从目前的网上来看(图 9.4)，新疆伊犁地区有“伊犁农网”，是由新疆伊犁气象局举办，目前的点击量为 8 万人次，网站的主要内容有:

农牧业新闻:

政策法规，农业政策法规、WTO 农业规则。

科技兴农，作物栽培、养殖天地、植保园地、贮藏加工、农牧专利。

市场信息，供求信息、分析预测、市场信息。

气象服务，全疆天气预报、地区天气预报、农业气象、全疆旅游预报、卫星云图、专家用图和防灾减灾。

招商引资，技术咨询、网上农展。

知识书店，种植业、养殖业、加工技术和其他。

还有伊犁农林信息网 http://www.ynnl.cn/，该网站是由新疆伊宁市农林局主办，2006 年开通，是一政府网站，以信息公开为主(图 9.5)。

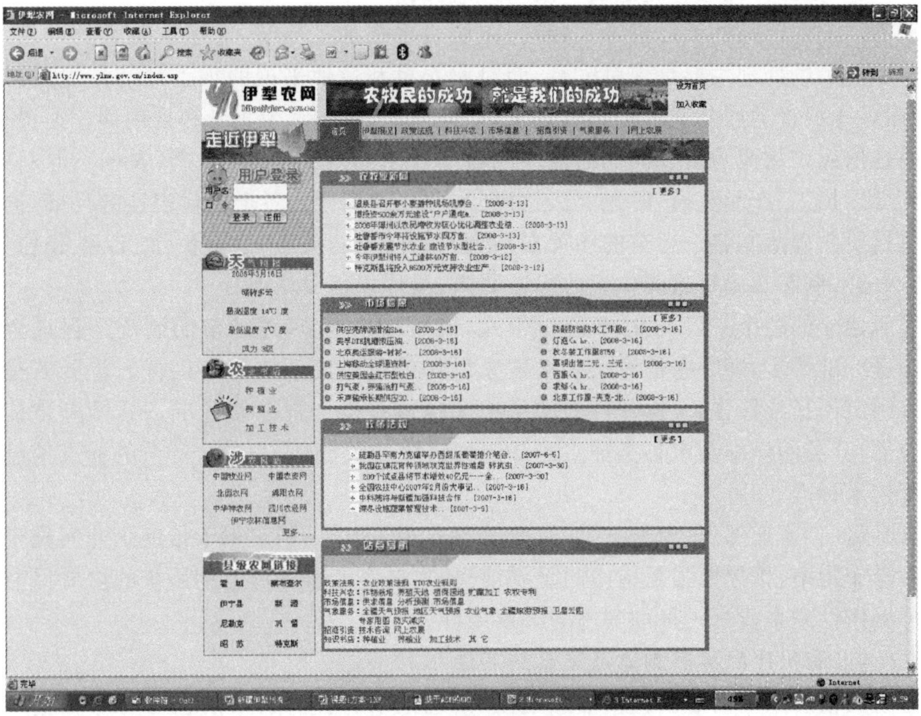

图 9.4 伊犁农网主页

图 9.5 伊犁农林信息网主页

9.3.4.2 **建立分类品种流通链一般/标准模式**

由于不同类的产品的流通链并不相同，主要表现在加工环节，对于水果类的产品来说，从农场收获后的后续处理主要是保鲜贮藏，而对薰衣草和玫瑰来说的加工环节是提炼产品流通等环节；而对于粮食类产品的水稻和大豆来说需要进一步加工为大米和食用油。通过分类，需要明确的是依照以物流为主线的流通链中的各个环节，包括从原料生产（农场）、原料收割/捕获、原料贮运、加工、产品流通（贮运、流通分配）、一直到零售的各个有代表性的环节，同样重要的是还包括要明确落实各个环节的相关参与者，如种植/养殖者、运输者、加工者、销售者等。

9.3.4.3 **制定实施可追溯体系的标准要求、操作规程**

根据所建立的各个一般/标准流通链模式，依照物流环节，逐环节的制定出保证全链可追溯性的信息标准要求，即哪些信息必须被建立以保证可追溯系统有效运行。重要的是应该根据流通链制定出指导性强、可操作性强的可追溯性体系操作规范或标准。具体应该按照有机产品的种类，分类的详细制定各类加工产品流通链中的关键环节，各个环节的标准信息细则及信息管理技术标准。

由政府部门、管理部门、专家学者、企业等各界相关人员，制定用于帮助企业实施全链可追溯体系的操作指南，指导性强是指南的重要前提，也是企业实施可追溯系统的重要保障。此外指南的可操作性是企业真正贯彻实施的必要条件。

9.3.4.4 **有机产品可追溯体系建设的实现**

可追溯性信息系统的建设包括信息建立、信息记录、信息保存、信息在内部各生产环节以及不同生产企业中传递等。系统的建立主要包括：

1. 数据库的设计与系统开发平台

根据对有机大豆和苹果各生产环节记录内容的调查，设计数据表，建立数据库。借鉴其他网络化可追溯系统的设计思路，建立以 Windows XP 为操作系统平台，通过交互式的 Web 应用程序，使用 HTML 表单收集和处理信息，实现产品溯源和跟踪。系统不需要其他客户端的维护，只需管理好服务器，满足未来信息化发展的主流方向。

2. 系统设计结构

系统以加工企业作为操作主体，统一编码基地，加工厂在系统后台给编码的基地设定权限用户，生产基地负责录入原料生产和运输的相关信息，加工厂负责录入原料验收到单个产品销售的相关信息。查询过程通过网络浏览器实现，充分利用了网络的便捷性。

3. 系统功能的应用和实现

系统采用三层次分布式体系结构，分为追溯界面、数据操作层、数据库 3 个层次。其中追溯界面层包括用户登录、消费者查询，是一个数据访问的公共层，消费者可以直接进入查询信息界面，基地和企业用户可通过用户名和密码登陆数据操作层。数据操作界面点击各信息收集点就会跳出此收集点的所需要收集的信息，基地录入原料生产和运输的信息，加工厂录入加工环节和产品运输销售环节的信息，贮存在网络服务器上，方便不同用户的查询。

辅助以计算机和互联网为平台实现伊犁有机农产品从种植、收获、运输到加工成商品的全程质量监测与认证管理。作为从计算机到数据库的门户，为生产者和企业提供一个交流的平台，使他们能够更加准确的掌握供求信息和市场行情，实现伊犁地区农产品的供求平衡，效益最大化。使人们能够对有机产品从原料种植到市场销售全过程进行跟踪记录，一旦出现问题可以迅速查明出事环节，降低损失。

能够使管理者(如政府和质量监管部门)和消费者通过商品所带批号标识(如条形码),迅速查明或了解要检查或购买的有机产品的真伪、生产加工、运输贮藏、产地及耕作状况。管理者也可通过页面联系方式与中心管理员取得联系。对管理者可以节省办事时间。对消费者可以有更好的知情权,可以更加放心的购买。

(1) 网站制作和操作简易流程。

网页后台制作所用软件 Dreamweaver、Flash、Photoshop 等。

本地操作运行环境为装有 IIS 的 Windows XP Professional(专业版)。

Windows XP Home Edition(家庭版)装入 IIS 并安装 Netbox,也可以运行,但不能够读取 xhm 等格式的文件,因此效果不理想。

以后台程序为基础,通过申请(政府网站)或购买互联网上的域名和空间实现网站的运行。经过了半年的努力,完成了面向消费者和生产企业的网站建设,该网站提供有机农业新闻、市场信息、有机生产标准和规程等可供公众查询的信息。详情请查询 www. ecocert. cn/yili/。

(2) 信息平台所包含的模块。

发布有机农业新闻:信息平台提供"有机农业新闻"模块,对国内和国际上与有机农业相关的新闻及时报道,使认证企业、基地农户和消费者能够准确地把握有机农产品市场的发展动态,及时调整种植和生产计划,积极适应国内和国际两个大市场的供求变化。认证企业和生产基地用户也可以将其内部的一些信息编辑成新闻形式发布,使相互之间更加了解。

新疆伊犁有机农产品质量安全追溯系统:针对绿色-有机农产品的市场可信度和检查认证效率等问题,以计算机和 Internet 为技术平台,研发产地环境认证、转换期管理、质量管理体系、生产过程控制体系、追溯体系、运输、贮藏、加工、贸易等全过程记录及档案的信息化管理技术,建立从产地环境到产品收获、运输、加工、销售的全程质量检查与认证管理体系。通过该平台能够将生产者,运输贮藏机构,企业,认证机构,政府管理者和消费者联系起来。使市场上伊犁有机农产品具有更高的可信度。方便政府管理和消费者查询,同时能为企业和生产者提供发布供求信息的平台,与有机农产品认证机构网站相连,将伊犁地区有机农业生产市场化,为当地农业发展带来更大的经济效益。

有机产品生产全程质量控制技术:通过此信息化管理平台,实现伊犁地区主要有机产品(大豆、水稻、葡萄、薰衣草、胡萝卜/洋葱)的查询,为实现有机生产提供技术支持。主要实现的模块有:有机产品执行标准信息、有机作物田间操作规程、有机生产及认证关键点控制。

结合有机农业生产标准,在本课题其他研究基础上,选择本地区主要农作物大豆、水稻、葡萄及薰衣草、胡萝卜/洋葱对其有机农业生产技术进行细化,从有机生产的各个环节给农民提供详细的技术支持,并从有机生产和认证关键点的控制来指导农民实现有机产品的认证,为增加产品附加值做好准备。目前已经完成了多种作物的有机操作规程(见附件)。

有机市场信息发布及企业产品展示平台:该信息平台提供"有机市场信息"模块,要顺利使用该模块,请首先注册,由网络信息管理员批准后就可以发布信息和获取信息,包括产品采购/供给以及基地合作等信息发布。有机产品的市场流通是促进有机农业发展的有效途径,信息交流是非常重要的手段,市场进行平台的建立将有利于伊犁地区有机产品的进一步开发。在本模块将实现的功能有:认证企业及基地信息介绍、产品采购/供给信息发布、项目合作信息。企业或基地通过注册用户名,管理员批准后可向网站供求信息栏发布"求购"或"出售"信息,使彼此第一时间了解供求关系,达到供求平衡的目的。将农业生产纳入市场化,取得更高的利润。

伊犁地区认证企业和基地以及认证产品进行介绍，可以给认证企业提供展示的平台。认证企业可以展示农产品采购和需求情况，加工过程和销售情况；企业的发展状况和取得的各种认证。有机农业生产基地可以展示地块位置，种植管理情况和认证状况，更加方便了企业和基地间的交流与合作，使基地农产品销路顺畅，同时使企业生产出来的有机产品获得更好的市场信誉和认可。该平台同时不断更新和发布相应的有机农业生产标准及规程，使企业、消费者和农户对有机认证产品和相关法律法规更加详细地了解。

网站后台管理：要对网站进行有效的运行和管理，需要管理员通过后台进行管理操作。管理员的职责包括：①对最新获得的有机农业新闻材料及时整理，有选择的上传。②对申请会员的个人或企业身份进行审核，审核通过后批准。③经过审核的会员可以查看供求信息栏信息，并可上传信息，经管理员审核后可以发布。④管理与有机农业相关的标准信息，为相关企业和基地提供展示自己的平台。⑤对留言板的留言和提问及时回复。

(3) 有机食品全程追溯系统建立。

针对有机大豆、水稻、葡萄及薰衣草的精油加工的生产链，实现从市场到生产基地的全程追踪，从而可以使零售商/消费者了解有机产品的基地状况、生产、加工、贮运等环节的操作和认证状态等全过程，同时也利于生产企业在遇到产品质量问题时的追溯。追溯体系包含的内容有：

系统平台设计：操作系统，Windows Server 2003；数据库，SQL Server 2000；网络服务器，Internet Information Service 6.0。

后台代码以网站开发中广为采用的 ASP.NET 编写，运行稳定并且处理速度较快。前台以标准的 HTML 表单形式收集和展示信息，符合一般人的日常操作习惯。采用先进的 Ajax 技术，只对必要的内容进行更新而不需频繁刷新整个页面，减少网站服务器和带宽负担，也增强了用户体验。信息的录入、管理和查询全部通过浏览器在网络上完成。系统只需要维护好服务器，不需要客户端软件，满足未来信息化发展的主流方向。

质量追溯系统的设计：质量全程追溯系统以生产履历(production record)为中心。生产履历是一批特定产品在上市销售前所经历的生产、加工和流通环节的全部信息的集合。作物生产过程中的背景信息(企业、农户、地块、作物种类、拟采用的生产标准、认证状况等)，农事操作记录(施肥、除草、杀虫、翻耕、收获等)，加工记录(工艺种类、操作人员)，运输记录(车号、司机、路线等)，都将被记录在生产履历中。

整个系统由 3 个模块 6 个子系统组成(图 9.6)。

政府监管模块：政府监管模块为政府监管部门提供管理平台，实现对企业主体和生产履历的集中统一管理。政府管理模块包含服务器子系统和管理子系统。服务器子系统是整个追溯系统的核心，它承载生产履历中心数据库和整个追溯系统的网络应用界面。管理子系统实现监管部门对追溯系统下各企业的授权和对追溯系统的日常管理。

企业信息模块：企业模块是生产和加工企业录入和管理生产和加工信息的平台，各企业只能看到和管理与自身有关的内容。企业模块包括追溯信息子系统和条形码生成子系统。追溯信息子系统提供生产、加工和运输记录录入和管理界面，并实现信息在企业之间的链接。条形码生成子系统包括条形码打印机和特定的打印软件，根据国际编码规范编制条形码并打印条码标签，为追溯信息提供载体。

消费者查询模块：消费者查询模块是面向最终消费者的查询界面，根据消费者提供的产品

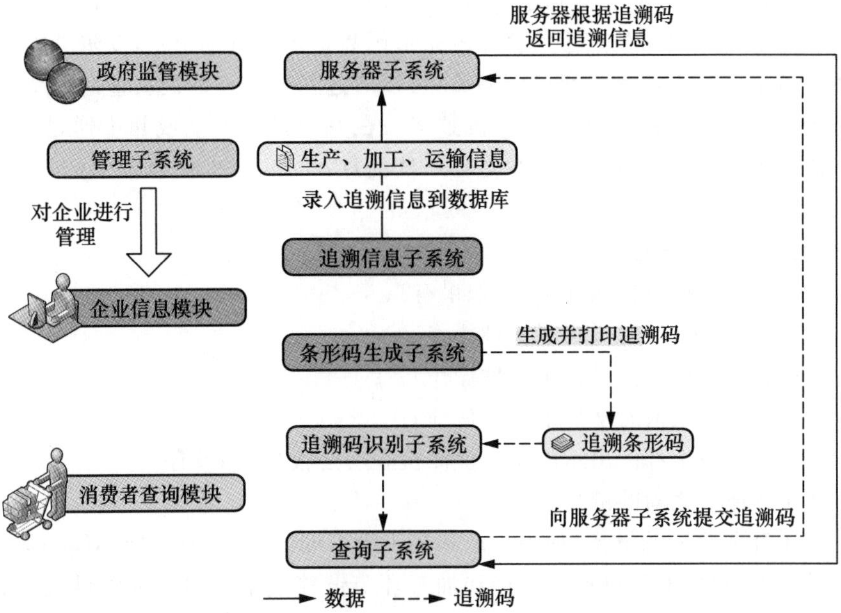

图 9.6 质量追溯系统的设计示意图

追溯条码查询并返回生产和加工信息。查询模块包含追溯码识别子系统和查询子系统。追溯码识别子系统由条形码读码机和识别软件组成，读取并识别条形追溯码，将追溯码传递给查询子系统。查询子系统根据收到的追溯码在生产履历中心数据库中检索相关的资料并将查询结果展示给消费者。

(4) 系统流程。

①企业向监管部门提出加入追溯系统的申请。监管部门审核企业是否具备实现产品追溯的条件，并在政府监管模块为企业进行注册。企业必须提交企业的注册信息（如企业名称、法人代表、营业许可证编号等），这些信息只能由监管部门输入，企业不能自行更改，以保证信息的真实性，确保在发生产品质量问题时能追溯到问题企业。

②企业获得授权后可以登录企业信息模块，并自行输入企业简介、联系方式等信息。企业同时在企业信息模块中注册签约农户和农户下属地块信息。地块与农户绑定，而农户与企业绑定。

③企业在安排作物种植时在企业信息模块中为每个地块上的每种作物创建一份生产履历，即一份生产履历对应一家企业、一个农户、一个地块、一个生产年度、一种作物。

④生产履历创建后将自动提交监管部门审批。管理人员在登录政府监管模块后可以看到待审批的生产履历，并可选择是批准还是否决该履历。生产履历一旦被批准，企业将不能再修改履历的一些基本信息，如产品名称、农户、地块等。生产履历必须经过批准后才能用于追溯条形码的生成，这是为了保证实现对每一批产品生产的有效监管，防止不法企业滥用和盗用（如以常规产品冒充有机产品）追溯系统。政府管理人员也可以选择是否锁定某一生产履历；一旦锁定，企业将不可再更改该履历的信息。这可以在发生产品质量问题时对该批次产品的生产追溯信息进行隔离，防止不法企业更改信息以掩盖责任。

⑤在作物的生产过程中，企业应当负责指导签约农户如实进行农事记录（施肥、除草、杀虫、防病害等），并定期或在产品收获后登录企业信息模块，将农事记录录入系统。

⑥产品上市前，企业登录企业信息模块，选择产品对应的生产履历，并打印追溯条形码，贴在每个单独的包装上。每份生产履历打印的条形码数量将被系统记录，以防滥用。

⑦消费者购买带有追溯条形码的产品后，可以通过消费者查询模块查询产品的追溯信息：登录追溯系统网站，输入追溯码（20～25 位数字）；在有条件的商场或超市通过条码读码机扫描追溯条形码。消费者将可以看到至少这样一些信息：

• 产品名称；
• 生产企业的基本信息；
• 生产标准和绿色/有机认证信息（如果有）；
• 基本的农事记录（何时进行了何种操作）；
• 基本的加工信息（何时进行了何种操作）；
• 基本的运输信息（何时从何地运往何地）；
• 农业、食品或卫生部门出示的质量检测检验检疫报告（如果有）。

(5) 信息在各环节之间的链接。

生产和加工环节之间的链接：如果生产和加工由不同的企业完成，或不同的加工工艺由不同的企业完成，则通过临时追溯码将生产和加工环节链接起来。即每批原料或半成品在进入下一个环节之前将附着一个临时追溯码，加工企业通过该临时追溯码找到相应的生产履历，并输入加工信息。

生产、加工和运输环节之间的链接：在生产和加工环节中，如果需要将原料或半成品从一个加工企业运送到另一个加工企业，并且中间的运输由第三方完成，则需要记录运输信息。运输信息由发运方负责记录：在发运时记录发货信息，并在运抵后根据承运方的反馈补录运输过程中发生的事件信息。被运输的材料将按照上面所述附着临时追溯码。

其他部门对生产履历信息的补充：政府工商、环境、农业、食品、卫生等部门可能会对企业的信誉进行评定，对产地的环境质量状况进行监测，或对上市销售的产品进行质量抽检；相应的检测报告也可以被录入本追溯系统中。具体实现如下：

• 针对企业、农户或地块的报告（如企业信誉报告、地块的环境指标状况），直接绑定到对应的企业、农户或地块。在查询追溯信息时即可从生产履历所对应的企业、农户和地块信息查到。

• 对产品进行的抽检报告，可以通过产品上附着的追溯条形码查找到对应的生产履历，并绑定到生产履历。

• 报告的录入可由企业或监管部门进行。如果报告下发给企业，则可由企业自行通过企业信息模块录入。否则，由监管部门收集后通过政府监管模块统一录入；或者为各个相关部门建立各自具有一定权限的用户，由其自行录入报告内容。

认证信息的补充：未来可望邀请绿色/有机认证机构加入本追溯系统。在对地块和产品进行绿色/有机认证后，认证机构可直接将认证报告录入本系统。

已完成了整个系统平台的设计和建设，包括所采用的技术和软件的选择、安装和调试。设计并建立了追溯信息数据库。完成了面向消费者和生产企业的网站建设，该网站提供有机农业新闻、市场信息、有机生产标准和规程等可供公众查询的信息。

完成了追溯系统管理网站的建设，截至目前，基本结束企业信息模块的开发：完成生产和加工信息的录入界面；开始进行数据的试录入，测试各部分数据之间是否能如预期一样依靠生产履历编号建立联系(图 9.7);测试追溯系统能否与加工企业内部质量管理系统兼容,并进行实地调查运行。完成消费者查询模块的开发:测试追溯码的批量生成;测试消费者查询流程的实现是否顺畅。完成政府管理模块的开发:测试管理功能是否能如期正常运行。

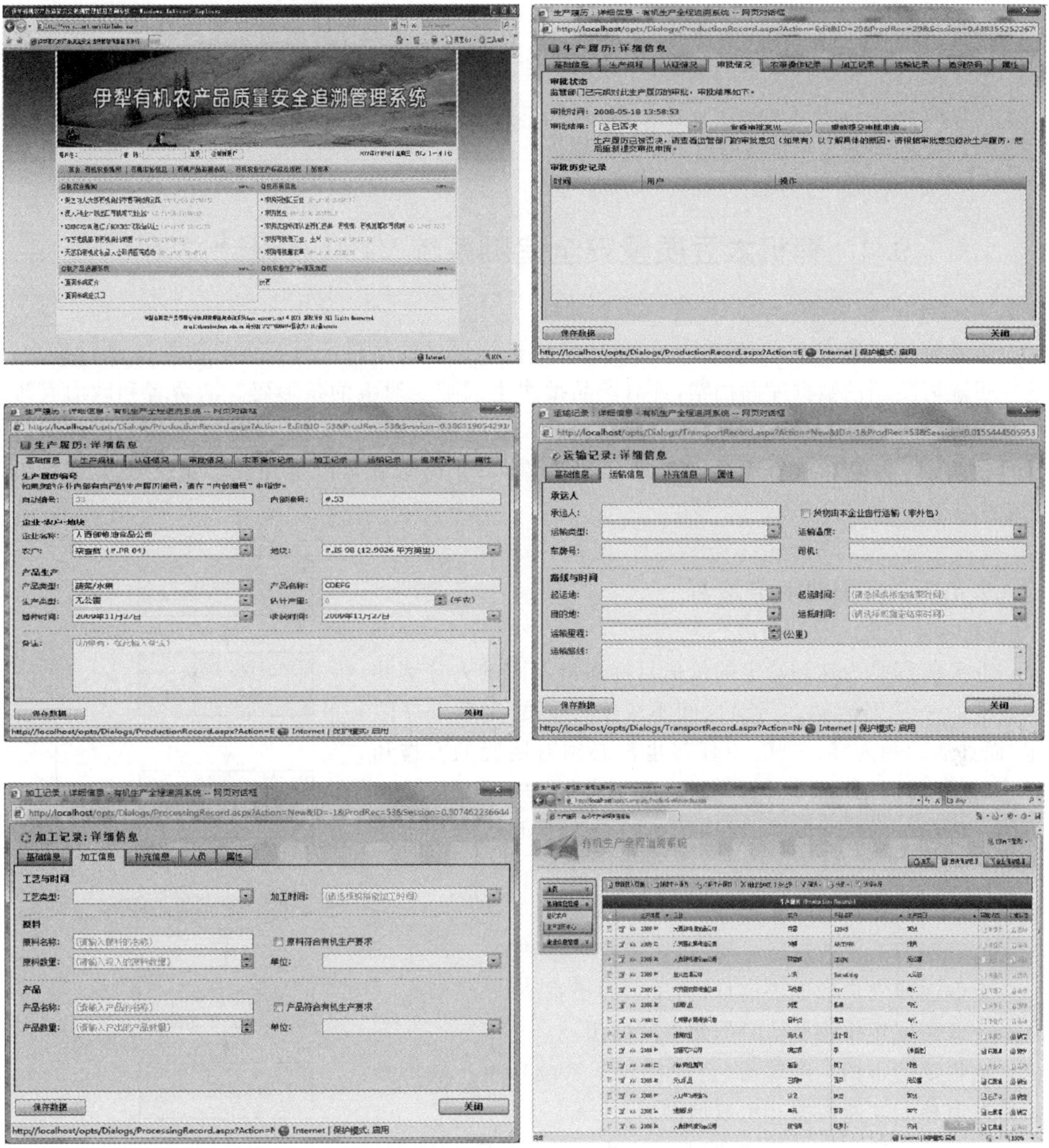

图 9.7 追溯系统生产和加工信息录入界面

已对网站进行全面调试:测试整个追溯流程的实现情况,检验最终消费产品出现质量问题是否能通过追溯系统追踪到出现问题的生产或加工环节。申请了有机大豆质量安全追溯系统 V1.0.0 软件著作权。

可追溯性并不是一个新的概念,任何产品的可追溯性都是一个客观存在,在非强制要求下,产品可追溯性的好坏常常作为产品的附加标签,可追溯性做得好,其产品的市场附加值就高。随着系列实施食品全链可追溯性体系的法规/标准及认证等要求的纷纷出台，食品可追溯性随之变成了强制性的要求。在有机产品生产过程中更加注重对产品追溯性的要求。建立新的信息化平台将对加强有机产品的监管，提高消费者对有机产品的信心起重要作用。

虽然可追溯性的概念十分简单，事实证明真正推行可追溯性体系是非常复杂的，也侧面反映出我国现有食品管理体系的缺陷，如果能以建立有机产品全链可追溯性系统为契机，建立一个全国性有机产品的信息系统管理平台，借此规范我国有机产品安全管理体系，加大重视科学技术在法规标准制定中的支撑作用。

9.4 有机大豆质量安全追溯系统 V1.0.0 设计说明

该系统通过生产企业、基地农户、运输贮藏机构提供的信息汇总至中心数据库进行编辑，建立可随时更新的数据库和档案，针对产品批次生成唯一对应的条形码。消费者和政府管理人员通过条形码就能获得商品从原料种植栽培、运输贮藏到生产加工全部过程的不同权限的信息，使政府方便对有机产品的管理和质量追溯，让消费者可以更加放心地去购买有机农产品。

9.4.1 系统的业务流程

业务流程是为达到特定的价值目标而由不同的人分别共同完成的一系列活动。活动之间不仅有严格的先后顺序限定，而且活动的内容、方式、责任等也都必须有明确的安排和界定，以使不同活动在不同岗位角色之间进行转手交接成为可能。活动与活动之间在时间和空间上的转移可以有较大的跨度。

本系统的业务操作流程(图 9.8)：

监管部门为企业进行注册(企业授权子系统)；

企业注册农户和地块信息(信息录入子系统)；

企业在安排作物种植时创建生产履历；

监管部门审核生产履历(企业授权子系统)，生产履历必须经过审核后才能根据其生成追溯码；

企业将作物生产过程中的记录(农事操作、加工、运输等)录入系统(信息录入子系统)；

产品上市前企业打印追溯码(追溯码生成子系统)，并贴在每个单独的包装上；

消费者购买产品后登陆网站，输入追溯码(或通过条码读码机识别，追溯码识别子系统)；

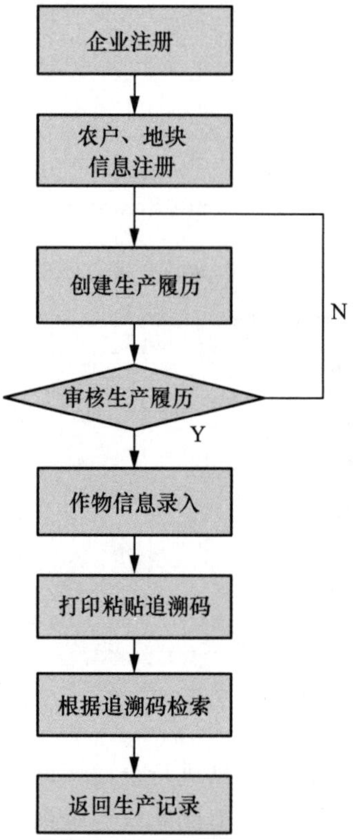

图 9.8 业务流程图

系统根据追溯码检索其对应的生产履历,并返回生产记录(消费者查询子系统)。

9.4.2 系统的数据处理过程

质量追溯系统的数据以生产履历(production record)为中心。生产履历是一批特定产品在上市销售前所经历的生产、加工和流通环节的全部信息的集合。作物生产过程中的背景信息(企业、农户、地块、作物种类、拟采用的生产标准、认证状况等),农事操作记录(施肥、除草、杀虫、翻耕、收获等),加工记录(工艺种类、操作人员),运输记录(车号、司机、路线等),都将被记录在生产履历中。同一批产品生成一批各不相同的追溯码,每个追溯码都与该批次产品的生产履历绑定。即对每一个有真实意义的条形码序列,系统会反馈给消费者的信息包括:原料产地,认证状况,运输储藏状况,生产加工,销售状况等。

生产履历列表显示界面见图 9.9,生产履历信息录入界面见图 9.10 至图 9.12。

图 9.9 生产履历列表显示

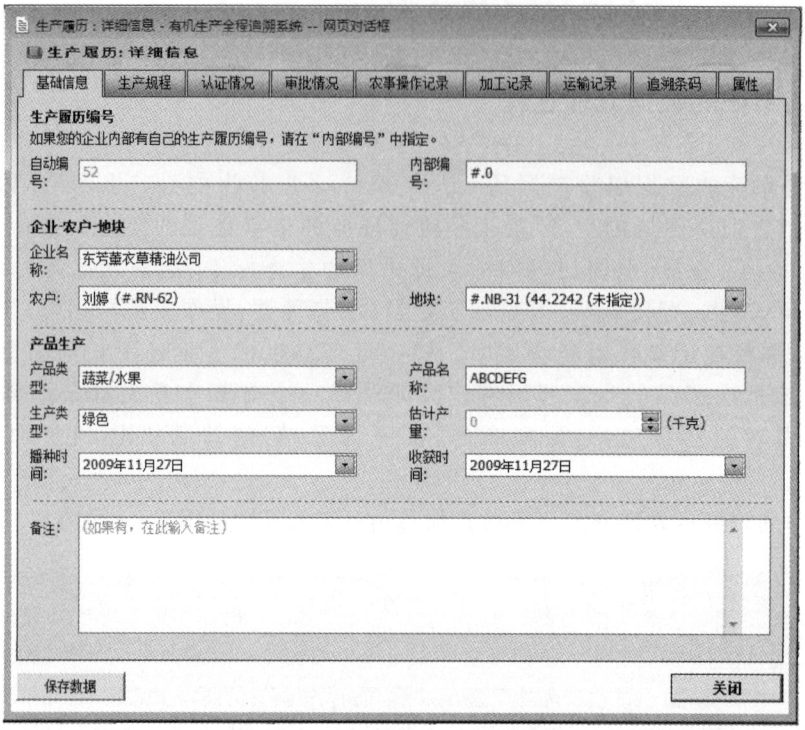

图 9.10　生产履历基础信息录入

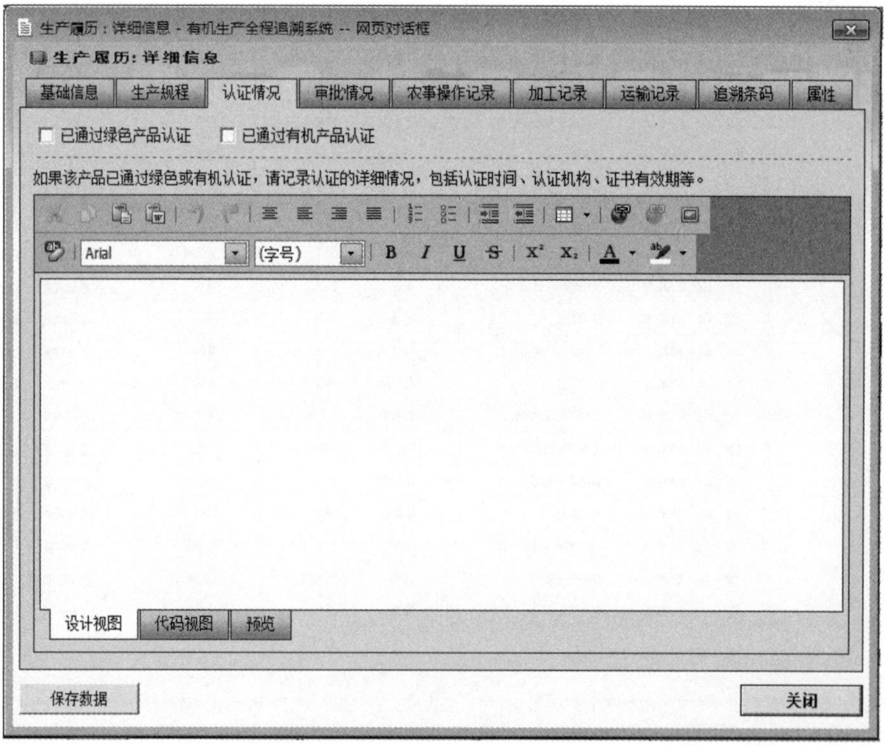

图 9.11　生产履历认证情况录入

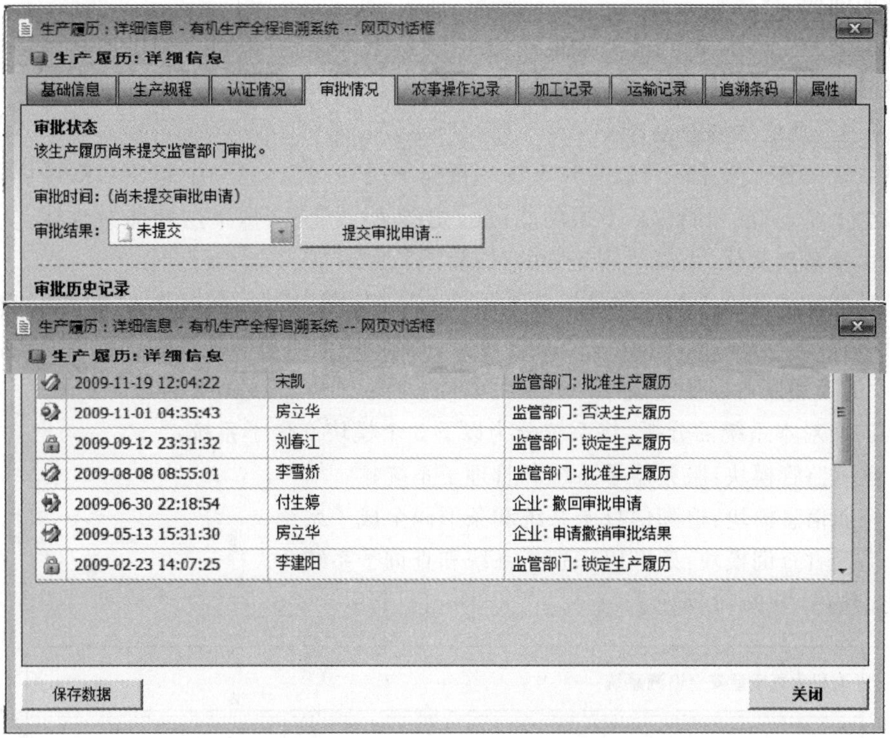

图 9.12　生产履历审批情况查看提交

信息在生产和加工环节之间的链接：如果生产和加工由不同的企业完成，或不同的加工工艺由不同的企业完成，则通过临时追溯码将生产和加工环节链接起来。即每批原料或半成品在进入下一个环节之前将附着一个临时追溯码，加工企业通过该临时追溯码找到相应的生产履历，并输入加工信息。

信息在加工、生产和运输环节之间的链接：在生产和加工环节中，如果需要将原料或半成品从一个加工企业运送到另一个加工企业，并且中间的运输由第三方完成，则需要记录运输信息。运输信息由发运方负责记录：在发运时记录发货信息，并在运抵后根据承运方的反馈补录运输过程中发生的事件信息。被运输的材料将按照上面所述附着临时追溯码。

其他部门对生产履历信息的补充：政府工商、环境、农业、食品、卫生等部门可能会对企业的信誉进行评定，对产地的环境质量状况进行监测，或对上市销售的产品进行质量抽检；相应的检测报告也可以被录入本追溯系统中。针对企业、农户或地块的报告(如企业信誉报告、地块的环境指标状况)，直接绑定到对应的企业、农户或地块。对产品进行的抽检报告，通过产品上附着的追溯条形码查找到对应的生产履历，并绑定到生产履历。

9.4.3　系统设计

一个系统的模型分为逻辑模型和物理模型。系统分析主要确定系统的逻辑模型，它规定了系统做什么，而系统设计的任务是：在逻辑模型的基础上，科学合理地进行物理模型的设计，及怎样做的问题。

系统设计的主要工作有:总体功能结构图设计;系统流程设计;代码设计和设计规范的制定;数据处理过程的设计,包括输出设计,输入设计。

9.4.3.1 **功能结构图设计**

信息系统的各个子系统可以看作系统总目标下层的功能,对其中每项功能还可以继续细分。从概念上讲,上层功能包括下层功能;愈上层功能愈笼统,愈下层功能愈具体。功能分解就是一个由抽象到具体、由简单到复杂的过程。

所谓功能结构图就是按功能从属关系画成的图表,图中每一个框称为一个功能模块。功能模块可以根据具体情况分得大一点或小一点。而程序中的每个处理过程可以算做是最小的模块,较大的模块则可以是完成某一任务的一组程序。

根据前面对本系统的分析,将系统分为以下 3 个模块 6 个子系统:

(1) 政府监管模块:服务器子系统和管理子系统;

(2) 企业信息模块:追溯信息子系统和条形码生成子系统。

(3) 消费者查询模块:条形码识别子系统和查询子系统。

功能结构如图 9.13 所示。

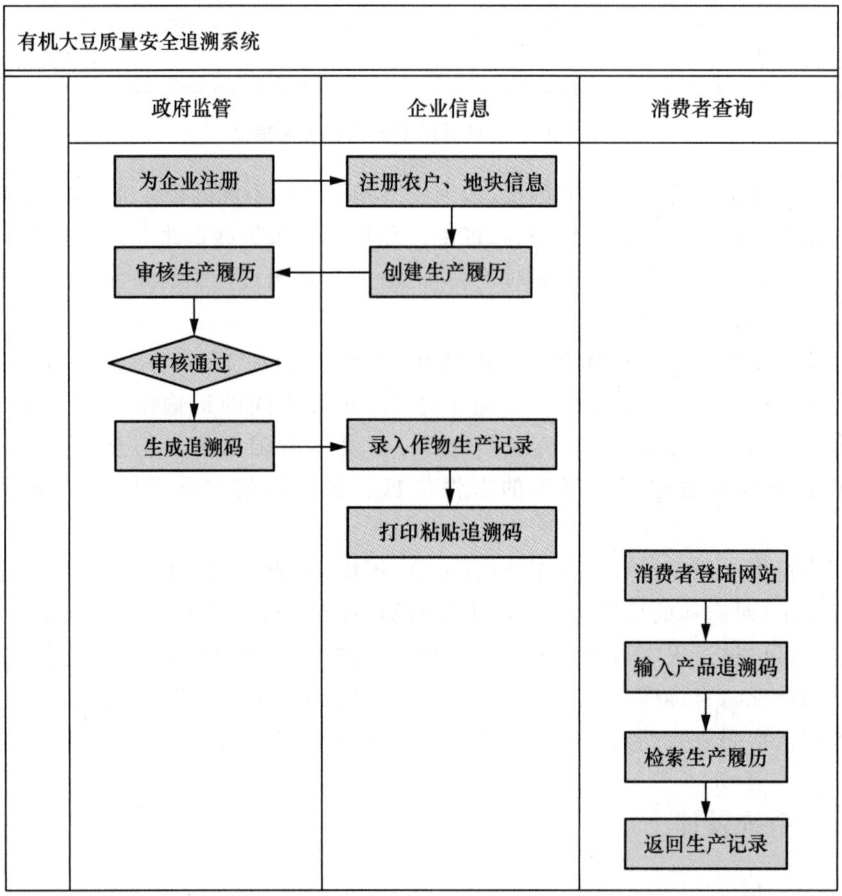

图 9.13 功能结构图

9.4.3.2 主要功能模块的说明

1. 政府监管模块

为政府监管部门提供管理平台，实现对企业主体和生产履历的集中统一管理。包含服务器子系统和管理子系统；服务器子系统是整个追溯系统的核心，它承载生产履历中心数据库和整个追溯系统的网络应用界面；管理子系统实现监管部门对追溯系统下各企业的授权和对追溯系统的日常管理。

2. 企业信息模块

企业模块是生产和加工企业录入和管理生产和加工信息的平台，各企业只能看到和管理与自身有关的内容。包括追溯信息子系统和条形码生成子系统；追溯信息子系统提供生产、加工和运输记录录入和管理界面，并实现信息在企业之间的链接；条形码生成子系统包括条形码打印机和特定的打印软件，根据国际编码规范编制条形码并打印条码标签，为追溯信息提供载体。

3. 消费者查询模块

消费者查询模块是面向最终消费者的查询界面，根据消费者提供的产品追溯条码查询并返回生产和加工信息。包含条形码识别子系统和查询子系统；条形码识别子系统通过条码读码机读取追溯条形码并识别其中包含的追溯信息，将追溯信息传递给信息查询服务子系统；查询子系统根据收到的追溯信息在生产履历中心数据库中检索相关的资料并将查询结果展示给消费者。

9.4.3.3 模块结构设计

模块结构设计如图 9.14 所示。

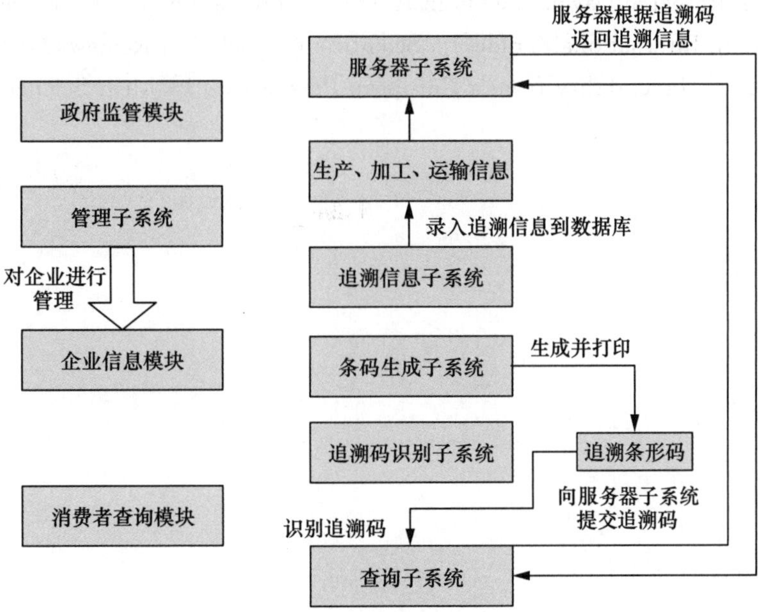

图 9.14 模块结构设计图

参考文献

方炎,高观,范新鲁,等.2005.我国食品安全追溯制度研究[J].农业质量标准,2:37-39.

刘俊荣,陈述平,雷建维.2007.我国养殖水产品全链可追溯性系统平台的建设思路[J].水产科学,9:518-520.

齐广海.2008.欧盟食品安全体系及启示[J].饲料与畜牧,3:1-1.

孙斌.2006.食品安全管理存在问题及其对策研究[J].中国安全科学学报,11:48-53.

王波,王顺喜,李军国,等.2007.农产品和食品领域可追溯系统的研究现状[J].中国安全科学学报,10:108-114.

王立方,陆昌华,胡肆农,等.2006.新型生猪标识及肉产品可追溯系统的设计和实现[J].农业网络信息,12:25-27.

王缨.2005.台湾及国外农产品生产履历制度的构建与启示[J].台湾农业探索,3:19-21.

翁伯琦,曾玉荣,何玉仙,等.2006.海峡两岸有机农业科技学术研讨会暨专题考察综述[J].台湾农业探索,2:6-9.

闫湘,任天志.2007.中国台湾有机农业发展概况[J].世界农业,5:32-34.

杨洁,李兴民,南庆贤,等.2007.基于ASP的UHT奶安全可追溯网络化系统的研究[J].中国乳品工业,6:45-47

赵明,刘秀萍.2007.蔬菜质量安全可追溯制度的建设与实践[J].中国蔬菜,7:1-3.

Barcosl O. 2001. Research Developments in Animal Identification and the Traceability of Animal Products in International Trade[J]. Scientific & Technical Review,2:640-651.

Schwagele F. 2005. Traceability from a European Perspective[J]. Meat Science,71:164-173.

第10章 伊犁河流域绿色食品和有机产品发展战略与展望

绿色、有机产业属新兴产业，是充分运用生态学原理、系统工程等方法，遵循生态规律和经济发展规律，并借助现代科技管理手段，把环境作为一种宝贵的资源要素来利用的一种高效生态经济形式(剧宇宏，2007)，其最终目的是可持续健康发展，促进生态效益、社会效益和生态效益协调统一。21世纪是绿色经济世纪，绿色、有机产业是壮大发展绿色经济的前提和基础，是实现新型工业化，促进可持续发展的重要手段(王卫卫，2004)。伊犁河流域自然资源丰富，合理充分利用生态资源，保护环境和自然资源，制定绿色有机产业发展战略，开发绿色食品、有机产品，壮大绿色有机产业是不断满足人民物质文化的需要，促进伊犁州直农业增效、农民增收的关键举措。

10.1 发展绿色有机产业的条件与重大意义

10.1.1 发展绿色有机产业的条件(伊犁哈萨克自治州年鉴，2000—2010)

1. 自然条件优越

伊犁河谷地处欧亚大陆腹地，中纬度内陆，远离海洋，属大陆性中温带半干旱气候。其特点是：温和湿润，雨量充沛，昼夜温差大，夏季少酷暑、冬冷少严寒，春温回升迅速而不稳定，秋温下降较快，全年盛行山谷风，但大风日数不多。年平均气温7.4～9.1℃，年≥10℃积温3 055～3 534℃，日照时数为2 600～2 900 h，无霜期年均150～179 d。伊犁河谷是全疆降水量最多的地区，年均降水量205.8～257.5 mm，年均蒸发量1 410.1～1 887 mm，境内有伊犁河等多条河流，年总径流量169.57亿 m^3，占新疆总径流量的20%。土壤肥沃，适宜种植小麦、玉米、油菜、大豆、油葵、甜菜、亚麻、蔬菜等各类绿色农作物。

2. 生态资源丰富

伊犁河谷土地总面积563.47万 hm^2，其中可耕地面积约120万 hm^2，已开垦利用耕地

45.2 万 hm^2，待开发利用 73.33 万 hm^2。可利用的草原面积 341.08 万 hm^2，森林面积 55.59 万 hm^2，森林覆盖率 10%。由于独特的自然资源，造就该地区生物富集，自然保护区广布，区内有植物 3 000 余种，珍稀野生动物 60 余种，是亚洲不可多得的生物多样性天然基因库。

3. 地缘优势显著

伊犁沿边有霍尔果斯、木扎尔特、都拉塔 3 个国家一类口岸。霍尔果斯口岸是西北地区最大的公路口岸，具有年过货能力 200 万 t、过境人数 300 万人次通关能力，是面向中亚、西亚、欧洲，东联西出、西来东去的大通道，对外贸易发展快速。

4. 各类农业污染源较少

生态环境质量较好。农区基本实现条田林网化，农区周围又有数 10 万 hm^2 调节气候、净化空气的生态林，加之农牧区工业污染源少，人类活动污染分散，环境容量大，大气环境质量良好。伊犁河谷流域农业生产用水均为伊犁河主干流、支流引水，总体水质达到农业灌溉用水标准。土壤耕地土壤类型主要以灰钙土、栗钙土、黑钙土等为主，兼有少量盐碱土和风沙土。土壤重金属含量较低，符合绿色有机农业生产要求。

工农业投入品投入相对较低。农作物病虫害为害程度较轻，施用农药的数量相对较少；各种农膜投入量少；土壤有机质含量较高，耕地土壤有机质达 1.5%～12%，化肥施用量低于全国平均水平；伊犁河谷是自治区畜牧业主要生产基地，畜牧业发展迅速，天然有机肥源丰富，满足有机农业发展的肥料需求。

工农业污染源相对较少。工业相对薄弱，工业化程度低，生态环境污染相对较轻，环境本底值较低发展有机农业具备。

5. 绿色产业发达具有一定基础

从中央到地方，都提供了绿色产业发展的相关政策、项目和资金的支持，推动了绿色产业的发展。截至 2011 年，已完成绿色农产品基地认证 18.2 万 hm^2。初步形成覆盖伊犁河谷农产品质量检测体系网络建设，科技服务能力进一步增强。龙头企业示范辐射能力得到迅速发展，产业化建设初具规模。

6. 国家科技支撑项目为伊犁州发展有机农业提供了技术储备

国家“十一五”科技支撑计划《绿色-有机农产品生产与保鲜贮运关键技术开发与示范》课题是我国第一个有机农业国家级研究课题。课题组通过 4 年的技术攻关，开发了如下 5 项关键技术：一是伊犁州环境质量监测与评估；二是有机水稻、大豆、葡萄、薰衣草、设施蔬菜等主要作物土壤培肥、病虫管理等有机生产关键技术；三是水稻、葡萄、大豆、薰衣草等主要作物加工与保鲜贮运技术；四是绿色有机农产品信息化追溯管理技术与国际有机认证信息化管理技术；五是对环境监测与评估、有机种植管理技术、有机农产品加工技术和信息化追溯与管理技术进行了集成，完成十余项绿色农产品生产规程和十余项有机农产品生产规程，并申报了伊犁州地方标准。课题执行中强调研究与技术推广并行、示范与产业发展同步。研究形成的技术成果在康尤美粮油集团公司、竞天农业发展有限公司、紫苏丽人生物科技有限公司、金山葡萄庄园等多个企业进行了示范推广；并与伊犁州农业技术推广站对企业管理和技术人员、农业技术人员、农牧民中开展了技术培训。《绿色-有机农产品生产与保鲜贮运关键技术开发与示范》课题在伊犁的实施，为伊犁州有机农牧业产业发展提供了技术和人才储备，为伊犁州大力开展现代有机农牧业提供有力支撑。

10.1.2 发展绿色有机产业的重要意义

1. 实现伊犁现代农业产业发展与环境保护

随着工业和农业集约化程度的加快，工业“三废”的大量排放与农用化学物资的大量施用，导致农田受污染的情况十分严峻，农产品质量受到影响，伊犁河流域正面临着发展现代农业与环境保护的巨大挑战。研究表明，河谷次生林面积锐减，从 20 世纪 50 年代至 90 年代减少了 70%，土地退化、荒漠化和水土流失问题逐渐突出，并有加剧的趋势。伊犁地区主要作物施肥数量已经处于较高水平，氮、磷面源污染的风险将逐渐增大；部分灌区引水往往过多，不仅影响生产，而且过量的水补给地下，形成土壤次生盐渍化、沼泽化的隐患；草场由于长期处于超负荷状态，面临草地退化、毒草加剧等生态问题。中央新疆工作座谈会上提出，新疆生态环境状况不仅关系自身可持续发展，而且关系全国可持续发展。伊犁河流域在发展现代农牧业产业同时保护自身良好的生态环境成为农牧业产业发展中面临的重要课题。

伊犁河谷有超过 600 万亩耕地，近百万亩待开发利用土地，在我国粮食安全中具有重大意义；伊犁河是新疆境内径流量最丰富的河流，同时也是一条国际性河流，伊犁河谷土地的开发利用模式不仅对新疆生态环境具有重要意义，同时对我国中亚国际关系具有重要意义。要确保伊犁河流域生态和环境安全，迫切需要引进有机农业、生态循环农业等现代农业科技手段，提高资源利用效率，降低对生态环境的负面影响，同时提升农产品品质与安全，提高农牧业产业效益，增加农牧民收入，达到农牧业的固碳减排，构建山川秀美的伊犁河谷。

2. 提高农产品质量，促进人民身心健康

近年来，食物中毒事件不断见诸报道，如我国发生苏丹红事件、福寿螺事件、毒奶粉事件和三氯氰胺事件等，已引起人们的广泛关注。自 20 世纪 90 年代以来，随着人民物质文化生活水平的不断提高，对食物消费尤其是畜禽、蔬菜、瓜果等的要求也越来越高，但是消费安全放心食品已成为人们最基本的消费需要。同时，回归大自然，消费绿色食品和有机产品也已成为新时期消费的潮流和市场走向。要实现“优质、安全、高效”农产品生产，更好的实现农产品“从车间到餐桌”，保证消费者身体健康的安全产品模式，提高伊犁农产品在国内外市场的竞争力。因此，大力发展绿色、有机产业，生产出绿色食品、有机农产品，提高食品质量、确保食品安全卫生，对保障人民群众身体健康方面具有重要作用。

3. 整体推进伊犁外向型现代绿色有机产品开发

国家、自治区已明确提出，要把伊犁建设成为我国针对中亚地区科技辐射和影响的基地，新疆主要的畜产品和绿色、有机产业基地，出口产品集散和加工基地。因此，建立绿色有机农产品生产关键技术研发平台，制定绿色有机农产品地方标准，整合伊犁河流域外向型涉农企业，着力推进绿色食品和有机种植业、设施农业、畜牧业、特色林果业、农产品加工和保鲜贮运业，建立粮食、油料、设施农业、特色林果、优质饲草料等绿色食品和有机农产品生产基地建设，实施规范化、标准化、规模化生产，打造伊犁河谷绿色食品和有机农产品名牌，做大做强企业，稳步推进绿色有机产业大州建设，对于进一步优化农牧业结构，推进绿色有机产品开发具有重要的现实意义。

4. 推动农产品出口，促进外向型农业发展

伊犁州位于我国的西北边陲。自治州边境线长达 2 000 多千米，与哈萨克斯坦、俄罗斯、

蒙古国接壤，是新疆和全国向西开放的重要商埠和国际大通道。沿边有霍尔果斯、都拉塔、巴克图、吉木乃等8个国家一类口岸，地缘优势突出。20世纪90年代以来，随着亚欧第二大陆桥的全线贯通，中亚市场的范围正在不断扩大。近10年来中亚五国经济发展迅速，尤其是哈萨克斯坦、乌兹别克斯坦和塔吉克斯坦三国，其GDP增幅几乎一直保持在9%以上，中亚地区被公认为是世界最具经济吸引力的地区之一。中亚各国经济与新疆具有较大的互补性。新疆与中亚五国的农业贸易发展迅速。尤其是中央新疆工作会议明确指出要把霍尔果斯口岸建设成为特殊经济开发区，将统筹伊宁市、霍尔果斯口岸、清水河镇的开发建设，中哈霍尔果斯国际边境合作中心将被打造成特殊经济开发区的示范基地和前沿阵地，将成为我国对西开放最重要的桥头堡，成为新疆对西开放的前沿、窗口和平台。在伊犁州政府提出发展外向型农业的发展思路指导下，2011年1～10月，新疆伊犁州直外贸进出口总额依然达到了41.54亿美元，仅次于乌鲁木齐，占全疆外贸进出口总额的24%。随着农产品出口数量增加以及农产品份额在出口国所占比例提高，农产品贸易摩擦必将增多，而农产品品质和安全将成为重要的贸易壁垒；同时也只有高品质、高质量、高安全的优质农产品才能进入中亚各国高端农产品消费领域，才能进一步提升我国农产品附加值，提高伊犁州农牧业产业效益和农牧民经济收益。为外向型农产品出口企业建立绿色、有机农产品生产关键技术研发平台，提升农产品质量，提高效益，有效带动广大农牧民持续增收，尤其是少数民族同胞们将彻底改变过去的生活面貌，奔向小康生活，推动新农村建设，促进稳疆兴疆，富民固边，同时，带动外向型农业发展，整体推动产业化发展，做大做强企业，增加税收，促进伊犁州经济社会健康发展。

10.2 绿色有机产业发展战略

10.2.1 指导思想

立足伊犁河谷生态和资源优势，以可持续发展为前提，以市场需求为导向，以“生态富民、产业强企、绿色有机兴州”为核心，以科技进步为动力，按产业化经营的要求，加快绿色有机产业基地建设，整体推进绿色有机农产品认证，实施标准化、规范化生产，大力发展优质高效绿色有机产业，打造“伊犁”名牌，健全市场营销网络体系，推动绿色有机观光旅游、文化和产业的“协同、立体”发展，将伊犁河谷的生态优势和资源优势转化成为经济优势、市场优势和产业优势，推动区域经济社会生态和谐发展（焦子伟等，2011）。

10.2.2 发展原则

1. 坚持因地制宜、突出重点原则

充分利用本地良好的生态环境、自然资源条件和农牧业产业特色，按照规划要求，着力发展特色优势绿色有机农产品，做到合理规划，重点突出，以点带面，点面结合，逐步推进，走向成熟。

2. 坚持可持续发展原则

必须立足于自然、社会和经济优势，按照循环经济的理念，坚持开发和保护并重，走有机产业可持续发展之路，实现经济发展与环境保护的双赢。

3. 坚持市场导向原则

坚持以区内和国内市场为主，努力开拓国际市场。围绕3个市场，充分发挥企业的市场主体作用，积极掌握市场动态，获取市场信息，分析市场供求关系，预测市场前景，按市场规律合理配置资源，开发适销对路的绿色有机产品，循序渐进，逐步发展。

4. 坚持科技支撑原则

以现代科技为支撑，坚持把科技进步作为重中之重，高度重视和加强科学技术的应用推广，示范带动，循序渐进，提高新技术和适用技术的转化率及产业化速度，提升绿色有机产业的科技装备水平和有机产品的科技含量，实现经济增长方式的转变。

5. 坚持名牌战略原则

区域经济的发展在于产业和产业集群联结，产业集群要依靠龙头企业的带动，而龙头企业依靠品牌效应获得效益。加强“伊犁”品牌的宣传、管理、使用、保护，着力将其打造成为国内外知名品牌，以品牌带动产业，推进区域经济发展。

6. 坚持产业化开发原则

实行多层次、多形式、多元化的优化组合，形成产业区域化、生产专业化、经营一体化、组织集团化、管理企业化、服务社会化的产业化经营格局，提高绿色有机产业效益。

7. 坚持科学规划原则

重点沿铁路、公路、旅游景区发展，方便运输和宣传。坚持集中连片，区域化布局，规模化经营，统一完善水、电、路等生产条件，与新农村建设、乡村规划有机结合，降低投入成本。

8. 坚持农牧民和企业主体原则

积极引导、依靠、扶持农民和涉农企业，大力发展有机产业，使农牧民成为发展绿色有机产业的主力军和受益者，同时做大做强企业，提高市场竞争力。

9. 坚持政府服务原则

重点在科学规划布局、把握发展方向、制定政策措施、抓好典型示范、协调金融支持、加强科技指导、搞好技术培训、协调城乡关系、便利农牧民进城、方便产品销售、营造舆论氛围、提供市场信息等方面做好引导和服务工作。

10.2.3 总体目标

以生态环境可持续为前提，做到生态效益、经济效益与社会效益有机结合，协调环境、社会与经济发展，研发、集成配套各类农作物绿色有机生产、农产品保鲜加工关键技术；健全完善有机产业技术支撑体系和技术推广体系，培养当地各类技术、管理、营销、加工等人才，培训广大农牧民，不断提高科技成果转化水平；大力进行示范与推广，实现标准化生产，打造“伊犁”绿色有机产业品牌，推进产业化建设，力争用10年(2011—2020年)时间，将伊犁建设成为新疆乃至全国重要的打造绿色有机种植业、蔬菜业、林果业、中药材业、畜禽蜂业、水产业、农产品加工业、农产品保鲜贮运业和观光旅游业九大产业。完成粮、果、畜、禽、菜、蜂蜜、奶、香料、饲料、药材、水产为骨干产品的11大类绿色有机产品认证。积极对有机中药材、有机蜂蜜、有机薰衣草精油等产品进行国际标准认证，开拓国际市场，其他产品进行国内有机产品认证，面向国内市场。进一步优化农业结构，推动农业产业化及相关产业发展，实现生态富民，产业强企，绿色有机兴州，促进伊犁经济、社会又好又快发展。

10.2.4 发展重点

10.2.4.1 绿色有机种植业

1. 发展定位

面向区内、国内市场，开拓国际市场。建立新疆乃至全国重要的绿色粮食(小麦、水稻)、油料(大豆、油菜、油葵)、棉花、麻类、糖料(甜菜)、香料(薰衣草)生产基地，基本实现绿色种植全覆盖；建立重要的有机水稻、有机黄豆、有机薰衣草生产基地。进行绿色有机产品认证，积极推进粮食、油料、棉花、麻类、糖料、香料等产业的开发，扩大市场影响力。

2. 发展战略

(1) 绿色粮食生产基地。以新疆盛康粮油有限公司、伊犁金天山精粉有限责任公司、新疆天佳粮油有限责任公司、伊犁博泰食品科技开发有限责任公司等为龙头，建成以伊宁县、察县、霍城县、巩留县、新源县为主的冬小麦生产基地，以昭苏县、特克斯县、尼勒克县为主的春小麦生产基地。建成以察县、巩留县、新源县为主的水稻生产基地。

(2) 绿色棉花生产基地。以伊犁州伊欣棉业有限责任公司、察布查尔县正元棉业有限公司、新疆广泰隆棉有限公司等为龙头，建成以霍城县、察县为主的绿色棉花生产基地。

(3) 绿色糖料生产基地。以新疆四方实业股份有限公司等为龙头，建成以伊宁县、察县、特克斯县、霍城县、新源县为主的甜菜生产基地。

(4) 绿色油料生产基地。以新疆康尤美粮油集团公司、察布查尔县沁油脂有限责任公司、昭苏县草原粮油实业有限责任公司、新疆正海粮油有限公司、伊犁金水河油脂有限公司等为龙头，建成以昭苏县、特克斯县为主的油菜生产基地；建成以昭苏县、特克斯县、新源县为主的油葵生产基地；建成以新源县、巩留县、伊宁县、察布查尔县为主的大豆生产基地。

(5) 绿色香料生产基地。以伊犁柴苏丽人生物科技有限公司等为龙头，建成以新源县、伊宁县、巩留县、霍城县为主的绿色薰衣草生产基地。

(6) 绿色麻类生产基地。以伊犁龙海亚麻有限公司、新疆广泰隆麻棉有限公司等为龙头，建成以新源县、伊宁县、特克斯县为主的亚麻生产基地。

(7) 有机水稻生产基地。以米泉米业等企业为龙头，建成以察布查尔县为龙头的有机水稻生产基地。

(8) 有机大豆生产基地。以新疆康尤美粮油集团公司等为龙头，建成以新源县、巩留县、伊宁县、察布查尔县为中心的有机黄豆生产基地。

(9) 有机薰衣草生产基地。以伊犁柴苏丽人生物科技有限公司等为龙头，建成以霍城县为主的有机薰衣草生产基地。

10.2.4.2 绿色有机蔬菜业

1. 发展定位

立足新疆，面向中亚和欧盟市场。重点发展露地蔬菜和反季节蔬菜，整体推进以反季节西红柿、辣椒、黄瓜、茄子、西葫芦、菜豆、芹菜、草莓和其他水果、香菇、阿魏菇和平菇、鲜切花和盆花等为主的绿色设施农业；着力打造绿色马铃薯，有机胡萝卜、洋葱等特色有机露地蔬菜，全面推进标准化生产，打造“伊犁”绿色有机蔬菜品牌，整体推进产业化发展，形成以鲜食蔬菜、脱水蔬菜和蔬菜深加工为主的蔬菜产业。

2. 发展战略

(1) 绿色设施蔬菜生产基地。以霍尔果斯竞天贸易有限公司、伊犁金鲁红市场开发有限公司、新疆都拉塔口岸发展有限公司、伊宁市达达木图乡旺达蔬菜种植农民专业合作社等为龙头,建成以伊宁市为主的反季节绿色西红柿、彩椒、黄瓜、茄子、西葫芦、菜豆、芹菜、草莓和其他水果、鲜切花和盆花等为主,以绿色设施水果为中心的观光旅游和休闲娱乐城郊农业;建成以察布查尔县为主的反季节绿色韭菜、西红柿、青椒、茄子、菜豆、双孢菇、西甜瓜、桃为主的生产基地;建成以霍城县为中心的反季节绿色黄瓜、西红柿、西葫芦、茄子、芹菜、葡萄为主的生产基地;建成以伊宁县为主的反季节绿色西红柿、彩椒、韭菜、甘蓝、芹菜和草莓为重点,以种植难度小的叶菜类蔬菜为主的生产基地。新源县、巩留县、特克斯县、尼勒克县和昭苏县重点从事春提早和秋延晚生产,满足本州和区内市场。

(2) 绿色露地蔬菜基地。建成以昭苏县、新源县和尼勒克县为主的马铃薯生产基地;建成以霍城县和伊宁县为主的加工番茄和鲜食番茄生产基地;建成以察布查尔县和伊宁县为主的芦笋生产基地;建成以察布查尔县和伊宁县为主的辣椒生产基地;建成以伊宁市、伊宁县和昭苏县为主的甘蓝和大白菜生产基地。

(3) 有机洋葱蔬菜基地。以山东昌泰集团有限公司、霍城农夫山泉公司为龙头,建成以新源县和伊宁县为主的洋葱生产基地。

(4) 有机胡萝卜蔬菜基地。以山东昌泰集团有限公司、霍城农夫山泉公司为龙头,建成以霍城县和尼勒克县为主的胡萝卜生产基地。

(5) 有机香菇、阿魏菇和平菇生产基地。以伊犁州惠农实业开发有限责任公司为龙头,建成以伊宁市为主的香菇、阿魏菇和平菇生产基地。

10.2.4.3 绿色有机林果业

1. 发展定位

立足新疆,面向国内和中亚市场。重点推进绿色、有机鲜食葡萄、杏、苹果、西梅、桃和绿色、有机特色干果等产品建设。

2. 发展战略

(1) 绿色有机鲜食葡萄生产基地。以新疆新纪元农牧业发展有限公司、霍城县红地球葡萄协会为龙头,建成霍城县、伊宁县、察布查尔县为主的绿色鲜食葡萄生产基地;建成以霍城县露地葡萄、巩留县温室葡萄、伊宁市温室早熟葡萄有机种植基地。

(2) 绿色、有机杏生产基地。建成以霍城县、伊宁县、巩留县为中心的绿色杏生产基地。建成以伊宁县为主的有机杏生产基地。

(3) 绿色有机苹果生产基地。建成以伊宁县、巩留县、特克斯县为主的绿色苹果生产基地;建成以特克斯县为主的有机苹果生产基地。

(4) 绿色有机桃生产基地。建成以霍城县、伊宁市为主的绿色桃生产基地,以霍城县为主的有机桃生产基地。

(5) 绿色有机李子生产基地。建成以伊宁县、巩留县、新源县为主的绿色李子生产基地,以伊宁县、巩留县为主的有机李子生产基地。

(6) 绿色有机特色干果类生产基地。建成以伊宁县、巩留县、察布查尔县、新源县为主的绿色树上干杏、核桃生产基地,以伊宁县、巩留县为主的有机树上干杏、核桃生产基地。

10.2.4.4 绿色有机中药材业

1. 发展定位

立足国内市场，面向国际市场。以生态、社会、经济和谐为最终出发点，坚持可持续原则，逐步减少对野生药材的开发，重点发展人工栽培的植物药材、动物药材及其他药材。

2. 发展战略

以伊犁州药业公司、各县医药公司等为龙头，重点发展在伊犁河流域人工栽培的甘草、天山雪莲、贝母、牛蒡等为主的植物药材，以人工养殖的鹿茸、四爪陆龟为主的动物药材。

10.2.4.5 绿色有机饲料业

1. 发展定位

结合伊犁畜禽业发展情况，因地制宜地建立绿色、有机玉米、苜蓿等生产基地，满足伊犁绿色有机畜禽业和农产品加工业的发展需要。

2. 发展战略

(1) 绿色、有机玉米基地。建成以伊宁县、察布查尔县、霍城县、巩留县、新源县、尼勒克县为主的绿色玉米基地，以伊宁县、察布查尔县、巩留县为主的有机玉米基地。

(2) 绿色有机苜蓿生产基地。建成以伊宁县、察布查尔县、霍城县、巩留县、新源县为主的绿色苜蓿生产基地，以伊宁县、察布查尔县、巩留县为主的有机苜蓿生产基地。

10.2.4.6 绿色有机畜禽蜂业

1. 发展定位

重点发展绿色有机羊、伊犁马、牛、奶、猪、鸡、蜂产业。立足新疆，面向国内市场和中亚市场。

2. 发展战略

(1) 绿色有机伊犁哈萨克羊、伊犁马、牛养殖基地。建成以伊犁河流域春草场、夏草场作为饲料为主的有机哈萨克羊、伊犁马、牛养殖基地。建成以圈养为主的绿色哈萨克羊、马、牛规模化基地。

(2) 绿色猪养殖基地。建成以圈养为主的绿色猪规模化养殖基地。

(3) 绿色有机鸡及鸡蛋养殖基地。建成以伊犁河流域春草场、夏草场作为饲料为主的有机鸡养殖基地及鸡蛋供应基地。建成以伊宁县青年农场为主的规模化绿色鸡养殖基地和绿色鸡蛋供应基地。

(4) 绿色有机牛奶养殖基地。建成以伊犁河流域春草场、夏草场作为主要场所的有机牛奶供应基地。以圈养为主的绿色牛奶规模化供应基地。

(5) 绿色有机蜂养殖基地。建成以那拉提、唐布拉、恰西、库尔德宁、夏塔等地建立有机蜂养殖基地。建成以昭苏、特克斯、尼勒克县种植的油菜、油葵为蜂源的绿色蜂养殖基地。

10.2.4.7 绿色有机水产业

1. 发展定位

立足新疆，面向国内。结合实际，因地制宜，重点发展绿色有机渔业，推动绿色有机水产业健康发展。

2. 发展战略

(1) 绿色鱼养殖基地。建成伊宁市、伊宁县、霍城县、察布查尔县、巩留县等人工养殖商品鱼基地。

(2) 有机鱼养殖基地。建成以特克斯河、巩乃斯河、喀什河、伊犁河、赛里木湖为主的有机鱼养殖基地。

10.2.4.8 绿色有机农产品加工业

1. 发展定位

立足新疆,面向国内和中亚、欧盟市场。围绕绿色有机种植业、蔬菜业、林果业、中药材业、饲料业、畜禽蜂业、水产业七大支柱产业,进一步加大对龙头企业的扶持力度,以发展农业产业化重点龙头企业为切入点,大力推进农业产业化经营。采取资产重组等形式,实行强强联合、强弱联合,组建一批起点高、规模大,带动力强、辐射面广的绿色有机龙头企业或企业集团,带动农民增收,企业增效和伊犁经济社会发展。

2. 发展战略

(1) 绿色有机肥料加工业、有机肥料生产企业。建立以伊犁田利生物有机公司、伊犁天山新月科技发展有限公司、伊宁县大昌生物有机肥有限责任公司等为龙头,重点在养殖基地附近建设绿色、有机肥厂,实现畜禽粪便就地处理,在保护水源地的同时,可以节约大量的运输成本,生产的商品绿色有机肥产品也便就近应用到周边乡镇的绿色有机种植基地中去,同时实施测土配方施肥,提高肥料利用效率,开发符合当地土壤情况和有机产品特色的系列有机肥。

(2) 绿色有机农药销售企业。根据本地绿色有机农业有害生物发生危害情况,积极与国内外农药企业联系,在主要生产基地、乡镇建立绿色有机农药销售网络,实现直销,全网络覆盖,方便快捷,及时控制有害生物危害。

(3) 绿色有机种植加工业。重点建立以新疆盛康粮油有限公司、伊犁金天山精粉有限责任公司、新疆天佳粮油有限责任公司、伊犁博泰食品科技开发有限责任公司、伊犁阿旺都食品有限公司等为龙头的绿色有机粮油加工业。建立以昌粮集团伊犁米全农业科技有限责任公司为龙头的绿色有机稻米加工企业。建立以伊犁州伊欣棉业有限责任公司、察布查尔县正元棉业有限公司、新疆广泰隆棉有限公司等为龙头的绿色棉花产品加工业。建立以新疆四方实业股份有限公司等为龙头的绿色糖产品加工业。建立以新疆康尤美粮油集团公司、察布查尔县沁油脂有限责任公司、昭苏县草原粮油实业有限责任公司、新疆正海粮油有限公司、伊犁金水河油脂有限公司等为龙头的绿色有机油加工业。建立以伊犁柴苏丽人生物科技有限公司、伊犁天药生物科技有限公司等为龙头的绿色有机薰衣草精油加工业。建立以伊犁龙海亚麻有限公司、新疆广泰隆麻棉有限公司等为龙头的绿色麻类产品加工业。

(4) 绿色有机蔬菜加工业。重点建立以霍尔果斯竞天贸易有限公司、伊犁金鲁红市场开发有限公司、新疆都拉塔口岸发展有限公司、伊宁市达达木图乡旺达蔬菜种植农民专业合作社等为龙头的新鲜绿色有机蔬菜销售业。建立以尼勒克县雪龙精淀粉有限责任公司为龙头的绿色马铃薯淀粉加工业。建立以新疆索斐娅食品工业有限责任公司、伊犁志诚食品有限责任公司等为龙头的绿色有机蔬菜深加工业。建立以山东昌泰集团有限公司、霍城农夫山泉公司为龙头的绿色有机脱水蔬菜加工业。建立以伊宁市达达木图乡旺达蔬菜种植农民专业合作社等为龙头的绿色有机净菜加工业。建立以伊犁州惠农实业开发有限责任公司为龙头的绿色有机香菇、阿魏菇和平菇生产加工业。

(5) 绿色有机果品加工业。建立以新疆新纪元农牧业发展有限公司、霍尔果斯竞天贸易有限公司、伊犁金鲁红市场开发有限公司、霍城县红地球葡萄协会为龙头的新鲜果品流通业。建立以霍城农夫山泉公司、新疆伊力特野生果投资开发有限公司为龙头的果品加工业。建立以伊犁鑫泽食品工业有限公司为龙头的干果加工业。

(6) 绿色有机中药材加工业。建立以伊犁州药业公司、各县医药公司等为龙头的绿色有机中药材加工业。建立以伊犁御极鹿苑生物制品有限公司为龙头的天山马鹿产品加工业。

(7) 绿色有机水产品加工业。建立州龙头企业绿色有机鱼加工业 1～2 个，满足本地及区内、中亚市场的需求。

(8) 绿色有机畜禽蜂产品加工业。建立以伊犁西天山农牧发展有限公司、伊犁天宝祥食品有限公司、尼勒克县恒发肉制品加工厂等为龙头的牛、羊、马肉产品加工业。建立以伊宁向新禽业有限责任公司为龙头的禽蛋加工业。建立以新疆伊源乳业股份有限公司、新疆伊品酪蛋白有限公司、伊犁雪莲乳业有限公司、尼勒克县美特尔乳业有限公司等为龙头的奶制品加工业。建立以伊犁百信草原蜂业有限责任公司、尼勒克县天汇开发有限责任公司、新疆金汇食品有限公司等为龙头的绿色有机蜂产品加工业。

10.2.4.9 绿色有机农产品贮运保鲜业

1. 发展定位

充分发挥龙头企业在发展有机产品贮藏保鲜加工能力中的作用，延长货架期，提高有机农产品附加值，全面提高农产品质量水平，不断提升科技创新能力，努力开拓国内外市场，打造“伊犁”绿色有机产品品牌。

2. 发展战略

掌握绿色有机农产品采后保鲜技术，优化生鲜畜产品生产工艺参数和配方，开发出从原料与辅料特性、微生物污染与繁殖、产品品质劣变控制到包装流通的生鲜肉制品质量控制和综合保鲜技术。建立绿色有机蔬菜、果品、肉制品等各类保鲜冷藏库、气调库和贮运加工厂，提高附加值，满足伊犁绿色有机产品贮藏加工能力需求的 70%～80%。

10.2.4.10 绿色有机生态旅游业

1. 发展定位

立足区内，面向国内外市场。生态旅游业应以“绿色、有机”色为基色，依托伊犁河流域特殊的自然景观优势，整合自然资源和人文资源，把生态旅游、绿色有机产业有机结合，既要立足于生产、生活和生态的保护，又要着眼于经济的可持续发展，构建有优势、有特色、有文化五位一体的旅游体系。以生态游带动本地绿色有机产品购买力，推动伊犁经济社会发展。同时通过宣传造势，招商引资，改革机制，配套设施，建设成新疆乃至全国著名的旅游产业，以生态旅游促进绿色有机产业持续健康发展。

2. 发展战略

(1) 西北部历史文化旅游资源组合区(伊宁市、伊宁县、霍城县、察布查尔县和霍尔果斯口岸)。逐步打造、完善以伊宁为旅游中心城市，以伊犁将军府、锡伯族大西迁和西迁节、霍尔果斯口岸、林则徐、图尔特、惠远古城与钟鼓楼、果子沟、草原之夜风情园为主要资源依托，联动赛里木湖，以伊犁河谷地区以历史文化和边关风情为重点的绿色有机旅游资源组合区。

(2) 东部山地河谷草原风情旅游资源组合区(尼勒克、新源、巩留县)。逐步打造完善以唐布拉、那拉提、库尔德宁-恰西三大河谷草原风景区为重点的伊犁河谷草原风情最浓郁的绿色有机旅游资源组合区。

(3) 南部历史文化与草原风情组合区(昭苏和特克斯)。逐步打造完善以八卦城、喀拉峻草原、小洪拉海草原石人、圣佑庙、夏塔三古(古道、古城、古墓群)、格登碑、昭苏-夏塔草原、天马等高等级旅游资源为代表的具有典型西域历史文化传奇与草原风情特色的绿色有机旅游资源组合区。

10.2.5 有机农产品市场营销体系建设

10.2.5.1 总体思路

在全面推动绿色有机产品产业发展的同时，以市场为导向，树立“营销先行”的观念，全力打造好绿色有机产品营销的软、硬件基础条件，努力建立信息通畅、网络完备的营销体系，培育一大批绿色有机产品营销的专业公司和人才，扩大伊犁绿色有机产品的影响力和知名度，培育和开拓国内外市场。

10.2.5.2 市场定位

国内绿色有机产品市场近几年来也呈现出明显的增长趋势，结合国内外绿色有机产品营销现状，立足伊犁的区位和产品特点，进行科学合理的分析，规划市场的主次。一是注重当地与周边市场的开发，立足当地，辐射周边。加强生产与需求对接，确定适宜的绿色有机产品价格，使有机产品能在本区域的市场中占重要份额。建立客户群，鼓励、扶持伊犁的经销公司或私人在乌市等地建立绿色有机产品专卖店。二是注重国内大都市市场的开发，积极参加上海、北京的专业博览会，广泛联络绿色有机产品销售公司，邀请其到伊犁考察、洽谈，把绿色有机产品共同推向北京、上海、广州、深圳、香港等国内市场。三是国际市场方面，针对伊犁主要的特优特品，通过龙头企业或大的贸易公司，各种有机农产品推介会，将绿色有机产品打入中亚、欧盟等国际市场。

10.2.5.3 品牌定位

大打“伊犁”品牌，伊犁的苹果、薰衣草、雪莲、马鹿、伊犁马等曾经享誉海内外，要以此为突破口，创建自己的品牌，让世界了解伊犁，让伊犁的绿色有机产品走向全国、走向世界。

10.2.5.4 营销策划

1. 产品策略

产品策略是市场营销组合策略的基础。伊犁应该以现有的产品为基础，完成粮、果、畜、禽、菜、蜂蜜、奶、香料、饲料、药材、水产等特有产业。建立新疆乃至全国重要的绿色粮食（小麦、水稻）、油料（大豆、油菜、油葵）、棉花、麻类、糖料（甜菜）、香料（薰衣草）、果蔬、中药材、畜禽蜂、水产等生产和养殖基地和重要的有机水稻、有机黄豆、有机薰衣草、有机伊犁哈萨克羊、有机雪莲、有机伊犁马、有机黑蜂产品等生产、养殖、加工基地。打造“伊犁”品牌，以品牌促产业，注重生态环境与经济建设协调发展，立足国内，开拓国际市场，推进绿色有机产业发展。

2. 宣传策略

做好宣传是伊犁绿色有机产品产业发展的首要任务。区内宣传旨在落实生产，区外宣传重在开发市场。政府部门进行宏观层面的宣传，通过各种媒体，采取多种形式，利用各种机会对伊犁的优势资源和绿色有机产品、产业进行宏观层面的宣传，由政府牵头，组织企业到北京、上海、广州、成都等地参加农产品发布会、交易会或推介会，到山东、内蒙古、江苏和江西等绿色有机产品产业发展迅速的区域学习其经验，联络其绿色有机食品开发龙头企业。利用网络资源进行宣传。充分利用新疆和伊犁政府网、农业网、绿河谷网和一些有机产品专业网站，宣传本地区绿色有机产品的资源和优惠政策，发布绿色有机产品供应信息，建立绿色有机产品网站，扩大影响力。有机产品产业龙头企业自身宣传。提高本公司绿色有机产品知名度，有利于打开销路。

3. 监管策略

打造伊犁绿色有机产品行业诚信体系。政府部门制定监督管理政策并建立监管队伍。通过制定和实施信用征集制度、信用评价制度、信用披露制度等，加强法制建设，建立约束惩罚机制。企业要重视自身诚信建设，扎扎实实地构建起企业诚信体系，实施品牌战略，不断提高品牌知名度，扩大市场占有率。注重伊犁绿色有机产品品牌的信誉保障。加强媒体对本地绿色有机产品产业的舆论监督，提升监管水平。

4. 包装策略

凸显绿色有机产品标志，进行品牌化经营，在绿色有机产品生产至销售的整个生命周期过程均体现保护生态环境、关爱人类健康的理念，提高消费者的环保和健康意识。使用绿色包装，即对生态环境和人体健康无害，能循环和再生利用的包装，要避免豪华包装，尽量做到体现有机产品理念、传统特色和返璞归真景象的优美包装，趋向于自然和谐。

5. 销售策略

依托伊犁龙头企业自身的营销策略、营销网络和营销人才，打造绿色有机名牌产品，扩大伊犁绿色有机产品的销售，创造销售佳绩和名牌有机产品。同时以国内现有知名销售公司网络平台进行销售，如家乐福有机超市、北京正谷、上海海客乐等有机食品专卖店进行销售。以旅游业和特色餐饮为载体，促进有机产品的销售和消费。参加国际国内有机博览会，瞄准国内外市场，使产品走向国内外。

10.3 组织与保障体系

绿色有机产业建设是一项技术性很强，涉及学科很多的庞大技术工程，是一项建造全社会与自然和谐相处的系统工程，是一项动员全社会建设美好家园和幸福生活的民意工程，也是功在当代，利在千秋的全社会参与，全社会受益的社会实践活动。任务十分光荣而艰巨。必须加强领导，强化管理，确保有机产业健康持续发展。

10.3.1 组织领导

1. 成立机构，加强领导

成立伊犁绿色有机产业工作领导小组，由州长任组长，州分管领导任副组长，州计委、农业、财政、环保、科技、林业、畜牧、水利、交通、城建、国土、经贸、工商、电力、质监、扶贫等单位主要领导为成员，负责伊犁绿色有机产业发展建设的指导和协调工作。下设办公室，办公室设在州农业局，负责绿色有机产业发展的日常工作。各部门单位也要成立相应机构，确定领导和人员，明确职责，确保绿色有机产业顺利实施。

2. 责任细化，目标到人

分解目标和任务，层层落实将绿色有机产业建设的目标和任务分解，既能体现建设绿色有机产业的共同目标，又能按分区突出各大区的特点，不搞形式主义，不搞一刀切。州领导小组办公室制定绿色有机产业发展规划、实施意见、措施和协调工作。农业、林业、畜牧局监管农、兽药，肥料等农业投入品的使用，加强对绿色有机农产品的检验检疫，科技培训，加强技术指导。计划局要加强对绿色有机农产品生产、流通、检验检测、产品信息等基础设施建设的扶持。财政局要加大绿色有机农产品的资金扶持。经贸局加强对有机农产品加工、流通业的行业指导和管理。工商局负责组织实施市场交易秩序的规范管理和监督。环保局负责绿色有机农产品质量的生产环境及污染源进行监督管理。水利局、交通局、城建局、国土局、电力局等加强有机产业基础设施建设，保证绿色有机农产品生产。科技局要加大绿色有机农产品项目的支持，加速科技成果转化。招商局负责绿色有机产业深加工企业的引进与管理。乡企局培育绿色有机产业龙头企业和农民中介组织，打开销售通道。扶贫办加强对绿色有机产业区的扶贫开发管理，加大支持力度。各县要在土地调整、技术培训等方面进一步做好规划、组织、协调和服务工作。做到从上到下，层层目标明确，层层任务具体，层层有人抓。任务分解下达以后，各层再根据目标和任务，制定出完成任务的步骤、措施和管理办法。明确职、责、权，建立激励机制，制定并实行奖惩制度。把各项任务和措施真正落到实处。

10.3.2 政策健全

制定实施招商引资优惠政策。绿色有机产业建设既然是全社会的大事，就应该调动各方面的力量，调动方方面面的资金参与建设。特别要制定招商引资参与有机农业建设，参与绿色有机食品开发的优惠政策，在政策上吸引鼓励开发商参与有机食品的开发。通过招商引资融更多的开发资金、聚更多的人才，借更多的外力，开发绿色食品和有机产品，形成更大更强的合力，加快绿色有机农业建设的进程和速度。

结合实际，针对本地企业，应加大对绿色有机食品产业发展支持的力度，采取一定的政策性补贴措施和税收优惠政策，支持、帮助与鼓励绿色有机食品产业的发展。通过设置专项资金、出台税收、信贷方面优惠政策的方法，对获得相关认证的农产品及生产加工的企业予以补贴。各级地方政府要根据实际，建立地方性政策支持体系，尝试加快土地流转，促进土地的集约化经营，积极调整各种支农资金的投资方向，因地制宜地进行绿色有机农业的开发。

10.3.3 资金扶持

整合资金，加大投入力度。州财政每年设立专项资金，支持绿色有机产业基地建设。各部门各单位也要进一步整合力量，按照“用途不变、渠道不乱、捆绑使用、各记其功”的原则，在资金项目投入上予以倾斜，尽可能将环保、土地治理、农业综合开发、小流域治理、基本农田和小型水利设施建设、节水灌溉工程、水源项目、农村沼气项目、良种工程、沃土工程、退耕还林工程、通达工程、秸秆综合利用等项目资金向绿色有机产业集中使用，解决投入不足问题。同时建立绿色有机农业风险基金，保护广大农牧民的利益，利于有机产业持续发展。

10.3.4 技术支撑

充分利用国内外先进智力资源，依靠中国农业大学、中国农业科学院、新疆农业大学、新疆农业科学院及其他研究机构和专家着力解决绿色有机产业关键技术，包括产地环境监测、评价与控制技术，绿色有机产业种植养殖技术，绿色有机产业加工技术，绿色有机产业贮运保鲜技术，绿色有机产业全程质量检查与认证信息化管理技术，绿色有机产业监测与检验技术和产业包装营销技术等，制定绿色、有机生产、养殖、贮运、保鲜、加工等技术规程，开展咨询与技术培训等活动，提高当地的技术力量，依托当地涉农相关部门进行标准化生产，建立绿色有机产业标准化生产技术体系，为伊犁绿色有机产业提供智力支持和技术保障。

10.3.5 人才支持

1. 健全绿色有机产业科技推广体系

充分发挥州、县、乡镇三级农业技术部门职能作用，把绿色有机产业生产关键技术服务作为一项重要任务，大力支持科技人员到生产第一线开展技术咨询、技术承包和技术有偿服务，充分调动广大科技人员的积极性，建立科技人员直接到户，良种良法直接到田，技术要领直接到人的科技成果快速转化长效机制，切实解决农业技术推广和成果转化的问题。

2. 培养壮大绿色有机产品产业的人才队伍

要通过培训(采用请进来、送出去的方式)全面提高农业、林业、畜牧、环保等部门相关人员的绿色有机产品标准、认证要求等相关知识与有机生产的原理与技术基础，培养一批绿色有机产品产业的技术能人。在农业、林业、畜牧、环保等体系中都要建立一支绿色有机产品产业的专业技术队伍，建立起伊犁自身的绿色有机产品产业发展技术研究、推广与培训咨询体系。

3. 加强科技人员和农民的技术培训

邀请中国农业大学、中国农业科学院、新疆农业大学等国内有机知名专家对现有农技人员进行现代绿色有机农业技术的知识更新，提高实际操作技能和服务农民的本领。“十二五”期间，培养出广大绿色有机产业专业技术人员和科技示范带动户。强化农牧民培训工作，把绿色有机农业技术培训纳入农村劳动力转移就业技能培训规划，开展实用、直观、通俗易懂的科技培训，用10年时间，培养造就一批有文化、懂技术、会经营的新型农民，推动绿色有机产业走优质、高产、低耗、高效、持续发展的路子。

10.3.6 服务保障

1. 成立绿色有机产品产业专家顾问组

与中国农业大学等大专科研院所加强合作关系，聘请以中国农业大学为首的种植、养殖及其加工、运输、贮藏、检测、企划等方面的知名专家教授，组建专家组，定期对伊犁绿色有机产品产业的项目建设、各种举措与开发进度进行评估，提高绿色有机农业的种植管理水平和绿色有机产品产业发展的综合决策、监督管理与市场开拓能力，为政府的决策提出建设性意见与科学依据。

2. 广泛宣传,提高认识

积极组织宣传有机产业知识及发展有机产业的重要意义,提高各级领导和广大群众对发展绿色有机产业的认识,形成各方参与、上下联动的工作机制。各龙头企业和经济合作组织要充分认识有机产业的广阔前景,积极向广大农民群众宣传、展现有机产品生产和增收意义,增强其自觉参与的积极性,迅速扩大绿色有机产品的生产量和市场供给能力。同时要利用新闻媒体、传播媒介,把绿色有机作为品牌,作为伊犁对外的形象代言,广泛宣传,扩大国内外影响,营造有机产业发展的良好氛围。

召开绿色有机产业科技研讨会和技术交流会,及时传递国际国内绿色有机农业、食品的新技术、新成果、新信息,及时交流全国绿色有机农业区的新经验,及时发现和解决绿色有机农业发展中的新问题,不断提高、不断丰富、不断完善、不断提升有机农业的理念和实践。伊犁自身要定期和不定期召开交流会、观摩会、现场会,在实践中不断提高绿色有机农业技术、理念和实践的整体水平,不断提高解决技术问题的能力。

10.3.7 强化管理

1. 强化内部管理与检查

伊犁绿色有机产业发展领导小组应出台相关措施,从源头到产品,严格检查,强化管理,确保绿色有机农产品质量。定期加强内部检查与管理,由领导小组办公室牵头,农业、畜牧、林业、工商、质监局等配合,对绿色有机农业投入品生产企业、专营店进行日常监督检查,形成推荐农业投入品名单,实现规范生产。由领导小组办公室牵头,各个职能部门人员配合,建立编号、编码和其他信息追溯体系并实施运行。由领导小组办公室牵头,农业、畜牧、林业、龙头企业、外聘专家配合,建立农产品加工内部管理工艺流程,实现自动化生产。由农业局、林业局、畜牧局牵头,质监、外聘专家配合,建立绿色有机产业标准化基地。由领导小组办公室牵头,质监、农业、林业、畜牧、龙头企业人员配合,对农产品进行检测,为追溯、预警、纠偏做好技术支持,做好宣传培训和技术咨询工作。加工企业和广大农牧民建立内部监督检查制度,自觉树立绿色有机产品质量安全意识,建立诚信制度,确保绿色有机产业持续发展。

2. 制定相关规程,实施标准化生产

示范带动,典型引路。各部门和相关乡镇要严格按照绿色有机标准化生产操作规范,加强基地环境监测、质量管理、产品认证、技术培训和科研等工作,重点围绕11大类产品,组织建立规范的绿色有机生产示范基地,通过示范,树立典型样板,带动群众生产,并逐步向优势区域集中,扩大生产基地规模。

实施标准化生产。在原有的基础上,制定《有机西红柿栽培技术规程》、《有机红薯管理技术规程》等,申请地方标准,加强科技培训,推行"傻瓜"技术,加速科技成果转化,实施规范化生产。

发展壮大龙头企业,加快基地建设步伐。发展绿色有机产业是一项生产关联度和科技含量高的新兴产业,重点要把企业作为主体,以市场为导向,扶持培育一批起点高、规模大、带动力强的龙头企业,开展产品精深加工。要联合企业,推进优势产品向优势企业集中,打造优势产品和优势品牌,向品牌要效益,壮大企业实力。同时积极加大招商引资力度,引进一批现代企业集团,构建企业集群,做大做强绿色有机产业。

要鼓励支持创建农民经济合作组织，提高服务能力，扩大服务范围，参与到绿色有机生产的各个环节。要引导企业与合作经济组织联合，开展订单生产，结成紧密的利益共同体，加快建设步伐。要加强销售网络体系建设，引导农民经济合作组织、企业在北京、上海、广州等大中城市建立稳定的销售网点，以市场合理配置资源，以销售促进产业，有序开展生产。加强认证工作。重点对有机水稻、有机黄豆、有机薰衣草、有机伊犁哈萨克羊、有机雪莲、有机伊犁马、有机奶、有机黑蜂等产品等进行国内有机产品认证，打造品牌，加强营销，推进绿色产业健康发展。

强化监督与管理，严格按照国家绿色、有机相关法规，从生产、养殖源头抓起，加强对产地农业生态环境的监测和治理，强化绿色有机生产、质量安全、检验方法、投入品管理等过程管理，保证绿色有机农产品质量安全可靠，提高市场竞争力。

3．建立质量追溯体系，确保绿色有机产品质量

(1) 建立综合协调组织管理体系。在绿色有机产业发展领导小组领导下，由各县、乡镇分管负责人、企业负责人和有关部门负责人组成的基地建设管理小组，统一协调基地建设工作。负责基地技术服务体系和质量保障体系的建立，建立健全基地建设目标责任制度。并具体承担基地日常管理和协调工作。

(2) 建立环境评价控制体系。环境保护部门对基地进行免费的环境检测评估，定期对基地大气、土壤环境进行检测，保证其符合规定要求。

(3) 建立完善的生产管理体系。建立龙头企业、镇、村、户生产管理体系。建立种植、养殖管理记录档案，详细记录从栽培、育雏到收获、屠宰的所有环节，做到农事活动都具备生产操作规程，有基地投入品清单，有种植养殖生产管理记录和生产收购合同。严格按照发布的良好生产操作规范组织生产，并逐步对其进行完善。建立生产管理档案制度，统一使用各种种植养殖生产管理记录。

(4) 建立农业投入品监管体系。保证所有的环节及农业化学投入品有据可查，建立农兽药发放、使用、库存、回收等记录。建立基地用农业投入品公告制度。基地管理小组定期公示基地允许使用、禁用或限用的绿色有机农业投入品目录。建立基地农业投入品市场准入制，从源头上把好投入品的使用关。杜绝绿色有机产业禁止使用的农业投入品进入生产应用，基地用药全部来自绿色有机农业投入品专卖点。建立监督检查制度。组织对基地生产中农业投入品使用监督检查和抽查，依法对农业投入品进行质量安全检查，杜绝使用非绿色、有机产业所使用的农兽药行为。

(5) 建立完善的科技监管体系。依托广大技术推广机构，实施对绿色有机产业种植养殖的社会化服务。对每个绿色有机产业基地配备植保、兽医、生产技术推广员，负责技术指导和生产操作规程的落实。制订培训计划，加强对基地各有关领导，生产管理人员，技术推广人员培训工作，做到持证上岗，严格管理。

(6) 建立生产加工过程控制体系。做好加工过程记录，加工过程确立批次号，通过批次号进行追溯。进行包装设计与管理，做好贮存管理，做到管理有序，有序控制。

(7) 建立考核验收体系。对种植、养殖基地标准化建设、农产品深加工推进计划执行情况，进行验收。

4．做好管理总结，进行持续改进

建立绿色有机产业工作会议制度。每年 11 月底或 12 月初，由伊犁绿色有机产业发展领

导小组组织各职能部门、县、乡(镇)、龙头企业,技术专家组等召开绿色有机产业总结大会,总结典型,树立先进;研究解决工作中存在的生产技术、追溯监督、管理问题,提出解决问题的办法并持续改进和完善;部署下一年工作任务和各项措施的落实。形成上下联动,共同推进的阵势,全力推动绿色有机产业的快速发展。

10.3.8　市场开拓与销售

1. 积极进行国内市场的开拓

积极与国内现有的知名度、信誉度高,具有高质量产品理念的公司进行联合,如北京正谷、上海海客乐有机食品专卖店等,或在大都市建立伊犁绿色有机农产品专卖店,以点带面,点面结合,逐步开拓,逐步成熟,使伊犁绿色有机农产品加速进入市场,实现较好的收益。同时,一是每年在绿色有机农产品丰收之季、或旅游盛季邀请有机知名企业、专家等召开绿色有机产品鉴评会或观摩会,以此带动绿色有机产业的促销。二是利用国内各种有机产品推介会等组织企业参展,展示伊犁绿色有机产品,推动伊犁绿色有机产业的发展。

2. 努力把有机产品推向国际市场

为了进入国际市场,伊犁有机产品产业发展龙头企业可选择申请法国 Ecocert、日本 JONA、德国 BCS 等国际认证机构的认证,积极参加国际有机产品博览会(如 BioFach、BioFach Japan、BioFach America、香港天然保健产品展等),获取信息,与外商建立贸易联系,同时建立“有机产品博览会参展基金”,组织有机产品产业发展的企业参展,并为企业提供参展补贴,要把参加展览作为开拓有机产品市场的重要战略举措加以重视,逐步把有机产品推向国际市场。

参考文献

焦子伟,郭岩彬,孟凡乔,等. 2011. 论生态资源丰富经济欠发达区绿色产业发展战略——以新疆伊犁河谷地区为例. 中国农业资源与区划,32(2):13-17.

剧字宏. 2007. 产业研究:发展绿色产业的投资机制研究[J]. 集团经济研究.

王卫卫. 2004. 我国绿色产业发展状况研究[J]. 商业时代,(24):58-59.

伊犁哈萨克自治州统计局. 2000—2010 年伊犁统计年鉴. 北京:中国统计出版社.

附件

伊犁河流域绿色食品和有机产品生产技术标准与规程

有机大豆栽培技术规程
(DBN 654000/T 0129—2011)

前言

本标准依据 GB/T 1.1—2009《标准化工作导则第 1 部分:标准的结构和编写规则》及 DB/T 2035.2—2003《标准体系工作导则第 2 部分:标准化工作导则框架与要求》的要求编写。

本标准由伊犁哈萨克自治州农业标准化工作领导小组提出。

本标准由伊犁哈萨克自治州质量技术监督局发布。

本标准由伊犁哈萨克自治州农业局归口。

本标准由中国农业大学、伊犁州农业技术推广总站、康尤美粮油集团公司负责起草。

本标准主要起草人:郭岩彬、焦子伟、吴文良、孟凡乔、刘福旺、王开勇、董明、陈勇、迪力夏提、陈军、罗新湖、宋萍、伊力哈木、巴拉提、武文津、范荣霞。

1 范围

本标准规定了有机大豆产量指标、产地环境、田间管理、收获、包装、运输、贮藏、生产记录和追溯体系的技术要求。

本标准适用于伊犁河谷有机转换期内及有机转换期后的种植区。

2 规范性引用文件

下列文件对于本文件的应用是必不可少的。凡是注日期的引用文件,仅所注日期的版本适用于本文件。凡是不注日期的引用文件,其最新版本(包括所有的修改单)适用于本文件。

GB 3095 环境空气质量标准

GB 5084 农田灌溉水质标准

GB 15618 土壤环境质量标准

GB/T 19630.1 有机产品 第1部分

GB/T 19630.2 有机产品 第2部分

GB/T 19630.3 有机产品 第3部分

GB/T 19630.4 有机产品 第4部分

3 产量指标

200～250 kg/亩。

4 产地环境

4.1 产地环境条件

4.1.1 灌溉水:应符合 GB 5084 的规定。

4.1.2 土壤:应符合 GB 15618 的二级标准的规定。

4.1.3 空气:应符合 GB 3095 的二级标准的规定。

5 田间管理

5.1 播前准备

5.1.1 地块选择

选择符合有机农业生产要求、土壤较肥沃的沙壤土。

5.1.2 施基肥

在整地前施入腐熟优质农家肥料 2～3 t/亩。

5.1.3 整地

秋整地,蓄水保墒;春整地,一般 4 月上、中旬,提倡早整地,以保墒为主。耕深 20～30 cm,整地质量应达到"齐,平、松、碎、净、墒"六字标准。

5.1.4 种子选择

选用适合本地、优质、高产、抗逆性强的品种。以石大豆 2 号、新大豆 8 号、绥农 14 号等为主栽品种。种子纯度达到 98%,发芽率 90%以上,净度达 98%,种子含水量 12%。

5.1.5 种子处理

播前将种子采晾晒 1～2 d 后待播。

5.2 播种

5.2.1 播种期

5 cm 地温稳定在 10℃时即可播种,一般在 4 月中、下旬至 5 月初。播种量 8～9 kg/亩。

5.2.2 播种质量

播行端直、下籽均匀、无浮籽、镇压确实、起落线整齐、交接行准确、不重不漏、到头到边。

5.2.3 查苗补种

现行出苗后如发现有漏播断条应及时补种,补种时应把种子补在湿土上,确保出苗。

5.3 中耕除草

5.3.1 中耕

第一次中耕在现行后进行,留护苗带 8～10 cm,中耕深度 10～12 cm;第二次中耕在苗高

10～12 cm 时，留护苗带 10 cm，中耕深度 14～16 cm；第三次中耕、开沟、培土一次进行，现蕾开花初期进行，护苗带 12 cm，做到不伤苗，不压苗。

5.3.2 松土除草

第一次人工锄草在大豆现行时进行，结合锄草人工疏苗，去小苗、留大苗，去病苗、留健苗，做到匀留苗。第二次人工锄草在大豆苗高 15～20 cm 时进行，即在大豆分枝期拔除大豆株间杂草。第三次人工除草在大豆灌水封垄后，顺行拔除杂草。

5.4 灌溉

大豆全生育期需灌水 2～3 次，灌水量 300～400 m^3/亩。初花水：灌水量 80～100 m^3/亩。盛花水：灌水量 80～120 m^3/亩。因地浇鼓粒期水：灌水量 70～80 m^3/亩。

5.5 叶面追肥

5.5.1 施肥原则

应符合 GB/T 19630.1 规定。

5.5.2 追肥

在鼓粒灌浆期，使用青牛 2 号 200 倍液等微肥进行喷雾 1～2 次。

5.6 病虫害控制

5.6.1 防治原则

实行“预防为主，综合防治”的植保方针，主要以生物防治，农业防治和物理防治等为主。使用的植物保护产品的物质应符合 GB/T 19630.1 的规定。

5.6.2 病虫害防治

采用 95%竹醋液＋1.5%天然除虫菊素水乳剂 1 500 倍液，或 0.5%卫保水剂 400 倍液＋0.6% 清源宝水剂 1 000 倍液进行喷雾防治大豆菌核病、霜霉病、豆荚螟等。间隔 7 d 交替喷施。

6 收获

采用人工割晒，当籽粒水分降至 13%以下时可用小脱谷机脱粒。

7 包装、运输及贮藏

7.1 包装

应符合 GB/T 19630.3 规定。

7.2 运输与贮藏

应符合 GB/T 19630.2 规定。

8 生产记录和追溯体系

应符合 GB/T 19630.4 规定。

有机薰衣草高产栽培技术规程
(DBN 654000/T 0134—2011)

前言

本标准依据 GB/T 1.1—2009《标准化工作导则第 1 部分:标准的结构和编写规则》及 DB/T2035.2—2003《标准体系工作导则第 2 部分:标准化工作导则框柜架与要求》的要求编写。

本标准由伊犁哈萨克自治州农业标准化工作领导小组提出。

本标准由伊犁哈萨克自治州质量技术监督局发布。

本标准由伊犁哈萨克自治州农业局归口。

本标准由中国农业大学、伊犁州农业技术推广总站、伊犁紫苏丽人生物科技有限公司负责起草。

本标准主要起草人:吴文良、杨建新、孟凡乔、郭岩彬、刘福旺、焦子伟、迪力夏提、罗新湖、宋萍、伊力哈木、陈勇、巴拉提、范荣霞、武文津、鲁志强。

1 范围

本标准规定了有机薰衣草技术指标、产地环境、栽培技术、收获,包装、运输及贮藏,生产记录及追溯体系的要求。

本标准适用于伊犁河谷有机薰衣草种植 3 年以上地块栽培种植区域。

2 规范性引用文件

GB 3095 环境空气质量标准

GB 5084 农田灌溉水质标准

GB 15618 土壤环境质量标准

GB/T 19630.1 有机产品第 1 部分

GB/T 19630.2 有机产品第 2 部分

GB/T 19630.3 有机产品第 3 部分

GB/T 19630.4 有机产品第 4 部分

3 技术指标

技术指标应符合表 1 的规定。

表 1 技术指标

产油量/(kg/亩)	基本苗/(株/亩)	单株产花量/g
5	1 000～1 300	400～500
6	1 000～1 300	500～600
7	1 000～1 300	600～700

4 产地环境

有机薰衣草生产要选择，远离城市、工矿场、公路、车站、码头交通要道，避免有害有毒物质污染。产地环境应符合 GB 3095《环境空气质量标准》的要求。

4.1 环境条件

4.1.1 灌溉水

灌溉水质应符合 GB 5084 的规定。

4.1.2 土壤

土壤环境质量应符合 GB 15618 的二级标准的规定。

4.1.3 空气

空气质量应符合 GB 3095 的二级标准的规定。

5 栽培技术

5.1 选用良种

选用京豫 1、2、4 号品种和 67-8、81-26 品系等。

5.2 土地选择

选择肥力中等，有机质含量 1%以上，含盐量在 0.3%以下的沙壤土。

5.3 合理施肥

5.3.1 施肥

施肥要求应符合 GB/T 19630.1 规定。

5.3.2 施肥

返青初期结合浇水，施有机肥 3 t/亩，用人工挖环穴深 8～10 cm，距苗侧旁 10 cm，将混拌均匀的肥料施入后将土踏实。叶面追肥采用青牛 2 号有机黑液肥 400～600 倍液进行喷雾，喷雾 3 次。

5.4 适时灌水

全生育期浇水 6～8 次，采用畦灌，总灌水量 200～300 m^3/亩。返青至收割前一般浇水 4 次，收割前 15 d 左右，适量灌水 1 次，延缓薰衣草花萼脱落。花采收后，应及时灌水，促进植株正常生长，封冻前浇水有利安全越冬。

5.5 中耕除草

人工除草 5～6 次，深度 8～10 cm。中耕松土应与浇水相结合，浇水一次，中耕松土一次。苗期机力中耕，中耕深度 10～12 cm。收花前人工拔草 1～2 次，保证田间无杂草。

5.6 病虫害防治

5.6.1 防治原则

实行“预防为主，综合防治”的植保方针，主要以生物防治，农业防治和物理防治为主。使用的植物保护产品的物质应符合 GB/T 19630.1 的规定。

5.6.2 病虫害防治

枯萎病发病初期，用 0.5%卫保水剂 400 倍液喷施。对蚂蚁、蝼蛄虫害，采用 1.5%天然除虫菊素水乳剂 1 500 倍液灌根防治。

5.7 及时埋土和冬灌

5.7.1 适时冬灌

在10月下旬至11月上旬，适时浇水，灌水量70～80 m^3/亩。

5.7.2 及时埋土

冬前植株全埋土，保墒防寒，免遭牲畜危害。埋土宜在冬灌后进行，植株盖土6～8 cm，整个株体要覆盖80%以上，保证埋土质量。加强冬季护管，防止牲畜进田踩踏、确保安全越冬。

6 收获

6.1 收割

薰衣草花穗50%～60%开花时开始收割。以盛花期至末花期为适宜收割期。头茬花一般在6月下旬至7月中旬，二茬花在9月下旬至10月上旬。收获应在15 d内结束。

6.2 采收标准

从花穗的最下一轮往下10 cm处割取。少带花梗、剔除青叶、老枝、杂草等。

6.3 原料要求

6.3.1 晴天早晨露水干后收割，雨天停止采收。

6.3.2 鲜花收割后，应及时运至加工厂，立即蒸馏。一时不能装锅的，放在晾花棚内薄层摊开，厚度不得超过30 cm，并采取人工经常翻动，以防花穗发热变质。

7 包装、运输及贮藏

7.1 包装

包装应符合GB/T 19630.3规定。

7.2 运输、贮藏

运输贮藏应符合GB/T 19630.2规定。

8 生产记录和追溯体系

做好各项生产记录及追溯制度，应符合GB/T 19630.4规定。

绿色设施农业黄瓜栽培技术规程
(DBN 654000/T 0139—2011)

前言

本标准依据 GB/T 1.1—2009《标准化工作导则第 1 部分:标准的结构和编写规则》及 DB/T 2035.2—2003《标准体系工作导则第 2 部分:标准化工作导则框架与要求》的要求编写。

本标准由伊犁哈萨克自治州农业标准化工作领导小组提出。

本标准由伊犁哈萨克自治州质量技术监督局发布。

本标准由伊犁哈萨克自治州农业局归口。

本标准由中国农业大学、伊犁州农业技术推广总站、新疆竞天农业发展有限公司负责起草。

本标准主要起草人:吴文良、郭岩彬、孟凡乔、罗新湖、焦子伟、王钊、王义。

1 范围

本标准规定了绿色设施农业黄瓜术语和定义、生产技术管理、采收、包装、贮运。

本标准适用于伊犁州直日光温室等保护设施的 A 级绿色食品黄瓜生产。

2 规范性引用文件

下列文件对于本文件的应用是必不可少的。凡是注日期的引用文件,仅所注日期的版本适用于本文件。凡是不注日期的引用文件,其最新版本(包括所有的修改单)适用于本文件。

GB 16715.1 瓜菜作物种子 瓜类

NY/T 391 绿色食品 产地环境技术条件

NY/T 393 绿色食品 农药使用准则

NY/T 394 绿色食品 肥料使用准则

NY/T 747 绿色食品 瓜类蔬菜

NY/T 658 绿色食品 包装通用准则

NY/T 1056 绿色食品 贮藏运输准则

3 术语和定义

下列术语和定义使用于本标准。

3.1 日光温室

由采光和保温维护结构组成,以塑料薄膜为透明覆盖材料,在寒冷季节主要依靠获取和蓄积太阳辐射能或人工增温进行蔬菜生产的单栋温室。

3.2 塑料大棚

采用塑料薄膜覆盖的拱型棚,其骨架常用竹、木、钢材和符合材料建造而成。

3.3 温床

依靠电力或其他热能提高床土温度进行育苗的设施。

3.4 多层保温覆盖

棚室内外要增设两层以上保温覆盖的方式。

4 生产技术管理

4.1 产地环境

环境质量符合 NY/T 391 的要求。

4.2 茬口安排

早春栽培:1 月上旬播种育苗,苗龄 35 d 左右,2 月中旬定植,3 月下旬开始收获。

秋延后栽培:7 月上旬播种育苗,苗龄 35 d 左右,8 月中旬定植,9 月下旬开始收获。

深冬栽培:日光温室 8 月中旬播种育苗,苗龄 45 d 左右,10 月上旬定植,11 月下旬开始收获,一直延续到第二年 6 月底结束。

4.3 品种选择

选择抗病虫、优质、高产、耐贮运、商品性好、适合市场需求的品种。

4.4 嫁接育苗

4.4.1 播种前准备

4.4.1.1 育苗设施

根据不同季节选用智能温室、日光温室、大棚、温床等育苗设施,对育苗设施进行消毒处理,创造适合幼苗生长发育的环境条件。

4.4.1.2 营养土

因地制宜地选用无病虫源细干园土、腐熟有机肥等,按 1∶1 比例充分混匀,要求疏松、保肥、保水、营养完全。每 100 kg 营养土加入 40%多菌灵可湿性粉剂 30～50 g,并充分混匀。将配制好的营养土均匀铺在播种床上,厚度 10 cm,或装于营养钵中。

4.4.1.3 播种床

每播种床用福尔马林 30～50 mL/ m^2,加水 3 L/ m^2 喷洒床土,用塑料薄膜闷盖 3 d 后揭膜,待气味散尽后播种。

4.4.1.4 苗床整理

智能化温室采用育秧盘进行育苗。一般覆盖 1.5 cm。

温室大棚按照苗床宽 1～1.2 m,长度依苗床地块而定,畦基宽 30 cm,深 15 cm,将畦内整平、压实。将配制好的苗床土移入苗床,厚度在 10 cm 左右。再整平,浇一次透水。

4.4.1.5 种子消毒

黄瓜种子和砧木南瓜种子在播种前用温清水浸种 3～4 h 后,再入放高锰酸钾 500 倍液中浸种 15 min,用清水洗干净后阴干待种。

干热灭菌:有条件的可采用此方法进行种子消毒。将干种子置于干燥箱中 70℃下灭菌 72 h 或 80℃下灭菌 24 h。

4.4.1.6 浸种催芽

消毒后的种子浸泡 4 h 后捞出清洗干净,用干净的湿布包好,置于 20～30℃温度下催芽。

4.4.2 播种

4.4.2.1 播种期

根据不同地区和不同栽培茬口选择适宜的播期。

4.4.2.2 种子质量

应符合 GB 16715.1 的规定。

4.4.2.3 播种量

黄瓜种子播种量 200～250 g/亩。黑籽南瓜种子 2～2.5 kg/亩。

4.4.2.4 播种方法

当种子 70%以上露白时即可播种。选晴天上午播种，靠嫁接法嫁接的黄瓜早播 5～7 d（也可等黄瓜两子叶展开，第一真叶露尖时再播黑籽南瓜种子）。一般点播，种子平放，芽尖朝下，黄瓜种子 3 cm×3 cm 一粒，盖土 1 cm，盖土 1 cm，黑籽南瓜种子 2 cm×2 cm 一粒，盖土 2～3 cm，然后苗床上盖地膜。

4.4.3 嫁接分苗

4.4.3.1 嫁接前管理

出苗前，维持较高的土壤温度促出苗，白天 25～32℃，夜间 20℃；出苗揭开地膜适当降温，白天 25～28℃，夜间 12～15℃，保证幼苗粗壮；对"戴帽苗"应在早晨人工脱帽。

4.4.3.2 靠接法嫁接

砧木两子叶展开，苗高 7 cm；黄瓜第一真叶展开，苗高 8 cm 时进行嫁接。嫁接在日光温室内进行，分苗场和嫁接操作处应盖帘遮光。苗床取苗做到随起苗，随嫁接，随栽苗，随盖小拱棚遮光保温。选砧木和接穗苗茎粗细大小相近的进行嫁接。先用竹签去掉南瓜生长点，然后用刀片在叶下方 0.5～1 cm 处无子叶一侧的劲斜向下切一刀，切口长度为 0.7～1 cm，深度为茎粗的一半，黄瓜用刀在叶下 1.5～2.0 cm 处有真叶一侧斜向上切一刀，切口长度为 0.7～1 cm。将削好的接穗切口嵌插入砧木的切口内，使两者的切口吻合在一起，用嫁接夹固定好嫁接处。注意接好的苗，黄瓜叶片位于南瓜子叶之上，且黄瓜第一片真叶与南瓜子叶呈十字形；嫁接时忌泥水；嫁接夹都夹在黄瓜一侧，苗床摆苗时，嫁接夹应朝同一方向，便于断根。将嫁接后的两株苗栽在一个营养钵体中或苗床中，株行距均 10 cm，注意刀口应高于地表 2 cm 以上。

4.4.3.3 嫁接后管理

前 3 d 一般苗床小拱棚不通风，并进行遮光，使苗见散射光，温度维持白天 28～30℃，不超 32℃；夜间 18～20℃，不低于 15℃。3 d 后逐渐增强光照，通风降温，温度维持白天 25℃，夜间 14～17℃，通风见光以苗轻度萎蔫为准。8 d 后揭去小棚，全天见光并浇一次缓苗水。12 d 以后，用刀片对黄瓜割两刀断根，并进行大温差培育，壮苗，白天 25～30℃，前半夜 15～18℃，后半夜 11～13℃要及时抹去黑籽南瓜长出的明蘖。

4.4.3.4 炼苗

分苗后肥水管理：苗期以控肥控水为主。白天 20～30℃，夜间 8～10℃。

叶面追肥：采用磷酸二氢钾或氨基酸叶肥等微肥兑水进行叶面喷施，注意要在傍晚喷施。

壮苗指标：苗龄期 30～40 d，叶龄在 4～5 片叶，株高 10～15 cm。

4.5 定植前准备

4.5.1 施基肥

施入优质腐熟有机肥 4～5 t/亩，磷酸二铵 25 kg/亩，硫酸钾 15 kg/亩，耕翻深度 25～30 cm。

4.5.2 作畦

以南北向作畦，南北向垄起，大小行定植，大行宽 80 cm，小行宽 50 cm，垄高 15～20 cm。铺膜整平压实。

4.5.3 棚室消毒

棚室在定植前要进行消毒，用 80%敌敌畏乳油 250 g/亩拌上锯末，与 2～3 kg 硫磺粉混合，分 10 处点燃，密闭一昼夜，放风后无气味时定植。注意金属骨架棚室不能用硫磺粉熏蒸。

4.6 定植

4.6.1 定植时间

在 10 cm 土温稳定达到 16℃后定植。

4.6.2 定植方法与密度

采用高垄地膜栽培，采用高垄地膜栽培，大行宽 80 cm，小行宽 50 cm，株距 30 cm，每亩定植 3 500 株左右。

4.7 田间管理

4.7.1 环境调控

4.7.1.1 温度

缓苗期：一般不通风，白天 25～30℃，超过 30℃可适当扒顶缝通风，夜晚不低于10～18℃。

缓苗后变温管理：栽后至 12 月底，晴天温室见光后揭帘，室温至 30℃时扒顶缝通风，下午室温降到闭风，日落前盖帘，早晨揭帘前室温不低于 20℃。1 月至 2 月上旬最冷时，晴天室温见光 30 min 后揭帘，温度升高到 32～33℃扒顶缝通风，下午降到 23～25℃闭风，日落前半小时盖好帘。阴天时当晚揭早盖不通风。下雪时及时清扫雪，中午时适当揭帘见光。4 月以后，加大顶部通风以棚温不超 30℃为宜，夜温超过 10℃时，可日落后盖帘但不关通风口。晴天注意早通风，防高温拷苗；5 月上旬后，可昼夜大通风。

4.7.1.2 光照

保持膜面清洁，白天揭开保温覆盖物。低温期草帘早揭晚盖，及时清洁薄膜，利用反光膜增强光照。即使阴雪天也应适当见光。进入 4 月后，应适当遮光，防高温强光导致日烧。夏秋季节适当遮阳降温。

4.7.1.3 空气湿度

生产上要通过排湿、温度调控等措施，把湿度控制在最佳指标范围内。最佳空气相对湿度的调控指标：缓苗期 80%～90%、开花期 60%～70%、结果期 50%～60%。

4.7.1.4 二氧化碳

冬春季节增施二氧化碳气肥。

4.7.2 合理灌水

定植后及时浇水，浇水量宜小。根瓜采收前，视土壤情况浇水。采收至盛瓜期，浇小水或滴灌，注意放风排湿，每 7～10 d 一水。后期管理上根据天气状况适当控制浇水次数。

4.7.3 中耕松土

及时进行中耕除草,提高地温。一般中耕 3～4 次,中耕深度 10～15 cm。

4.7.4 科学施肥

应符合 NY/T 394 的规定,在施足基肥的基础上,追施磷酸二氢钾或氨基酸液肥等进行交替喷施。对于土壤微量元素缺乏地块,还应针对缺素的状况增加追肥的种类和数量。

4.7.5 植株调整

插架或吊蔓:用细竹竿或树枝插架。在植株 30 cm 以上时,及时用尼龙绳吊蔓。上头绑于铁丝,以后及时将植株的顶部缠绕在吊绳上。落蔓前选晴天及时清除枝株底部病老残叶。

一般不进行整枝,仅将第一层果以下的分枝除去。摘除下部老叶、黄叶、病叶及黄瓜蔓上的卷须、雄花等。减少养分的无效消耗,黄瓜基部侧枝可留一瓜打顶。

4.7.6 保果疏果

在不适宜黄瓜坐果的季节可使用人工授粉或虫媒授粉。

4.7.7 病虫害防治

4.7.7.1 主要病虫害

4.7.7.1.1 苗期主要病虫:猝倒病、立枯病、蚜虫。

4.7.7.1.2 田间主要病虫害:霜霉病、细菌性角斑病、灰霉病、枯萎病、白粉病、叶螨、蚜虫和白粉虱等。

4.7.7.2 防治原则

应符合 NY/T 393 的规定。

4.7.7.3 农业防治

4.7.7.3.1 选用抗病品种:针对当地主要病虫害,选用高抗品种。

4.7.7.3.2 创造适宜的生育环境:铲埂除蛹、铲除田边地头和渠埂上杂草,降低越冬虫口基数。培育适龄壮苗,控制好温度和空气湿度,合理施肥与灌水。实施高垄栽培、地膜栽培。摘除病叶、病果、病株等,移出田间深埋。

4.7.7.3.3 耕作制度:实行严格的轮作制度,与非茄科作物轮作 3 年以上。

4.7.7.3.4 科学施肥:增施充分腐熟的有机肥料,配以叶面追肥,均衡施肥。

4.7.7.4 物理防治

4.7.7.4.1 设施防护:大型设施的防风口用防虫网封闭,夏季覆盖防虫网和银灰色遮阳网进行避雨、遮阳、防虫栽培,减轻病虫害的发生。

4.7.7.4.2 采用黑光灯、频振式杀虫灯、糖醋液、性诱剂等进行诱杀鳞翅目害虫成虫。采用黄板诱蚜、潜叶蝇等,防控其危害。

4.7.7.5 生物化学防治

4.7.7.5.1 天敌

积极保护利用天敌,放养天敌防治病虫害。

4.7.7.5.2 药剂防治害虫

蚜虫:采用 10%吡虫啉可湿性粉剂 2 000～3 000 倍液,或 5%天然除虫菊素乳油 500 倍液,或 0.3%印楝素乳油 500 倍液喷雾。

白粉虱:采用 2.5%联苯菊乳油 3 000 倍液,或 10%吡虫啉可湿性粉剂 2 000～3 000 倍液喷雾,或 22%敌敌畏烟剂每亩 0.5 kg,于傍晚收工前将保护地密闭熏蒸。

红蜘蛛：用25%灭螨猛可湿性粉剂500倍液喷雾。

美洲斑潜蝇：用25%灭幼脲悬浮剂1 000倍液喷雾。

4.7.7.5.3 霜霉病

发病初期用45%百菌清烟雾剂防治，于傍晚密闭烟熏；或用86.2%氧化亚铜可湿性粉剂500倍液，或用72.2%霜霉威水剂400倍液喷雾。

4.7.7.5.4 细菌性角斑病

用波尔多液、硫酸酮350～500倍液或高锰酸钾1 000倍液在发病之前进行喷雾。

4.7.7.5.5 枯萎病

播种前用50%多菌灵可湿性粉剂600倍液浸种1 h，然后移入常温水继续浸种。或23%络氨铜水剂500倍液灌根，或2%农抗120水剂500倍液灌根。

4.7.7.5.6 灰霉病

采用6.5乙霉威粉1 kg/亩喷粉，或50%腐霉利可湿性粉剂1 500倍液，或50%乙烯菌核利可湿性粉剂1 000倍液，或2%武夷菌素水剂100倍液喷雾。

4.7.7.5.7 白粉病

发病初期喷洒15%三唑酮可湿性粉剂1 000倍液，或用50%甲基硫菌灵可湿性粉剂1 000倍液。

4.7.7.5.8 炭疽病

采用80%炭疽福美可湿性粉剂1 000倍液，或70%代森锰锌可湿性粉剂1 000倍液进行喷雾。

5 采收、包装、贮运

5.1 产品质量标准

按NY/T 747的规定执行。

5.2 采收

收获前7 d禁止喷药，2～3 d进行一次农残检测，对合格的进行收割，分级包装、上市销售。每次收获后，将残枝败叶和杂草清理干净，集中进行无害化处理。

5.3 包装

应符合NY/T 658的规定。

5.4 贮运

应符合NY/T 1056的规定。

绿色设施农业西红柿栽培技术规程
(DBN 654000/T 0137—2011)

前言

本标准依据 GB/T 1.1—2009《标准化工作导则第 1 部分:标准的结构和编写规则》及 DB/T 2035.2—2003《标准体系工作导则第 2 部分:标准化工作导则柜架与要求》的要求编写。

本标准由伊犁哈萨克自治州农业标准化工作领导小组提出。

本标准由伊犁哈萨克自治州质量技术监督局发布。

本标准由伊犁哈萨克自治州农业局归口。

本标准由中国农业大学、伊犁州农业技术推广总站、新疆竞天农业发展有限公司负责起草。

本标准主要起草人:孟凡乔、焦子伟、王钊、吴文良、郭岩彬、刘福旺、罗新湖、迪力夏提、宋萍、伊力哈木、陈勇、巴拉提、范荣霞、武文津、王义。

1 范围

本标准规定了绿色设施农业西红柿术语和定义、生产技术管理,采收、包装及贮运。

本标准适用于伊犁河谷日光温室、塑料大棚等保护设施的 A 级绿色食品西红柿生产。

2 规范性引用文件

下列文件对于本文件的应用是必不可少的。凡是注日期的引用文件,仅所注日期的版本适用于本文件。凡是不注日期的引用文件,其最新版本(包括所有的修改单)适用于本文件。

GB 16715.3 瓜菜作物种子 茄果类

NY/T 391 绿色食品 产地环境技术条件

NY/T 393 绿色食品 农药使用准则

NY/T 394 绿色食品 肥料使用准则

NY/T 655 绿色食品 茄果类蔬菜

NY/T 658 绿色食品 包装通用准则

NY/T 1056 绿色食品 贮藏运输准则

3 术语和定义

下列术语和定义使用于本标准。

3.1 日光温室

由采光和保温维护结构组成,以塑料薄膜为透明覆盖材料,在寒冷季节主要依靠获取和蓄积太阳辐射能或人工增温进行蔬菜生产的单栋温室。

3.2 塑料大棚

采用塑料薄膜覆盖的拱型棚，其骨架常用竹、木、钢材和复合材料建造而成。

3.3 温床

依靠电力或其他热能提高床土温度进行育苗的设施。

3.4 多层保温覆盖

棚室内外要增设二层以上保温覆盖的方式。

4 生产技术管理

4.1 产地环境

应符合 NY/T 391 的要求。

4.2 茬口安排

4.2.1 春夏茬栽培

2 月上中旬定植，4 月下旬进入始收期。

4.2.2 秋冬茬栽培

7 月下旬 8 月初定植、9 月中下旬进入始收期。

4.3 品种选择

选择抗病虫、优质高产、耐贮运、商品性好、适合市场需求的品种。

4.4 育苗

4.4.1 传统育苗

4.4.1.1 育苗设施

根据不同季节选用日光温室、拱棚、温床等育苗设施，育苗设施应配有防虫遮阳设备，对育苗设施进行消毒处理。

4.4.1.2 营养土

选用无病虫源细干园土、腐熟有机肥等，按 1∶1 比例充分混匀，要求疏松、保肥、保水、营养完全。每 100 kg 营养土加入 40％多菌灵可湿性粉剂 30～50 g，并充分混匀。将配制好的营养土均匀铺在播种床上，厚度 10 cm，或装于营养钵中。

4.4.1.3 播种床

采用福尔马林 30～50 mL/m^2，加水 3 L/m^2 喷洒床土，用塑料薄膜闷盖 3 d 后揭膜、待气味散尽后播种。

4.4.2 穴盘育苗

4.4.2.1 苗床准备

日光温室中，沿南北方向做高平畦，畦面宽 2.2～2.4 m，整平后上面覆盖阻根膜。畦沟宽 35～40 cm。

4.4.2.2 穴盘处理

一般使用黑色 PE 穴盘，规格为 28 cm×54 cm。新穴盘不需处理，可以直接使用，旧穴盘应该彻底清洗，用 1 000 倍液高锰酸钾浸泡后晾干使用。

4.4.2.3 基质处理

基质原料草炭、蛭石、珍珠岩配比为：夏季，草炭∶蛭石∶珍珠岩＝6∶2∶2；冬季，草炭∶蛭石∶珍珠岩＝6∶1∶3，可以适当加入湿润剂，使用时加水至含水量达到 60％。如使用国产草炭土，则每方加75%百菌清可湿性粉剂200 g。

4.4.2.4 苗床整理

智能化温室采用穴盘进行育苗，使用时，把基质均匀放在穴内，浇适量水。日光温室、塑料大棚按照苗床宽1～1.2 m，长度依苗床地块而定，畦基宽30 cm，深15 cm，将畦内整平、压实。将配制好的苗床土移入苗床，厚度在10 cm。再整平，浇一次透水。

4.4.3 种子处理

4.4.3.1 种子消毒

温汤浸种：把种子放入55～60℃热水中，维持水温均匀浸泡15 min，再在常温水中浸泡6～8 h。

药剂浸种：先用清水浸种3～4 h，再放入10%磷酸三钠溶液或0.1%高锰酸钾溶液中浸泡20 min，捞出并清洗干净，再在常温水中浸泡6～8 h。

干热灭菌：将干种子置于恒温干燥箱中70℃下灭菌72 h或80℃下灭菌24 h。

4.4.3.2 浸种催芽

消毒后的种子浸泡6～8 h后捞出清洗干净，置于20～30℃温度下催芽。

4.4.4 播种

4.4.4.1 播种期

根据不同地区和不同栽培茬口选择适宜的播期。

4.4.4.2 种子质量

应符合GB 16715.3中的要求。

4.4.4.3 播种量

国产种子，播种量40～50 g/亩。进口种子，播种量3 000粒/亩。

4.4.4.4 播种方法

当种子70%以上露白时即可播种。播种前苗床浇足底水，水渗下后用营养土薄撒一层，整平床面，均匀撒播种子。播后覆营养土0.8～1.0 cm。寒冷季节育苗时，播后覆盖地膜，当70%幼苗顶土时撤除床面覆盖物。

使用穴盘育苗时，每穴放1粒，再覆盖0.5～1.5 cm的基质即可。

4.4.5 苗期管理

4.4.5.1 出苗期管理

出苗前地温白天控制25～28℃，夜间12～18℃，促进出苗整齐。种子拱土时为防“带帽”可撒一层2～3 cm细土。

4.4.5.2 齐苗后管理

两个叶子刚展开时，白天温度18～22℃，夜间12～13℃。第一真叶展开后，白天气温25～28 ℃，夜间13～15℃，土壤相对湿度保持80%。一般温度升至28℃开始通风，降至16～17℃ 闭风。注意清洁薄膜增强光照，要多通风降湿防病，一般不浇水，若干旱适当浇水。

4.4.5.3 分苗

播后25 d左右，苗二叶一心时进行分苗。耙平畦地，按10 cm行株距开沟分苗，使幼苗横竖成行，便于定植时割坨。有条件的可采用穴盘营养钵育苗，采用次办法育苗，不进行分苗工作。

4.4.5.4 分苗后管理

分苗后白天气温 25～28℃,夜间 15～20℃,以促进缓苗,缓苗后白天降到 23～25℃,夜间 15℃ 左右,促进花芽分化。不控水,见干见湿,干旱时选晴天上午浇透水,同时放风降湿,忌小水勤浇。

4.4.5.5 炼苗

定植前 5～7 d 逐渐加大育苗设施的通风量,降温排湿,少浇水,特别是降低夜温,炼苗期间白天 20℃,夜间 10～15℃。加大昼夜温差;定植前 2～3 d,大棚两侧大通风,提高成活率。采用磷酸氢钾或氨基酸叶肥等兑水进行叶面喷施,喷到叶片刚滴水程度,注意要在傍晚喷施。

4.4.5.6 壮苗指标

春夏苗四叶一心,叶片肥厚,叶色浓绿,株高 15 cm,茎粗 0.6～0.7 cm,现大花蕾,无病虫害。秋冬苗四叶一心,株高 15 cm 左右,茎粗 0.4 cm 左右。

4.5 定植前准备

4.5.1 施基肥

应符合 NY/T 394 的要求。施入优质腐熟有机肥 7～8 t/亩,过磷酸钙 50 kg/亩,硫酸钾 30 kg/亩。

4.5.2 作畦

沟宽 20～30 cm,畦高 15 cm,畦面宽 70～80 cm,铺膜整平压实。

4.5.3 棚室消毒

棚室在定植前要进行消毒,用 80%敌敌畏乳油 250 g/亩拌上锯末,与 2～3 kg/亩硫磺粉混合,分 10 处点燃,密闭一昼夜,放风后无气味时定植。注意金属骨架棚室不能用硫磺粉熏蒸。

4.6 定植

4.6.1 定植时间

在 10 cm 土温稳定达到 10℃后定植。

4.6.2 定植方法与密度

国内品种:采用高垄地膜栽培,垄高 25～30 cm,行距 60～80 cm,株距 25～30 cm。早熟品种定植 5 000～6 000 株/亩,中晚熟品种 3 000～4 000 株/亩。进口品种:采用高垄地膜栽培,垄高 25～30 cm,行距 50～80 cm,株距 35～40 cm,定植 1 800～2 200 株/亩。

4.7 田间管理

4.7.1 环境调控

4.7.1.1 温度

缓苗期:一般不通风,白天 25～30℃,超过 30℃可适当扒顶缝通风,夜晚不低于 10～18℃。

缓苗后变温管理:栽后至 12 月底,晴天温室见光后揭帘,室温至 30℃时扒顶缝通风,下午室温降到闭风,日落前盖帘,早晨揭帘前室温不低于 20℃。

1 月至 2 月上旬最冷时,晴天室温见光 30 min 后揭帘,温度升高到 32～33℃扒顶缝通风,下午降到 23～25℃闭风,日落前 30 min 盖好帘。阴天时当晚揭早盖不通风。下雪时即使清扫雪,中午时适当揭帘见光。

4 月以后,加大顶部通风以棚温不超 30℃为宜,夜温超过 10℃时,可日落后盖帘但不关通风口。晴天注意早通风,防高温拷苗;5 月上旬后,可昼夜大通风。

4.7.1.2 光照

保持膜面清洁,白天揭开保温覆盖物。低温期草帘早揭晚盖,及时清洁薄膜,利用反光膜增强光照。即使阴雪天也应适当见光。进入 4 月后,应适当遮光,防高温强光导致日烧。夏秋季节适当遮阳降温。

4.7.1.3 空气湿度

空气相对湿度的调控指标:缓苗期 80%～90%、开花期 60%～70%、结果期 50%～60%。

4.7.1.4 二氧化碳

冬春季节增施二氧化碳气肥。

4.7.2 合理灌水与施肥

定植后及时浇水,3～5 d 浇缓苗水。第一穗果座住前不再浇水。要中耕 3～4 次,当第一穗果膨大到核桃大时结束蹲苗。在施足基肥的基础上,分多次追叶面肥料并随水追施。对于土壤微量元素缺乏的地块,还应针对缺素的状况增加追肥的种类和数量。

4.7.3 中耕松土

及时进行中耕除草,提高地温。一般中耕 3～4 次,中耕深度 10～15 cm。

4.7.4 植株调整

4.7.4.1 插架或吊蔓

插架:用细竹竿或树枝插架。

吊蔓:在植株 30 cm 以上时,及时用尼龙绳吊蔓。以后及时将植株的顶部缠绕在吊绳上。当生长点长到 2 m 左右时,及时落蔓,将蔓顺畦南北摆放。

4.7.4.2 打杈

初期植株同化能力弱,一般侧枝长到 6～7 cm 时摘心,以利根系生长;后期及时抹芽。注意打杈宜选晴天上午进行,以利伤口愈合。

4.7.4.3 整枝

单杆整枝,只留主茎结果,结 4～5 穗果后及时打顶。

4.7.4.4 摘心、打底叶

当最上方目标果穗开花时,留两片叶掐心,保留其上侧枝。第一穗果采收后,摘除其下方老叶片、枯叶和病叶。第二穗果绿熟时,除去第二穗果下的老叶,依此类推。利于通风透光,减少养分无效消耗,以防病害蔓延。

4.7.5 保果疏果

4.7.5.1 保果

在不适宜番茄授粉的季节,可以人工授粉或虫媒授粉。

4.7.5.2 疏果

除樱桃番茄外,为保证产品质量应适当疏果,大果型品种每穗选留 3～4 果,中果型品种每穗选留 4～6 果。

4.7.6 病虫害防治

4.7.6.1 主要病虫害

4.7.6.1.1 苗期主要病虫:猝倒病、立枯病、蚜虫。

4.7.6.1.2 田间主要病虫害:灰霉病、叶霉病、早疫病、晚疫病、病毒病、日灼病、蚜虫、潜叶蝇、白粉虱、棉铃虫等。

4.7.6.2　防治原则

应符合 NY/T 393 规定。

4.7.6.3　农业防治

4.7.6.3.1　选用抗病品种

针对当地主要病虫害，选用高抗品种。

4.7.6.3.2　创造适宜的生育环境

铲埂除蛹，铲除田边地头和渠埂上杂草，降低越冬虫口基数。培育适龄壮苗，提高抗逆性，控制好温度和空气湿度，适宜的肥水，充足的光照和二氧化碳。通过放风等措施，调节不同生育时期的适宜温度，避免低温和高温障碍。高垄栽培，控制湿度。摘除病叶、病果、病株等，移出田间深埋。

4.7.6.3.3　耕作制度

实行严格的轮作制度，与非茄科作物轮作 3 年以上。

4.7.6.3.4　科学施肥

增施充分腐熟的有机肥料，氮、磷、钾肥合理配比，配以叶面追肥，均衡施肥。

4.7.6.4　物理防治

4.7.6.4.1　设施防护

大型设施的防风口用防虫网封闭，夏季覆盖防虫网和银灰色遮阳网进行避雨、遮阳、防虫栽培，减轻病虫害的发生。

4.7.6.4.2　采用黑光灯、频振式杀虫灯、糖醋液、性诱剂等进行诱杀鳞翅目害虫成虫。采用黄板诱蚜、潜叶蝇等，防控其危害。

4.7.6.5　生物化学防治

4.7.6.5.1　天敌

积极保护利用天敌，放养天敌防治病虫害。

4.7.6.5.2　药剂防治害虫

蚜虫：采用 10%吡虫啉可湿性粉剂 2 000～3 000 倍液，或 5%天然除虫菊素乳油 500 倍液，或 0.3%印楝素乳油 500 倍液喷雾。

白粉虱：采用 2.5%联苯菊乳油 3 000 倍液，或 10%吡虫啉可湿性粉剂 2 000～3 000 倍液喷雾。

潜叶蝇：采用 1.8%齐墩螨素乳油 3 000 倍液或 48%毒死蜱乳油 1 000 倍液喷雾。

4.7.6.5.3　早疫病

采用 5%百菌清粉剂 1 kg/亩喷粉，或 75%百菌清可湿性粉 600 倍液，或 65%代森锰锌可湿性粉剂 500 倍液，或 47%春雷霉素＋氢氧化铜 1 000 倍液，或 58%甲霜灵锰锌可湿性粉剂 500 倍液进行喷雾。

4.7.6.5.4　晚疫病

采用 50%甲霜铜可湿性粉剂 100～120 g/亩，或 40%乙磷铝可湿性粉剂 200～250 g/亩，或 72.2%霜霉威水剂 500 倍液灌根，穴灌药液 200～250 mL。

4.7.6.5.5　病毒病

种子处理：用温清水浸种 3～4 h，再放入高锰酸钾 500 倍液中浸种 20 min，清水冲洗后，继续常温水浸种。采用 83 增抗剂 500 倍液，或抗毒剂 1 号水剂 300 倍液，或 20%盐酸吗啉胍铜可湿性粉剂 800～1 000 倍液喷雾。

4.7.6.5.6 灰霉病

采用 6.5 乙霉威粉 1 kg/亩喷粉，或 50%腐霉利可湿性粉剂 1 500 倍液，或 50%乙烯菌核利可湿性粉剂 1 000 倍液，或 2%武夷菌素水剂 100 倍液喷雾。

4.7.6.5.7 叶霉病

采用 45%百菌清烟雾剂 250 g/亩熏蒸，或 2%春雷霉素液剂 500 倍液，或 50%多硫悬浮剂 1 000 倍液进行喷雾。

4.7.6.5.8 根结线虫病

采用 90%敌百虫晶体 800 倍液浇施。

4.7.6.5.9 生理性病害

加强农业措施，适时防治病菌引起的落叶病。

5 采收、包装、贮运

5.1 产品质量标准

按 NY/T 655 执行。

5.2 采收

收获前 7 d 禁止喷药，对合格的进行收割，分级包装、上市销售。

5.3 包装

应符合 NY/T 658 的要求。

5.4 贮运

应符合 NY/T 1056 的要求。

有机红地球葡萄病虫害综合防治技术规程
(DBN 654000/T 0140—2011)

前言

本标准依据 GB/T 1.1—2009《标准化工作导则第 1 部分:标准的结构和编写规则》及 DB/T 2035.2—2003《标准体系工作导则第 2 部分:标准化工作导则柜架与要求》的要求编写。

本标准由伊犁哈萨克自治州农业标准化工作领导小组提出。

本标准由伊犁哈萨克自治州质量技术监督局发布。

本标准由伊犁哈萨克自治州农业局归口。

本标准由中国农业大学、伊犁州农业技术推广总站、金山葡萄庄园负责起草。

本标准主要起草人:秦玉川、陈勇、孟凡乔、吴文良、郭岩彬、应光荣、焦子伟、姬浩、伊力哈木、巴拉提、刘福旺、罗新湖、宋萍、迪力夏提、武文津、范荣霞。

1　范围

本标准规定有机红地球葡萄病虫害产地环境、投入品,管理措施、病虫害防治要求。

本标准适用于伊犁河谷地区有机红地球葡萄种植区域。

2　规范性引用文件

下列文件对于本文件的应用是必不可少的。凡是注日期的引用文件,仅所注日期的版本适用于本文件。凡是不注日期的引用文件,其最新版本(包括所有的修改单)适用于本文件。

GB 5084 农田灌溉水质标准

GB 15618 土壤环境质量标准

GB 3095 环境空气质量标准

GB/T 19630.1 有机产品 第 1 部分:生产

3　产地环境投入品要求

3.1　产地环境

3.1.1　灌溉水:应符合 GB 5084 的规定。

3.1.2　土壤:应符合 GB 15618 的二级标准规定。

3.1.3　空气:应符合 GB 3095 的二级标准规定。

4　投入品

投入品应符合 GB/T 19630.1 的规定。

5 管理措施

5.1 检疫

实行严格的植物检疫工作，防止危险性病虫的进入。

5.2 栽培管理

增施基肥、合理排灌、控制湿度、控氮增钾、合理密植、合理负载、增强树势是抵抗病虫害的基础。葡萄园附近不种杨柳树。加强苗木检疫，采用不带病虫的砧穗和苗木。建立无病毒母本园，繁殖无病毒母本树，培育无病毒及无病虫的无性繁殖材料。

5.3 喷施石硫合剂

在萌芽前或芽膨大期对葡萄植株、架桩和地面等部位喷施3～5°Be石硫合剂。

5.4 种植豆科地面覆盖植物

根据需要选种紫花苜蓿等有利于叶螨、蚜虫、食心虫等的天敌繁殖，在天敌达到一定数量时，适时刈割，迫使天敌上树控制虫害。

5.5 除草

采用人工除草的方法去除杂草。

5.6 果实套袋

落花后适时套袋可兼治多种食果害虫和病害。套袋前要喷施有机标准适用的杀虫、杀菌剂。

5.7 清洁果园

及时剪除带有病虫的枝、叶、果等残体，清除出园，或集中焚烧，或挖坑深埋。秋季结合施肥深翻树盘，以消灭越冬虫体。

6 病虫害防治

6.1 虫害防治

6.1.1 葡萄缺节瘿螨(葡萄毛毡病)

定植前必须先进行消毒处理，把苗木或插条先放入30～40℃温水中浸泡3～5 min，然后移入50℃温水中浸泡5～7 min，杀死潜伏在芽内越冬的葡萄缺节瘿螨。秋天葡萄落叶后彻底清扫田园，将病叶及其病残物集中烧毁或深埋。

早春葡萄萌芽后展叶前喷3～5°Be石硫合剂。葡萄展叶后，若发现有被害叶，应立即摘除，并喷0.2～0.3°Be石硫合剂进行防治。

6.1.2 葡萄叶蝉

生长季及时摘心、整枝，并及时清除园内外杂草。春季第一代若虫发生期喷施1.5%天然除虫菊素水乳剂1 000～1 500倍液或7.5%鱼藤酮1 500倍液进行防治。秋后要及时清除园内杂草及枯枝落叶以减少虫源。

6.2 病害防治

6.2.1 葡萄霜霉病

早春萌芽前结合防治其他病害喷施3～5°Be石硫合剂进行防治。葡萄生长中要注意及时摘心、绑蔓和中耕除草，提高结果部位，及时剪除下部叶片和新梢。

潮湿的气候条件易发病。要经常检查，及时发现并人工摘除中心病株的病叶。应根据测报及时喷药保护和治疗，尤其要注意雨后及时喷药。采用1∶0.5∶250倍液波尔多液、30%绿得保硫胶悬剂400～500倍液、1.1%儿茶素可湿性粉剂500倍液或竹醋液500倍液等药剂进行喷雾，绿得保、竹醋液、儿茶素要与波尔多液和硫胶悬剂间隔15 d后施用。注意交替用药。喷药可间隔10～15 d进行一次。连续喷施2～3次。

秋季葡萄落叶后要及时清除园内的病叶、病枝和病果。入冬前结合修剪剪除病枝蔓。

6.2.2 葡萄白腐病

加强栽培管理，及时清除病叶、病枝和病果减少病菌基数；提高结果部位，尽量使果穗位置在50 cm以上，减少土壤中病菌侵染机会。及时摘心、绑蔓、中耕除草，雨后及时排水，降低田间湿度。落花后及时套袋，减少病菌侵染机会。

发病初期采用50%硫悬浮剂500倍液、1∶0.5∶250倍液波尔多液或竹醋液500倍液等进行喷雾，竹醋液要与波尔多液及硫胶悬剂间隔15 d后施用。一般隔10～15 d喷一次，连续防治3～4次。

6.2.3 葡萄白粉病

清洁田园、休眠期防治等见本标准中6.1的规定。

发病初期喷洒1∶0.5∶250倍液波尔多液。葡萄开花至幼果期继续喷施0.5%卫保水剂500～600倍液，竹醋液500倍液等，竹醋液和卫保要与波尔多液及硫胶悬剂间隔15 d后施用。注意交替用药。

6.2.4 葡萄灰霉病

葡萄园内要注意合理间作，不与月季、玫瑰及草莓等间作或相邻栽培。清洁田园、休眠期防治见葡萄霜霉病。发病初期，及时剪除发病花穗，防止扩散蔓延。

开花前及初花期可喷洒1∶0.5∶250波尔多液。果实着色前可喷洒0.5%卫保水剂500～600倍液，卫保要与波尔多液间隔15 d后施用。

果实应及时采收或适当提前采收；采收应在晴天露水干后进行，要避免果实的机械损伤；采下的果实应放置在凉爽通风处，可减轻贮运期的发病。

6.2.5 葡萄水罐子病（转色病）

加强果园管理，增施有机肥，增强树势，干旱季节及时浇水，低洼园子注意排水，避免土壤板结。合理调节果实负载量，尽量少留二次果。尽量采用“一枝留一果穗”的办法，减少发病。在幼果期，可适当在叶面喷施含钾营养液，可减轻发病。

有机红地球葡萄栽培技术规程
(DBN 654000/T 0135—2011)

前言

本标准依据GB/T 1.1—2009《标准化工作导则第1部分:标准的结构和编写规则》及DB/T 2035.2—2003《标准体系工作导则第2部分:标准化工作导则柜架与要求》的要求编写。

本标准由伊犁哈萨克自治州农业标准化工作领导小组提出。

本标准由伊犁哈萨克自治州质量技术监督局发布。

本标准由伊犁哈萨克自治州农业局归口。

本标准由中国农业大学、伊犁州农业技术推广总站、金山葡萄庄园负责起草。

本标准主要起草人:郭岩彬、吴文良、孟凡乔、秦玉川、焦子伟、应光荣、陈勇、马彦永、姬浩、宋萍、伊力哈木、巴拉提、刘福旺、罗新湖、迪力夏提、武文津、范荣霞。

1 范围

本标准规定了有机红地球葡萄技术指标、建园、定植、整形与修剪、田间管理、病虫害防治、埋土与出土、收获,包装、运输及贮藏,生产记录及追溯体系。

本标准适用于伊犁河谷无霜期≥160 d,年降水量<350 mm,年日照时数≥2 500 h红地球葡萄适宜栽培地区。

2 规范性引用文件

下列文件对于本文件的应用是必不可少的。凡是注日期的引用文件,仅所注日期的版本适用于本文件。凡是不注日期的引用文件,其最新版本(包括所有的修改单)适用于本文件。

GB 5084 农田灌溉水质标准

GB 15618 土壤环境质量标准

GB 3095 环境空气质量标准

GB/T 19630.1 有机产品 第1部分:生产

GB/T 19630.2 有机产品 第2部分:加工

GB/T 19630.3 有机产品 第3部分:标识与销售

GB/T 19630.4 有机产品 第4部分:管理体系

NY/T 369 葡萄苗木

NY/T 470 鲜食葡萄

DBN 6540/T048 无公害食品 红地球葡萄栽培技术规程

3 技术指标

产量:1 000~1 200 kg/亩。

基本株:198～330 株/亩。
单穗重:800～1 000 g/穗。
单粒重:≥12 g/粒。
商品果率:一级品率 85%,二级品率 15%。
可溶性固形物:≥17%。

4 建园

4.1 产地环境条件

4.1.1 灌溉水:应符合 GB 5084 的规定。

4.1.2 土壤:应符合 GB 15618 的二级标准的规定。

4.1.3 空气:应符合 GB 3095 的二级标准的规定。

4.2 园地选择

按照 DBN 6540/T 048 的规定执行。

4.3 架式选择

栽植前两年以篱架为主;第三年进入小棚架,以小棚架为主。行向、株距、支架等要求均按照 DBN 6540/T 048 的规定执行。

4.4 园地规划

红地球葡萄园应根据面积、自然地形等进行规划。有机红地球葡萄种植区与常规区之间必须有隔离带,隔离带最好是山、河流、湖泊、自然植被,西、南方向至少留 50 m 隔带,东、北方向至少留 20 m 隔带。若隔离带内种植的作物,必须按有机方式栽培,但收获的产品只能按常规产品出售。

5 定植

5.1 开沟施肥

按照 DBN 6540/T 048 的规定执行。

5.2 栽植

5.2.1 苗木质量

按 NY/T 369 的规定执行。使用有机苗木,无有机苗木的可使用脱毒苗木或提纯复壮的苗木。

5.2.2 苗木消毒

定植前采用 3～5°Be 石硫合剂或 1%硫酸铜对苗木消毒。

5.2.3 栽植

5.2.3.1 栽植时间

分春栽或秋栽。春栽要用成品苗,早春土壤解冻后越早越好;营养袋苗要在 5 月底前栽完。秋栽要在 10 月中旬至 11 月上旬完成。具体栽植方法按照 DBN 6540/T 048 的规定执行。

5.2.3.2 栽植密度

株距 0.5～0.8 m,行距 4～4.5 m。

6 整形与修剪

6.1 整形

按照 DBN 6540/T 048 的规定执行。

6.1.1 幼树整形

按照 DBN 6540/T 048 的规定执行。

6.1.2 成龄树整形

按照 DBN 6540/T 048 的规定执行。

6.2 修剪

6.2.1 冬季修剪

按照 DBN 6540/T 048 的规定执行。

6.2.2 夏季修剪

按照 DBN 6540/T 048 的规定执行。

6.3 花果管理

按照 DBN 6540/T 048 的规定执行。

6.3.1 调节产量

按照 DBN 6540/T 048 的规定执行。

6.3.2 套袋

按照 DBN 6540/T 048 的规定执行。

7 田间管理

7.1 土壤管理

按照 DBN 6540/T 048 的规定执行。

7.2 施肥

7.2.1 施肥原则、种类

按照 GB/T 16960.1 有机生产中允许使用的肥料种类、组成及使用准则。根据葡萄的需肥规律，参考生产 100 kg 浆果一年需施纯氮 0.25～0.75 kg、磷 0.25～0.75 kg、钾 0.35～2.2 kg 的标准测定，进行配方施肥。

7.2.2 施肥时期和方法

7.2.2.1 基肥

每年施一次有机肥，果实采收后秋季施基肥。挖深宽各 0.4～0.5 m 的条形沟，将羊粪 4 t/亩＋骨粉 120 kg/亩＋活性蓖麻渣 100 kg/亩或相同营养量的其他有机肥料施入穴中，10 月下旬完成。定植一年生园在距植株 0.3～0.4 m，定植第二年植株 0.4～0.6 m，定植第三年距植株 0.6～0.8 m 处，定植第四年距植株 1.2～1.5 m 处开沟施肥。

7.2.2.2 追肥

以速效有机肥、生物菌肥、微肥为主。大量结果树追肥在花前、花后 10～15 d，以氮、磷为主，果实膨大期和转色期追肥以磷钾为主。将硫酸钾 25 kg/亩于第二膨大期开始（6 月下旬）、第二膨大期结束（7 月下旬）分两次等量施入；活性蓖麻渣分别在催芽期、第二膨大期（6 月中旬）各施 150 kg/亩；氨基酸类肥料 16 kg/亩分别于 4 月底 5 月初灌根、5 月中、上旬页面喷施，分两次等量施入。

7.2.2.3 叶面追肥

以生物菌肥、微肥为主。使用3%硼砂、硫酸锌等叶面肥料进行喷施,结合病虫害防治喷施3次。并使用青牛2号在新梢长出、开花前、坐果、着色期各喷一次,每次200 mL/亩稀释300~500倍液叶面喷施。最后一次叶面追肥距采收期20 d以上。

7.3 灌水

7.3.1 灌水方式

采用地面滴灌、膜下滴灌或者沟灌等灌溉方式进行灌水,尽量避免大水漫灌。

7.3.2 花前水

初花前2~3 d灌一次水,利于花和新梢生长。

7.3.3 浆果膨大水

花后10~15 d结合追肥灌浆果膨大水,利于浆果膨大。

7.3.4 浆果转色期后至采收前应适当控制灌水量。

7.3.5 越冬水

埋土前10~15 d灌足越冬水。

8 病虫害防治

8.1 防治原则

按照GB/T 19630.1的要求,采取"预防为主,综合防治"的植保方针,综合运用农业防治、物理防治、生物防治等措施防治病虫害。

8.2 农业防治

8.2.1 选用抗病种苗

选用高抗、无检疫性有害生物的种苗。

8.2.2 加强田间管理

中耕、松土、除草,控制好温度和空气湿度。整理架面,绑缚新梢,控制架面上叶幕厚度,及时进行打副梢、除萌工作。科学施肥与灌水,合理控制负载量,提高树体的抗病性。清洁田园,利于植株生长发育,避免侵染性病害发生。

8.3 物理防治

采用黑光灯、频振式杀虫灯、糖醋液、性诱剂等进行诱杀鳞翅目害虫成虫。采用黄板诱蚜、潜叶蝇等。对发生霜霉病、毛毡病等严重的地块,采取人工摘病叶、病果等,移出田间深埋。

8.4 生物防治

8.4.1 起架

4月中、下旬,使用5°Be石硫合剂防治越冬病原菌和虫源。

8.4.2 出芽至展叶

4月下旬至5月上、中旬,采用0.1%卫保水剂500倍液喷雾防治霜霉病。

8.4.3 花前

5月中、下旬,采用石灰少量式波尔多液防治霜霉病和穗轴褐枯病。

8.4.4 花后

6月上、中旬,竹醋500倍液喷雾防治霜霉病、黑痘病和穗轴褐枯病等。

8.4.5 幼果期

6 月中、下旬，采用石灰少量式波尔多液喷雾防治霜霉病、黑痘病和毛毡病等。

8.4.6 一次膨大期

7 月上旬，采用 0.6%清源保水剂 1 000 倍液+0.1%卫保水剂 500 倍液喷雾防治霜霉病、白粉病和白腐病等。

8.4.7 采收前

7 月中旬至 8 月下旬，采用竹醋液 300 倍+米醋 500 倍喷雾防治霜霉病、白腐病和白粉病等。

8.4.8 采收期

8 月下旬至 9 月下旬，采用 1.1%儿茶素可湿性粉剂 500 倍液防治霜霉病、白腐病和白粉病等。

8.4.9 采收后至下架后

9 月下旬至 10 月下旬，采用 5°Be 石硫合剂喷雾防治越冬病原菌和虫源。

9 收获

按照 NT/T 470 的规定执行。

10 埋土与出土

10.1 埋土

按照 DBN 6540/T 048 的规定执行。

10.2 出土

按照 DBN 6540/T 048 的规定执行。

11 包装、运输及贮藏

11.1 包装

应符合 GB/T 19630.3 的规定。

11.2 运输与贮藏

应符合 GB/T 19630.2 的规定。

12 生产纪录和追溯体系

应符合 GB/T 19630.4 的规定。

有机红地球葡萄贮藏保鲜技术规程
(DBN 654000/T 0136—2011)

前言

本标准依据 GB/T 1.1—2009《标准化工作导则第 1 部分:标准的结构和编写规则》及 DB/T 2035.2—2003《标准体系工作导则第 2 部分:标准化工作导则框架与要求》的要求编写。

本标准由伊犁哈萨克自治州农业标准化工作领导小组提出。

本标准由伊犁哈萨克自治州质量技术监督局发布。

本标准由伊犁哈萨克自治州农业局归口。

本标准由中国农业大学、伊犁州农业技术推广总站、金山葡萄庄园负责起草。

本标准主要起草人:生吉萍、吴文良、郭岩彬、孟凡乔、陈勇、应光荣、焦子伟、罗新湖、伊力哈木、迪力夏提、巴拉提、宋萍、武文津、范荣霞。

1　范围

本标准规定有机红地球葡萄基础条件、采前处理、采后处理、贮藏保鲜技术、注意事项。

本标准适用于伊犁河谷地区有机红地球葡萄种植区。

2　规范性引用文件

下列文件对于本文件的应用是必不可少的。凡是注日期的引用文件,仅所注日期的版本适用于本文件。凡是不注日期的引用文件,其最新版本(包括所有的修改单)适用于本文件。

GB 3095 环境空气质量标准

GB 50072 冷库设计规范

3　基础条件

3.1　环境质量要求

应符合 GB 3095 二级标准的规定。

3.2　冷库建设及规划

应符合 GB 50072 的规定。

4　采前处理

有机葡萄不允许使用二氧化硫作为保鲜剂,采前处理是解决采后病害和延长贮藏期的关键。可以在早晨使用天然保鲜剂喷洒葡萄果实及其周围叶片,充分晾干后采收。

5　贮藏保鲜技术

5.1　采收

5.1.1　采收时间

应在充分成熟时采收。采前遇到大雨应该推迟 1 周采收;采前遇到中雨应该推迟 5 d 采收；采前遇到小雨应该推迟 2 d 采收。通常采前 10 d 不能浇水。炎热天气采收后，应该减少葡萄在田间的停留时间，及时运到冷库预冷。

5.1.2 采收操作

用于贮藏的葡萄应细致采收，最好使用专用采收剪，以防疏剪病、残、次果时伤及好果粒。采收下来的果穗，要用手轻轻拿住果柄，不要触及果面，以免造成果粉脱落，影响果实外观品质。不要摇动果穗，以免造成果粒与果蒂间产生伤痕。剪掉病、伤、残、次果，将果穗单层放在树荫下洁净的塑料膜、草帘上。

5.2 装箱与入冷库

应选择透湿能力强的 PVC、PVC＋PVA（聚乙烯醇）、PVC＋EVA（乙烯醋酸乙烯）等保鲜膜。将塑料保鲜膜衬于包装箱上，然后将葡萄摆于箱内。箱内的葡萄必须码紧。在包装箱上添加产品的有机标签和批号。

5.3 预冷

预冷要在－2～－1℃的冷库中进行，预冷时要打开保鲜袋的口，敞开口预冷，以加速热气和湿气散出。注意冷库库体要提前预冷，另外葡萄一次入库量不要太大，以地面摆放 2～3 层为宜，否则温度下降太慢，库温波动大影响葡萄贮藏。预冷时间大概为 12 h 左右。当葡萄的温度下降到 0℃时，可以将安全型保鲜剂放入袋内，在果柄处用湿棉花包裹，扎紧袋口在－1～0℃ 条件下长期贮藏。

5.4 码垛

码垛前用木头将地面垫高 20 cm 以上，然后进行品字形码箱。箱与箱之间的距离为 5 cm，一般（6 cm×5 cm×3 cm）微型库可以码成 6 垛，垛与垛之间留出 20 cm 以上的距离，中间过道宽 80～100 cm，箱距离顶棚保留 80 cm 左右的距离。这样可以使每个箱子都能接触到冷空气。

5.5 贮藏期管理

装满库以后，库房（按 50～100 t 贮量计）应根据不同外包装材料，按下列标准调整库温，促使果温达到－1～0℃。泡沫箱包装，将库温降至－2～－1.5℃，20～30 d 后回升到－1～0℃；纸箱包装，将库温降至－2～－1℃，15～20 d 后回升到－1～0℃，木箱、塑料箱包装，将库温降至－1.5～－1℃，10～15 d 后回升到－1～0℃。为防止受冻，对吊顶风机出风口处的果箱，需要盖一层纸板或草帘。贮藏过程经常检查腐烂的果实，及时清除。库房中经常喷水，相对湿度保持在 85%～90%。

6 注意事项

6.1 机械设备的使用器具

贮藏期间所使用的器械设备应与常规贮藏的分别存放，如果使用同样的设备，使用前必须清理干净。

6.2 农业生产管理记录

对有机葡萄贮藏的全过程，要建立技术档案，做好过程的全面记载，并妥善保存档案 3 年以上，以备查阅。

有机春小麦复播大白菜栽培技术规程
(DBN 654000/T 0131—2011)

前言

本标准依据 GB/T 1.1—2009《标准化工作导则第 1 部分:标准的结构和编写规则》及 DB/T 2035.2—2003《标准体系工作导则第 2 部分:标准化工作导则框架与要求》的要求编写。

本标准由伊犁哈萨克自治州农业标准化领导小组提出。

本标准由伊犁哈萨克自治州质量技术监督局发布。

本标准由伊犁哈萨克自治州农业局归口。

本标准由中国农业大学、伊犁州农业技术推广总站、芦草沟镇农技站负责起草。

本标准主要起草人:吴文良、孟凡乔、郭岩彬、焦子伟、张冬梅、李玉芳、罗新湖、陈蓉、陈勇、王钊、顾向红、郭秀梅。

1 范围

本标准规定了伊犁河谷有机春小麦复播大白菜栽培技术指标、产地环境、茬口安排、春小麦栽培技术、复播大白菜栽培技术、收获,生产纪录及追溯体系。

本标准适用于伊犁河谷平原区种植春小麦的区域,且大于≥10℃有效积温达到 3 100℃以上,有机转换期内及有机转换期后的区域。

2 引用标准

下列文件对于本文件的应用是必不可少的。凡是注日期的引用文件,仅所注日期的版本适用于本文件。凡是不注日期的引用文件,其最新版本(包括所有的修改单)适用于本文件。

GB 3095 环境空气质量标准

GB 4404.1 粮食作物种子 第 1 部分 禾谷类

GB 5084 农田灌溉水质标准

GB 9137 保护农作物的大气污染物最高允许浓度

GB 15618 土壤环境质量标准

GB 16715 瓜菜作物种子

GB/T 19630.1 有机产品 第 1 部分 生产

GB/T 19630.4 有机产品 第 4 部分 管理体系

3 技术指标

3.1 有机春小麦

基本苗:32 万~36 万株/亩。

收获有效穗数:38 万~42 万株/亩。

穗粒数:35～38 粒/穗。

千粒重:40～42 g。

产量:400～450 kg/亩。

3.2　有机大白菜

基本株:3 000～3 500 株/亩。

单棵重:2～3 kg。

产量:6 000～7 000 kg/亩。

4　产地环境

有机生产需要在适宜的环境条件下进行。有机生产基地应远离地区、工矿区、交通主干线、工业污染源、生活垃圾场等。有机和常规生产区域之间应当设置缓冲带或物理障碍物,保证有机生产地块不受污染,以防止临近常规地块的禁用物质的漂移。

4.1　灌溉水

应符合 GB 5084 的规定。

4.2　土壤

应符合 GB 15618 的二级标准规定。

4.3　空气

应符合 GB 3095 的二级标准和 GB 9137 的规定。

5　茬口安排

有机春小麦:3 月中、下旬播种,7 月中、下旬收获。

有机大白菜:8 月上旬播种,10 月中、下旬收获。

6　春小麦栽培技术

6.1　播种准备

6.1.1　选地

选土壤肥力中等以上,土层深厚,轮作倒茬的壤土或沙壤土。

6.1.2　施基肥

翻耕前施入获有机认证的有机肥 2～3 t/亩,均匀撒于地面,深翻 25～30 cm。

6.1.3　秋翻冬灌

实行秋翻冬灌,灌水量 100 m^3/亩,灌足底墒水,灌水均匀,不冲不漏,保证灌水质量。

6.1.4　整地

整地质量达到“齐、平、松、碎、净、墒”六字标准。

6.1.5　品种选择

符合 GB 4404 规定,选择有机种子或种苗;当从市场上无法获得有机种子或种苗时,可选用未经禁用物质处理过的常规种子或种苗,以宁春 16 号、17 号为主要品种。

6.2　播种

6.2.1　播种期

适期早播,一般在 3 月中、下旬。

6.2.2 播种量

22～25 kg/亩。

6.2.3 播种方法

机械条播，等行距播种，行距 15 cm，播深 4～5 cm，畦宽因地制宜采用 90 cm、120 cm、180 cm 均可。要求播行端直，行距准确，下种均匀，播深一致，保证苗齐苗全。

6.3 田间管理

6.3.1 人工除草

分蘖拔节期第一次人工锄草，尽量除干净。拔节孕穗期第二次人工顺行拔除大草。

6.3.2 灌水

春小麦全生育期灌水 3～4 次，采用畦灌。在春小麦分蘖中后期时灌头水，相隔 10 d 灌二水，一二水灌水量均为 70～80 m^3/亩。二水后灌水间隔 15～20 d，灌拔节孕穗水，灌水量为 70～80 m^3/亩。抽穗后，需灌 1～2 次，灌水量为 70～80 m^3/亩。

6.3.3 追肥

选择经过有机认证的生物菌肥或微肥。使用青牛 2 号、或海绿素、或杨康液等叶面肥在小麦拔节期、孕穗期、灌浆期灌根、叶面喷雾各一次，每次使用叶面肥的浓度 1∶200 倍液根部灌施，200 mL/亩稀释 300～500 倍液叶面喷施。

6.4 病虫害防治

6.4.1 防治原则

实行“预防为主，综合防治”的植保方针，主要以生物防治、农业防治和物理防治等为主。使用的植物保护产品的物质应符合 GB/T 19630.1 的规定。

6.4.2 物理防治

采用黑光灯、频振式杀虫灯、糖醋液、性诱剂等进行诱杀鳞翅目、鞘翅目等害虫成虫。采用黄板诱蚜等，防控其危害。

6.4.3 生物防治

6.4.3.1 虫害防治

保护利用天敌，放养天敌防治虫害。同时采用 0.6%清源保水剂 500 倍液、7.5% 鱼藤酮水剂 500 倍液或 0.6% 苦参碱水剂 500 倍液等进行喷雾防治蚜虫等。

6.4.3.2 病害防治

发病初期，使用 0.5%卫保水剂 500～600 倍液、95%竹醋液 500 倍液、50%硫磺悬浮剂 500 倍液或 1.1%儿茶素可湿性粉剂 500 倍液等防治小麦白粉病、锈病等。

7 复种大白菜栽培技术

7.1 播前准备

7.1.1 种子选择

应符合 GB 16715 的规定，选择有机种子或种苗；当从市场上无法获得有机种子或种苗时，可选用未经禁用物质处理过的常规种子或种苗。以北京小杂 56、精纯改良青杂 3 号等为主栽品种。

7.1.2 施肥整地

小麦收后，施入经过有机认证的优质有机肥 2～3 t/亩，深翻整地，整地质量达到“齐、平、墒、碎、净、松”六字标准。

7.2 播种

抢墒播种，播量 0.15～0.2 kg/亩，行距 50 cm，株距 40 cm，基本苗 3 000～3 500 株/亩。

7.3 田间管理

7.3.1 间定苗

播后 3～4 d 即可出苗。7～8 d 后进行间苗，在 4 叶期进行第二次间苗，每穴留 2 株。在第 6～7 叶期定苗，每穴留 1 株壮苗。

7.3.2 中耕除草

封垄前要进行 2～3 次浅中耕除草，人工拔草，做到拔早、拔小，并及时培土，以利排灌。

7.3.3 追肥

选择经过有机认证的生物菌肥或微肥。使用青牛 2 号、或海绿素、或杨康液等叶面肥在幼苗期、莲座期、结球期灌根、叶面喷雾各一次，每次使用叶面肥的浓度 1∶200 倍液根部灌施，200 mL/亩稀释 300～500 倍液叶面喷施。

7.3.4 浇水

结束蹲苗后，浇第一次水。从团棵到莲座期，浇第二水。进入结球期后，一般 6～7 d 浇一次水，使土壤保持湿润。

7.4 病虫害防治

7.4.1 防治原则

符合 GB/T 19630.1 的规定。

7.4.2 农业防治

选用高抗品种。实行严格的轮作制度，与禾本科作物等轮作。增施充分腐熟的有机肥料，配以叶面追肥，均衡施肥，清洁田园。

7.4.3 物理防治

采用黑光灯、频振式杀虫灯、糖醋液、性诱剂等进行诱杀鳞翅目等害虫成虫。采用黄板诱蚜等，防控其危害。

7.4.4 生物防治

7.4.4.1 虫害防治

积极保护利用天敌，放养天敌防治病虫害。采用 0.6%清源保水剂 500 倍液、7.5% 鱼藤酮水剂 500 倍液或 0.6% 苦参碱水剂 500 倍液等进行喷雾防治菜青虫、蚜虫等。

7.4.4.2 病害防治

白菜病毒病：拔除病株，移出田间深埋。

白菜霜霉病、软腐病：发病初期采用 0.5%卫保水剂 500～600 倍液，1.1%儿茶素可湿性粉剂 500 倍液，或 95%竹醋液 500 倍液进行喷雾。

8 收获

春小麦穗下节间呈金黄色，穗下第一节间呈微绿色，籽粒饱满成熟，进行机械收获。

大白菜：适时采摘，大白菜待包心紧实，外叶还保持绿色即可收获。

9 生产记录和追溯体系

应符合 GB/T 19630.4 规定。

有机糯玉米复播青萝卜栽培技术规程
(DBN 654000/T 0130—2011)

前言

本标准依据 GB/T 1.1—2009《标准化工作导则第 1 部分:标准的结构和编写规则》及 DB/T 2035.2—2003《标准体系工作导则第 2 部分:标准化工作导则柜架与要求》的要求编写。

本标准由伊犁哈萨克自治州农业标准化领导小组提出。

本标准由伊犁哈萨克自治州质量技术监督局发布。

本标准由中国农业大学、伊犁州农业技术推广总站、芦草沟农技站负责起草。

本标准由伊犁哈萨克自治州农业局归口。

本标准主要起草人:郭岩彬、吴文良、孟凡乔、焦子伟、李玉芳、罗新湖、张冬梅、陈蓉、陈勇、王钊、顾向红、郭秀梅。

1 范围

本标准规定了伊犁河谷有机糯玉米复播青萝卜栽培技术指标、产地环境要求、茬口安排、糯玉米栽培技术、复播青萝卜栽培技术、收获、生产记录及追溯体系。

本标准适用于伊犁河谷大于≥10℃有效积温达 3 100℃以上,有机转换期内及有机转换期后的区域。

2 规范性引用文件

下列文件对于本文件的应用是必不可少的。凡是注日期的引用文件,仅所注日期的版本适用于本文件。凡是不注日期的引用文件,其最新版本(包括所有的修改单)适用于本文件。

GB 3095 环境空气质量标准

GB 4404 粮食作物种子 第 1 部分 禾谷类

GB 5084 农田灌溉水质标准

GB 9137 保护农作物的大气污染物最高允许浓度

GB 15618 土壤环境质量标准

GB 16715 瓜菜作物种子

GB/T 19630.1 有机产品 第 1 部分 生产

GB/T 19630.4 有机产品 第 4 部分 管理体系

3 技术指标

3.1 有机糯玉米

基本株数:4 000～5 000 株/亩。

单穗鲜重 250 g。

鲜重产量 1 000～1 250 kg/亩。

3.2　有机青萝卜

基本株 4 000～5 000 株/亩。

单颗重 1 kg。

产量 4 000～5 000 kg/亩。

4　产地环境

有机生产需要在适宜的环境条件下进行。有机生产基地应远离地区、工矿区、交通主干线、工业污染源、生活垃圾场等。有机和常规生产区域之间应当设置缓冲带或物理障碍物，保证有机生产地块不受污染，以防止临近常规地块的禁用物质的漂移。

4.1　灌溉水

应符合 GB 5084 的规定。

4.2　土壤

应符合 GB 15618 的二级标准规定。

4.3　空气

应符合 GB 3095 的二级标准和 GB 9137 的规定。

5　茬口安排

糯玉米：4 月上、中旬播种，7 月中、下旬收获。

青萝卜：8 月上、中旬播种，10 月中、下旬收获。

6　有机糯玉米栽培技术

6.1　播种准备

6.1.1　选地

选土壤肥力中等以上，土层深厚，轮作倒茬的壤土或沙壤土。

6.1.2　施基肥

翻耕前施入获有机认证的有机肥料 3～4 t/亩，均匀撒于地面，深翻 25～30 cm。

6.1.3　秋翻冬灌

实行秋翻冬灌，灌水量 100 m^3/亩，灌足底墒水，灌水均匀，不冲不漏，保证灌水质量。

6.1.4　整地

整地质量达到“齐、平、松、碎、净、墒”六字标准。

6.1.5　品种选择

符合 GB 4404 规定，选择有机种子或种苗；当从市场上无法获得有机种子或种苗时，可选用未经禁用物质处理过的常规种子或种苗，以新甜玉 14 号、黄糯 1 号为主要品种。

6.2　播种

6.2.1　播种期

适期早播。一般在 4 月上、中旬。

6.2.2　播种量

播种量 1.8～2 kg/亩。

6.2.3 播种方法

采用气吸式精量播种机播种，株距25～28 cm，行距55～60 cm。要求播行端直，行距准确，下种均匀，播深一致，达到一播全苗。

6.3 田间管理

6.3.1 定苗

在2～4片叶时定苗，株距25～28 cm每穴留一株，缺苗处留双株，去弱苗、病苗留壮苗。

6.3.2 中耕除草

中耕2～3次，苗期第一次人工锄草，锄小、锄净。拔节期结合中耕开沟第二次人工锄草，顺行拔除大草。

6.3.3 去除分蘖

糯玉米应结合田间管理及早去除分蘖。

6.3.4 灌水

全生育期灌水2～3次。在小喇叭口期时灌头水，灌水量70～80 m^3/亩。抽雄期灌第二水，灌水量70～80 m^3/亩。采摘鲜食玉米前15～20 d灌第三水，灌水量60～70 m^3/亩。

6.3.5 追肥

选择经过有机认证的生物菌肥或微肥。使用青牛2号、或海绿素、或杨康液等叶面肥在小喇叭口期、灌浆期灌根、叶面喷雾各一次，每次使用叶面肥的浓度1∶200倍液根部灌施，200 mL/亩稀释300～500倍液叶面喷施。

6.4 病虫害防治

6.4.1 防治原则

实行"预防为主，综合防治"的植保方针，主要以生物防治，农业防治和物理防治等为主。使用的植物保护产品的物质应符合GB/T 19630.1的规定。

6.4.2 农业防治

处理越冬寄主，采用粉碎还田或锄碎后沤制高温堆肥，消灭菌源和虫源。合理轮作，科学施肥和灌水，控制其发生危害。

6.4.3 物理防治

采用黑光灯、频振式杀虫灯、性诱剂等进行诱杀玉米螟成虫。

6.4.4 生物防治

6.4.4.1 虫害防治

积极保护利用天敌，放养赤眼蜂等天敌防治虫害。同时采用0.6%清源保水剂、7.5%鱼藤酮水剂或0.6%苦参碱水剂原液等拌砂进行滴心防治玉米螟。

6.4.4.2 病害防治

采用50%硫磺悬浮剂500倍液、0.5%卫保水剂500～600倍液或1.1%儿茶素可湿性水剂500倍液等防治玉米瘤黑穗病等。

7 复种青萝卜栽培技术

7.1 播前准备

7.1.1 种子选择

种子选择应符合GB 16715规定，选择有机种子或种苗；当从市场上无法获得有机种子或种苗时，可选用未经禁用物质处理过的、抗病较强、丰产、早熟的品种，以大青皮、翘头青等为主栽品种。

7.1.2　施肥整地

糯玉米收后及时整地。施入有机认证过的有机肥 2～3 t/亩，深翻整地，深度 20～30 cm，整地质量达到“齐、平、墒、碎、净、松”六字标准。

7.2　播种

抢墒播种，一般条播，行距 50 cm，株距 30 cm。播量 0.5～0.6 kg/亩。

7.3　田间管理

7.3.1　定苗

当 5～6 片真叶时进行定苗，30 cm 定苗一株。

7.3.2　中耕除草

结合定苗结合中耕，第一次要浅耕，第二次结合培土深耕，及时培土，防止倒苗。

7.3.3　追肥

选择经过有机认证的生物菌肥或微肥。使用青牛 2 号或海绿素、或杨康液等叶面肥在块根膨大期灌根、叶面喷雾各一次，每次使用叶面肥的浓度 1∶200 倍液根部灌施，200 mL/亩稀释 300～500 倍液叶面喷施。

7.3.4　浇水

萝卜生长前期土壤适当干燥。至肉质根开始膨大以后，必须充分供应水分，保持土壤湿润，浇一水、二水，切勿忽干忽湿，防肉质根开裂、空心、质地粗糙。

7.4　病虫害防治

7.4.1　防治原则

应符合 GB/T 19630.1 的规定。

7.4.2　农业防治

选用高抗品种。实行严格的轮作制度，与禾本科作物等轮作。增施充分腐熟的有机肥料，配以叶面追肥，均衡施肥。

7.4.3　物理防治

采用黑光灯、频振式杀虫灯、糖醋液、性诱剂等进行诱杀鳞翅目害虫成虫。采用黄板诱蚜等，防控其危害。

7.4.4　生物防治

7.4.4.1　虫害防治

保护利用天敌，放养天敌防治虫害。同时采用 0.6%清源保水剂 500 倍液、7.5% 鱼藤酮水剂 500 倍液或 0.6%苦参碱水剂 500 倍液等进行喷雾防治黄曲跳甲、菜青虫和蚜虫等。

7.4.4.2　病害防治

青萝卜软腐病、黑腐病：采用 0.5%卫保水剂 500～600 倍液或 1.1%儿茶素可湿性粉剂 500 倍液等进行防治。

8　收获

糯玉米：一般授粉后 20～25 d 采收。

青萝卜：肉质根充分膨大后及时采收。

9 生产记录和追溯体系

应符合 GB/T 19630.4 规定。

有机农产品生产与加工利用规范

前言

本规程由中国农业大学、伊犁州农业技术推广总站负责起草。

本规程主要起草人:李全宏、韩明霞、吴文良、孟凡乔、郭岩彬、白云峰、依力哈木、迪力夏提、陈勇、焦子伟、巴拉提、宋萍、刘福旺、罗新湖、武文津、范荣霞。

1　范围

本规程规定了有机农产品术语、采收、加工、包装和标识、检测、运输、贮藏及销售。本标准适用于伊犁河谷区域有机农产品生产与加工。

2　规范性引用文件

下列文件对于本文件的应用是必不可少的。凡是注日期的引用文件,仅所注日期的版本适用于本文件。凡是不注日期的引用文件,其最新版本(包括所有的修改单)适用于本文件。

GB 2760 食品添加剂使用卫生标准

3　术语

3.1　有机农业

有机农业(organic farming)指在动动物生产过程中不使用化学合成的农药、化肥、饲料调节剂、饲料添加剂等物质,以及基因工程生物及其产物,而是遵循自然规律和生态学原理,采取一系列可持续发展的农业技术,协调种植业和养殖业的平衡,维持农业生态系统持续稳定的一种农业生产方式。

3.2　有机食品

有机食品(organic food)指来自于有机农业生产体系,根据有机农业生产的规范生产加工,并经独立的认证机构认证的农产品及其加工产品等。

3.3　有机产品

有机产品(organic product)指按照有机食品生产技术规范的要求生产并获得认证的有机食品和其他各类产品,如有机纺织品、皮革、化妆品、林产品、家具以及生物农药、肥料等有机农业生产资料。

3.4　天然产品

天然产品(natural product)指自然生长在地域界限明确的地区、未受基因工程生物和外来化学合成物质污染的产品。

3.5　常规产品

常规产品(conventional product)指不符合本技术规范或未获有机认证或有机转换认证的一切产品。

3.6 转换期

转换期(conversion period)指从开始有机管理至获得有机认证之间的时间。

3.7 平行生产

平行生产(parallel production)指有机生产者、加工者或贸易者同时从事相同品种的其他方式的生产、加工或贸易。其他方式包括:非有机、有机转换。

3.8 缓冲带

缓冲带(buffer zone)指有机生产体系与非有机生产体系之间界限明确的过渡地带,用来防止受到邻近地区传来的禁用物质的污染。

3.9 作物轮作

作物轮作(crop rotation)指为了防治杂草及病虫害,提高土壤肥力和有机质含量,在同一地块上按照预定的方式或顺序轮换耕作不同种类的作物的农事活动。

3.10 基因工程

基因工程(genetic engineering)指分子生物学的一系列技术(如重组 DNA、细胞融合)。通过基因工程,植物、动物、微生物、细胞和其他生物单位可发生按特定方式或获得特定结果的改变,且该方式或结果无法来自自然繁殖或自然重组。

3.11 顺势疗法

顺势疗法(homeopathy)指一种疾病治疗体系,以小剂量持续使用一种药物为基础,这种药物的大量服用可在健康动物体内产生一种类似于其试图治疗的疾病本身的症状。

3.12 食品配料

食品配料(food ingredient)指包括食品添加剂在内的、用于食品加工或配制的物质。

3.13 食品添加剂

食品添加剂(food additive)指为改善食品品质和色、香、味,以及为防腐和加工工艺的需要而加入食品中的化学合成或者天然物质。

3.14 加工助剂

加工助剂(processing aid)指为了在加工过程中实现特定的技术目的,而在原材料的加工中有意使用的物质或材料。它本身不作为产品成分,但在终产品中可能存在其残留物或衍生物。

3.15 辐射(离子辐射)

辐射(离子辐射)[radiation (ionizing irradiation)]指放射性核素的高能量辐射。辐射可改变食品的分子结构,以控制食品中的微生物、病菌、寄生虫和害虫,从而达到保存食品或抑制诸如发芽或成热等生理学过程的目的。

3.16 标识

标识(labelling)指出现在产品的标签上、附在产品上或显示在产品附近的书面、印刷或图解形式的表示。

3.17 允许使用

允许使用(allowed for use)指可以在有机生产过程中使用某物质或方法。

3.18 限制使用

限制使用(restricted for use)指在无法获得任何允许使用物质的情况下,可以在有机生产过程中有条件地使用某物质或方法。

4　采收

采收是栽培管理工作的最后环节，是贮藏保鲜工作的开始，也是果实贮藏保鲜最重要的一环。果实采收质量的好坏，直接关系到果实贮藏保鲜效果的好坏。故在采收时应注意：

(1) 天气晴朗时采果。

(2) 采果人员戴软质手套。

(3) 采果时不要攀枝拉果。

(4) 严格实行复剪法。

(5) 轻拿轻放，果篓装至八九成满为宜。

(6) 运输过程中视果箱承受能力，适当重叠。

(7) 入库前，进行分级。

对于有机农作物，过早过晚的采收对产量和品质都会造成一定的影响。收获过早，籽粒尚未充分成熟，降低产量；过晚则造成籽粒脱落在地，减少收成。因此，要做到增产丰收，就必须要掌握各种农作物的最佳收获时间，以防止伤镰和落镰而影响产量。

5　加工

5.1　基本要求

(1) 原料必须是来自已获有有机颁证的产品或野生天然产品。

(2) 在认证产品生产中的配料、辅料、添加剂、加工助剂或发酵材料等不得使用经基因工程技术改造过的生物体生产出来的产品。

(3) 已获得有机认证的原料在终产品中所占的比例不得少于95%。

(4) 只允许使用天然的调料、色素和香料等辅助原料，禁止使用人工合成的添加剂。

(5) 有机食品在生产、加工、贮存和运输的过程中应避免化学物质的污染。

(6) 生产者在有机食品加工和销售过程中需有完善的质量审查体系和完整的加工、销售记录体系。

5.2　配料、添加剂和加工助剂

(1) 加工所用的原料必须是有机原料，这些原料在终产品中所占的重量或体积不少于95%。

(2) 在有机配料的数量或质量得不到保证时，允许使用常规的、非人工合成的配料，但总量不得超过5%。非有机配料不能是基因工程产品，并须获得认证机构的许可。一旦有条件获得经认证的有机配料时，应立即用有机配料替换非有机配料。所有使用了非有机配料的单位都必须提交将其配料转换为100%有机配料的计划。

(3) 有机产品中的同一种配料不允许既有有机来源的又有非有机来源的。

(4) 作为配料的水、食用盐，只要符合国家食品卫生标准可免于认证，但不计入所要求的认证原料中。

(5) 允许使用GB 2760中指定的天然色素、香料和添加剂，但禁止使用人工合成的色素、香料和添加剂。

(6) 允许使用GB 2760中的附录F和附录G所列的添加剂和加工助剂，一般不得使用超出此范围的非自然来源的添加剂和加工助剂。在附录F和附录G中增添物质必须按照附录

G 评估有机食品中添加剂和加工助剂的程序对此物质进行评估。

(7) 禁止使用矿物质(包括微量元素)、维生素和类似分离成分,法律规定必须使用或可证明食物或营养成分中严重缺乏时例外。

(8) 禁止在有机食品加工中使用来自基因工程的配料、添加剂和加工助剂。

(9) 有机产品在其整个加工过程中必须有适当的标识。

5.3 加工

(1) 有机加工应制定正式的卫生管理计划,该计划要符合国家或地方卫生管理法规,并应提供以下几方面的卫生保障:

a. 外部设施(垃圾堆放场、旧设备存放场地、停车场等);

b. 内部设施(加工、包装和库区);

c. 加工和包装设备(防止酵母菌、霉菌和细菌);

d. 职工的卫生(餐厅、工间休息场所和厕所)。

(2) 有机加工应该配备专用设备,如果不得不与常规加工共用设备,则在常规加工结束后必须进行彻底清洗,并不得有清洗剂残留。

(3) 加工工艺必须不破坏食品的主要营养成分,可以使用机械方法、冷冻、加热、微波、烟熏等处理方法及微生物发酵工艺;可以采用提取、浓缩、沉淀和过滤工艺,但提取溶剂仅限于符合国家食品卫生标准的水、乙醇、动植物油、醋、二氧化碳、氮或羧酸,在提取和浓缩工艺中不得采用其他化学试剂。

(4) 加工用水水质必须达到相关标准。

(5) 加工单位排放废弃物必须达到相应标准。

(6) 允许使用二氧化碳和氮作为包装填充剂。

(7) 禁止在食品加工和贮藏过程中采用离子辐射处理。

(8) 禁止在食品加工中使用石棉过滤材料或可能被有害物质渗透过的过滤材料。

5.4 有害生物防治

(1) 有机食品加工场所必须干净、整洁,不受有害动物或昆虫的侵扰。

(2) 应通过加强加工场所的卫生管理来控制虫害,彻底消除害虫的滋生条件。

(3) 允许使用机械类的、信息素类的、气味类的、黏着性的捕害工具、物理障碍、硅藻土、声光电器具,作为防治害虫的设施或材料。

(4) 允许使用以维生素 D 为基本有效成分的杀鼠剂。

(5) 可以使用附录 B 中允许或限制使用的物质。

(6) 在加工贮藏场所遭受害虫严重侵袭的紧急情况下,提倡使用中草药进行喷雾和熏蒸处理;限制使用硫磺。

(7) 禁止使用持久性和致癌性的农药和消毒剂。

6 包装和标识

6.1 包装

(1) 提倡使用由木、竹、植物茎叶和纸制成的包装材料,允许使用符合卫生要求的其他包装材料。

(2) 包装应简单、实用,避免过度包装,并应考虑包装材料的回收利用。

6.2　标识

（1）国家环境保护总局有机食品标志是注册证明商标，获得国家环境保护总局认可的有机食品认证机构认证的产品可以使用此标志。

（2）对加工产品，如果获得认证的原料在终产品中所占的比例在95%以上，并且是由国家环境保护总局认可的有机食品认证机构认证的设施加工和包装的，可以标识为“有机”并使用国家环境保护总局有机食品标志；如果获得认证的原料在终产品中所占的比例不足95%但超过70%，可以用文字描述获得认证的原料及其所占的比例，但不能标识为“有机”和使用国家环境保护总局有机食品标志。

（3）由多种原料加工成的产品，必须在产品的外包装上按照由多到少的顺序逐一列出各种原料的名称及所占的重量百分比，并注明哪些是通过有机认证的。

（4）获得有机转换认证的产品必须在包装上明确注明为有机转换产品。

（5）在产品的外包装上必须标明生产或加工单位的名称、地址、认证证书号、生产日期及批号。

（6）动物配合饲料的标签上应清楚地标明适用的畜禽种类和用途，及是否已证明营养充足。

（7）产品标识不能错误诱导消费者。

（8）在产品的外包装上印刷标志或说明的油墨必须无毒、无刺激性气味。

（9）有机食品标志在使用时仅可等比例放大或缩小，不可变形或变色。

7　检测

（1）采样时必须使所采的有机样品具有代表性和均匀性，要认真填写采样记录，写明样品的有机食品生产日期批号采样条件和包装情况等。

（2）外地调入的有机（天然）食品应根据运货单、食品检验部门或卫生部门的化验单等了解起运日期、来源、地点、数量和品质以及有机（天然）食品的运输、贮藏等基本情况，并填写检测项目及采样人。

（3）采样的数量必须能反映该有机（天然）食品的卫生质量和满足检验项目对试样用量的需求，并且一式三份供检验、复验和备查用，一般情况下，每份样品的重量不得少于0.5 kg。

（4）有机（天然）食品的检测与我国食品卫生检测的内容以及方法大致相同。它主要包括感观指标、理化指标和微生物指标。

（5）检测的主要项目有：

a. 有机（天然）食品的一般成分分析（包括比重、水分、灰分、蛋白质、脂肪、还原糖、蔗糖、淀粉、粗纤维等）。

b. 有机（天然）食品中有害元素的测定（汞、砷、铅、镉、锡、氟等）。

c. 有机（天然）食品农药残留量的测定（包括有机磷农药残留量、六六六、滴滴涕等）。

d. 有机（天然）食品中添加剂的测定（包括亚硝酸盐与硝酸盐、亚硫酸盐、糖精、山梨酸、苯甲酸、禁用防腐剂、食用人工合成色素等）。

e. 食品中细菌的测定（包括细菌总数、大肠菌群数、沙门菌、病原性大肠艾希菌、副溶性弧菌、葡萄球菌等）。

（6）有机食品发展中心将根据食品行业（粮油、肉与肉制品、蛋与蛋制品、水产品等）的不同持点，按照国家卫生法的要求以及行业检测标准和有机(天然)食品加工的规定，拟定各自的检测项目。

(7) 有机(天然)食品卫生指标执行国家食品卫生标准。

8 运输

(1) 必须根据有机(天然)食品的类型、特性、运输季节、距离以及产品保质贮藏的要求选择不同的运输工具。

(2) 用来运输有机(天然)食品的工具(包括车辆、轮船、飞机等)在装入有机(天然)食品之前必须清洗干净，必要时进行灭菌消毒，必须用无污染的材料装运有机(天然)食品。

(3) 装运前必须进行食品质量检查，在食品、标签与账单三者相符合的情况下才能装运。

(4) 装运过程中所用的工具应清洁卫生，不允许含有化学物品。禁止带入有污染或潜在污染的化学物品。

(5) 运输包装必须符合有机(天然)食品的包装规定，在运输包装的两端，应有明显的运输标志，内容包括始发站、到达站(港)名称、品名、数量、重量、体积、收(发)货单位名称以及有机(天然)食品标志。

(6) 不同种类的有机(天然)食品运输时必须严格分开，不允许性质相反和互相串味的食品混装在一个车(箱)中。

(7) 填写有机(天然)食品运输单据时，要做到字迹清楚、内容准确、项目齐全。

(8) 有机(天然)食品装车(船、箱)前，应认真检查车(船、箱)体状况。对不清洁、不安全，装过化学品、危险品或者未按合同所规定提供车(船、箱)的必须及时提交运输部门进行清洁、消毒或调换，符合要求后才能装入有机(天然)食品。

(9) 有机(天然)食品的运输必须专车专用。尤其是长途运输的粮食、蔬菜和鱼类必须有严格的管理措施。在无专车的情况下，必须采用有密闭的包装容器。容易腐烂的食品(肉、蛋、鱼)必须用专用密封冷藏车装运。运输有机活禽畜和肉制品的车辆应分开。严禁有机食品与化肥、农药以及化学物品一起运输。

(10) 有机乳制品应在低温或冷藏条件下运输，严禁与任何化学物品或其他有害、有毒、有气味的物品一起运输。

9 贮藏

(1) 食品仓库在存放有机(天然)食品前要进行严格的清扫和灭菌，周围环境必须清洁和卫生并远离污染源。

(2) 禁止使用会对有机(天然)食品产生污染或潜在污染的建筑材料与物品。严禁食品与化学合成物质接触。

(3) 食品入库前应进行必要的检查，严禁受到污染和变质以及标签账号与货物不一致的食品入库。

(4) 食品必须按照入库先后、生产日期、批号分别存放，禁止不同生产日期的产品混放。对有机与普通食品应分别贮藏。

(5) 定期对贮藏室用物理或机械的方法消毒，不使用会对有机(天然)食品有污染或潜在污染的化学合成物质进行消毒。

(6) 管理和工作人员必须遵守卫生操作规定。所有的设备在工作和使用前均要进行灭菌。

(7) 食品贮藏期限不能超过保质期,包装上应有明确的生产、贮藏日期。

(8) 贮藏仓库必须与相应的装卸、搬运等设施相配套,防止产品在装卸、搬运过程中受到损与污染。

(9) 有机(天然)食品在入仓堆放时,必须留出一定的墙距、柱距、货距与顶距,不允许直接放在地面上,保证贮藏的货物之间有足够的通风。禁止不同种类有机产品混放。

(10) 建立严格的仓库管理情况记录档案,详细记载进入、搬出食品的种类、数量和时间。

(11) 根据不同食品的贮藏要求,做好仓库温度、湿度的管理,采取通风、密封、吸潮;降温等措施,并经常检测食品温湿度、水分以及虫害发生情况。

(12) 仓库管理必须采用物理与机械的方法和措施,有机(天然)食品的保质贮藏必须采用于燥、低温、密闭与通风、缺氧(充二氧化碳或氮气)、紫外线消毒等物理或机械方法,禁止使用人工合成的化学物品以及有潜在危害的物品。

(13) 保持有机(天然)食品贮藏室的环境清洁,具有防鼠、防虫、防霉的措施,严禁使用人工合成的杀虫剂。

(14) 未做特殊说明的,以国家食品卫生法为准。

10 销售

(1) 销售单位必须经有机食品发展中心或其授权机构批准后,才能进行有机(天然)食品的销售。

(2) 从事销售的工作人员必须按食品卫生管理的规定,保持衣服、手以及周围环境的卫生和清洁。工作人员应经常对室内进行清洗与消毒。

(3) 销售点必须远离厕所、坑塘、垃圾以及生产有毒有害化学物品的场所。

(4) 必须有合乎有机(天然)食品生产用水标准的水源,并配有盛放污水秽物的专门容器,销售点的室内及地面应易于冲洗。

(5) 室内建筑材料不能对环境和有机(天然)食品产生污染,不使用对有机(天然)食品有污染或潜在污染的物品。室内必须保持卫生清洁,配备有机(天然)食品贮藏、防蝇、防鼠及防尘设备,严格禁止犬、猫进入。

(6) 在销售时所用的容器、餐具必须严格消毒,禁止使用会对有机(天然)食品产生污染的容器。容器、餐具消毒后必须彻底清洗干净。

(7) 允许使用物理、机械的方法消毒,使用的方法可以是湿热、干热、低温、干燥及紫外线消毒等。禁止使用人工合成的洗涤剂或杀虫剂作为消毒剂。

(8) 销售单位在进货时必须严格按照有机(天然)食品的质量标准对货物进行认真地检查,检查内容包括规格、质量、品质及卫生状况等。拒绝接受不符合标准的物品。售货员对所出售的产品应随时进行检查,一旦发现有变质,不符合标准的食品应立即停止出售。

(9) 有机(天然)食品销售点内的食品在贮藏或堆放时,必须按不同的品种采取不同的堆放与贮藏保管方法,禁止不同类型的食品混放与胡乱堆放。

(10) 设立有机(天然)食品销售专柜,实行先进先销和销售、收费、消毒以及工具专人负责制度。严禁有机食品与普通食品混合销售。

(11) 不同食品销售时必须用不同的包装，尽量不用手接触食品。操作台、地面、墙壁、空气、手套等都要定期进行严格冲洗与消毒。

有机食品大豆质量标准

前言

本规程由中国农业大学、伊犁州农业技术推广总站、康尤美粮油集团公司负责起草。

本规程主要起草人：李全宏、吴文良、韩明霞、孟凡乔、郭岩彬、刘福旺、陈军、焦子伟、罗新湖、依力哈木、陈勇、王开勇、董明、迪力夏提、宋萍、武文津、范荣霞。

1 范围

本规程规定了有机食品大豆分类、要求、试验方法、检验规则、晒场管理，标志、包装、运输及贮存。

本规程适用于伊犁河谷有机转换期内和有机转换期后的种植区。

2 规范性引用文件

下列文件对于本文件的应用是必不可少的。凡是注日期的引用文件，仅所注日期的版本适用于本文件。凡是不注日期的引用文件，其最新版本(包括所有的修改单)适用于本文件。

GB 1352 大豆

GB 2715 粮食卫生标准

GB/T 5491 粮食、油料检验 扦样、分样法

GB/T 5492 粮食、油料检验 色泽、气味、口味鉴定法

GB/T 5493 粮食、油料检验 类型及互混检验法

GB/T 5494 粮食、油料检验 杂质、不完善粒检验法

GB/T 5497 粮食、油料检验 水分测定法

GB/T 5511 谷物和豆类 氮含量测定和粗蛋白含量计算 凯氏法

GB/T 5512 粮油检验 粮食中粗脂肪的测定

GB/T 7718 食品标签通用标准

GB 13708 饲料卫生标准

GB/T 19630.3 有机产品 第3部分：标识与销售

GB 19641 植物油料卫生标准

NY/T 1359 大豆带式精选机质量评价技术规范

3 术语与定义

GB 1352 中的定义与标准适用于本标准。

4 分类

应符合 GB 1352 的规定，根据大豆的皮色分为黄大豆、青大豆、黑大豆、其他大豆和混合大豆。

5 要求

5.1 原料要求

按照有机食品大豆生产操作技术规程生产的大豆。

5.2 感官指标

应符合表1的规定。

表1 感官指标 %

项目		指标		
		普通大豆	高油大豆	高蛋白大豆
气味、色泽			正常	
完整粒率		≥95.0	≥85.0	≥90.0
损伤粒率	合计	≤1.0	≤3.0	≤2.0
	其中:热损伤粒	≤0.2	≤0.5	≤0.2
杂质含量			≤1.0	

5.3 理化指标

应符合表2的规定。

表2 理化指标 %

项目	指标		
	普通大豆	高油大豆	高蛋白大豆
水分含量	≤13.0	≤13.0	≤13.0
粗脂肪含量		≥22.0	
粗蛋白含量			≥44.0

5.4 卫生指标分地区

5.4.1 食用大豆按GB 2715、GB 19641及国家有关规定执行。

5.4.2 饲料用大豆按GB 13708及国家有关规定执行。

5.4.3 其他用途大豆按国家有关标准和规定执行。

5.2.4 植物检疫按国家有关标准和规定执行。

6 试验方法

6.1 扦样、分样

按GB/T 5491规定执行。

6.2 完整粒率

按GB 1352中附录A规定执行。

6.3 损伤粒率

按GB 1352中附录A规定执行。

6.4 热损伤率

按 GB 1352 中附录 A 规定执行。

6.5 杂质、不完善粒

按 GB/T 5494 规定执行。

6.6 水分

按 GB/T 5497 规定执行。

6.7 异色粒

按 GB/T 5493 规定执行。

6.8 色泽、气味

按 GB/T 5492 规定执行。

6.9 粗蛋白含量

按 GB/T 5511 规定执行。

6.10 粗脂肪含量

按 GB/T 5512 规定执行。

7 检验规则

7.1 组批规则

同一生产基地、同一播种期、同一品种收获的大豆为同一批产品;同批产品出厂前应进行交收检验,出厂时应附有生产厂技术检验部门签署的质量合格证。

7.2 抽样方法

按 GB/T 5491 规定执行。

7.3 交收检验

每批产品交收(出厂)前,生产单位应进行检验,检验合格并附有合格证的产品方可交收(出厂);交收(出厂)检验内容为包装、标志、标签、净含量和感官等。卫生指标为交收(出厂)定期抽检项目。

7.4 型式检验

型式检验是对产品质量进行全面考核,即对本标准规定的全部要求进行检验。有下列情形之一者,应对产品质量进行型式检验:

(1) 因人为或自然因素使生产环境发生较大变化。

(2) 国家质量监督机构或主管部门提出型式检验要求。

(3) 前后两次抽样检验结果差异较大。

7.5 判定规则

检测结果全部合格时则判该批产品合格。包装、标志、标签、净含量、理化指标等项目(含两项)以上不合格时判该批产品不合格,如有一项不符合要求,可重新加倍取样复检,以复验结果为准。任何一项卫生(安全)或微生物学(生物学)指标不合格时,不得作为有机大豆。

当有机食品有关产品标准中的安全卫生指标和相应的国家限量标准被修订时,新的国家限量标准严于现行有机食品标准时,则按国家限量标准执行;现行有机食品标准严于或等同于新的国家限量标准则仍按现行有机食品标准执行。

型式检验时，技术要求规定的各项检验，其中有一项不符合技术要求的产品，不得作为有机大豆。

7.6 复验

对检验结果产生异议时，应对留存样进行复检，或在同批(次)产品中重新加倍取样，对不合格的项目进行复检，以复检结果为准。

7.7 跟踪检查

建立各个环节的文档资料集质量跟踪记录系统，供发现质量问题时进行跟踪检查。

8 晒场管理

要有专门的晒场存放，并用专门的粮食清选机械，清选后及时入库。大豆带式精选按NY/T 1359 规定执行。

9 标志、包装、运输、贮存

9.1 标志

9.1.1 有机食品标志

有机食品大豆均标注有机食品标志。在标签上，还应标明主要原料产地的环境质量以及产品 质量、卫生标准的主要指标。

9.1.2 标签标志

标签应注明产品名称、厂名、厂址、电话、电挂、邮政编码、产品商标、生产日期、产品批号、标准代号、保质期、保存期、净重、毛重。具体标注按 GB 7718 执行。

9.1.3 包装标志

包装箱应标注产品名称、厂名、厂址、电话、电挂、邮政编码、规格、数量、净重、毛重、生产批号、出厂日期。

9.2 包装

9.2.1 包装标识

标识和标志符合 GB/T 19630.3 的要求。

9.2.2 包装标签

包装标签应符合 GB/T 7718 的规定，标明生产者姓名、地块、编号、数量、作物名称、收获时间、检验人员姓名等。

9.2.3 包装材料

产品包装应符合有机食品包装卫生要求，采用无毒、无害、坚固、清洁、干燥、无任何昆虫传播、真菌污染及不良气味的包装材料。

9.2.4 包装要求

包装容器封口严密，不得破损、泄漏；包装内附有标签。

9.3 运输

运输应有专车，或在使用前进行清扫，保持清洁、干燥，有防雨设施及有机食品专用标识；严禁与有毒、有害、有腐蚀性、有异味的物品混运。

9.4 贮存

晾晒后及时入库，库房应清洁、干燥、通风良好，无虫害及鼠害；实行单品单放、单保管，定期检温，注意防虫、防霉；严禁使用化学物质防虫、防变，可使用验证合格准用的中草药制剂来防虫、防霉、防鼠等；每批产品的出入库和库存时的环境及库存指标均进行登记备案，原始记录要保存 3 年以上。

有机大豆油加工技术规程

前言

本规程由中国农业大学、伊犁州农业技术推广总站、康尤美粮油集团公司负责起草。

本规程主要起草人：李全宏、韩明霞、朱代忠、吴文良、孟凡乔、郭岩彬、焦子伟、刘福旺、罗新湖、陈勇、伊力哈木、迪力夏提、王开勇、董明、武文津、范荣霞、巴拉提。

1 范围

本规程规定了有机大豆油术语与定义、压榨工艺、技术指标、检验方法、检验规则，标志、包装，运输及贮存。

本规程适用于伊犁河谷区域有机大豆油。

2 规范性引用文件

下列文件对于本文件的应用是必不可少的。凡是注日期的引用文件，仅所注日期的版本适用于本文件。凡是不注日期的引用文件，其最新版本(包括所有的修改单)适用于本文件。

GB 191 包装贮运图示标志

GB 5225 植物油脂检验方法

GB 5538 植物油脂检验方法

GB 7718 食品标签通用标准

GB/T 19630.1 有机产品 第1部分

GB/T 5009 食品卫生检验方法 理化部分

3 术语与定义

3.1 有机食品大豆油(organic food-Soya bean oil)

获得有机食品标志的大豆油。

3.2 压榨大豆油(pressing soya bean oil)

大豆经直接压榨制取的油。

3.3 大豆原油(crude soya bean oil)

未经任何处理的不能直接供人类食用的大豆油。

3.4 成品大豆油(finished product of soya bean oil)

经处理符合有机大豆油质量标准指标和卫生要求的直接供人类食用的大豆油。

4 压榨工艺

4.1 原料要求

有机大豆生产应符合 GB/T 19630.1 规定。

4.2　采收

黄熟末期收获。

4.3　分选

采用筛选机筛选出颗粒饱满、大小均匀的豆粒。

4.4　加工

利用由油缸、平板状顶板的机架、挡饼机构、油盘和凸盘状承饼盘构成的豆油的榨取装置，经过精选原料，去沙子、石子，去皮，在40℃以下被破碎成碎瓣和压制成薄片、料坯，置入挡饼机构中的承饼盘上挤压12 h以上，再经过2～5道过滤工序，可得到纯净的大豆油。

4.4.1　制备方法

(1) 精选有机大豆原料，将破损的大豆去除。

(2) 利用筛网去除精选后的大豆中的沙土和石子。

(3) 利用去皮机械将大豆的外皮去除，并利用降温设备降温至40℃以下将去皮的大豆破损成4～6瓣。

(4) 利用在转辊中的通有循环冷水(或冷气)的管路的对辊机，在40℃以下将破损的大豆压制成薄片。

(5) 将大豆薄片压制成料坯(针对不同的榨取装置压制成圆形斜饼或中心带有圆孔的圆形料饼)。

(6) 将料坯置入挡饼机构中的承饼盘上，使料坯的厚度达到50～150 cm。

(7) 开启油缸，油缸的活塞推动承饼盘上升，并与机架的顶板将料坯压紧后，以2～50 mm(视料坯的厚度而定)的速度推进承饼盘挤压料坯，将料坯的油脂挤压后，且料坯的时间12 h、14 h、16 h或20 h。

(8) 将给挤压的油脂经过2～5道过滤工序，即可得到纯净的大豆油。

5　技术指标

5.1　特征指标

应符合表1的规定。

表1　特征指标

项　目	指　标
折光指数(n^{20})	1.472 0～1.477 0
相对密度(d_4^{20})	0.918 0～0.925 0
每百克碘价(I)/g	123～142
皂化价(KOH)/(mg/g)	188～195

5.2　感官指标

油体澄清、透明，无任何悬浮物；具有大豆油固有的气味和滋味，无异味。

5.3　理化指标

应符合表2的规定。

表 2 理化指标

项 目	指 标
水分及挥发物/%	≤0.10
色泽(罗维朋比色槽 133.4 mm)	Y35 R4
杂质/%	≤0.05
烟点/℃	≥215
酸价/(mg/kg)	≤0.4
过氧化值/(mmol/kg)	≤10
羰基价/(mmol/kg)	≤10
不皂化物/%	≤0.60
砷/(mg/kg)	≤0.08
汞/(mg/kg)	≤0.05
黄曲霉毒素 B_1/(μg/kg)	≤5
苯并(a)芘/(mg/kg)	≤5
马拉硫磷/(mg/kg)	不得检出
乐果/(mg/kg)	不得检出
敌敌畏/(mg/kg)	不得检出
杀螟硫磷/(mg/kg)	不得检出
倍硫磷/(mg/kg)	不得检出

6 检验方法

应符合 GB 5525、GB 5538 及 GB/T 5009 的规定执行。

7 检验规则

7.1 批次

同一生产期内生产，经包装后出厂的产品为同一批产品。每批产品出厂前应进行例行检测，出厂时应附有生产厂技术检验部门签署的质量合格证。

7.2 抽样

从每批产品中随机抽取 n 桶，再从 n 桶中各抽取一部分混匀，作为该批产品的样品由质检部门检测。抽检样品的数量应符合表 3 的规定。

表 3 抽检样品

批量/桶	桶数	每桶采样量/kg
＜500	≥10	≥0.5
＞500	≥15	≥0.5

7.3 型式检验

型式检验是按规定要求，定期或在特殊情况下，对产品质量进行全面考核的一种例行检验。

型式检验需每个生产季节进行一次。发生下列任一情况亦应进行：

(1) 更改原料。

(2) 更改关键工艺。

(3) 更改关键设备。

(4) 绿色食品质量监督检验机构提出进行型式检验要求。

7.4　判定规则

受检样品中有一项A类不合格时，则判定整批产品为不合格品。受检产品中允许有一项B类不合格，当超过一项时，则判整批产品为不合格产品。

受检样品检验不合格时，应按本标准中7.1.2规定重新抽取样品进行复检，以复检结果为最终检验结果。

8　标志、包装

8.1　标志

8.1.1　有机食品标志

有机食品大豆油均标注有机食品标志。

在标签上，还应标明主要原料产地的环境质量以及产品质量、卫生标准的主要指标。

8.1.2　标签标志

按GB 7718的规定执行。

8.1.3　包装标志

按GB 191的规定执行。

8.2　包装

有机食品大豆油产品包装容器，应符合有机食品包装卫生要求，采用无毒、无害、耐油的包装材料。包装容器应整齐、清洁、封装严密、无渗漏现象。

外包装应用合格的纸箱或木箱，箱内要有防震、防撞符合食品包装卫生要求的间隔材料填充。

9　贮藏、运输

经包装的有机食品大豆油产品允许在40℃以下贮藏和运输。

在贮藏和运输过程中，应有防雨、防晒、防爆措施。保证场地清洁、干燥、通风良好，禁止与非食用油脂、有腐蚀、易受潮、发霉、有毒有害、易燃的货物共同堆放、混运。

有机食品大米加工技术规程

前言

本规程由中国农业大学、伊犁州农业技术推广总站、昌吉集团伊犁米泉农业科技有限责任公司负责起草。

本规程主要起草人：李全宏、韩明霞、依力哈木、吴文良、孟凡乔、郭岩彬、白云峰、迪力夏提、陈勇、焦子伟、巴拉提、宋萍、刘福旺、罗新湖、武文津、范荣霞。

1 范围

本规程规定了有机大米术语与定义、分类、要求、试验方法、检验规则、标志、标签、包装、运输及贮存。

本规程适用于伊犁河谷平原水稻种植区。

2 规范性引用文件

下列文件对于本文件的应用是必不可少的。凡是注日期的引用文件，仅所注日期的版本适用于本文件。凡是不注日期的引用文件，其最新版本（包括所有的修改单）适用于本文件。

GB 1354 大米

GB/T 5009.11 食品中总砷的测定方法

GB/T 5009.12 食品中铅的测定方法

GB/T 5009.15 食品中镉的测定方法

GB/T 5009.17 食品中总汞的测定方法

GB/T 5009.18 食品中氟的测定方法

GB/T 5009.19 食品中六六六、滴滴涕残留量的测定方法

GB/T 5009.20 食品中有机磷农药残留量的测定方法

GB/T 5009.22 食品中黄曲霉毒素 B1 的测定方法

GB/T 5009.36 粮食卫生标准的分析方法

GB/T 5009.110 植物性食品氯氰菊酯、氰戊菊酯和溴氰菊酯残留量的测定

GB/T 5009.114 大米中杀虫双残留量的测定

GB/T 5009.115 稻谷中三环唑残留量的测定

GB/T 5491 粮食、油料检验 扦样、分样法

GB/T 5492 粮食、油料检验 色泽、气味、口味鉴定法

GB/T 5493 粮食、油料检验 类型及互混检验法

GB/T 5494 粮食、油料检验 杂质、不完善粒检验法

GB/T 5496 粮食、油料检验 黄粒米及裂纹粒检验法

GB/T 5497 粮食、油料检验 水分测定法

GB/T 5502　粮食、油料检验　米类加工精度检验法

GB/T 5503　粮食、油料检验　碎米检验法

GB/T 5511　谷物和豆类　氮含量测定和粗蛋白含量计算　凯氏法

GB/T 7718　食品标签通用标准

GB/T 17891　优质稻谷

GB/T 15683　大米　直链淀粉含量的测定

GB/T 19630.3　有机产品　第 3 部分　标识与销售

JJF1070　定量包装商品净含量计量检验规则

DBN 654000/T 0144 有机水稻生产栽培技术规程

3　术语与定义

GB 1354 中的定义与标准适用于本标准。

4　分类

分为粳米和糯米两类，糯米又分为籼糯米和粳糯米。

5　要求

5.1　原料要求应符合 DBN 654000/T 0144 的规定

5.2　感官

应符合表 1 的规定。

表 1　感官指标　　%

项目		指标			
		粳糯米	籼米	粳米	籼糯米
色泽、气味		正常，无异味，无发霉变质现象			
加工精度		特等（背沟有皮，粒面米皮基本去净的占 85%以上）			
不完善粒/%		≤3.0			
杂质最大限量	总量/%	≤0.25			
	糠分/%	≤0.15			
	矿物质/%	≤0.02			
	带壳稗粒/(粒/kg)	≤3			
	稻谷粒/(粒/kg)	≤4			
碎米	总量/%	≤15	≤7.5	≤15	≤7.5
	小碎米/%	≤1.0	≤0.5	≤1.5	≤0.8
黄粒米/%		≤1.0			

5.3　理化指标

应符合表 2 的规定。

表 2 理化指标

项　目	指　标			
	粳糯米	籼米	粳米	籼糯米
胶稠度/mm	≥50	≥60	≥100	≥100
直链淀粉/%	13.0～26.0	11.0～22.0	≤2.0	≤2.0
蛋白质/%	≥8	≥7	≥7	≥7
水分/%	≤14.5	≤15.5	≤14.5	≤15.5

5.4 卫生指标

应符合表 3 的规定。

表 3 卫生指标

项　目	指　标
磷化物(以 PH_3 计)	不得检出
氰化物(以 HCN 计)	不得检出
氯化苦	不得检出
二硫化碳(以 CS_2 计)	不得检出
敌敌畏/(mg/kg)	≤0.05
乐果/(mg/kg)	≤0.02
马拉硫磷/(mg/kg)	≤1.0
对硫磷	不得检出
甲拌磷	不得检出
杀螟硫磷/(mg/kg)	≤1.0
三唑磷/(mg/kg)	≤0.05
毒死蜱/(mg/kg)	≤0.1
甲基毒死蜱/(mg/kg)	≤5
倍硫磷/(mg/kg)	不得检出
六六六/(mg/kg)	≤0.05
滴滴涕/(mg/kg)	≤0.05
溴氰菊酯/(mg/kg)	≤0.5
黄曲霉毒素 B1/(μg/kg)	≤5.0
砷(以 As 计)/(mg/kg)	≤0.15
汞(以 Hg 计)/(mg/kg)	≤0.01
铅(以 Pb 计)/(mg/kg)	≤0.2
镉(以 Cd 计)/(mg/kg)	≤0.2
氟(以 F 计)/(mg/kg)	≤1.0
杀虫双/(mg/kg)	≤0.1
三环唑/(mg/kg)	≤1.0

注:其他农药使用方式及其限量应符合 NY/T 393 的规定。

5.5 大米分级质量指标

大米按食用品质分为大米和优质大米。其质量指标应符合 GB 1354 的规定。

6 试验方法

6.1 色泽、气味

色泽、气味应符合 GB/T 5492 的规定。

6.2 加工精度

加工精度应符合 GB/T 5502 的规定。

6.3 不完善粒

应符合 GB/T 5494 的规定。

6.4 最大限度杂质

应符合 GB/T 5494 的规定。

6.5 碎米

应符合 GB/T 5503 的规定。

6.6 水分

应符合 GB/T 5497 的规定。

6.7 蛋白质

应符合 GB/T 5511 的规定。

6.8 黄米率

应符合 GB/T 5496 的规定。

6.9 胶稠度

应符合 GB/T 17891 的规定。

6.10 直链淀粉含量

应符合 GB/T 15683 的规定。

6.11 磷化物、氰化物、氯化物、二硫化碳

应符合 GB/T 5009.36 的规定。

6.12 敌敌畏、乐果、马拉硫磷、杀螟硫磷、对硫磷、甲拌磷、倍硫磷、三唑磷、毒死蜱、甲基毒死蜱

应符合 GB/T 5009.20 的规定。

6.13 砷

应符合 GB/T 5009.11 的规定。

6.14 汞

应符合 GB/T 5009.17 的规定。

6.15 铅

应符合 GB/T 5009.12 的规定。

6.16 镉

应符合 GB/T 5009.15 的规定。

6.17 氟

应符合 GB/T 5009.18 的规定。

6.18 杀虫双

应符合 GB/T 5009.114 的规定。

6.19 三环唑

应符合 GB/T 5009.115 的规定。

6.20 六六六、滴滴涕

应符合 GB/T 5009.19 的规定。

6.21 溴氰菊酯

应符合 GB/T 5009.110 的规定。

6.22 黄曲霉毒素 B1

应符合 GB/T 5009.22 的规定。

6.23 净含量

应符合 JJF 1070 的规定。

7 检验规则

7.1 组批

同一生产基地、同一播种期、同一品种收获的稻米，经加工包装出厂的产品为同一批产品；同批产品出厂前应进行交收检验，出厂时应附有生产厂技术检验部门签署的质量合格证明。

7.2 抽样方法

应符合 GB/T 5491 的规定。

7.3 交收检验

每批产品交收(出厂)前，生产单位应进行检验，检验合格并附有合格证的产品方可交收(出厂)；交收(出厂)检验内容为包装、标志、标签、净含量和感官等。卫生指标为交收(出厂)定期抽检项目。

7.4 型式检验

型式检验是对产品质量进行全面考核，即对本标准规定的全部要求进行检验。有下列情形之一者，应对产品质量进行型式检验：

①因人为或自然因素使生产环境发生较大变化。

②国家质量监督机构或主管部门提出型式检验要求。

③前后两次抽样检验结果差异较大。

7.5 判定规则

判定该批产品是否合格：应检验(5.2、5.3、5.4、5.5、5.6、6)章条中的全部项目，如有一项不符合要求，可重新加倍抽样复检，以复验结果为准。任何一项卫生(安全)微生物学(生物学)指标不合格时，判定批产品不合格，不得作为有机大米使用。

当有机食品有关产品标准中的安全卫生指标和相应的国家限量标准被修订时，新的国家限量标准严于现行有机食品标准时，则按国家限量标准执行；现行有机食品标准严于或等同于新的国家限量标准则仍按现行有机食品标准执行。

型式检验时，技术要求规定的各项检验，其中有一项不符合技术要求的产品，不得作为有机大米。

7.6 复验

对检验结果产生异议时，应对留存样进行复检，或在同批(次)产品中重新加倍取样，对不合格的项目进行复检，以复检结果为准。

7.7 跟踪检查

建立各个环节的文档资料集质量跟踪记录系统，供发现质量问题时进行跟踪检查。

8 包装、运输、贮存

8.1 包装

8.1.1 包装标志

应符合 GB/T 19630.3 的规定。

8.1.2 包装标签

应符合 GB 7718 的规定。

8.1.3 包装材料

有机食品大米产品包装应符合有机食品包装卫生要求，采用无毒、无害、坚固、清洁、干燥、无任何昆虫传播、真菌污染及不良气味的包装材料。

8.1.4 包装要求

包装容器封口严密，不得破损、泄漏，包装内附有标签。

8.2 运输

运输车应专车专用，或在使用前进行清扫，保持清洁、干燥，有防雨设施及有机食品专用标识；严禁与有毒、有害、有腐蚀性、有异味的物品混运。

8.3 贮存

贮存库房应清洁、干燥、通风良好，无虫害及鼠害；严禁与有毒、有害、有腐蚀性、易发霉、发潮、有异味的物品混放；严禁使用化学物质防虫、防变，可使用验证合格准用的中草药制剂来防虫、防霉、防鼠等；有机大米应单独存放。如果不得不与常规产品共同存放，必须在仓库内划出特定区域，采取必要的包装、标签等措施确保有机产品不与非认证产品混放；每批产品的出入库和库存时的环境及库存指标均进行登记备案，原始记录要保存 3 年以上。

有机薰衣草精油加工技术规程

前言

本规程由中国农业大学、伊犁州农业技术推广总站、伊犁紫苏丽人生物科技有限公司负责起草。

本规程主要起草人:李全宏、韩明霞、杨建新、吴文良、孟凡乔、郭岩彬、焦子伟、鲁志强、刘福旺、迪力夏提、宋萍、伊力哈木、陈勇、罗新湖、武文津、范荣霞。

1 范围

本规程规定了有机薰衣草精油术语与定义、要求、试验方法,检验、判定规则,标志、包装、运输、贮存和保质期。

本规程适用于伊犁河谷有机薰衣草精油。

2 规范性引用文件

下列文件对于本文件的应用是必不可少的。凡是注日期的引用文件,仅所注日期的版本适用于本文件。凡是不注日期的引用文件,其最新版本(包括所有的修改单)适用于本文件。

GB 3095 环境空气质量标准

GB 5749 生活饮用水卫生标准

GB/T 11538 精油 毛细管柱气相色谱分析

GB/T 11540 香料 相对密度的测定

GB/T 12653 中国薰衣草(精)油

GB/T 14454.2 香料 香气评定法

GB/T 14454.4 香料 折光指数的测定

GB/T 14454.5 香料 旋光度的测定

GB/T 14455.3 香料 乙醇溶解(混)度的评估

GB/T 14455.5 香料 酸值或含酸量的测定

GB/T 19630.2 有机产品 第2部分:加工

GB/T 19630.3 有机产品 第3部分:标志与销售

3 术语与定义

下列术语和定义适用于本标准。

3.1 有机薰衣草精油

用水蒸气蒸馏法或超临界 CO_2 流体萃取法从有机薰衣草的开花部分提取的精油。

3.2 冲顶

在精油提取加工前,先用少量薰衣草进行加工提取将残存在设备里的前期加工残留物质清理出去的工序。

4 要求

4.1 原料

4.1.1 用于提取精油的薰衣草鲜花应采自有机种植园。

4.1.2 薰衣草鲜花的运输、验收、贮存操作应避免机械损伤、混杂和污染,并完整、准确地记录鲜花的来源和流转情况。

4.2 配料

4.2.1 加工所用的配料必须是经过认证的有机原料、天然的或认证机构许可使用的。这些有机配料在终产品中所占的重量或体积不得少于配料总量的95%。

4.2.2 当有机配料无法满足需求时,允许使用非人工合成的常规配料,但不得超过所有配料总量的5%。一旦有条件获得有机配料时,应立即用有机配料替换。使用了非有机配料的加工厂都应提交将其配料转换为100%有机配料的计划。

4.2.3 同一种配料禁止同时含有有机、常规或转换成分。

4.2.4 生产用水应符合 GB 5479 的规定。

4.2.5 允许使用 GB 19630.2 附录 A 中的添加剂和加工助剂。需使用其他物质时,应事先按照 GB 19630.2 附录 B 中的程序对该物质进行评估。

4.2.6 禁止使用矿物质(包括微量元素)、维生素、氨基酸和其他从动植物中分离的纯物质,法律规定必须使用或可证明食物或营养成分中严重缺乏的例外。

4.2.7 禁止使用来自转基因的配料、添加剂和加工助剂。

4.3 加工厂

4.3.1 大气环境不低于 GB 3095 的二级标准规定。

4.3.2 加工厂离开垃圾场、医院 200 m 以上;离开经常喷洒化学农药的农田 100 m 以上,离开交通主干道 20 m 以上,离开排放"三废"的工业企业 500 m 以上。

4.3.3 加工厂应符合《中华人民共和国环境保护法》、《中华人民共和国食品卫生法》的要求。

4.3.4 应有与加工产品,数量相适应的原料、加工和包装车间,车间地面应平整、光洁,易于冲洗;墙壁无污垢,并有防止灰尘侵入的措施。

4.3.5 加工厂应有足够的原料、辅料、半成品和成品仓库。原料、半成品和成品不得混放。成品采用符合食品卫生要求的材料包装后,送入具有密闭、防潮和避光的仓库,有机产品和常规产品应分开贮存。

4.3.6 加工厂粉尘最高容许浓度为每立方米 10 mg。

4.3.7 加工车间应采光良好、灯光照度达到 500 lx 以上。

4.3.8 加工厂应有更衣室、盥洗室、工休室,应配有相应的消毒、通风、照明、防蝇、防鼠、防蟑螂、污水排放、存放垃圾和废弃物的设施。

4.4 加工设备

4.4.1 应采用专用设备。

4.4.2 不宜使用铅及铅锑合金、铅青铜、锰黄铜、铸铝及铝合金材料制造接触精油的加工零件。

4.4.3 加工设备的炉灶、供热设备应采布置在生产车间墙外;需在生产车间内添加燃料,应设搬运燃料的隔离通道。可用电、天然气、柴(重)油、煤作燃料,少用或不用木材做燃料。

4.4.4 加工设备的油箱、供气钢瓶以及锅炉等设施与加工车间应留安全距离。

4.4.5 高噪声设备应安装在车间外或采取降低噪声的措施，车间内噪声不得超过 80 dB。强烈震动加工设备应采取必要的防震措施。

4.4.6 允许使用无异味、无毒的竹、木等天然材料以及不锈钢、食品级塑料制成的器具和工具。

4.5 废弃物处理

4.5.1 基本原则

在有机薰衣草精油加工过程中的废弃物可以净化后循环使用的应循环使用，不可循环使用的应做无害化处理后方可排放。

4.5.2 废渣处理

加工过程中产生固体废物和其他处理过程中产生的废弃物于废渣处理中无害化处理后干燥粉碎可以用做有机薰衣草生产基地的肥料。

4.5.3 废水处理

加工过程中产生的废水在污水沉淀池中沉淀后可以循环利用，用于下次清洗；下层泥沙转移至废渣处理池处理。

4.6 质量管理及跟踪

4.6.1 应制定符合国家或地方卫生管理法规的加工卫生管理制度，加工和包装场地应在加工前清洗消毒一次。所有加工设备、器具和工具使用前应清洗干净。若与常规加工共用设备，应在常规加工结束后彻底清洗或清洁。保证有机加工产品部被常规产品或外来物质污染。

4.6.2 应制定和实施质量控制措施，关键工艺应有操作要求和检验方法，并记录执行情况。

4.6.3 应建立原料采购、加工、贮存、运输、入库、出库和销售的完整档案记录，原始记录应保存 3 年以上。

4.6.4 每批加工产品应编制加工批号或系列号，批号或系列号一直沿用到产品终端销售，并在相应的票据上注明加工批号或系列号。

5 加工方法

5.1 水蒸气蒸馏法

5.2 超临界 CO_2 流体萃取法

6 技术要求

6.1 色状

浅黄色流动液体。

6.2 香气

特征性的新鲜花香，类似于植物开花部分的香气。

6.3 相对密度(20℃/20℃)

0.876～0.895。

6.4 折光指数(20℃)

1.457 0～1.464 0。

6.5 旋光度(20℃)

−12.0°～−6.0°。

6.6 溶混度(20℃)

1体积试样混溶于3体积70%(体积分数)乙醇中,呈澄清溶液。

6.7 酸值

≤1.2。

6.8 特征组分含量(GC)

应符合表1中规定。

表1 特征组分含量(GC)

特征组分	含量/%
樟脑	≤1.5
芳樟醇	20～43
乙酸芳樟醇	25～47
乙酸薰衣草酯	0～8.0

7 试验方法

7.1 色状的检定

将试样置于比色管内,用目测法观察。

7.2 香气的评定

按GB/T 14454.2的规定。

7.3 相对密度的测定

按GB/T 11540的规定。

7.4 折光指数的测定

按GB/T 14454.4的规定。

7.5 旋光度的测定

按GB/T 14454.5的规定。

7.6 溶混度的评估

按GB/T 14455.3的规定。

7.7 酸值的测定

按GB/T 14455.5的规定。

7.8 特征组分含量的测定

7.8.1 仪器

色谱仪、记录仪和积分仪按GB/T 11538中第五章的规定。

毛细管柱。

氢火焰离子化检测器。

7.8.2 测定方法

面积归一化法:按GB/T 11538中10.4指定的方法测定。

7.8.3 重复性及结果表示

按 GB/T 11538 中 11.4 的规定执行。

薰衣草精油典型气相色谱图(面积归一化法)参见 GB/T 12653。

薰衣草精油代表性和特征组分含量范围(面积归一化法)参见 GB/T 12653。

8 检验规则

(1) 薰衣草精油应由质量检验部分负责检验,生产厂应保证出厂产品均符合本标准的要求,每批出厂产品均应附有质量合格证书。色状、香气、相对密度、折光指数、特征组分含量为出厂检验项目,而旋光度、溶混度、酸值为型氏检验项目,每季度检验一次。

(2) 验收单位有权按照本标准的各项规定检验所收到的产品质量是否符合本标准的要求。每一批号做一次验收,不同批号分别验收。

(3) 抽样方法:每批的包装单位 1～2 个,全抽;3～100 个抽取 2 个;100 个以上增加部分再抽取 3%。用取样器从每个包装单位中均匀抽取试样 50～100 mL,将所抽取的试样全部置于混样器内充分混匀,分别装入两个清洁、干燥、密闭的惰性容器中,避光保存。容器上贴标签,注明:生产厂名、产品名称、生产日期,批号、数量及取样日期,一瓶作为检验用,另一瓶留存备查。

(4) 如验收结果中有一项指标不符合本标准要求时,可会同生产厂重新加倍抽取试样复检。如复验结果仍有指标不合格,则该批产品不能验收。

(5) 当供需双方对产品质量发生异议时,可由双方协议解决或由法定检验结构进行仲裁。

9 判定原则

检测结果全部合格时则判该批产品合格。包装、标志、标签、净含量、理化指标等项目(含 2 项)以上不合格时判该批产品不合格,如有一项不符合要求,可重新加倍取样复检,以复验结果为准。任何一项卫生(安全)或微生物学(生物学)指标不合格时,不得作为有机熏衣草精油。

10 标志、包装、运输、贮存和保质期

10.1 标志

应符合 GB/T 19630.3 的规定。

10.2 包装

薰衣草精油应装于清洁、无杂味的不锈钢桶或塑料桶内,或按顾客要求包装。

10.3 运输

在运输过程中应轻装轻卸,防止日晒雨淋,不得与有毒、有害物质混装、混运,并应符合有关部门的规定。本产品的闪点约为 71℃。

10.4 贮存

本产品应贮存在阴凉、干燥、通风的仓库内,避免杂气污染,远离火源。

10.5 保质期

在符合规定的贮运条件、包装完整、未经启封的情况下,本产品保质期为 1 年,逾期重新按本标准进行检验,合格后仍可使用。